LE GRAND LIVRE DES ARTS DIVINATOIRES

Ouvrage publié sous la direction de Laurence Fritsch
Iconographie Jocelyne Chamarat

8, rue Garancière, 75006 Paris
ISBN : 2-7242-6771-0
Edition du Club France Loisirs Paris,
avec l'autorisation des Editions Solar

Catherine Aubier

LE GRAND LIVRE DES ARTS DIVINATOIRES

FRANCE LOISIRS
123, boulevard de Grenelle, 75015 Paris

Pour Jacqueline Guillermin et Christine Hunsicker

Mythes et réalité des

Les vicissitudes de l'existence humaine. Gravure de Nicolas Guérard — 17e siècle. *(Explorer archives.)*

Au dix-septième siècle, Colbert fut à l'origine d'un décret qui condamnait l'astrologie et interdisait aux astronomes de la pratiquer. La loi du 28 avril 1832 expose à des poursuites judiciaires et même à des peines de prison ceux qui « font métier de deviner, de pronostiquer, ou d'expliquer les songes ».

Cette loi, si elle était appliquée, aurait pour effet d'enfermer derrière les barreaux quelques sympathiques présentateurs de météorologie, une cohorte de psychanalystes, tous les futurologues et naturellement plusieurs tombereaux d'astrologues, chirologues, radiesthésistes et autres praticiens de l'irrationnel.

Or cet « irrationnel » se porte de mieux en mieux aujourd'hui. Après avoir été relégué durant plusieurs siècles dans la catégorie honnie des hérésies propres à détourner l'homme du chemin scientiste, il opère un retour en force, il est à la mode.

Pourtant, que d'énergie dépensée pour l'étouffer ! que de pétitions, d'anathèmes et de prises de position fanatiques de la part de ceux qui se veulent les détenteurs d'un savoir absolu, cartésien, caractérisé par le fait que tout doit avoir une explication scientifique ou ne pas être... Condamnations d'autant plus arbitraires qu'elles étaient la plupart du temps proférées par des personnes ne s'étant même pas donné la peine d'étudier le problème ou de vérifier des résultats.

arts divinatoires

Chacun doit être libre de ses opinions et de ses croyances, il est simplement souhaitable que celles-ci prennent naissance dans une étude, une connaissance, une conscience, plutôt que dans des a priori aussi illogiques que dévastateurs. Tous les jours, des événements nous prouvent la réalité objective de phénomènes dont l'existence, il y a encore un siècle, aurait envoyé celui qui les envisageait droit à l'asile, avec l'étiquette « fou dangereux ». Tous les jours nous nous apercevons, humblement, qu'il est des choses que nous ne nous expliquons pas.

Certes, comment prouver rationnellement l'influence des astres sur l'homme ? Comment expliquer par quel « hasard » une personne qui tire deux fois de suite les tarots va sortir deux ou trois lames semblables sur quatre ? Comment admettre, rationnellement, le fait que la main d'un nouveau-né contient déjà un entrelacs de lignes qui n'est semblable à celui d'aucune autre main, et que ces dessins dans sa paume sont l'image de ses possibilités futures ? Nous pourrions disserter indéfiniment sur le rapport entre ces arts, ces techniques, et le fait qu'elles entrent ou non dans la catégorie des sciences. Ce serait aisé pour certains, moins évident pour d'autres. L'astrologie en particulier est de plus en plus confortée par des statistiques, et les services de police ne dédaignent pas de faire appel à la radiesthésie. Mais qu'importe ? notre propos ici n'est pas de dire « il faut croire aux arts divinatoires » mais de proposer une approche simple permettant à chacun de se construire une opinion.

DU DANGER DES MODES

La vogue actuelle des arts divinatoires a pour mérite de susciter intérêt et vocations. Elle a aussi, hélas, pour inconvénient d'attirer grand nombre de charlatans, alléchés par un créneau professionnel qu'ils imaginent juteux... Et les publicités se multiplient, promettant monts et merveilles, du retour de l'absent ou de l'absente à la réussite aux examens, sans oublier les désenvoûtements en tous genres.

Dans cette course à la divination, où est l'ignorance, où est la vérité ? Le résultat est que certaines prévisions fort justes sont étouffées sous une accumulation délirante de discours futuristes contenant chaque possibilité et son contraire... Qui se souvient en 1990 du nombre de voyants ayant prédit pour 1989 la découverte d'un vaccin contre le sida ? En revanche on oublie aussi que quelques astrologues avaient prévu, noir sur blanc et plusieurs années auparavant, un déséquilibre dans le bloc de l'Est pour la fin de cette même année...

Tout ceci fait que, dans l'esprit d'une grande partie du public, la chirologie, la numérologie, l'astrologie ne sont pas autre chose que des moyens de « deviner » l'avenir... autrement dit, des supports de voyance. Nous verrons dans ce livre à quel point la voyance, la vraie, l'authentique, se différencie des techniques d'investigation psychologique ou de divination.

Discours ou divination ?

Parmi les méthodes exposées dans ce livre, certaines sont plus ou moins « divinatoires ». Pour le comprendre il suffit de faire appel à l'étymologie.

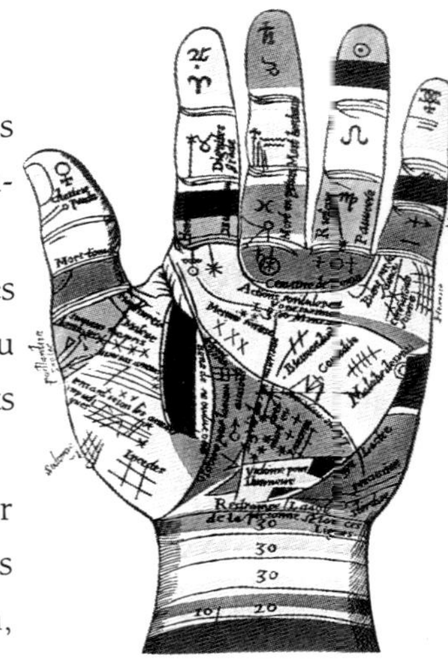

Morpholcgie et lign de la mai. Gravure 19e siècle *(Explorer archives.)*

L'astrologie, la numérologie, la chirologie, toutes ces appellations se terminent par « logie », qui vient du grec *logos*, parole, discours. Littéralement, ces mots signifient donc discours des astres, des nombres.

La géomancie, la cartomancie se terminent par « mancie », du grec *manteia*, divination. Ces méthodes concernent donc davantage un procédé de divination, par la terre (géomancie) ou par les cartes.

En revanche on dit, indifféremment, chirologie ou chiromancie. Il s'agit en fait d'une approche différente : le chirologue qui prend une empreinte de vos mains et vous parle de la correspondance qu'il y a entre elles et les deux hémisphères de votre cerveau n'a pas grand-chose de commun avec la « diseuse de bonne aventure » qui s'empare de vos doigts à la sauvette, dans les foires, et vous annonce la rencontre d'un homme brun avec des lunettes noires et un parapluie rose !

LE CHOIX DES MÉTHODES

Cet ouvrage n'est pas exhaustif : il ne prétend donc pas donner une liste de toutes les méthodes de divination utilisées ou connues. Seuls les « arts divinatoires majeurs » y sont traités en détail. Nous avons cependant rassemblé à la fin de l'ouvrage des indications concernant d'autres disciplines telles que la radiesthésie ou les taches d'encre.

Certains s'étonneront de ne voir aucune mention de la graphologie et de la morphopsychologie, disciplines performantes et très utilisées aujourd'hui. La raison en est simple : l'une comme l'autre servent à analyser une personnalité mais n'ont aucune connotation prévisionnelle.

AVANT DE COMMENCER

On lit rarement les introductions, de nos jours... Néanmoins, pour ceux d'entre vous qui le feront, voici quelques indications sur la meilleure façon de se servir de cet ouvrage.

Chaque méthode en effet a ses avantages, mais il importe de ne pas lui demander ce qu'elle ne peut apporter.

Donc, si vous désirez plutôt...

- **connaître la personnalité et le potentiel de quelqu'un**, utilisez l'astrologie, la numérologie, la chirologie,
- **connaître les périodes importantes qui jalonnent une existence, en les datant**, choisissez l'astrologie ou la numérologie,
- **avoir un panorama de votre avenir**, tirez les cartes ou les tarots,
- **analyser un événement et ses conséquences, savoir « où vous en êtes »**, tournez-vous vers les tarots ou le yi-king,
- **avoir un éclairage quant à l'attitude à adopter dans certaines circonstances**, interrogez le yi-king,
- **obtenir la réponse à une question**, consultez la géomancie, ou les tarots.

... et dans tous les cas, prenez le temps de vous exercer avant d'apporter des conclusions définitives.

L'INVESTIGATION PSYCHOLOGIQUE ET PREVISIONNELLE

L'Astrologie

Art de déterminer le caractère et de prévoir l'avenir d'un individu d'après la position des planètes lors de sa naissance.

L'astrologie a, parmi les « arts divinatoires » une place à part. Elle en est un peu le chef de file, ce qui est toujours à la fois valorisant et inconfortable, comme toute situation de démarcation. *Si sa valeur en tant que* science *est contestée par les adeptes du rationalisme, nul ne peut lui enlever son aura d'ancienneté ni dénier ce fait — gênant pour beaucoup — qu'elle était autrefois reconnue, enseignée dans les universités, transmise par voie* ésotérique *c'est-à-dire de maître à disciple... Et surtout complètement indissociable de l'astronomie.*

L'Astrologue. Gravure 19e siècle.
(J.-L. Charmet/Explorer.)

CONNAIS-TOI TOI-MÊME

La première démarche de l'astrologie est d'apporter à l'être humain un moyen de mieux se connaître. Bien sûr, certains diront : « Mais je me connais très bien. »

Soit ! pourtant la plupart du temps, il suffit de réfléchir un peu, de se pencher sur soi-même pour réaliser que, souvent, nous nous remettons systématiquement dans des situations semblables, comme s'il nous était impossible de tirer une leçon durable des expériences vécues.

En psychologie, ce phénomène a pour nom : l'automatisme de répétition. Dans la vie courante, les gens disent plutôt : « avoir ou n'avoir pas de chance »...

Si vous dites à un astrologue un tant soit peu versé en psychologie : « Décidément, je n'ai pas de chance, je rencontre toujours des gens qui me font souffrir », *il en concluera que parmi tous les gens que vous côtoyez, vous privilégiez inconsciemment ceux qui peuvent vous faire du mal. Ce n'est pas une question de chance mais une question de choix, et ce qui est intéressant, c'est de savoir pourquoi vous faites toujours ce choix-là. Ceci afin de vous permettre, justement, la prise de conscience qui vous délivrera de cet automatisme.*

Tous ces comportements dans lesquels nous nous embourbons sont susceptibles d'être décodés par l'astrologie. Ainsi nous pouvons changer ce qui est négatif, cultiver ce qui est positif.

Bien sûr, l'astrologie n'est pas une thérapie, et elle ne prétend pas remplacer une psychothérapie ou une psychanalyse. En revanche, elle permet souvent de mettre le doigt sur un problème qui, sans elle, serait toujours resté dans l'ombre — et aurait, sans doute, empoisonné votre vie.

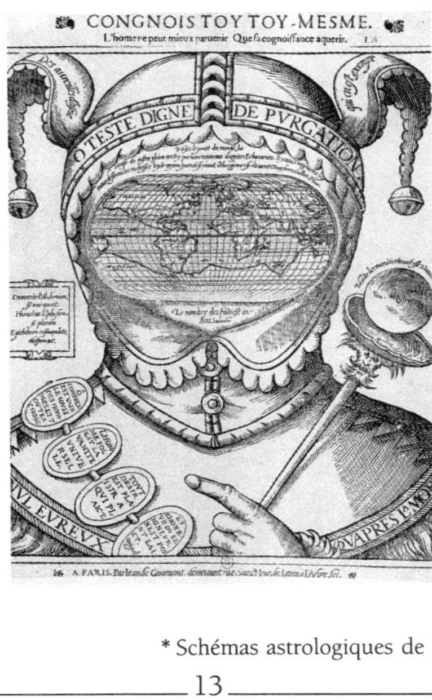

« Congnois toy toy-mesme. »
Gravure de Jean de Gourmont.
1562. Bibliothèque nationale.
(Bibliothèque nationale.)

PRÉVENIR OU GUÉRIR ?

La deuxième démarche de l'astrologie est prévisionnelle, et nous pouvons à son sujet nous reposer la question « est-ce utile ? ».

Tout d'abord, il faut préciser que l'astrologue prévoit des climats et non des événements. Par exemple, s'il est capable de situer un changement de situation et de le dater à quelques mois près, il pourra difficilement vous dire s'il s'agit d'un changement de société ou d'un changement de travail à l'intérieur de la même société.

Il vous indique en fait un climat, le domaine dans lequel il risque de se manifester, ainsi qu'un mode d'emploi pour réagir au mieux.

* Schémas astrologiques de l'Espace Bleu, 91, rue de Seine, Paris.

UNE REALITE ASTRONOMIQUE

Au hasard de ces pages, il sera souvent question du zodiaque qui vient du grec *zodiacos,* cercle d'animaux. Découvrons sa réalité astronomique.

Les planètes du **système solaire** — Mercure, Vénus, Mars, la Terre, Jupiter, Saturne, Uranus, Neptune et Pluton se déplacent autour du Soleil, à des distances, et suivant des temps qui leur sont spécifiques (voir tableau I). On appelle **révolution** le temps que met une planète pour effectuer un tour complet autour du Soleil.

Nous qui sommes sur la Terre avons tendance à nous prendre pour le centre du monde. Aussi, lorsque nous levons le nez, avons-nous l'impression que c'est le Soleil, accompagné des autres planètes, qui tourne autour de nous et, à ce cortège, nous devons ajouter notre satellite, la Lune, corps céleste qui se trouve le plus proche de nous.

Autre phénomène, les planètes se déplacent régulièrement sur une **bande de ciel**, sorte de large ruban circulaire incliné de 23° sur l'équateur céleste. En astronomie, on appelle cette trajectoire **écliptique**. On l'appelle aussi **cercle zodiacal**.

Les trois cent soixante degrés du cercle sont divisés en douze parties égales de trente degrés chacune, correspondant aux douze signes du zodiaque.

LES PLANÈTES

PLANÈTE	SYMBOLE	TEMPS DE RÉVOLUTION *(autour du Soleil)*
Soleil		
Mercure		88 jours
Vénus		225 jours
Mars		1 an et 322 jours
Jupiter		11 ans et 315 jours
Saturne		29 ans et 167 jours
Uranus		84 ans et 7 jours
Neptune		164 ans et 280 jours
Pluton		248 ans et 157 jours
Terre		1 an
Lune		27 jours, 7 h, 43 min *(autour de la terre)*

Attention : les planètes effectuent parfois des mouvements de rétrogradation, donnant ainsi, par rapport à la terre, l'impression de reculer. Ce phénomène est signalé, dans les éphémérides, par la lettre « R ». La durée des rétrogradations est variable. Lorsqu'une planète repart en mouvement direct, c'est signalé par la lettre « D ».

LES DOUZE SIGNES DU ZODIAQUE

Bélier 21 mars au 20 avril	♈	*0 à 30°* du zodiaque
Taureau 21 avril au 20 mai	♉	*30 à 60°* du zodiaque
Gémeaux 21 mai au 21 juin	♊	*60 à 90°* du zodiaque
Cancer 22 juin au 22 juillet	♋	*90 à 120°* du zodiaque
Lion 23 juillet au 22 août	♌	*120 à 150°* du zodiaque
Vierge 23 août au 22 septembre	♍	*150 à 180°* du zodiaque
Balance 23 septembre au 22 octobre	♎	*180 à 210°* du zodiaque
Scorpion 23 octobre au 21 novembre	♏	*210 à 240°* du zodiaque
Sagittaire 22 novembre au 20 décembre	♐	*240 à 270°* du zodiaque
Capricorne 21 décembre au 19 janvier	♑	*270 à 300°* du zodiaque
Verseau 20 janvier au 18 février	♒	*300 à 330°* du zodiaque
Poissons 19 février au 20 mars	♓	*330 à 360°* du zodiaque

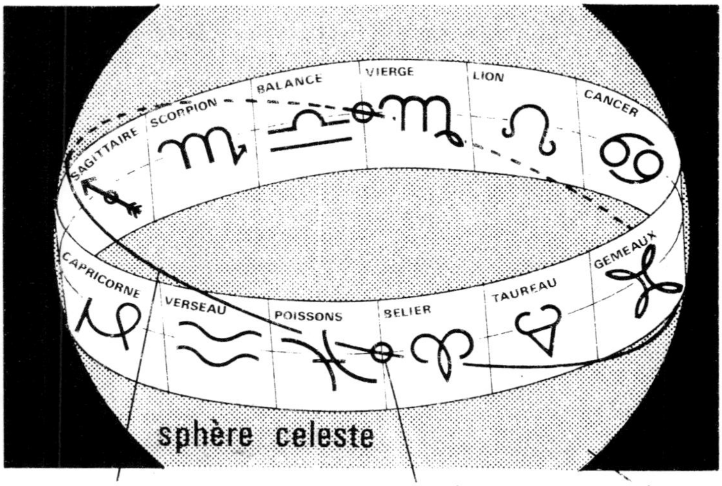

équateur céleste Point vernal Sphère céleste

Matérialisation du zodiaque couvrant une zone de 8° de part et d'autre de l'écliptique ε- ε', inclinée de 23°27′ sur l'équateur céleste, γ et υ correspondent aux deux équinoxes.

Chaque année, le 21 mars, le Soleil entre dans le signe du Bélier ; c'est l'**équinoxe de printemps.** Un mois et trente degrés plus tard, il entrera dans celui du Taureau, et ainsi de suite.
Le premier degré du Bélier, ou premier degré de l'écliptique, n'est autre que le **point vernal** ; il s'agit de l'intersection de l'écliptique avec l'équateur céleste. L'équateur céleste, c'est la prolongation dans l'espace de notre équateur terrestre, tout comme la sphère céleste est celle de la sphère terrestre.

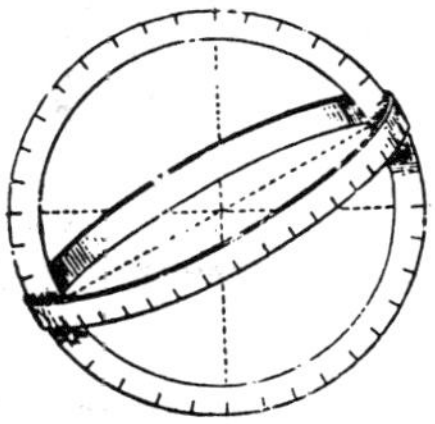

Méridiens, latitudes et longitudes

Le globe terrestre est partagé en latitudes *(horizontalement)* et longitudes *(verticalement)* qui permettent de déterminer la position géographique exacte des lieux.
Les **latitudes** coupent la terre en tranches, en partant de l'équateur (0°) jusqu'à 90° nord ou sud. Ainsi Paris est situé à 48°50 de latitude nord, et Johannesburg, en Afrique du Sud, à 26° de latitude sud.
Les longitudes partagent le globe terrestre d'un pôle à l'autre.
Les **longitudes** sont calculées par rapport au méridien de Greenwich, ou méridien 0 ; il s'agit d'une ligne imaginaire reliant les pôles. Il y a un méridien tous les quinze degrés en partant de Greenwich, est ou ouest.
La France est située sur le **méridien de Greenwich**, et la longitude de Paris est 9′21″ est — alors que Brest, par exemple, est à 17′57″ ouest.
Le calcul de la position des planètes se fait simplement en projetant ces latitudes et longitudes sur la sphère céleste.

Les maisons

On les appelle aussi **secteurs terrestres**, alors que les signes du zodiaque sont appelés **secteurs célestes.** Il s'agit d'une division en douze parts coupant la sphère terrestre à partir des pôles comme si elle était une orange que l'on partage en quartiers.

Il existe en astrologie plusieurs systèmes de domification ; certains divisent la sphère en douze maisons égales, d'autres, tenant compte de la latitude du lieu, la divisent en maisons inégales. À la latitude de l'équateur, les douze maisons sont égales ; plus on avance vers les pôles, plus la différence en degrés qui les sépare devient manifeste.

Le système de domification le plus utilisé à l'heure actuelle comme dans l'Antiquité fait partie du second genre ; il s'agit du *système Placidus.* Suivant la latitude du lieu de naissance, certaines maisons pourront couvrir 60° et d'autres 15° seulement.

Donato Creti : observation de la Lune. 18e siècle. Pinacothèque du Vatican. *(Giraudon.)* ▶

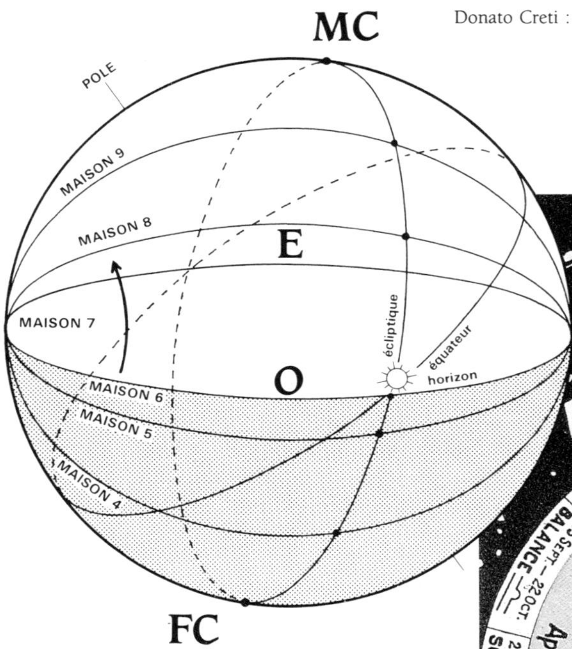

Partage de la sphère locale en douze secteurs correspondant aux maisons, six d'entre elles étant toujours au-dessous de l'horizon.

La roue astrologique. Gravure 19e siècle. *(Soazig/Explorer archives.)*

Mucha : Les quatre saisons. Calendrier 1899.
(Coll. Kharbine/Snark Edimedia) © A.D.A.G.P., 1991.

ÉTÉ
JUILLET
AOUT
SEPTEMBRE

AUTOMNE
OCTOBRE
NOVEMBRE
DÉCEMBRE

Ingres : Œdipe et le Sphinx. 1808. Musée du Louvre. *(Giraudon.)*

UNE TRADITION SYMBOLIQUE

Des éléments et des saisons

Depuis toujours la tradition astrologique a introduit à l'intérieur du cercle zodiacal un certain nombre de classifications destinées à faciliter la compréhension du symbolisme des signes dans leur ensemble, les uns par rapport aux autres. Les connaître aide l'interprétation.

D'abord, les éléments. Ils sont quatre : Le Feu, La Terre, l'Air et l'Eau. Chacun de ces éléments est en analogie avec trois des signes du zodiaque : Le Bélier, le Lion et le Sagittaire sont signes de Feu. Le Taureau, la Vierge et le Capricorne sont signes de Terre. Les Gémeaux, la Balance et le Verseau signes d'Air. Le Cancer, le Scorpion et les Poissons signes d'Eau.

Il est toujours intéressant de noter, dans un thème astral, la prépondérance — ou la carence — d'un de ces quatre éléments. Par exemple, le feu est en rapport avec l'énergie, la terre avec la stabilité, l'air avec la mobilité, l'eau avec la sensibilité. Il suffit d'un peu de réflexion pour réaliser qu'un excès de terre engendrera un matérialisme puissant, une carence en feu une faible énergie, trop de feu une

Signe	Saison	Élément	Rythme ternaire	
Bélier	printemps	**Feu**	cardinal	Feu primordial et jaillissant : étincelle de vie, enthousiasme, impulsion.
Taureau	printemps	**Terre**	fixe	Terre printanière, fertile, enracinement, stabilité, avidité, sensualité.
Gémeaux	printemps	**Air**	mutable	Air léger, petit vent sans direction particulière ; contact, jeunesse et curiosité.
Cancer	été	**Eau**	cardinal	Eau primordiale, eau des sources vives ; enfance, sensibilité, imagination, tendresse.
Lion	été	**Feu**	fixe	Feu flambant, éclairant et réchauffant ; puissance, force, autorité, énergie.
Vierge	été	**Terre**	mutable	Terre moissonnée, utilisée, appauvrie ; structuration, économie des forces, richesse cachée, engrangée.
Balance	automne	**Air**	cardinal	Vent doux et régulier, bien dirigé ; contacts choisis, sentiments, équilibre et harmonie.
Scorpion	automne	**Eau**	fuxe	Eau stagnante, eau des marais, liquide séminal, eau de vie ; mystère, transformation recréation.
Sagitaire	automne	**Feu**	mutable	Feu maîtrisé, utilisé : feu des cheminées... et de la connaissance. Protection, chance, monde du lointain.
Capricorne	hiver	**Terre**	cardinal	Terre gelée et dépouillée ; organisation, réflexion, patience et rigueur.
Verseau	hiver	**Air**	fixe	Air des cimes, qui relie le matériel au spirituel ; idéalisme, sens de l'humain, goût du progrès.
Poissons	hiver	**Eau**	mutable	Eau des océans dans lesquels toutes les rivières se jettent ; fusion, osmose, infini.

impulsivité incontrôlée, pas assez d'eau un manque de sensibilité et de réceptivité... L'air, en trop, sera synonyme de légèreté, mais son absence engendrera une adaptabilité inexistante.
À l'intérieur même de cette classification, une autre intervient, appelée le **rythme ternaire.** Il s'agit de diviser les douze signes en signes **cardinaux, fixes** et **mutables** (ou doubles).
Le Bélier, le Cancer, la Balance et le Capricorne, qui ont pour particularité de commencer une saison, sont appelés signes cardinaux. Le Taureau, le Lion, le Scorpion et le Verseau, signes de milieu des saisons, sont appelés signes fixes. Les Gémeaux, la Vierge, le Sagittaire et les Poissons, qui terminent une saison et sont à la charnière de la suivante, sont appelés signes mutables ou doubles, les deux termes étant couramment utilisés.
Il est aisé de saisir, par exemple, la différence qui existera, lorsque l'on rapproche ces deux classifications, entre la terre printanière et fertile en promesses du Taureau et la terre sèche et moissonnée de la Vierge, l'eau stagnante, « eau qui dort » du Scorpion et l'océan des Poissons : le feu jaillissant du Bélier et le feu maîtrisé du Sagittaire, etc.
On divise encore les douze signes d'une façon simplement **saisonnière** : Bélier, Taureau et Gémeaux pour le printemps, Cancer, Lion et Vierge pour l'été, Balance, Scorpion et Sagittaire pour l'automne, Capricorne, Verseau et Poissons pour l'hiver.
Nous ne saurions ici approfondir les liens étroits et la richesse qui se dégagent de cette approche symbolique, mais le lecteur, à son gré, pourra en apprendre davantage dans les ouvrages cités en référence. Néanmoins, le tableau ci-dessous donne une vue d'ensemble de ces classifications traditionnelles.

Des maîtrises et analogies

Maintenant que nous connaissons le zodiaque et ses douze signes, abordons le domaine des planètes ; la tradition les met en rapport avec les signes, de façon à la fois logique et symbolique.
Selon cette tradition, les planètes ont, parmi les signes du zodiaque, des « places » particulières, dans lesquelles elles seront plus ou moins à l'aise, un peu comme les plantes qui s'épanouissent ou s'étiolent suivant le climat. Il y a quatre « places » principales pour les planètes.

Le **domicile**, c'est le lieu idéal, celui où la planète donne sa pleine puissance, sans altérations.
L'**exil**, c'est le lieu — ou, plus exactement, le signe — qui se trouve en opposition avec le domicile ; la planète y est censée exercer son influence de façon néfaste.
L'**exaltation**, c'est l'endroit où une planète prend de la force et de l'énergie. Il s'agit d'une influence légèrement moins positive que le domicile.
La **chute** est à l'opposition de l'exaltation ; la planète y perd de sa puissance, son influence est affaiblie.
Maintenant, se dira l'amateur curieux, pourquoi utiliser, en en-tête de ce chapitre, le mot maîtrise ? parce qu'on dira qu'une planète « a maîtrise » ou « est maîtresse » du signe dans lequel elle a élu domicile. Si par exemple votre ascendant est en Cancer, la Lune devient maîtresse de votre ascendant.

TABLEAU DES DOMICILES, EXILS, EXALTATIONS ET CHUTES DES PLANÈTES

Planète	Domicile	Exil	Exaltation	Chute
Soleil	Lion	Verseau	Bélier	Balance
Lune	Cancer	Capricorne	Taureau	Scorpion
Mercure	Gémeaux	Sagittaire		
	Vierge	Poissons		
Vénus	Taureau	Scorpion		
	Balance	Bélier		
Mars	Bélier	Balance		
			Capricorne	Cancer
Jupiter	Sagittaire	Gémeaux	Poissons	Vierge
Saturne	Capricorne	Cancer	Balance	Bélier
Uranus	Verseau	Lion		
Neptune	Poissons	Vierge		
Pluton	Scorpion	Taureau		

Le Soleil et les signes du zodiaque.
Image populaire russe. 17e siècle.
Bibliothèque nationale. *(J.-L. Charmet.)*

Pourquoi également certaines planètes possèdent-elles deux domiciles, deux exils, et ni chute ni exaltation ? Cela vient du fait que dans l'Antiquité, seules étaient utilisées les planètes visibles à l'œil nu, à savoir Soleil, Lune, Mercure, Vénus, Mars, Jupiter et Saturne. Elles se partageaient les douze signes du zodiaque : Jupiter régnait sur Sagittaire et Poissons, Saturne sur Capricorne et Verseau, Mars sur Bélier et Scorpion. La découverte — grâce aux télescopes — d'Uranus en 1874, de Neptune en 1836, de Pluton en 1934, permit de nouvelles attributions ; cependant Mercure et Vénus continuent de régner sur deux signes, peut-être jusqu'à ce que l'on prenne en compte d'autres corps planétaires.
Pourquoi, enfin, le terme opposition ? Il s'agit d'un rapport d'axe entre deux signes placés à 180° l'un de l'autre sur le cercle zodiacal de 360°.
Dans la pratique, cette notion de maîtrise est diversement utilisée ; elle conserve la faveur des astrologues « traditionalistes » et se trouve souvent rejetée par les progressistes.
Personnellement, je suis à cheval entre ces deux opinions et pense que cette théorie, peu utile en interprétation psychologique, le devient lorsqu'il s'agit de prévision. Mais ceci est une autre histoire...
Quoi qu'il en soit, il s'agit d'une tradition qu'il faut connaître. À l'amateur de décider, au fur et à mesure de l'évolution de ses connaissances, de sa valeur et de sa portée.

Des maisons

Les douze maisons sont en analogie symbolique avec signes et planètes.
La **maison 1**, ou **ascendant**, est en analogie avec Mars et le Belier.
La **maison 2** est en analogie avec Vénus et le Taureau.
La **maison 3** est en analogie avec Mercure et les Gémeaux.
La **maison 4**, ou **fond du Ciel**, est en analogie avec la Lune et le Cancer.
La **maison 5** est en analogie avec le Soleil et le Lion.
La **maison 6** est en analogie avec Mercure et la Vierge.
La **maison 7**, ou **descendant**, est en analogie avec Vénus et la Balance.
La **maison 8** est en analogie avec Pluton et le Scorpion.
La **maison 9** est en analogie avec Jupiter et le Sagittaire.
La **maison 10**, ou **milieu du Ciel** avec Saturne et le Capricorne.
La **maison 11** est en analogie avec Uranus et le Verseau.
La **maison 12** est en analogie avec Neptune et les Poissons.
Chaque Maison est donc en rapport symbolique avec un signe dans l'ordre numérique : maison 1 avec 1er signe, maison 2 avec 2e signe et avec la planète dans laquelle ce signe se trouve **en domicile.**
L'ASCENDANT est le degré du zodiaque qui se lève à l'horizon au moment de la naissance.
Le DESCENDANT, à l'opposé, est le degré qui se couche à l'horizon et correspond au coucher du Soleil.
Le MILIEU DU CIEL correspond au Midi, c'est le point le plus élevé du thème, ou « méridien supérieur ».
Le FOND DU CIEL correspond au Minuit, c'est le point le plus bas du thème, ou « méridien inférieur ».
Les maisons sont naturellement situées sur des axes, comme les signes. Maison 1 en face de maison 7, maison 2 en face de maison 8, etc.

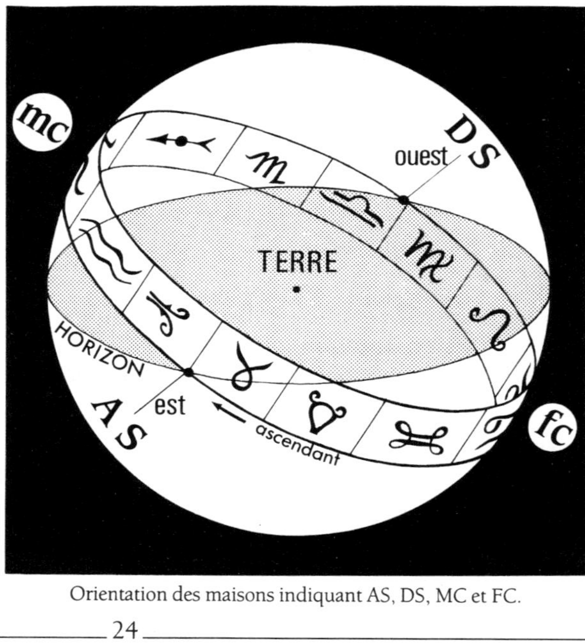

Orientation des maisons indiquant AS, DS, MC et FC.

L'astrologue. Gravure sur bois du « Traité contre les astrologues » de Jérôme Savonarole. Florence, 1490. *(Explorer archives.)*

Le thème astral

Un thème astral, ou horoscope, du grec *Oroscopos*, « qui considère l'heure » est, en quelque sorte, un instantané du ciel au moment de la naissance de chaque individu, orienté suivant l'heure et le lieu géographique de la naissance.

Autrefois, les astrologues royaux, comme par exemple Morin de Villefranche, lors de la naissance de Louis XIV, pointaient à l'aide d'une lunette la position des planètes lorsqu'un messager essoufflé venait les avertir de l'illustre événement.

De nombreuses gravures anciennes attestent cette méthode. Maintenant, tout est plus simple : il existe des éphémérides qui donnent, au jour le jour, la position des planètes en longitude et en latitude.

Avant d'aborder le travail qui consiste à « monter » un thème astral, vous aurez donc besoin, impérativement, du matériel suivant :

- **tampon zodiacal** ou feuilles pré-imprimées représentant le cercle des douze signes ;
- des **éphémérides** de l'année concernée ;
- une **table des maisons** vous permettant d'orienter votre thème, et vous donnant la position des douze maisons ;
- si possible, un **traité de l'heure** vous indiquant les longitudes, latitudes et fuseaux horaires des lieux de naissance.

Au début, vous pouvez tout simplement vous exercer en vous basant sur les reproductions que nous publions en annexe.

- la **date**, l'**heure** et le **lieu** de la naissance, qui permettront d'indiquer dans le thème la position des planètes au moment de la naissance du sujet, puis de domifier ce thème. On appelle domification l'opération qui consiste à trouver la position des douze maisons.

Calcul de la domification

Rien ne valant un exemple concret, nous allons maintenant « monter un thème ». Il s'agira de celui de Julien Clerc, né le 4 octobre 1947 à 17 h 40 à Paris.

Première chose à faire : relever la latitude et la longitude du lieu de naissance.

Vous trouverez en annexe une liste des positions géographiques des départements de France. Paris est situé à 48°50 de latitude nord et 9′21″ de longitude Est.

Abordons maintenant les problèmes posés par **l'heure de naissance.** 17 h 40, c'est l'**heure légale**, c'est-à-dire l'heure en vigueur dans le pays au moment de la naissance.

En France, l'heure légale est en vigueur depuis 1891. De 1891 jusqu'au 9 mars 1911, ce fut l'heure de Paris (9′21″ à l'est de Greenwich). Ensuite, cette heure légale devint celle du méridien de Greenwich.

À l'introduction de l'heure d'été, en 1916, toute la France vécut, une partie de l'année, en avance d'une heure par rapport à Greenwich ; ensuite, pendant la guerre, elle vécut à l'heure allemande.

La position des planètes dans les éphémérides étant indiquée en temps de Greenwich, vous devez retrouver celui-ci avant de poursuivre vos calculs ; pour cela il faut, en vous reportant au tableau ci-contre, retrancher 1 h, parfois 2 h, de l'heure légale de naissance. (Voir page 145.)

Revenons à notre exemple : Y avait-il une heure de décalage le 4 octobre 1947 ? Oui (l'heure d'été permanente instaurée en 1945).

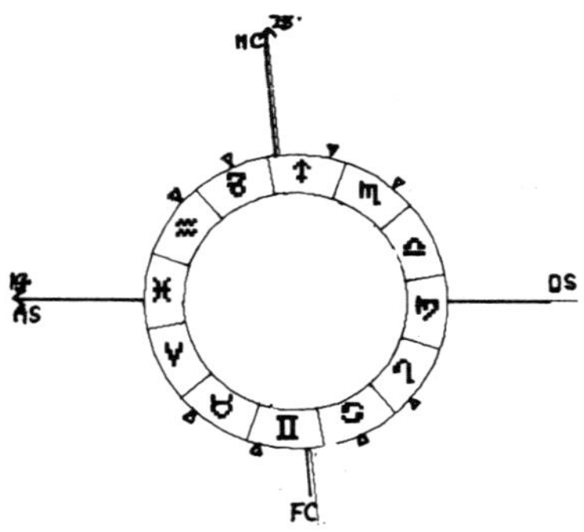

Thème Domifié De Julien Clerc (4/10/47, 17 h 40, PARIS)

POSITION DES MAISONS

Heure légale : 17 h 40	1 : (Ascendant) : 18° Poissons	7 : (Descendant) : 18° Vierge
Heure locale : 16 h 49′21″	2 : 8° Taureau	8 : 8° Scorpion
Latitude ; 48°50 Nord	3 : 6° Gémeaux	9 : 6° Sagittaire
Longitude : 9′21″ Est	4 (Fond du Ciel) : 25 Gémeaux	10 : (Milieu du Ciel) : 25° Sagittaire
Temps sidéral de naissance :	5 : 14° Cancer	11 : 14° Capricorne
17 h 36′43″	6 : 7° Lion	12 : 7° Verseau

Donc retranchons 1 h de 17 h 40, nous obtenons 16 h 40, c'est l'**heure de Greenwich** à la naissance. Maintenant il s'agit de calculer l'**heure locale** indispensable à la domification du thème. Pour cela, nous devons ajouter la longitude du lieu de naissance à l'heure de Greenwich, si le lieu est situé à l'est de ce méridien, la retrancher s'il est situé à l'ouest. Paris étant à l'est, additionnons 16 h 40 (heure de Greenwich) et 9′21″ (longitude). Le résultat, soit 16 h 49′21″, c'est l'heure locale.
Il ne nous reste plus qu'à domifier le thème.
Pour cela, nous allons utiliser la reproduction des éphémérides du mois d'octobre 1947, extraite des éphémérides rosicruciennes.
La première colonne verticale indique le jour, la seconde le temps sidéral à 0 h. Ensuite figurent les longitudes planétaires.
En additionnant le temps sidéral du jour et l'heure locale de la naissance, nous obtenons le temps sidéral de naissance, soit le **temps sidéral total de naissance** :

16 h 49′21″ + 0 h 47′22″ = 17 h 36′43″.

(À chaque total supérieur à 24 h il faut retrancher 24 h.)
Il reste à chercher la position des maisons en se reportant à l'extrait des « Raphael's tables of houses » pour la latitude 48′50 Nord. Nous trouverons ces positions sur la ligne horizontale qui suit le temps sidéral qui se rapproche le plus de celui de la naissance. Il s'agit de 17 h 38′12″. (Voir page 62).
Reportons la position des maisons sur le cercle zodiacal en l'orientant de façon à ce que le milieu du ciel, ou maison 10, soit au sommet du thème. Vous remarquerez que seule est donnée la position de six maisons, dont dérive celle des six autres. Vous relierez d'un trait l'ascendant (maison 1) et le descendant (maison 7) car cette ligne est importante : elle figure la ligne d'horizon, séparant la zone diurne du thème de sa zone nocturne.

CALCUL DES PLANÈTES

Revenons à nos éphémérides d'octobre 1947. Celles-ci étant journalières, vous pouvez poser les planètes lentes à partir de Mars sans modification.
De même pour Mercure, Vénus, vous pouvez arrondir la position à celle qui est indiquée pour 0 h. En effet, ces planètes ne se déplaçant pas de plus d'un degré 1/2 par jour, cela n'a guère d'importance. Simplement, si la personne dont vous calculez le thème est née tard le soir, vous obtiendrez une position planétaire plus exacte en arrondissant à la position donnée pour 0 h le jour suivant — c'est-à-dire 24 h le même jour.
Cependant, dans certains cas, vous verrez qu'une planète rapide change de signe durant le jour considéré ; à ce moment, pour trouver exactement « où elle tombe », vous devez faire un calcul supplémentaire, le même que celui destiné à trouver la position de la Lune, qui elle opère un déplacement de 11° à 15° par 24 h.
Il existe plusieurs méthodes de calcul, dont par exemple faire une simple règle de trois. Nous avons choisi une méthode encore plus facile, car elle a l'avantage de ne nécessiter comme opérations que les additions et les soustractions.
Matériel nécessaire : vos éphémérides et une table de logarithmes (voir les annexes en fin de chapitre).

Premier temps : le pas de la Lune

Le pas de la Lune (ou de n'importe quelle autre planète) c'est la distance en degrés (1° valant 4 mn de temps) parcourue par la planète en 24 h. Pour le trouver, vous devez soustraire la position de la Lune à 0 h de sa position le lendemain, à 0 h également.

Dans le cas qui nous intéresse :

position de la Lune le 4/10 à 0 h = 25°36 du Taureau.

position de la Lune le 5/10 à 0 h = 9°17 des Gémeaux.

En conséquence, elle change de signe, et naturellement il n'est pas possible de soustraire 25°36 de 9°17... Chaque signe couvrant 30°, ajoutons 30° à 9°17 : nous obtenons 39°17. Soustrayons de ce total la longitude de la Lune le 4 à 0 h, soit 25°36 = 13°41, c'est le pas de la Lune.

Vous devez maintenant calculer la distance parcourue par la Lune entre 0 h et l'heure de Greenwich de la naissance, à savoir 16 h 40. Vous avez besoin pour cela de la table de logarithmes. Les chiffres indiqués sur la ligne horizontale du haut correspondent aux heures ou aux degrés, ceux de la colonne verticale de l'extrême droite aux minutes.

1. Cherchez le logarithme correspondant à l'heure de Greenwich de naissance, 16 h 40... 1 584.

2. Cherchez celui qui correspond au pas de la Lune, 13°41... 2 440.

3. Additionnez-les : 1 584 + 2 440 = 4 024.

4. Cherchez dans la table de logarithmes le nombre de degrés et de minutes correspondant au logarithme le plus proche de 4 024 : c'est 4 025 et cela correspond à 8°30.

C'est là la distance parcourue par la Lune entre 0 h et 16 h 40.

5. Additionnez ce résultat à la position de la Lune à 0 h le 4, soit 25°36 du Taureau : 25°36 + 8°30 = 34°06 du Taureau, soit 4°06 des Gémeaux : voilà la position exacte de la Lune dans le thème de Julien Clerc.

Deuxième temps : les autres planètes

Cette méthode est valable pour tous les calculs des positions planétaires ; vous avez intérêt à vous entraîner le plus possible sur les extraits des éphémérides et de tables de maisons figurant dans cet ouvrage, en utilisant au besoin des coordonnées de naissance fictives.

Vous obtiendrez, après cela, un thème complet dont il reste seulement à indiquer les aspects planétaires.

Voici un « truc » pour vérifier que vous n'avez pas fait d'erreur en domifiant votre thème : le Soleil doit obligatoirement se trouver dans la zone horaire correspondant à l'heure de la naissance. Par exemple, pour le cas d'une naissance à 10 h Greenwich, il doit être entre l'ascendant (lever) et le M.C. (midi). Si la personne est née à 0 h il doit être au F.C. (minuit), dans l'après-midi entre le M.C. et le descendant (coucher), etc.

POSITIONNEMENT DES ASPECTS

Une fois votre thème domifié, une fois la position des planètes indiquée, il ne vous reste qu'à calculer les aspects.

Il y a des aspects majeurs et mineurs ; pour l'instant, nous ne tiendrons compte que des aspects majeurs. Ils sont au nombre de cinq, et se mesurent suivant la longitude qui sépare les planètes les unes des autres.

La conjonction ☌ est un aspect de 0°. Par exemple, le Soleil et Vénus situés au même degré du même signe seront en conjonction.

L'opposition ☍ est un aspect de 180°. Par exemple, le Soleil situé à 15° du Bélier et Saturne situé à 15° de la Balance seront en opposition (notez que l'on trouve là la notion d'axes : l'opposition divise le thème en 2. 360° divisés par 2 = 180°).

THÈME TERMINÉ DE JULIEN CLERC

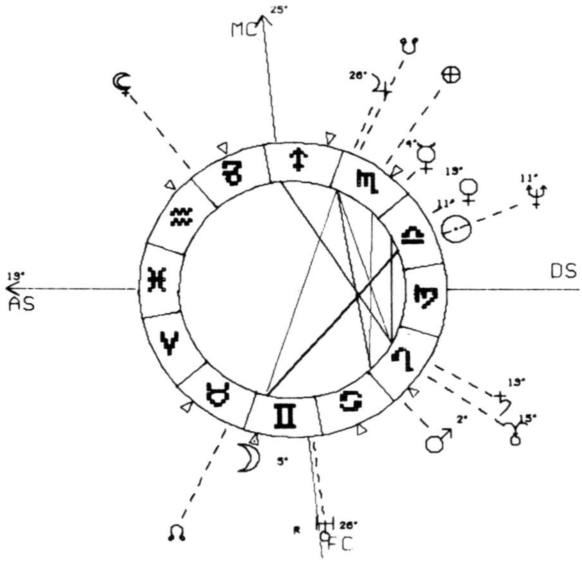

Le carré □ est un aspect de 90°. Le Soleil à 15° du Bélier sera au carré de Saturne à 15° du Cancer. Le carré divise en 4 le cercle de 360° et correspond aux rapports des signes cardinaux, fixes et mutables (le Bélier et le Cancer sont deux signes cardinaux).

Le trigone △ est un aspect de 120° qui divise le cercle zodiacal en 3 : Le Soleil à 15° Bélier sera au trigone de Saturne à 15° Lion. Le Trigone met davantage en rapport les signes dans leur classification par éléments (Bélier et Lion, signes de Feu).

Le sextile ⚹ est un aspect de 60° divisant par 6 le cercle zodiacal.
Il est bien évident qu'il est rare de rencontrer dans un thème des aspects « exacts », c'est-à-dire de 0° pile à 120° pile... Par conséquent, les aspects sont admis avec une certaine marge de distance appelée l'**Orbe.** Celle-ci varie suivant l'aspect et suivant la rapidité de mouvement des planètes. Il est en général :
Conjonction : 10° pour toutes les planètes, soit de 0 à 10°.
12° pour les luminaires (Soleil et Lune), soit de 0 à 12°.
Opposition : même indication : de 170 à 190°, 168 à 192° pour les luminaires.
Carré : 7° pour toutes les planètes, soit 83 à 97°.
8° pour les luminaires, soit 82 à 98°.
Trigone : même indication : de 113 à 127°.
Sextile : 5° pour toutes les planètes, y compris les luminaires : de 55 à 65°.

DES ELEMENTS D'INTERPRETATION

Dans notre thème d'exemple, 9 planètes sur 10 sont situées dans la partie droite du cercle. C'est l'indice à priori de sociabilité, d'extraversion, de dépendance à l'égard des autres ou d'un public.

Le symbolisme de l'espace

Interpréter un thème selon le symbolisme de l'espace ne suscite aucune difficulté particulière, et les conclusions que l'on en tire permettent d'affiner considérablement la compréhension du thème. En outre, c'est le meilleur moyen, avec le calcul de la dominante que nous verrons plus loin, d'avoir une vision globale du thème.

Les schémas suivants vous permettront de comprendre ce symbolisme. De même les graphologues, dans leur étude des directions de l'écriture, utilisent une méthode semblable en plusieurs points.

La prépondérance de corps planétaires dans une des zones ainsi définies est à considérer dans l'interprétation. Mais celle-ci devra tenir compte de la dominante — et confronter les résultats obtenus.

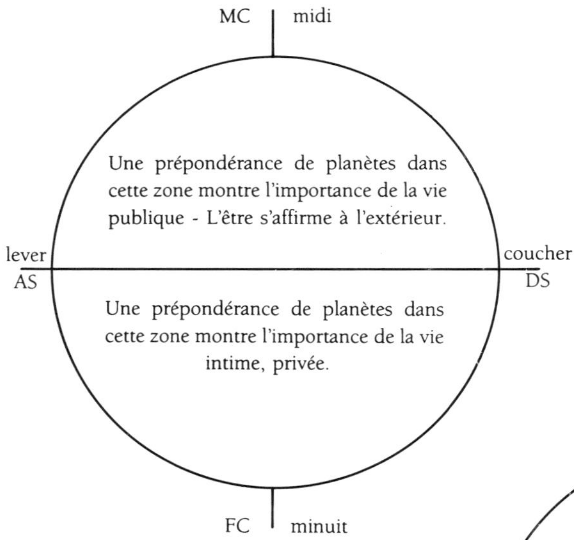

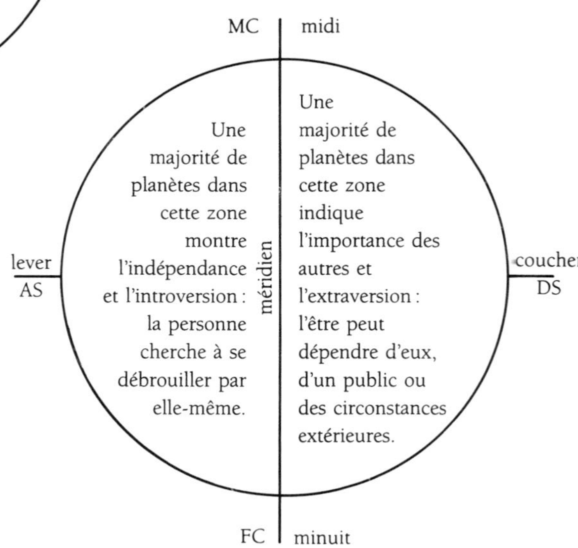

Mais attention : un jugement astrologique de ce genre doit toujours être vérifié en le rapprochant de l'étude de la dominante planétaire et du signe dominant — qui pourront le confirmer, l'infirmer parfois, et en permanence le nuancer. Par exemple, un diagnostic d'extraversion fait d'après le symbolisme de l'espace sera rendu flagrant par la présence d'une dominante jupitérienne, indice d'extraversion, mais la sociabilité éventuelle sera diminuée ou transformée par une dominante saturnienne, indice d'introversion ; dans ce dernier cas la personnalité sera probablement le cadre d'une contradiction intérieure.

La planète dominante

Le premier point à vérifier est la présence de planètes angulaires, c'est-à-dire conjointes à l'un des quatre angles du thème natal — Ascendant, Milieu du Ciel, Descendant ou Fond du Ciel.

Dans le thème de Julien Clerc, les dominantes sont Uranus (angulaire au fond du ciel) et Neptune valorisé par sa maîtrise de l'Ascendant en Poissons et sa conjonction au Soleil.

Présence de planètes angulaires

Les planètes conjointes, d'abord à l'Ascendant, ensuite au M.C. seront toujours plus importantes que celles conjointes au Descendant ou au F.C. La planète conjointe à l'Ascendant influera cependant davantage sur le tempérament et celle conjointe au M.C. sur l'existence. Exemple : une personne ayant Vénus à l'Ascendant sera aimable et soucieuse de plaire, mais si Mars est au M.C. son existence sera influencée par les conflits dans sa vie extérieure et sociale — symboles du M.C.
Si plusieurs planètes sont angulaires, la dominante sera celle qui est la plus valorisée par le thème natal, sur le plan des analogies (planète maîtresse de l'Ascendant, ou d'un amas planétaire).

Absence de planètes angulaires

- s'il y a un amas planétaire, la dominante sera la planète maîtresse de cet amas (ex. : amas de 5 planètes en Gémeaux, Mercure sera dominante) ;
- s'il n'y a pas d'amas planétaire, la dominante sera la planète la plus fortement aspectée, ou bien celle qui se trouve être maîtresse de l'Ascendant, ou conjointe au Soleil.

De même qu'un être peut très bien avoir plusieurs dominantes, il peut également ne pas se trouver spécialement marqué par une planète. Il y a des individus dont la dominante est excessivement difficile à définir ; dans ce cas, mieux vaut ne pas insister et interpréter le thème sans en tenir compte.

Carte d'un jeu de tarots italien : la Lune. *(Explorer archives.)*

Le signe dominant

Le signe dominant est toujours celui qui contient le plus grand nombre de planètes. S'il n'y a pas d'amas planétaire, la priorité revient au signe qui contient le Soleil, l'Ascendant ou la Lune. Le choix se fera en tenant compte de la valorisation du signe par la planète, Soleil en Lion, Lune en Cancer, par exemple.

La symbolique des planètes ou les types planétaires

Cartes d'un jeu de tarots italien : le Soleil. *(Explorer archives.)*

Soleil

La lumière, la chaleur et la vie. L'homme, le mari, le chef, l'élévation, la puissance, l'orgueil, les honneurs.
Le **Moi conscient.** Dans un thème féminin : l'animus, c'est-à-dire l'idéal masculin. Dans un thème masculin : façon de vivre le rôle d'homme.
La personne marquée par une **dominante solaire** a de l'assurance et du rayonnement. Elle est sincère, loyale, courageuse, ambitieuse mais désintéressée. Ses sentiments sont empreints de noblesse.

Lune

La nuit, l'enfance, la mère, la femme, la famille. La foule et la popularité, la sensibilité, l'inconscient. La passivité et la réceptivité.
Dans un thème masculin, l'anima, c'est-à-dire l'idéal féminin ; dans un thème féminin : la façon dont on vit le rôle de femme.
La personne marquée par une **dominante lunaire** vit au rythme de ses sensations intérieures. Elle est rêveuse, peu active, imaginative, attachée à son enfance, sa famille et ses souvenirs.

Mercure

La communication, l'intelligence et le raisonnement. Le mouvement et l'échange. L'adolescence, l'éveil de la pensée. La légèreté, l'adaptation, la souplesse mentale et physique.
La personne marquée par une **dominante mercurienne** est curieuse, ouverte, éclectique dans ses choix et ses goûts. Son activité est essentiellement mentale, elle aime s'exprimer par la parole ou les écrits. Ses défauts peuvent être la superficialité et l'éparpillement.

Vénus

L'amour, l'art et leurs diverses expressions. Beauté, esthétique, harmonie. Séduction, sensualité, plaisir.
La personne marquée par une **dominante vénusienne** vit au rythme de ses sentiments et de ses sensations. L'affectivité tient dans sa vie une place prépondérante. Elle est souvent attirée par toutes les formes d'art, aime la beauté et le confort.

Mars

L'action, la lutte, le désir, la pulsion, l'élan. La combativité et l'agressivité, la conquête sur tous les plans.
La personne marquée par une **dominante martienne** aime se dépenser et agir. Elle est impatiente, impulsive, parfois imprudente mais possède un grand courage. Une vie sans combats l'ennuie.

Saturne

Le « douloureux devoir ». Sagesse, austérité, restriction, patience. Authenticité, rigueur, sobriété, maturité, renoncement.
La personne marquée par une **dominante saturnienne** agit lentement et réfléchit beaucoup. Elle refuse les compromis, a un sens du devoir qui peut étouffer ses désirs, et s'oblige à des renoncements. Elle est aussi persévérante et va jusqu'au bout de ses entreprises.

Jupiter

Le roi des dieux, d'où chance et protection, autorité, justice, lois, pouvoir, ordre établi, légalité...

Expansion, épanouissement, dilatation, intégration, mise en valeur. Mais aussi : exagération, amplification, prolifération.

La personne marquée par une **dominante jupitérienne** est sociable et avenante. Elle aime les plaisirs concrets, se montre volontiers autoritaire, mais avec bienveillance. Épicurienne, elle en impose par son assurance.

Le signe du Bélier. Gravure de P. Firens. 17e siècle (Lau[illegible] Explorer.)

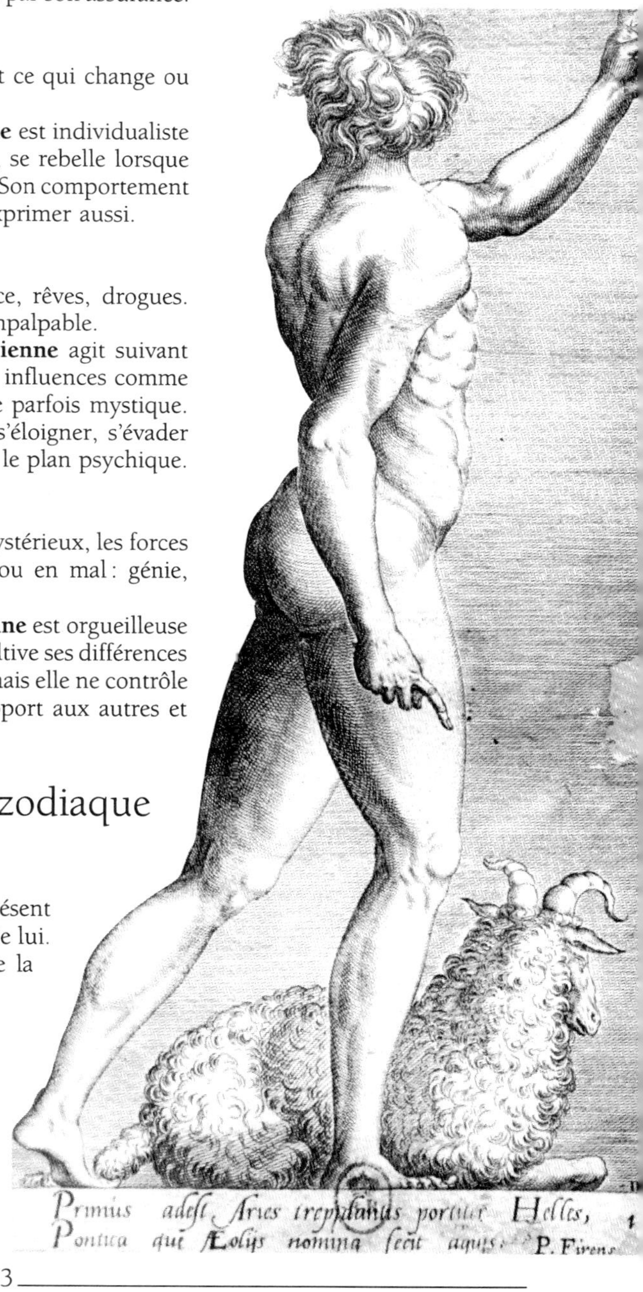

Uranus

L'inattendu, le futur. Tout ce qui est moderne, tout ce qui change ou surprend, brise ou crée.

La personne marquée par une **dominante uranienne** est individualiste et originale. Elle aime se distinguer, se différencier, se rebelle lorsque l'on cherche à la fixer ou l'enfermer dans un système. Son comportement est indépendant, voire marginal — sa façon de s'exprimer aussi.

Neptune

Tout ce qui éloigne du réel et du matériel : espace, rêves, drogues. L'infini, la diffusion, la confusion. L'irrationnel, l'impalpable.

La personne marquée par une **dominante neptunienne** agit suivant son inspiration. Intensément réceptive, aux bonnes influences comme aux mauvaises, elle a besoin d'une foi et se montre parfois mystique. Elle se crée volontiers un « monde à part », aime s'éloigner, s'évader du réel. Elle est imaginative mais parfois fragile sur le plan psychique.

Pluton

Le dieu des enfers, donc tout ce qui est nocturne, mystérieux, les forces de l'invisible. Ce qui sort de l'ordinaire, en bien ou en mal : génie, création, crime, obsession...

La personne marquée par une **dominante plutonienne** est orgueilleuse et ne se fie qu'à elle-même. Elle est mystérieuse, et cultive ses différences avec soin. Son pouvoir de régénération est intense, mais elle ne contrôle pas toujours sa force, a du mal à se situer par rapport aux autres et devient un mystère pour elle-même...

La grande roue des signes du zodiaque

Le Bélier

Spontané, « tout d'une pièce », le Bélier vit dans le présent et se sent concerné par tout ce qui se passe autour de lui. Il est parfois brutal dans sa franchise, mais ignore la méchanceté — comme les nuances !

Il tient peu compte des enseignements de l'expérience mais a de l'enthousiasme, de l'énergie, et lutte avec courage.

Le Taureau

Comme son nom l'indique, c'est un ruminant : il est lent, paisible, moelleusement fixé dans la densité de son bien-être. Avide et possessif, il aime jouir et profiter de tout : c'est un voluptueux.

Persévérant, il agit avec opiniâtreté pour acquérir ce qu'il désire. Son comportement immuable traduit son inquiétude devant l'imprévu. Il est sujet à de rares — mais énormes — colères.

Les Gémeaux

Mobiles, rapides et souples, les Gémeaux sont maîtres dans l'art de l'adaptation et de la volte-face. Leur curiosité intense alliée à une grande vivacité d'esprit fait que souvent ils sont accusés de superficialité. Attention : c'est la plus grande injure que l'on puisse leur faire.
La fantaisie les charme, ils font preuve d'aisance, voire de virtuosité — mais sont souvent inquiets, et surtout nerveux, instables.

Le Cancer

Sensibles et émotifs, les cancériens craignent souvent le monde extérieur vis-à-vis duquel ils développent une attitude d'autoprotection, se construisant une cuirasse et s'armant d'indifférence. L'enfance, ses fantasmes et ses découvertes les marquent souvent de façon définitive. Un peu passifs, végétatifs, à la fois nomades et sédentaires, ils rêvent d'évasion et parfois la réalisent — mais le besoin de sécurité, l'image du « port d'attache » les hantent. Ils sont tendres, vulnérables et possèdent une remarquable force d'inertie.

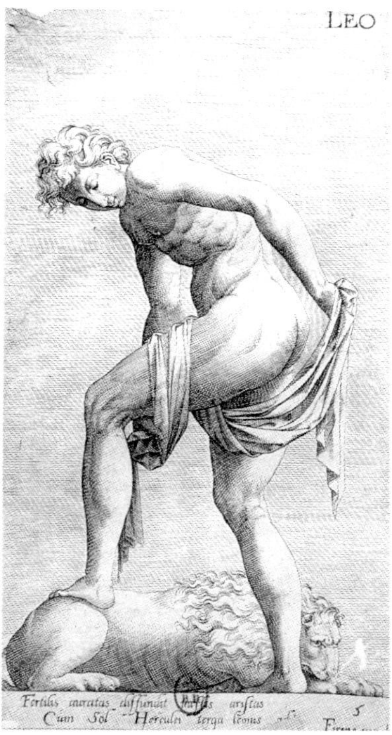

Le signe du Lion. Gravure de P. Firens. 17e siècle. *(Lausat/Explorer.)*

Le Lion

Toujours à la poursuite d'une image idéale d'eux-mêmes, désireux d'évoluer et de s'affirmer, les Lions, sous une apparence assurée, craignent souvent de ne pas être « à la hauteur ». Volontaires, entreprenants, généreux mais autoritaires, ils manquent parfois de psychologie en voulant faire le bonheur d'autrui d'après leurs normes personnelles. Ils ont un sens de l'organisation tout à fait remarquable, ignorent la mesquinerie et détestent la médiocrité. Ils attachent une grande importance à l'estime d'autrui — et surtout souhaitent pouvoir, grâce à la qualité de leur action, s'estimer eux-mêmes.

La Vierge

Ponctuels, ordonnés, perfectionnistes et appliqués, les natifs de la Vierge ont besoin d'une vie bien structurée. Ils aiment savoir où ils vont et détestent les grains de sable dans leur engrenage bien huilé. Ils ont l'esprit méthodique et se montrent parfois conformistes, tatillons, et économes. Inquiets, nerveux, timides, ils manquent de confiance en leurs moyens, mais agissent avec un grand sérieux.
Sujets à des accès de révolte compensatoire, ils explosent parfois et deviennent ambivalents — prudes et débridés, ingénus puis cyniques, provocants, désordonnés et dépensiers.

La Balance

Comme leur emblème, les natifs de ce signe aiment l'harmonie et se heurtent à tout ce qui la trouble : disputes, conflits et violence.
Infiniment sensibles aux ambiances, raffinés et esthètes, ils aiment vivre dans un climat paisible. Ils ont le sens de la justice, sont tolérants, diplomates, à la recherche du juste milieu. Leur désir de trouver le choix le plus parfait les conduit à de douloureuses hésitations. Sentimentaux, ils aiment la relation duelle et détestent les ruptures.

Le Scorpion

Incapables de vivre longtemps dans le calme, épris de transformations et de remises en cause, les Scorpions sont des êtres anxieux et exigeants. Ils ne manquent ni de résistance ni d'énergie et donnent leur pleine mesure dans les situations difficiles. Ils se sentent différents des autres, ont du mal à s'intégrer, d'autant plus qu'ils se comportent rarement de façon détendue.

Lucides, ils ont un esprit pénétrant, critique et perspicace qui leur fait déceler chez autrui le « défaut de la cuirasse ». Ils ont souvent tendance à faire de l'autodestruction.

Le Sagittaire

Souvent indépendants et aventureux dans la jeunesse, les natifs du Sagittaire deviennent moralisateurs sur le tard. Ils ont une échelle de valeurs très élaborée, respectent les lois et les principes, sont conformistes en profondeur et originaux en surface. Ils rêvent d'exotisme et d'expériences lointaines. Loyaux, désintéressés, ils se comportent le plus souvent avec amabilité et courtoisie mais ne savent guère se mettre à la place d'autrui. Ils ont de la fougue, de l'enthousiasme, aiment faire partie d'un groupe et se sentir intégrés.

Le Capricorne

Ils s'épanouissent souvent sur le tard car la précocité n'est pas leur principale caractéristique. Ils sont réservés, réfléchis, et timides car ils ont peur d'être ennuyeux. Étrangers à toute forme d'opportunisme, ils ont des convictions profondes sur l'authenticité et la moralité qu'ils renient rarement.

Fidèles, persévérants mais sceptiques, ils observent avant de juger et ne s'engagent pas à la légère. Leur ambition est grande, leur volonté acharnée, ils se fixent des buts lointains, mais ne savent guère se détendre.

Le Verseau

Compréhensifs et idéalistes, épris de paix dans le sens le plus large du terme, les natifs du Verseau se demandent souvent ce qu'ils sont venus faire sur cette planète. Ils ont besoin d'avoir un but mais sont rarement assez motivés pour prendre le « taureau par les cornes ».

La passion les attire et les inquiète à la fois. Ils détestent être obligés de prendre un engagement direct, de s'impliquer à fond dans une situation ; dans ce cas, ils se détachent, prennent du recul. Tout en ne se sentant guère à l'aise dans les conflits, ils ont une sorte de courage tranquille. Certains sont originaux et se passionnent pour tout ce qui est nouveau et moderne.

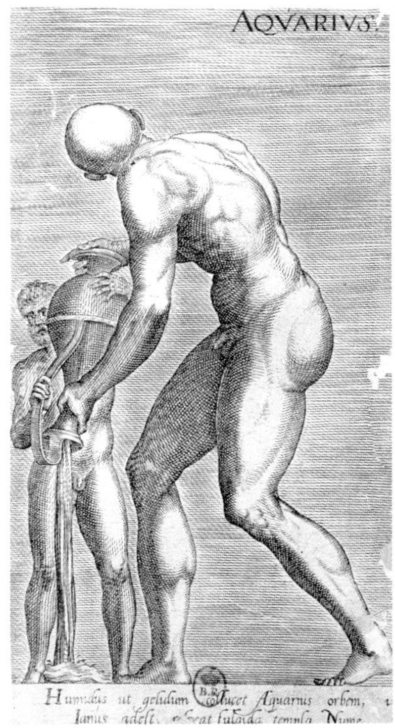

Le signe du Verseau. Gravure de P. Firens. 17e siècle. *(Lausat/Explorer.)*

Les Poissons

Réceptifs comme l'océan et souples comme leur homonyme animal, ils se sentent à l'aise dans n'importe quelle situation et glissent entre les doigts de ceux qui cherchent à les saisir. Ce sont des sentimentaux, illogiques mais charmants et compréhensifs, qui aiment rendre service et se mettent souvent dans des situations compliquées où ils jouent un rôle de victime. Ils communiquent avec autrui par fusion, par osmose, sont parfois influençables et malléables mais retombent toujours sur leurs pattes... si l'on peut s'exprimer ainsi.

La grande roue des maisons : les champs d'expérience

Allégorie de la mort.
(Lausat/Explorer.)

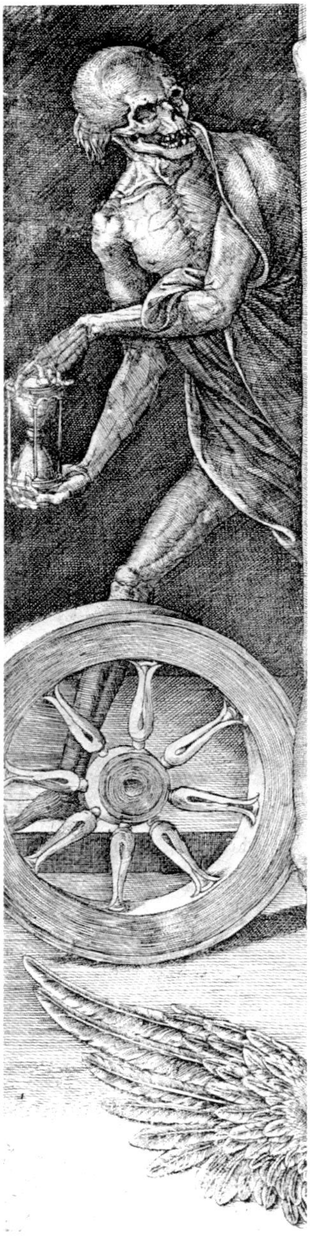

MAISON I OU DE L'ASCENDANT *VITA*
Le corps et la vie du sujet. **L'apparence. Le comportement.** Les possibilités latentes. **Le moi** et les moyens de l'affirmer ou de l'extérioriser, la santé, la vitalité. Structure physique et mentale de l'être. L'individu en lui-même.

MAISON II *LUCRUM*
Les acquisitions matérielles ou spirituelles. L'argent. Les possessions, les biens, la fortune. Ce que l'on se procure grâce à un effort personnel. Les entreprises financières. Les banques, les monnaies et métaux précieux, les intérêts. Ce que l'on doit faire fructifier, les productions. Le comportement vis-à-vis des conditions matérielles.

MAISON III *FRATRES*
Les frères, les sœurs, les proches. **Les contacts** imposés. **L'intelligence pratique.** Les études. **Les petits déplacements.** Les échanges, **les écrits**, le courrier, les transmissions. La presse, la poste.

MAISON IV (F.C.) *GENITOR*
Les influences héréditaires. Le foyer, la maison, les possessions mobilières. La vie familiale. L'ambiance en début et en fin de vie. Ce qui est sous terre : puits, mines, trésors cachés... Les racines.

MAISON V *FILII*
Les créations de l'homme : art, enfants, amours, plaisirs. Les distractions : jeux, modes, hasard. L'extériorisation du moi. **Les sentiments spontanés.** L'enseignement. L'élan vital qui peut être bien ou mal orienté. Le désir matérialisé.

MAISON VI *VALETUDO*
Le travail obligé. **Le travail quotidien. Tout ce qui est plus petit que soi** : inférieurs, domestiques, petits animaux. **Le service.** Tout ce qui oblige à une discipline. L'hygiène, les soins du corps, l'alimentation, la diététique. La médecine et ses annexes. La dépendance, les travaux manuels. Les petites maladies, **la santé**.

MAISON VII *UXOR*
L'autre. Les autres. **Le mariage, les associations**, les contrats. Les ennemis déclarés. Le monde extérieur.
Les procès. Tout ce qui relie ou sépare le moi des autres. Les contacts choisis. Un ardent désir des rapports solides ou légalisés. Le complémentaire.

MAISON VIII *MORES*
La mort et **les transformations.** L'occulte. **L'au-delà.** La sexualité. Les passions. Tout ce qui éloigne l'être de la vie « normale ». Les testaments et héritages. Le suicide et les disparitions. Les renoncements au matériel (maison II). **La puissance psychique.**

MAISON IX *PEREGRINATIONES*

L'idéal. L'évasion. **Les grands voyages, du corps ou de l'esprit.** Tout ce qui nous échappe, ce qui est lointain. Les études supérieures. Ce qui oblige l'homme à s'élever : religion, recherche, philosophie. **Les lois.** Magistrats, prêtres, arbitres. L'étranger et les étrangers. Les explorations.

MAISON X *REGNUM*

La situation sociale. Le but. L'ambition. Les honneurs. L'affirmation extérieure et personnelle, le refus des influences (maison IV). L'élévation. **Le destin.** La réussite, le succès. **La célébrité.**

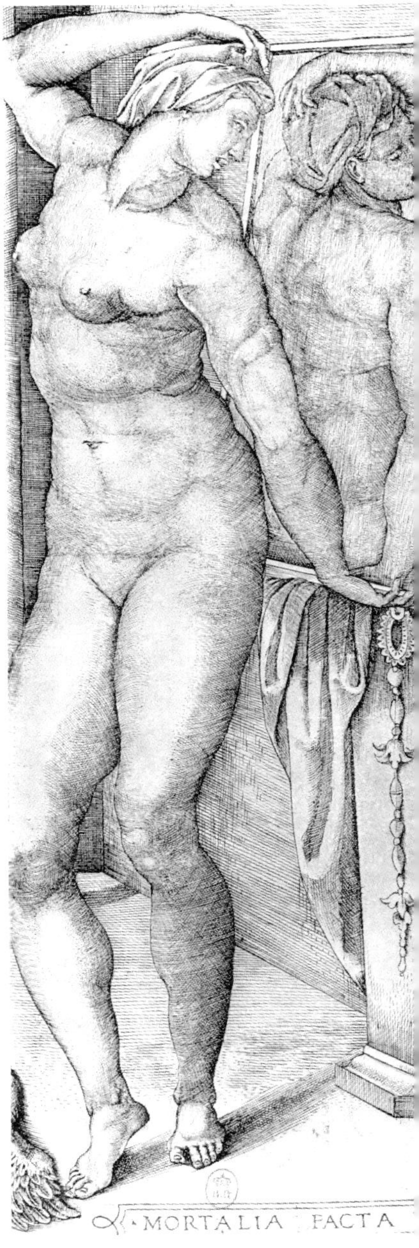

MAISON XI *AMICI*

Les amis choisis. Les protections. Les réunions, les espérances, les projets. La clientèle. L'amour spiritualisé, l'élévation des sentiments. L'objectivité, l'indulgence, l'équilibre. À l'opposé de la maison V, **les sentiments réfléchis et maîtrisés.** Le platonisme.

MAISON XII *INIMICI*

À l'opposé de la maison VI : **le plus grand que soi.** Grandes épreuves, grandes maladies, grands animaux. **Tout ce qui est caché** : prisons, hôpitaux, lieux où l'on souffre. **Le dévouement**, le sacrifice. Tout ce qui s'oppose au quotidien ; le sublime, l'héroïsme, le détachement. La solitude, l'isolement. **Le karma.**

Les cinq aspects majeurs

Nous avons vu que les planètes, par leurs positions respectives, pouvaient former cinq aspects différents sur le cercle zodiacal.
La tradition astrologique les classe de la façon suivante :
Aspect neutre ou ambivalent : la conjonction (0°).
Aspects harmonieux ou bénéfiques : le trigone (120°) et le sextile (60°).
Aspects dissonants ou maléfiques : l'opposition (180°) et le carré (90°).
Si l'on prend cette description « au pied de la lettre », et que, après avoir monté son propre thème, on s'aperçoive qu'il est rempli de carrés, il y a vraiment de quoi trouver du danger à la pratique de l'astrologie... En fait, les choses sont beaucoup plus nuancées et chaque aspect a une fonction, une valeur bien spécifique.

La **conjonction** est un aspect de fusion, de rencontre entre deux planètes. Or, que se passe-t-il en chimie lorsque deux éléments se rencontrent ? Tantôt, s'ils sont en harmonie, tantôt le mélange explose, tantôt les éléments se neutralisent mutuellement.
Il en va exactement de même dans la conjonction. Suivant les planètes qui la forment, son influence change. Prenons par exemple une conjonction Vénus-Jupiter, dont les mots clés respectifs sont, entre autres, amour et épanouissement : il est évident que cet aspect sera particulièrement positif et représentera un point heureux du thème concerné.
Si l'on prend en revanche une conjonction Mars-Uranus : activité, agressivité, et inattendu, bouleversement, elle est dangereuse car elle évoque un risque d'imprudence, de précipitation ou d'accident.

Le **trigone** représente la facilité et l'harmonie, vécus sur un plan essentiellement intérieur. Les planètes qui le composent œuvrent en vue d'un bien-être, elles se soutiennent mutuellement.
Le **sextile** a le même effet, mais sur un plan plus concret. Par exemple, un trigone Mercure-Neptune — raisonnement irrationnel — est synonyme d'intuition ; le sextile entre ces deux planètes indiquera une intuition que l'on utilise à des fins pratiques.
L'**opposition** est un aspect de blocage, car les planètes cherchent à s'annihiler mutuellement. Cela se résout fréquemment par une inhibition de l'une des deux tendances, lorsque l'une des planètes, par sa position en signe est plus valorisée. Ainsi Mars en Bélier opposé à la Lune en Balance signifie que l'agressivité risque de l'emporter sur la sensibilité.
Parfois les planètes ont une existence parallèle et contradictoire comme par exemple dans l'opposition Lune-Vénus, qui se traduit souvent par des besoins affectifs antinomiques engendrant soit le refoulement alternatif des deux pôles, soit une double vie sentimentale.
Le **carré** a les mêmes significations que l'opposition, en ce sens que les planètes concernées ne peuvent que se heurter. Mais dans ce cas, le conflit ainsi créé ne demeure pas à un stade de blocage intérieur comme dans celui de l'opposition. Il devient ouvert, ce qui fait du carré un aspect excessivement dynamisant, car porteur de changements.
Il serait facile d'en conclure que le « thème idéal » est celui qui rayonne de trigones et de sextiles. Oui, pour qui aime somnoler toute sa vie ! En effet, ce genre de thème, s'il prédispose à la facilité, est rarement l'apanage de personnalités fortes ou riches. En outre, il n'arme pas contre les difficultés de la vie, et le sujet se laisse aisément abattre ou décourager.
Les personnes dont le thème, en revanche, présente une majorité d'oppositions ou de carrés ont des difficultés à résoudre leurs problèmes, mais elles sont armées pour le faire ; elles sont plus combatives et vivent plus intensément. En fait l'idéal — et le plus courant, d'ailleurs — c'est un thème présentant un mélange à peu près égal d'aspects harmoniques et dissonants.

La position des planètes dans les signes et dans les maisons

Nous avons vu que chaque planète représentait une tendance spécifique. Les signes du zodiaque dans lesquels elles se trouvent respectivement au moment de la naissance vont indiquer l'orientation psychologique de cette tendance ; enfin, leur position dans les douze maisons du thème indiquera le domaine de réalisation de cette tendance.
Nous donnerons seulement ici la signification et la position en signes des planètes rapides — jusqu'à Mars. Au-delà, Jupiter demeurant dans un même signe un an environ, Saturne deux ans, Uranus sept ans, etc., cette étude concerne tous les individus nés durant les années en question. Elle est d'ordre collectif et perd son caractère individuel.
En ce qui concerne la position du Soleil et celle de l'ascendant, il suffit de se référer à la courte description des douze signes, en tenant compte du fait suivant : la position de l'ascendant est en rapport avec le comportement, elle indique l'idée que se font de vous les personnes

qui vous connaissent superficiellement. La position du Soleil est en rapport avec votre moi réel et conscient : c'est vous, tel que vous êtes en réalité, tel que vous voient ceux qui vous connaissent bien.
Par exemple, une personne Lion, ascendant Vierge, semble au premier abord réservée, doutant d'elle-même — alors qu'au fond, elle aura une vive conscience de sa valeur.

Le nuancier de la Lune autour du zodiaque

En Bélier, la féminité est dynamisée : la femme est plus protectrice que protégée, plus entreprenante que soumise. La sensibilité est instinctive, épidermique. Elle se manifeste par des pulsions violentes.
En Taureau, la sensibilité est forte mais réceptive, passive. C'est un signe de créativité, de fécondité, d'amour spontané pour tout ce qui est naturel, simple. Le natif a beaucoup de goût pour la nature, la beauté. Il réagit surtout aux stimulations sensorielles ou sentimentales.
En Gémeaux, la sensibilité est soumise au raisonnement mercurien. Ses manifestations sont la sociabilité, une facilité de contact. Les émotions sont intellectuelles. La lucidité canalise l'élan sensible. On peut craindre de l'instabilité, de la nervosité.
En Cancer, exaltation des valeurs féminines et maternelles. La femme est rêveuse, imaginative, romantique, pleine de fantaisie mais aussi attachée au confort et à la sécurité. L'enfance est importante. La sensibilité s'exalte dans l'imaginaire et peut aller jusqu'à la sensiblerie. Nostalgie, goût de la paresse, de la léthargie, anxiété et accès d'inertie sont à surveiller.
En Lion, la sensibilité devient moins intuitive mais s'extériorise plus aisément. Elle est sensible aux apparences. La femme a besoin d'être admirée, adulée, de briller, mais avec noblesse et élégance. Pour les deux sexes, elle témoigne d'un fort goût du luxe, des belles choses, de l'art.
En Vierge, la sensibilité est dominée par la raison, l'analyse. Pudeur, peur des démonstrations et difficulté à accepter le flot des sensations fait que l'on se rabat sur les détails pratiques. Bon sens, amour du quotidien mais peu d'imagination et un peu de naïveté pour les deux sexes qui peuvent, malgré leurs défenses, se laisser éblouir par des valeurs solaires.
En Balance, la sensibilité est esthétique et s'attache à sauvegarder l'équilibre jusque dans ses apparences. Conciliation, recherche de l'harmonie intime sont des maîtres mots. Mais la sensibilité demeure assez froide sur le plan humain, et ne se sent pas facilement concernée. Pour les deux sexes, elle est synonyme de créativité artistique dénuée de passion.
En Scorpion, la sensibilité est intuitive et lucide. La femme est fascinante et cultive l'étrange. Imagination morbide ou tourmentée, goût de séduire ou d'être séduite par les sens, érotisme la caractérisent. Les deux sexes sont sensibles à ce qu'il y a au-delà de la beauté. Des liens mystérieux les unissent, parfois malsains ou étranges.
En Sagittaire, la sensibilité n'est pas profonde mais spontanée, aimable. Le goût de l'aventure s'accompagne d'un désir d'honnêteté et de fidélité. La femme peut être du style « amazone », curieuse d'inconnu et d'expériences inédites. Au négatif, préjugés, conformisme influencent l'imagination.

Le signe du Taureau. Gravure de P. Firens. 17e siècle. *(Lausat/Explorer.)*

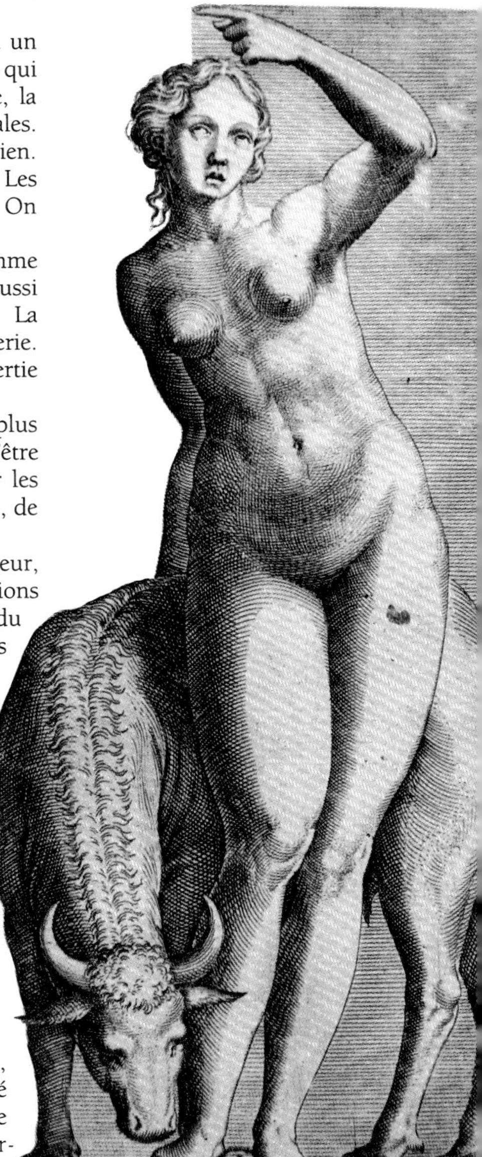

En Capricorne, la sensibilité est influencée par le réalisme, elle est intériorisée, refroidie, reléguée au fond d'un tunnel de glace. Elle peut en devenir exacerbée, mais est incapable de petites attentions, de douceur. Tout est pris très au sérieux. Beaucoup de maîtrise mais aussi de frustration éventuelle. La femme peut aimer s'élever socialement ou politiquement.

En Verseau, la sensibilité est semblable à un radar qui capte autrui. Peu de réceptivité aux valeurs traditionnelles ; compréhension mais opportunisme. On peut compter sur le respect de l'indépendance du partenaire et l'amour maternel est limité ; détachement sensible, sérénité sont des mots clés.

En Poisson, la sensibilité est intense, réceptive, noyée dans le courant des impressions. Le natif a besoin de se dévouer à autrui, d'être utile. Éventuellement, son attachement peut être masochiste et son goût pour l'évasion imaginaire.

La planète Mercure.
« De Sphaera... » Manuscrit
15ᵉ siècle. Bibliothèque de Modène.
(Edimedia.)

Le nuancier de Mercure autour du zodiaque

En Bélier, l'intelligence est guidée par un élan en avant ; elle est soumise à l'instinct. Esprit inventif, rapide, pressé d'arriver au but, intuitions fulgurantes au positif, manque de réflexion et de concentration, refus de revenir en arrière, susceptibilité au négatif.

En Taureau, l'intelligence est plutôt lente, expérimentale, pratique, solide, le raisonnement réaliste, concret, s'appuyant sur l'expérience, l'assimilation lente mais profonde, et le natif a une bonne mémoire des faits. Esprit d'escalier avec répartie différée, bon sens, jugement sûr, réfléchi au positif mais manque d'à-propos, peu de sens critique au négatif. L'intelligence palpe et pense avec les mains.

En Gémeaux, l'intelligence est curieuse, les pôles d'intérêt très variés. Le sujet saute du coq à l'âne, pense à plusieurs choses à la fois. Imagination, savoir-faire, verve, esprit de répartie, vivacité d'esprit sont ses atouts. Il comprend avant qu'on lui explique et arrive à autre chose. Astucieux, ironique, critique, il est mordant mais pas méchant. Superficialité, dispersion, ruse et, à l'extrême, mensonge ou plutôt goût de jongler avec la vérité seraient ses défauts.

En Cancer, l'intelligence est sensible, délicate, susceptible, voire capricieuse. L'imagination peut « embellir » la vérité : on ment sans s'en rendre compte. Dans cet esprit parfois traditionaliste ou conservateur, les idées ont besoin de mûrir. Peu d'ironie ! En cas de discussion ou de contrariété, le sujet s'accroche à son opinion avec ténacité. Au négatif, discontinuité, illogisme, entêtement. Le sujet n'admet pas avoir tort.

En Lion, goût de briller ou de dominer par l'intelligence. Goût aussi de la synthèse, du raisonnement global : la forêt cache l'arbre ! Efficacité de la pensée qui est apte à trouver des solutions et à éclaircir, à mettre en lumière. Le sujet accepte parfois mal ses propres limites et doit faire un effort pour admettre que l'on discute ses convictions : il est absolutiste. La lucidité est diminuée par la prépondérance du moi mais on constate une grande volonté d'apprendre.

En Vierge, l'intelligence est analytique, ordonnée, détaillée : l'arbre cache la forêt. Le champ de conscience est étroit. Plans, schémas, pense-bêtes, systématisation, classements, calculs sont ses outils quotidiens. Application, méthode, intelligence spéculative, sèche, théorique sont ses mots d'ordre. Au négatif le sujet éprouve une certaine difficulté à communiquer ses idées. Il souffre d'aveuglement intellectuel.

En Balance, l'intelligence est ouverte, humaine ; compréhension des contraires, goût de la comparaison, logique, recherche de la solution idéale, crainte du fanatisme et des extrémistes, esprit tolérant, tels sont les points forts. Quant aux points faibles, on notera une intelligence velléitaire ou trop esthétique et un certain snobisme intellectuel.
En Scorpion, l'intelligence est pénétrante, lucide. Flair, intuition, perspicacité mais aussi causticité et ironie sont caractéristiques de cette personnalité qui va au-delà des apparences mais peut manquer de continuité. La curiosité profonde est l'élément moteur. Au négatif, esprit de contradiction, chicane, provocation. Le natif aime surprendre et choquer. Il est créatif, inventif et n'aime pas céder.
En Sagittaire, il s'agit d'un esprit large, indépendant, curieux de toutes les croyances nouvelles ou originales. Grande sincérité des opinions, franchise, clarté d'esprit, synthèse, philosophie sont ses qualités. Au négatif on retiendra la superficialité, la crédulité, la naïveté, l'attachement aux idées reçues, et une certaine agitation mentale.
En Capricorne, intelligence méditative, lucide, rigoureuse, concentration d'esprit, persévérance dans la recherche sont les principaux atouts. Le raisonnement dépouillé est peu influençable. Réflexion, abstraction. Peu de disponibilité. Le sujet ne peut penser qu'à une chose à la fois. Au négatif, intelligence aride, sécheresse d'esprit, fanatisme, intolérance.
En Verseau, intelligence humaine, libérale, progressiste, ingéniosité, inventivité sont courants. Éventuellement, l'esprit est novateur ou réformateur, original ou excentrique et montre des intérêts idéologiques. Au négatif, goût de la tromperie, tendance à profiter de son intelligence pour duper les gens, plus par plaisir que dans un but matériel.
En Poissons, intelligence diffuse, médiumnique, soumise aux sensations ou aux intuitions. L'esprit est parfois brouillon car incapable de se manifester dans le domaine du quotidien. Compréhension, chaleur, capacité de « se mettre à la place » des autres, mais aucune efficacité matérielle sont d'autres mots clés de cette position planétaire.

Le nuancier de Vénus autour du zodiaque

En Bélier, l'amour naît de façon instinctive et spontanée, les sympathies et antipathies sont immédiates. Possibilité de « coup de foudre » et aussi de « retours de flamme ». Aucun raisonnement n'influe sur le sentiment. La franchise et la sincérité envers l'être aimé sont intenses mais momentanées.

Le signe de Vénus. Bois gravé. 16e siècle. *(Explorer archives.)*

En Taureau, sensualité saine et naturelle, affection et générosité pour un sujet fidèle tant qu'il est satisfait sur le plan sexuel. L'amour est durable et s'appuie volontiers sur les institutions traditionnelles comme le mariage. Sentiments exclusifs et jaloux, avidité affective, besoin de tendresse et de manifestation de celle-ci sont encore caractéristiques du sujet.
En Gémeaux, les sentiments sont intellectualisés et soumis au filtre de la raison. L'affectivité est freinée par l'intérêt porté à soi-même et une tendance au narcissisme. Au positif : besoin d'affinités intellectuelles dans le lien affectif. Sur le plan sexuel : érotisme qui peut être compliqué par la curiosité. Le natif a beaucoup de charme, il exprime ses sentiments avec facilité et séduit par le verbe.

Cartes d'un jeu de tarots astrologiques. 19e siècle. *(J.-L. Charmet.)*

En Cancer, grand besoin de tendresse et de compréhension. Le sujet se sécurise par l'impression d'être aimé. Forte sensualité, assez passive chez la femme (au négatif, elle « ne sait pas dire non ») et besoin d'être « materné » chez l'homme. On notera une tendance à se fixer ou à embellir les souvenirs sentimentaux.

En Lion, l'amour doit être vécu avec noblesse et, si possible, naviguer au-dessus des basses contingences et des influences extérieures. Grande générosité, mais aussi besoin de reconnaissance pour un sujet aux sentiments exclusifs, qui a besoin d'être « celui qu'on aime le plus... ou le mieux ». Très important : le natif — ou la native — ne peut aimer durablement ce qu'il — ou elle — n'admire pas.

En Vierge, difficulté à s'engager, réflexe de prudence devant la passion aveugle. Raisonnement et analyse refroidissent ou retardent les sentiments. Au positif, gentillesse et serviabilité avec les êtres aimés. C'est l'amour du quotidien.

En Balance, amour mesuré, réfléchi, désireux de parvenir à l'union idéale et parfaite, à l'équilibre affectif. Capable de conciliation pour préserver l'harmonie, il peut même essayer de « paraître » heureux quand il ne l'est pas. Il ne supporte pas la solitude et le sentiment s'épanouit dans le cadre de la légalité.

En Scorpion, le natif présentant cette position planétaire est attiré par la difficulté en amour et ne se sent vivre pleinement que dans un climat de passion. L'amour est proche de la haine, tourmenté et ennemi des demi-mesures. Il recherche l'union affective magique à travers l'union charnelle. En cas d'insatisfaction, il y a possibilité de sublimation ou de perversion.

En Sagittaire, la recherche des sentiments simples et francs, fondés sur une affinité de goûts et d'action, est très authentique. Peu de perversion, une sensualité saine et joyeuse qui déteste les complications d'ordre sentimental et a tendance à essayer de « sauver les apparences ». L'amour est sincère et spontané avec une certaine fraîcheur ou candeur. En cas de crise, le natif se remet difficilement en question.

En Capricorne, réflexe de crainte devant l'engagement sentimental. Peur d'aimer, défiance envers autrui, prudence. En revanche, au positif, les sentiments sont profonds, durables, mais tenus secrets. Il peut y avoir blocage devant la manifestation d'un sentiment. L'amour est esclave du temps et s'épanouit difficilement hors d'un climat de durée. Il est fidèle.

En Verseau, amour « libre » qui se veut compréhensif même si d'autres tendances du caractère inclinent au contraire. C'est le règne de l'amitié amoureuse. S'il est jaloux dans son comportement, le natif ne l'est pas sur un plan théorique et prône la liberté réciproque. Peu de passion ou d'aveuglement ; tendresse et indulgence sont au rendez-vous.

En Poissons, amour proche de l'exaltation : romantisme, élan mystique. Grande capacité de don de soi désintéressé, mais aussi incapacité à la fois inconsciente et volontaire d'être « maître de ses sentiments ». L'imagination peut jouer un rôle négatif : l'être se laisse « envahir » par les sensations et risque de perdre toute lucidité. Au positif, dévouement. Au négatif, masochisme et attachement à des personnes qui font souffrir ou qui détruisent.

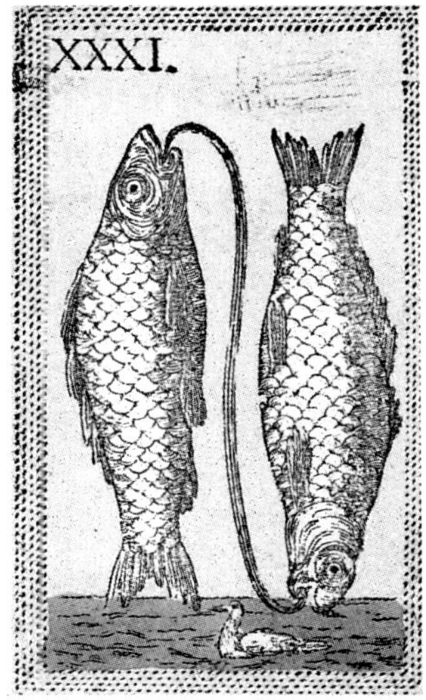

Le nuancier de Mars autour du zodiaque

En Bélier, activité impulsive, irréfléchie, mais ayant besoin d'un but. Goût du défoulement par l'effort physique ou la confrontation. Mépris du danger, courage. Alternance entre l'enthousiasme et l'abattement. Manque de tact.

En Taureau, action lente à se mettre en route mais difficile à arrêter. Colères violentes mais rares. Activité constructive sur le plan matériel ou artistique. Accumulation des tensions conduisant à des explosions.

En Gémeaux, activité mentale. Critique, ironie, agressivité causée par les oppositions ou les blessures d'amour-propre. Besoin de variété dans l'action. Agressivité verbale, polémique. Action dans le mouvement.

En Cancer, activité freinée par la sensibilité. Force d'inertie, rancune. Colères irraisonnées, enfantines, inexplicables parce que différées et sensibles à des détails personnels. Blocage émotif au moment d'agir. Agressivité ou autorité dans le milieu familial.

En Lion, activité sûre de gagner, pleine d'assurance, goût de la conquête, de la lutte. Puissance de l'action qui est au service du moi. Susceptibilité. Colères violentes en cas d'échec, ou refus de l'échec. Grande force.

En Vierge, activité raisonnée, prévue, organisée. Action visant aux détails. Agressivité lorsqu'on essaye de changer l'ordre établi : réflexe de défense qui peut donner une sous-estimation de sa valeur active.

En Balance, activité hésitante, pesant le pour et le contre. Détachement devant l'agressivité, lucidité, maîtrise. Recherche de l'action juste. Sens du moment pour agir. Indécision mais grande violence contenue lorsqu'on lutte pour un but idéaliste ou affectif.

En Scorpion, action souterraine, bien élaborée, lucide et précise. Violence contenue, longtemps refoulée : vengeance. Esprit de révolte systématique. Agressivité destructive et efficace.

En Sagittaire, action dirigée vers la défense d'un idéal. Goût de l'aventure. Amour des sports nobles. Agressivité lorsqu'on conteste ses idées. Goût de l'endoctrinement. Autorité entraînante. Indépendance. Simplification de l'action. Organisation du combat mais tendance à sous-estimer l'adversaire.

En Capricorne, action rigoureuse, logique, froide. Maîtrise, concentration de l'action vers un but précis et bien étudié. Réflexes défensifs plus qu'agressifs, sans influence des sentiments. Objectifs à longue portée, persévérance dans l'action.

En Verseau, dégoût de la compétition, refus de l'action pour le moi solaire, donc lutte pour un idéal, guerres d'indépendance, défense active de l'humanité. Peu d'agressivité sinon pour les « causes ». Aventures idéologiques. Besoin de stimulation pour continuer la lutte.

En Poissons, activité anarchique, désordonnée, suivant l'inspiration. Dispersion, manque d'efficacité. Pas d'agressivité, à moins d'être fortement attaqué. Difficulté à choisir un but mais aussi action inspirée, supérieure.

Vénus/Saturne, aspects reliants l'affectivité et la rigueur. Au positif, sentiments lucides, raisonnables et raisonnés, fidélité et faculté de résister aux tentations. Au négatif, pessimisme affectif, conflits entre les sentiments et la raison engendrant des frustrations.

NUANCIER DES PLANÈTES SELON LEUR POSITION DANS LES MAISONS

Le Soleil : Sa position en maisons représente l'endroit, le domaine de l'existence dans lequel le sujet va tenter de réaliser son moi, de se mettre en lumière, et aussi l'endroit où, qu'il le veuille ou non d'ailleurs, il va devoir vivre et se réaliser. Tout aspect harmonieux du Soleil indique une concordance du désir avec la réalité. Mal aspecté, la réalisation sera cause d'insatisfaction. S'il y a des bons et des mauvais aspects, il pourra y avoir alternance.

La Lune : La maison où elle se trouve est soumise à l'instabilité, aux changements de circonstance. Suivant les aspects, ces changements, qui sont plus des variations d'humeur et de climat que des bouleversements, seront positifs ou négatifs. Il s'agit aussi de l'endroit où le sujet sera amené éventuellement à être en contact avec la foule ou le public.

Le Soleil et la Lune. Gravure d'un ouvrage alchimique de Michael Maier. 16e siècle. *(Explorer archives.)*

Mercure : La maison où il se trouve est celle où le sujet pense et parle, et où il va bouger. Bien aspecté, ces facultés se développeront de façon positive. Mal aspecté, il y aura non-concordance entre la façon de s'exprimer et le lieu où l'on peut le faire. Jeunesse et précocité présideront au développement des tendances de la maison.

Vénus : La maison où elle se trouve est celle où le sujet aime, est aimé et tente de se rendre agréable ou d'exercer son charme. Mal aspectée on notera des buts égoïstes ou des déceptions affectives. C'est aussi là que l'on pourra manifester des dons de créativité.

Mars : La maison où il se trouve est celle où le sujet lutte, victorieusement si la planète est bien aspectée, en rencontrant des conflits et en se battant sans être sûr de gagner si elle ne l'est pas. C'est là que l'on agit pour obtenir indépendance et victoire.

Jupiter : La maison où il se trouve est celle où le sujet bénéficie de chance et de protections, celle où il va s'épanouir, se dilater, acquérir un pouvoir ou une autorité reconnus légalement. Mais au négatif c'est là qu'il y aura des ennuis d'ordre légal ou des conflits d'autorité avec des supérieurs, là que le sujet risque d'exagérer et de perdre son contrôle.

Saturne : La maison où il se trouve est celle où l'on doit agir avec maturité, renoncer au facile, acquérir la sagesse. Au négatif, c'est là que par excès d'avidité on va parvenir à une frustration.

Uranus : La maison où il se trouve sera la « boîte à surprises », où apparaîtra l'imprévu, où l'on devra faire face à l'inattendu, à l'illégal, au nouveau, et aussi celui où l'on pourra se comporter de façon originale. Au négatif, c'est là que se produiront des catastrophes imprévues et brutales.

Neptune : La maison où il se trouve est celle de l'inspiration, de l'illusion, de l'irréel, de la fusion mystique, mais au négatif, celle où l'on perd contact avec le réel.

Pluton : La maison où il se trouve est celle où le sujet va chercher à démontrer qu'il est différent des autres, qu'il peut se renouveler. Au négatif, ce désir sera insatisfait et entraînera amertume et autodestruction.

Zodiaque de l'an 1489 d'après « Les Étoiles et les curiosités du Ciel » de Camille Flammarion. 1882. *(Explorer archives.)*

L'INTERPRÉTATION DES ASPECTS

Il s'agit d'un des domaines les plus complexes et les plus riches de l'astrologie. En effet, chacune des planètes voit ses significations propres se moduler et se colorer différemment suivant le rapport qu'elle a avec ses compagnes, tout comme un être humain qui voit ses caractéristiques se modifier, parfois imperceptiblement, parfois vigoureusement, en fonction des personnes qu'il côtoie.

En outre, il ne faut jamais oublier qu'une interprétation astrologique s'adapte à tout individu et à toute situation ; les aspects, dans l'analyse de caractère comme dans l'analyse prévisionnelle, peuvent s'interpréter sur le plan concret, sur le plan animique, sur le plan spirituel. Une conjonction Vénus/Neptune qui met l'affectivité en rapport avec l'irrationnel et le mystique peut se rencontrer dans le thème d'une religieuse, mais aussi dans celui d'une amante hyperromantique, ou d'un Pygmalion qui veut rendre l'être aimé semblable à son idéal. Ce qui est important, c'est de retenir la signification profonde de l'aspect, c'est-à-dire : affectivité en fusion avec l'irrationnel et le mystique.

C'est cette « signification principale » que nous allons évoquer ici, en espérant donner au lecteur le désir d'aller plus loin, et l'amener à réfléchir sur ces aspects et à leur rechercher des significations en accord avec leur symbolisme — car c'est ainsi, souvent, que l'on fait les plus grands progrès.

Les termes *au positif* ou *au négatif* tiennent compte de la valeur de l'aspect, mais *il ne faut surtout pas en tirer une conclusion systématique*, car un élément positif poussé à l'extrême peut devenir négatif ou engendrer une facilité contraire à toute possibilité d'évolution, donc une sclérose. À l'inverse, un élément négatif contient la possibilité d'une réaction ou d'une amélioration à travers une prise de conscience.

Soleil/Lune : Aspects reliant le masculin et le féminin, la conscience et la sensibilité. La conjonction, qui représente la fusion de ces valeurs, indique souvent une difficulté à les différencier, d'où un caractère très entier, manquant parfois de maturité. Au positif, équilibre de la personnalité, heureuse perception du sexe opposé. Au négatif, inconfort moral, conflits avec soi-même et avec le sexe opposé.

Soleil/Mercure : La distance entre le Soleil et Mercure étant de 28° maximum, la conjonction est le seul aspect possible : Fusion entre la conscience et l'intelligence. Affirmation d'ordre intellectuel.

Soleil/Vénus : La distance entre le Soleil et Vénus étant de 45° maximum, seule la conjonction est possible.

Fusion entre la conscience et l'affectivité, d'où désir de plaire et d'être

Leo

Virgo

Libra

Scorpio

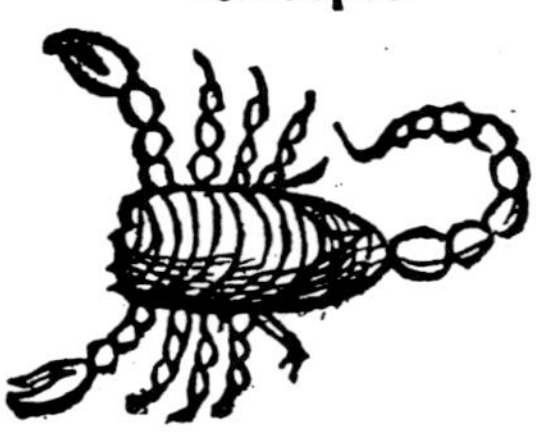

apprécié. Aspect de charme dont le style dépend du signe dans lequel se trouve la conjonction.

Soleil/Mars : Aspects qui relient la conscience et l'activité, l'agressivité. Au positif, besoin de s'affirmer par l'action, force, énergie, indépendance, lucidité quant aux moyens d'action. Au négatif, alternance d'activité fébrile et de refus d'agir.

Soleil/Jupiter : Aspects qui relient la conscience et l'épanouissement. Au positif, optimisme, autorité bienveillante, confiance en soi favorisant la réussite. Au négatif, amplification du moi, conflits avec l'autorité, tendance à se prendre trop au sérieux, mégalomanie.

Soleil/Saturne : Aspects reliant la conscience et la rigueur. Au positif, lucidité, ambition froide tendue vers un but précis, caractère persévérant, sérieux ; sens du devoir ; tendance à se fixer sur un objectif. Au négatif, manque de confiance en soi, refus des rôles solaires, crainte de l'échec.

Soleil/Uranus : Aspects reliant la conscience à l'originalité, à l'indépendance. Au positif, caractère individualiste, anticonformiste, entier ; dynamisme créatif, tendance à se passionner pour la nouveauté. Au négatif, tempérament rebelle tendant à se démarquer à tout prix. Accès de révolte ponctués de passages à vide, dispersion, sautes d'humeur.

Soleil/Neptune : Aspects reliant la conscience à l'irrationnel. Au positif, tempérament réceptif, finesse de perception, capacité de comprendre ce qui échappe à beaucoup.
Au négatif, confusion, fuite du réel, erreurs d'appréciation, tendance à prendre de mauvaises directions, à mal juger les personnes.

Soleil/Pluton : Aspects reliant la conscience à l'inconscient, aux forces secrètes, à l'inconnu.
Au positif, grande volonté, désir de s'affirmer sans rien devoir à personne, d'être « son propre modèle ». Au négatif, autodestruction, et surtout refus du modèle paternel, complexe de culpabilité.

Lune/Mercure : Aspects reliant la sensibilité et l'intelligence. Au positif, habileté à s'exprimer, ingéniosité, adaptabilité. Au négatif, étourderie, conflits entre le raisonnement et la sensibilité, mythomanie.

Lune/Vénus : Aspects reliant deux pôles féminins, l'un maternel, l'autre charnel. Au positif, bonté naturelle, équilibre affectif, charme. Au négatif, désirs affectifs contradictoires, vie sentimentale compliquée.

Lune/Mars : Aspects reliant sensibilité et action. Au positif, vivacité, confiance en soi, dynamisme. Au négatif, réactions instinctives violentes et incontrôlées, tempérament susceptible et inquiet.

Lune/Jupiter : Aspects qui relient la sensibilité et l'épanouissement. Au positif, générosité, fécondité, sensibilité chaleureuse. Goût du confort. Au négatif, amplification émotionnelle, tempérament faible, souvent dominé par les événements.

Lune/Saturne : Aspects reliant la sensibilité et la rigueur. Au positif, tempérament sage, excellent contrôle des émotions, sérénité, parfois besoin de solitude. Au négatif, sensibilité douloureuse, mélancolie, tendance à se fixer sur des situations frustrantes, crainte d'être éloigné de ceux que l'on aime, méfiance.

Lune/Uranus : Aspects qui relient la sensibilité à l'originalité et à l'indépendance. Au positif, la sensibilité est impulsive mais un peu dispersée, ce qui contribue à éviter des souffrances. Au négatif, grande tension émotionnelle, instabilité psychologique, intolérance.

Lune/Neptune : Aspects reliant la sensibilité et l'irrationnel. Au positif, faculté de perception extrême : prémonitions, intuitions, imagination intense. Au négatif, fragilité psychique, tendance dépressive, caractère influençable, malléable. Il y a souvent, quels que soient les aspects, une compréhension, un sens psychologique étonnants.

Lune/Pluton : Aspects reliant la sensibilité à l'inconscient, à l'inconnu. Au positif, compréhension exceptionnelle des phénomènes cachés. Capacité de s'adapter à tout en changeant éventuellement de « personnage ». Au négatif, la sensibilité est envahie par l'angoisse : blocages, obsessions, refus du modèle maternel.

Mercure/Vénus : Aspects reliant intelligence et affectivité. Au positif, la personne plaît grâce à son esprit, elle sait s'imposer en douceur. La conjonction indique une influence réciproque des sentiments et du raisonnement.

Mercure/Mars : Aspects reliant l'intelligence et l'activité. Au positif, efficacité, action raisonnée et bien conduite. Au négatif, sens critique, agressivité verbale, action mal préparée.

Sagittarius c 3

Mercure/Jupiter : Aspects qui relient l'intelligence et l'épanouissement. Au positif, grande facilité d'assimilation et de conviction ; réussite par l'intelligence, idées utiles, concrétisables, populaires. Au négatif, manque de rigueur intellectuelle.

Mercure/Saturne : Aspects reliant l'intelligence et la rigueur. Au positif, concentration, faculté d'aller au fond des choses, grande honnêteté intellectuelle, esprit scientifique, rationnel, logique, jugements objectifs et réfléchis. Au négatif, communication difficile, erreurs de jugement, et surtout manque de confiance par rapport aux capacités intellectuelles.

Capricornus.

Mercure/Uranus : Aspects qui relient l'intelligence et l'originalité. Au positif, ingéniosité, curiosité, opportunisme intellectuel, dynamisme mental. L'être a besoin de convaincre, de « faire passer le message ». Au négatif, rébellion intellectuelle, tendance à vouloir à tout prix imposer ses idées, absolutisme, fanatisme.

Mercure/Neptune : Aspects reliant l'intelligence et l'irrationnel. Au positif, intelligence intuitive, souple, réceptive ; compréhension par imprégnation, plasticité mentale, capacité de réussir dans des voies faisant appel à l'imagination. Au négatif, esprit confus, étourderie, oublis, tendance à être « ailleurs », « tête en l'air ».

Aquarius.

Mercure/Pluton : Aspects reliant l'intelligence à ce qui est caché. Au positif, intelligence aiguë qui ne laisse rien dans l'ombre. Attirance pour le mystère, goût de décortiquer les problèmes. Au négatif, il peut y avoir refus du mystère, donc esprit quelque peu borné craignant l'inconnu, ou bien pensées morbides incontrôlées et un côté « apprenti sorcier ».

Vénus/Mars : Aspects indiquant les rapports entre l'amour (Vénus) et le désir (Mars). Au positif, sexualité saine et bien vécue, rapports harmonieux. Contribue à rendre la personne attirante. Au négatif, les sentiments s'expriment de façon agressive ou dans un climat de conflits.

Pisces

Vénus/Jupiter : Aspects reliant l'affectivité et l'épanouissement. Au positif, confiance, caractère conciliant, tendance à voir le « bon côté » de ceux que l'on aime. Au négatif, insatisfaction affective, débordements.

Vénus/Saturne : Aspects reliant l'affectivité et la rigueur. Au positif, sentiments lucides, raisonnables et raisonnés, fidélité et faculté de résister aux tentations. Au négatif, pessimisme affectif, conflits entre les sentiments et la raison engendrant des frustrations.

Le mois de décembre : abattage du cochon et signe du Capricorne. Livre d'heures français. 1423. British Museum. *(Edimedia.)*

Vénus/Uranus : Aspects reliant l'affectivité à l'imprévu, l'inattendu. Au positif, conception originale et anticonformiste de l'affectivité, sentiments violents, « exclusifs », tendance à mettre toute son énergie dans une passion. Aspects du « coup de foudre ». Au négatif, impatience sentimentale, créant des coupures. Parfois, les bons aspects indiquent une habileté artistique, une créativité originale.

Vénus/Neptune : Aspects reliant l'affectivité et l'irrationnel. Au positif, sentiments empreints de dévouement, de romantisme ; tendance à idéaliser l'être aimé. Grande créativité artistique quels que soient les aspects. Au négatif, l'amour ne peut être vécu au quotidien : attirance pour l'impossible, le lointain, le compliqué. L'être se met lui-même dans des situations impossibles parce qu'il se trompe dans ses choix sentimentaux.

Vénus/Pluton : Aspects reliant l'affectivité aux forces cachées. Au positif, séduction « magique », fascination d'ordre sexuel, opportunisme affectif permettant d'obtenir un pouvoir sur autrui. Au négatif, culpabilisations sexuelles, souvent refoulées dans l'inconscient, engendrant une difficulté à l'épanouissement.

Mars/Jupiter : Aspects reliant l'activité et l'épanouissement. Au positif, confiance dans les moyens d'actions engendrant audace et esprit de conquête. Facilité à conduire, commander. Au négatif, initiatives déplacées, besoin de commander à tout prix et vexation en cas d'échec.

Mars/Saturne : Aspects qui relient l'action, l'agressivité, et la rigueur. Au positif, activité réfléchie, persévérance et prudence ; l'audace est bien calculée, les élans canalisés par la raison et l'analyse des faits. Au négatif, il y a « blocage » de l'action engendrant renoncement ou paresse, accès de découragement, impression d'être incapable d'agir.

Mars/Uranus : Aspects reliant l'activité, l'agressivité à l'imprévu, l'inattendu, l'original. Au positif, l'être est « débrouillard », dynamique, apte à trouver des solutions avec rapidité. Plus doué pour commencer que pour continuer. Au négatif, imprudence, actions précipitées, goût du risque incontrôlé, agressivité arrogante.

Mars/Neptune : Aspects reliant l'activité et l'irrationnel. Au positif, l'inspiration guide l'action. L'être a besoin de se diriger vers un idéal, voire d'y entraîner les autres. Au négatif, l'action se dilue dans le flou : erreurs dans le choix d'une activité, inspirations aberrantes, manque de réalisme dans l'action.

Mars/Pluton : Aspects reliant l'activité aux forces cachées. Au positif, vitalité intense, fascinante, pouvoir de conquête à tous les niveaux, grande volonté et aussi double jeu, pouvoir obtenu de façon détournée. Au négatif, violence destructive ou à l'inverse autodestruction par l'adoption d'un mode d'action imprudent ou « suicidaire ».

Jupiter/Saturne : Aspects reliant l'épanouissement et la restriction. Au positif, l'être est capable de maîtrise car les deux planètes s'annihilent dans ce qu'elles pourraient avoir d'exagéré. Au négatif, l'être est tiraillé entre des valeurs contraires : d'un côté la facilité, de l'autre la rigueur.

Jupiter/Uranus : Aspects reliant l'épanouissement et la différenciation. Au positif, la personne possède les moyens de s'affirmer avec indépendance, d'imposer son pouvoir, ses idées originales. Au négatif, elle a tendance à l'exagération, se croit volontiers exceptionnelle et fait preuve d'un entrain irréfléchi.

Jupiter/Neptune : Aspects reliant l'épanouissement à l'irrationnel. Au positif, recherche de satisfactions rares, créativité accrue, générosité ;

l'être a la possibilité de ressentir et d'extérioriser ce qui souvent reste au stade de la nébuleuse. Au négatif, il agit dans un désordre total, se montre indécis, inadapté, prend des engagements dangereux, accorde trop de confiance à autrui.

Jupiter/Pluton : Aspects reliant l'épanouissement au mystère. Volonté de s'épanouir, de prendre de la place, au positif de façon entraînante, au négatif, aux dépens d'autrui.

Saturne/Uranus : Aspects reliant la rigueur à la différenciation. Au positif, personnalité indépendante, possédant une volonté de fer et une très grande résistance à toute influence extérieure. Force morale individuelle, lucidité sans faille. Au négatif, dureté, fixité, obstination froide et logique imperméable à tout sentiment.

Saturne/Neptune : Aspects reliant la rigueur à l'irrationnel. Au positif, intuition soutenue par la logique, capacité d'appréhender avec sérieux et lucidité les domaines impalpables. Au négatif, l'imagination et la raison se livrent un combat permanent, d'où un comportement ambivalent, tantôt aride et sec, tantôt flou et incertain.

Saturne/Pluton : Aspects reliant la rigueur au mystère. Au positif, faculté de pénétration impressionnante, presque inhumaine. Au négatif, sévérité.

Uranus/Neptune : Aspects reliant la différenciation à l'irrationnel. Au positif, pouvoir créatif intense. Au négatif, confusion, la personne s'obstine même lorsqu'elle a tort.

Uranus/Pluton : Aspects reliant la différenciation au mystère. Personnalité étrange, secrète, puissamment originale. Au négatif, l'être cultive ses différences jusqu'à s'exclure complètement.

Neptune/Pluton : Aspects reliant l'irrationnel au mystère. Il va de soi que seules les personnes particulièrement évoluées, intellectuellement et spirituellement, pourront en ressentir les effets positifs, à savoir compréhension instinctive des choses cachées, des domaines de l'inconscient. Au négatif, les pulsions intérieures peuvent avoir un effet déséquilibrant ou destructeur.

Le mois de juillet : moissons et signe du Lion. Livre d'heures français. 1423. British Museum. *(Edimedia.)*

LA CONDUITE DE L'INTERPRETATION

Nous venons de voir que l'interprétation du thème natal s'appuie sur un certain nombre de « bases techniques et symboliques » dont nous venons de donner un aperçu. La tentation est grande de mettre bout à bout toutes les significations obtenues, en se disant « ça y est, l'astrologie n'a plus de secrets pour moi ».

Hélas — ou plutôt, heureusement — il n'en est rien. Car le résultat que l'on obtient en utilisant ce genre de procédé (que je n'oserais condamner car il s'agit d'un piège dans lequel tombent beaucoup de débutants, et il a bien dû m'arriver de m'y fourvoyer) est en général complètement « fumeux » et surtout très fragmentaire.

À vrai dire, l'apprentissage de l'interprétation passe par trois phases qui ont toutes leur importance.

La première est donc cette accumulation de données toutes faites. Avantage : c'est facile. Inconvénient : la synthèse est impossible, et l'interprétation n'a rien de spécifique, rien d'individuel. Un aspect de pessimisme affectif, par exemple, n'aura absolument pas la même valeur dans le thème d'un « Mercurien » ou d'un « Vénusien »... Le premier pourra y substituer des intérêts intellectuels et le sentira bien moins que le second qui le vivra à fond.

La seconde phase — celle que nous allons évoquer ici — permet d'éviter le piège de la « fragmentation » en fournissant une ligne d'interprétation, un échelonnement des valeurs qui permet la synthèse et aussi la compréhension détaillée des principaux points de la personnalité. Certains pourront s'arrêter là, avec un bon outil qui laissera peu de zones du thème inexplorées.

Pourtant je crois que cette phase doit être dépassée, afin d'arriver à la troisième, celle des amateurs avertis ou des professionnels, qui se sont construit une méthode d'interprétation en accord avec les bases de l'astrologie, mais enrichie de leur expérience propre et de leur personnalité.

Vous trouverez donc, ici, ce qui est nécessaire pour parvenir à cette deuxième phase. La troisième dépend de vous...

Symbolisme de l'espace

Voyons le thème de Julien Clerc. Il y a autant de planètes en dessous de la ligne d'horizon qu'au-dessus : l'être a besoin de préserver sa vie privée sans pour cela sacrifier sa vie publique.

On peut également constater que neuf planètes sur dix se trouvent à gauche du méridien, donc extraversion, mais dépendance (des autres, d'un public, etc.).

Dominante planétaire

Son étude va nuancer, voire confirmer, et dans certains cas infirmer (ce qui indiquera une forte contradiction au sein de la personnalité) le symbolisme de l'espace.

Thème d'exemple : La seule planète angulaire, donc dominante, est Uranus conjoint au Fond du Ciel : indice d'originalité, d'indépendance. Ceci diminue le diagnostic de dépendance porté plus haut en indiquant que celle-ci concerne peut-être la vie et les rapports humains mais pas la personnalité. Indice aussi de dynamisme créatif. La sous-dominante est Neptune, valorisé par la maîtrise de l'ascendant Poissons et la conjonction au Soleil : capacité de perception, de réceptivité, de souplesse. Voilà qui confirme l'ouverture impliquée par la répartition des planètes à gauche du méridien.

Pour résumer, le sujet est sociable, ouvert, adaptable, très réceptif, ce qui peut le rendre parfois influençable et dépendant des autres, mais par ailleurs imaginatif, original et créatif.

Le Soleil et l'ascendant

L'étude donne une image du rapport harmonieux ou contradictoire existant entre l'être et le paraître, entre ce que la personne projette sur autrui (ascendant) et sa personnalité réelle (Soleil).
Thème d'exemple : L'ascendant en Poissons montre un comportement aimable, un peu rêveur, mais très adaptable. Le Soleil en Balance apporte sociabilité, désir d'harmonie et d'équilibre. L'être et le paraître n'ont rien de contradictoire mais ce mélange accentue les défauts communs aux deux signes : hésitation, côté velléitaire.

Le dégagement des structures

Cette opération permet d'interpréter les facettes principales de la personnalité sans les dissocier du reste du thème. À chaque planète est attribué un secteur psychologique — parfois deux.
Psychologie : Soleil et Lune. L'étude de ces facteurs fournira un éclaircissement sur le « senti » du sujet par rapport aux images paternelles et maternelles — en tous cas familiales — qui ont marqué son enfance (attention : « image paternelle » ne veut pas dire forcément « père » : il peut s'agir de toute autre personne de sexe masculin ayant joué un rôle important dans le développement psychologique du sujet ; de même pour la mère). En ressortira aussi la façon dont la personne se situe, dans son sexe et par rapport à l'autre sexe.
Intelligence et raisonnement : Mercure.
Vie affective : Vénus.
Activité : Mars.
Dans chacun des cas, la structure en cause sera étudiée en fonction de la planète en signe et en maison et en fonction des aspects qu'elle forme avec les autres planètes.

STRUCTURE PSYCHOLOGIQUE

Dans le thème d'exemple, le Soleil en Balance, en maison VII, est conjoint à Neptune, à Vénus, sextile à Pluton et trigone à la Lune. Ce dernier aspect indique un bon équilibre de base : le masculin et le féminin sont ressentis comme susceptibles d'harmonie réciproque.
La Lune est en Gémeaux, en maison III, opposée à Jupiter, trigone à Soleil-Neptune. Les images parentales ne semblent pas poser de problèmes (absence d'aspects dissonants de Saturne ou Pluton au Soleil et à la Lune).
Il y a néanmoins une tendance à l'amplification et à l'instabilité émotionnelle (opposition Lune/Jupiter) qui joue sur le plan de la communication (maison III).
La réalisation de la personnalité (Soleil) se fait de façon aimable, équilibrée, réceptive : l'être « s'imprègne » de son milieu (Neptune) ; sa démarche est essentiellement affective (Vénus) et il y a un net désir de plaire et d'être entouré (sens de Vénus, de la Balance et de la maison VII : l'union).
Sa sensibilité est vive, très réceptive (trigone Lune/Neptune) et il est capable de se remettre en question (sextile Soleil/Pluton).

Homme astrologique. Gravure d'un ouvrage de Georg Bartsch. 1583. Faculté de médecine de Paris. *(J.-L. Charmet.)* ▶

Structure intellectuelle

Dans le thème d'exemple, Mercure est en Scorpion, en maison VII, carré à Mars.
L'intelligence est pénétrante, perspicace ; l'être est doté de sens psychologique (Mercure/Scorpion), il aime comprendre les autres (maison VII). Son sens critique est très vif et il ne contrôle pas toujours très bien son action (carré Mercure/Mars). À noter que l'influence de la Balance où se trouvent trois planètes empêche le sens critique de se manifester de façon blessante : cela nuirait en effet à l'harmonie qui est l'un des buts dominants.

Structure affective

Dans le thème d'exemple, Vénus est en Balance, en maison VII, conjointe à Soleil/Neptune, en sextile de Saturne.
La personne est très sentimentale, elle a besoin de plaire, supporte mal la solitude (Vénus en Balance). Elle cherche à fusionner sur le plan affectif, est idéaliste (Vénus conjointe à Neptune) ; elle est capable de fidélité et préfère les liens de type conjugal aux aventures de passage (Vénus sextile Saturne, en maison VII).

Structure active

Dans le thème d'exemple, Mars est en Lion, en maison V, trigone à Jupiter et sextile à la Lune. L'être ne manque ni d'énergie ni de « punch », il a de l'ambition (Mars en Lion) et la manifeste dans le domaine créatif (maison V). Il a confiance dans ses moyens et agit avec assurance (trigone de Jupiter). Son énergie est guidée par sa sensibilité (sextile Lune/Mars).

Thème d'exemple : L'ascendant en Poissons peut indiquer la présence des fragilités de ce signe : extrémités des membres (pieds en général).
Mais ce qui frappe surtout dans une interprétation c'est la présence du Soleil en Balance, conjoint à Neptune maître de l'ascendant : les reins sont fragiles.
Ensuite on notera la présence en maison VI, en Lion, de Saturne et Pluton conjoints. Cet aspect n'étant pas précisément positif indique qu'il peut y avoir à un moment quelconque de la vie un ennui de santé conséquent touchant au cœur ou à la colonne vertébrale. On retiendra cette deuxième hypothèse puisqu'elle va dans le même sens que le Soleil et on arrivera à la conclusion suivante : douleurs de la zone lombaire.

La santé

Cette analyse faite, il ne reste plus, éventuellement, qu'à étudier la santé du sujet ; les points faibles dérivent de l'analogie qui existe entre signes du zodiaque et parties du corps, comme indiqué ci-dessous :

Bélier : la tête, au sens physique et psychologique.
Taureau : nez, gorge, oreilles.
Gémeaux : système respiratoire, bras, système nerveux.
Cancer : estomac, système lymphatique.
Lion : cœur, colonne vertébrale, vue.
Vierge : intestins.
Balance : reins (organe et zone lombaire).
Scorpion : appareil génital, vessie.
Sagittaire : foie, cuisses, hanches.
Capricorne : ossature, articulations, dents, peau.
Verseau : circulation.
Poissons : extrémités des membres, troubles glandulaires.

Les points du thème en rapport avec la santé sont l'ascendant, le Soleil (fragilités organiques) et la maison VI (événements concernant la santé).

L'Astrologue. « Chants royaux sur la conception couronnée du Puy de Rouen. » 1519-1528. Bibliothèque nationale. *(Edimedia.)*

◀ Grandville : « L'Astronomie des Dames » : « La mauvaise étoile » et « La bonne étoile ». *(Edimedia.)*

L'interprétation prévisionnelle

Quelle que soit la méthode utilisée, l'interprétation des facteurs prévisionnels se fait de la même façon que l'interprétation psychologique du thème natal.

Par exemple, dans le natal, un trigone Vénus-Saturne indique maîtrise et lucidité dans le domaine des sentiments ; en transit, ou en directions, l'aspect par trigone de ces mêmes planètes montre une période de l'existence où l'être bénéficie d'une logique et d'un contrôle qui lui permettent de ne pas se laisser envahir par ses sentiments, donc de prendre des décisions sages et réfléchies sur ce plan. Mais personne, pas même l'astrologue, ne peut préjuger du caractère de la décision, surtout si le vécu du sujet lui est inconnu.

Le même aspect, dans une révolution solaire, apportera cette « touche » de raisonnement affectif dans le climat de l'année en cours.

Une compréhension profonde et sensible du symbolisme des planètes et de leurs aspects réciproques est donc susceptible de permettre à tout passionné d'astrologie d'aborder le domaine de l'interprétation prévisionnelle. Mais il devra le faire avec précaution et humilité, en demeurant en permanence conscient du « pouvoir magique » que lui concède, aux yeux des personnes non averties, cette possibilité de décryptage de l'avenir. Tout pouvoir sur autrui comporte un danger, toute influence peut être bonne — ou mauvaise. Une prévision « positive » doit toujours être assortie du moyen d'en profiter au maximum, car même si les planètes indiquent un succès professionnel mirobolant, l'individu qui demeurera à l'attendre assis dans un fauteuil risque fort de ne rien voir venir, sinon de vagues occasions qu'il oubliera de saisir. De même, une prévision « négative » doit tenir compte du degré de sensibilité de la personne concernée, et s'accompagner d'une évaluation des moyens de s'en sortir au mieux. Que dirait-on d'un médecin qui déclarerait abruptement à son patient « vous avez telle maladie » et ne lui donnerait pas d'ordonnance ?

LES MÉTHODES PRÉVISIONNELLES

Les transits : Il s'agit de la méthode prévisionnelle la plus usitée à l'heure actuelle. Elle consiste à interpréter le « climat » produit par une planète lorsque, dans son mouvement céleste, elle se trouve en aspect avec la position d'une planète dans le thème natal.

Cette dernière est considérée comme planète « réceptrice » et elle indique le domaine de l'existence concerné par le transit ; par exemple, Vénus pour la vie affective. Les angles du thème (Ascendant, Milieu du Ciel, Descendant et Fond du Ciel) sont également « récepteurs » : un transit planétaire en aspect au M.C. sera en rapport avec la vie professionnelle, au F.C. avec la maison, le foyer, etc.

La planète qui « envoie » l'aspect est considérée comme émettrice et détermine le « climat » : imprévus pour Uranus, retards ou frustrations pour Saturne, etc. Le rôle émetteur est joué par les planètes lentes ; en effet, Uranus demeurera parfois un an et plus en aspect d'un « point sensible » du natal, alors que la Lune le « survolera » littéralement en quelques heures. En conséquence, seuls Jupiter, Saturne, Uranus, Neptune et Pluton pourront jouer le rôle d'« émetteurs ».

Cependant, il importe de ne pas négliger l'influence de planètes rapides comme Mars ou Vénus : lorsqu'elles sont rétrogrades, elles demeurent

symboliquement plus longtemps au même endroit ; en outre elles jouent souvent un rôle de « transmetteur d'influence » ou de « catalyseur ». Par exemple, Uranus passant en conjonction d'un Soleil natal en maison VI peut indiquer un risque pour la santé s'étalant sur plusieurs mois ; Mars y passant à son tour va « déclencher » l'influence.
Ces influences planétaires sont à étudier en fonction du thème natal et de la situation vécue par la personne au moment du transit. En effet, il ne s'agit pas de « fatalité ». Les mêmes causes ne produisent pas toujours les mêmes effets, et ceux-ci sont à moduler suivant la personnalité, le mode de vie et les désirs de l'individu concerné. Par exemple, un transit « de Saturne sur le Soleil », qui incline à la réflexion solitaire, à la recherche consciente, peut avoir des répercussions enrichissantes dans le thème d'un scientifique, et négatives dans celui d'un vendeur ou d'un « commercial » dont le succès dépend un peu de ses contacts avec autrui.
En outre, il ne faut jamais oublier le côté complètement subjectif des influences planétaires : elles indiqueront la façon dont l'être ressent les choses, pas la cause de ce qu'il ressent.

Les révolutions solaires : Il s'agit d'un « thème numéro deux » monté pour l'heure exacte où le Soleil natal d'un individu revient sur sa position de naissance. Selon les années, cette heure varie.
Ce « thème solaire » sera interprété d'abord « en lui-même » puis comparé au natal.
L'établissement de la révolution solaire demandant des calculs assez complexes (mais il existe des tables les facilitant considérablement), les astrologues qui utilisent cette méthode ne sont pas en majorité. Elle est pourtant précieuse, d'une part pour dater de façon plus précise les échéances planétaires, d'autre part pour en déterminer la zone d'influence.
Par exemple, un transit de conjonction Neptune sur Lune est délicat à interpréter : va-t-il toucher la sensibilité et le psychisme de façon positive, en accentuant la réceptivité et l'intuition, ou bien va-t-il les entraîner sur des voies dangereuses pour l'équilibre ? Et quand cela jouera-t-il, étant donné que Neptune peut rester trois ans en orbe de cette conjonction ? La révolution solaire apportera une clarification : si la Lune n'y est pas en aspect de Neptune, le climat en question ne jouera pas cette année-là ; mais si, l'année suivante, ils se trouvent en bon aspect, le climat jouera de façon positive dans l'année.
Enfin, les transits, la plupart du temps, sont en rapport avec les événements déterminants de l'existence ; la révolution solaire permettra d'étudier les influences secondaires, marquant le climat d'une année, mais pas d'une vie.

Les directions : Il existe trois méthodes de directions ; les premières sont appelées *directions primaires* et sont peu usitées compte tenu de la complexité mathématique qu'impose leur calcul. C'est dommage car le résultat en est passionnant. Espérons que l'ère de « l'ordinateur pour tous » que nous commençons à vivre aidera les amateurs, en simplifiant la partie technique, à les utiliser davantage.
Les autres méthodes sont d'une extrême facilité et peuvent être mises en pratique par le débutant — à condition bien sûr que celui-ci se montre très prudent dans leur interprétation.
Les *directions secondaires ou progressions* sont fondées sur la règle

suivante : un jour = un an, en référence à la phrase de la Bible « je te donnerai un an pour chacun de tes jours ». Il suffit, pour une personne âgée de 25 ans, de compter 25 jours à partir de la date de naissance, de relever, pour ce jour, la position des planètes, et de la comparer au thème natal.
Les *directions symboliques* se fondent sur le principe : un degré = un an. On prend une planète donnée, pour sa position à la naissance, on y ajoute 25 degrés pour 25 ans, et l'on compare la position obtenue avec le thème natal.
Lorsque l'on fait progresser toutes les planètes du thème pour une année donnée, et que l'on recalcule la position des maisons pour ce jour-là, en utilisant la même heure de naissance, on obtient ce qui s'appelle un *thème progressé*, méthode prévisionnelle très en vogue dans les pays anglo-saxons.
Et si vous désirez en savoir davantage sur l'astrologie, vous pouvez lire *Dictionnaire pratique d'astrologie*, Catherine Aubier — M.A. Éditions.

DÉPARTEMENTS À L'EST DE GREENWICH

Ain	+ 20'
Aisne	+ 14'
Allier	+ 13'
Alpes de Hte-Provence	+ 24'
Hautes-Alpes	+ 24'
Alpes-Maritimes	+ 29'
Ardèche	+ 18'
Ardennes	+ 19'
Aude	+ 16'
Aveyron	+ 10'
Bouches-du-Rhône	+ 21'
Cantal	+ 9'
Cher	+ 9'
Corrèze	+ 7'
Corse	+ 33'
Côte-d'Or	+ 20'
Creuse	+ 7'
Doubs	+ 24'
Drôme	+ 19'
Gard	+ 17'
Hérault	+ 15'
Isère	+ 22'
Jura	+ 22'
Loire	+ 17'
Haute-Loire	+ 15'
Loiret	+ 7'
Lot	+ 7'
Lozère	+ 14'
Marne	+ 17'
Haute-Marne	+ 20'
Meurthe-et-Moselle	+ 25'
Meuse	+ 20'
Moselle	+ 25'
Nièvre	+ 12'
Nord	+ 13'
Oise	+ 8'
Pas-de-Calais	+ 17'
Puy-de-Dôme	+ 12'
Pyrénées-Orientales	+ 10'
Bas-Rhin	+ 30'
Haut-Rhin	+ 29'
Rhône	+ 19'
Haute-Saône	+ 24'
Saône-et-Loire	+ 18'
Savoie	+ 23'
Haute-Savoie	+ 24'
Seine (Paris)	+ 9'
Seine-et-Marne	+ 10'
Yvelines	+ 8'
Somme	+ 10'
Tarn	+ 8'
Var	+ 26'
Vaucluse	+ 19'
Vosges	+ 25'
Yonne	+ 14'
Essonne	+ 8'
Hauts-de-Seine	+ 9'
Seine-Saint-Denis	+ 9'
Val-de-Marne	+ 9'
Val-d'Oise	+ 8'

DÉPARTEMENTS À L'OUEST DE GREENWICH

Charente-Maritime	− 4'
Côtes-du-Nord	− 11'
Finistère	− 16'
Ille-et-Vilaine	− 7'
Loire-Atlantique	− 6'
Morbihan	− 11'
Vendée	− 5'

Aucune correction à apporter pour les autres départements.

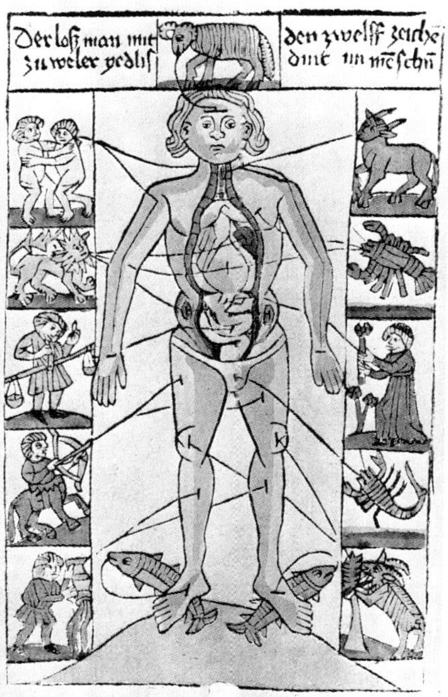

Homme astrologique. Bois gravé allemand 14e siècle. *(Explorer archives.)*

Régimes horaires

FRANCE

De 1911 au 16/09/1945 = pas de correction.

Heure d'été en France depuis 1916

Du 14/6 au 1/10/1916 : − 1 h
Du 24/3 au 7/10/1917 : − 1 h
Du 9/3 au 6/10/1918 : − 1 h
Du 1/3 au 5/10/1919 : − 1 h
Du 14/2 au 25/10/1920 : − 1 h
Du 14/3 au 25/10/1921 : − 1 h
Du 25/3 au 7/10/1922 : − 1 h
Du 26/5 au 6/10/1923 : − 1 h
Du 29/3 au 4/10/1924 : − 1 h
Du 4/4 au 3/10/1925 : − 1 h
Du 17/4 au 2/10/1926 : − 1 h
Du 9/4 au 1/10/1927 : − 1 h
Du 14/4 au 6/10/1928 : − 1 h
Du 20/4 au 5/10/1929 : − 1 h
Du 12/4 au 4/10/1930 : − 1 h
Du 18/4 au 3/10/1931 : − 1 h
Du 16/4 au 1/10/1932 : − 1 h
Du 26/3 au 8/10/1933 : − 1 h
Du 7/4 au 6/10/1934 : − 1 h
Du 30/3 au 5/10/1935 : − 1 h
Du 18/4 au 3/10/1936 : − 1 h
Du 3/4 au 2/10/1937 : − 1 h
Du 26/3 au 1/10/1938 : − 1 h
Du 15/4 au 18/11/1939 : − 1 h
Du 24/2 au 15/ 6/1940 : − 1 h *

Le Lion. Illustration de « Yvain ou Le Chevalier au lion ». Manuscrit 13ᵉ siècle. *(Bibliothèque nationale).*

Heure d'été entre 1940 et 1945

Zone libre

Du 25/ 2/1940 au 4/5/1941, 23 h : − 1 h
Du 4/ 5/1941, 23 h au 6/10/1941, 0 h : − 2 h
Du 6/10/1941, 0 h au 8/3/1942, 24 h : − 1 h
Du 9/ 3/1942, 0 h au 2/11/1942, 3 h : − 2 h
Du 2/11/1942, 3 h au 29/3/1943, 3 h : − 1 h
Du 29/ 3/1943, 3 h au 4/10/1943, 3 h : − 2 h
Du 4/10/1943, 3 h au 3/4/1944, 2 h : − 1 h
Du 3/ 4/1944, 2 h au 8/10/1944, 0 h : − 2 h
Du 8/10/1944, 0 h au 2/4/1945, 2 h : − 1 h
Du 2/ 4/1945, 2 h au 16/9/1945, 3 h : − 2 h
* Valable pour Paris seulement.

Zone occupée

C'est l'avance des armées d'occupation qui a déterminé l'adoption de l'heure d'été allemande. Celle-ci a été en vigueur à partir du 15 juin 1940, 11 h, à Paris, et du 1er juillet 1940, 23 h, à Bordeaux. Donc, à partir de ces dates juqu'au 2 novembre 1942, 3 h : − 2 h. À partir du 2 novembre 1942 le régime horaire fut le même qu'en zone libre.

De 1945 à nos jours : − 1 h

Heure d'été depuis 1976

Du 28/3, 1 h au 26/ 9/1976, 1 h : − 2 h
Du 3/4, 2 h au 25/ 9/1977, 3 h : − 2 h
Du 2/4, 2 h au 1/10/1978, 2 h : − 2 h
Du 1/4, 2 h au 30/ 9/1979, 3 h : − 2 h
Du 6/4, 2 h au 28/ 9/1980, 3 h : − 2 h
Du 29/3, 2 h au 27/ 9/1981, 3 h : − 2 h
Du 28/3, 1 h au 26/ 9/1982, 1 h : − 2 h
Du 27/3, 2 h au 25/ 9/1983, 3 h : − 2 h
Du 25/3, 2 h au 30/ 9/1984, 3 h : − 2 h
Du 31/3, 2 h au 29/ 9/1985, 3 h : − 2 h

SUISSE

Depuis 1900 l'heure légale est en avance d'une heure sur Greenwich, y compris Genève. Il faut donc soustraire une heure à l'heure de naissance et une heure supplémentaire pendant les périodes où l'heure d'été est appliquée :

1941 5/5, 2 h au 6/10, 0 h = − 2 h
1942 4/5, 2 h au 5/10, 0 h = − 2 h

Régimes horaires

BELGIQUE ET LUXEMBOURG

Du 4/08/1914 au 1/03/1919 = − 1 h (enlever 1 h)
De 1/03/1919 au 14/05/1940 = Pas de correction excepté lorsqu'il y a heure d'été :

1919 1/3, 23 h au 5/10, 3 h = − 1 h
1920 14/2, 23 h au 23/10, 2 h = − 1 h
1921 14/3, 23 h au 26/10, 2 h = − 1 h
1922 25/3, 23 h au 8/10, 1 h = − 1 h
1923 21/4, 23 h au 7/10, 2 h = − 1 h
1924 29/3, 23 h au 5/10, 1 h = − 1 h
1925 4/4, 23 h au 4/10, 2 h = − 1 h
1926 17/4, 23 h au 3/10, 1 h = − 1 h
1927 9/4, 23 h au 2/10, 1 h = − 1 h
1928 14/4, 23 h au 7/10, 1 h = − 1 h
1929 20/4, 23 h au 6/10, 3 h = − 1 h
1930 13/4, 2 h au 5/10, 3 h = − 1 h
1931 19/4, 2 h au 4/10, 3 h = − 1 h
1932 3/4, 2 h au 4/10, 3 h = − 1 h
1933 26/3, 2 h au 8/10, 3 h = − 1 h
1934 8/4, 2 h au 7/10, 3 h = − 1 h
1935 31/3, 2 h au 6/10, 3 h = − 1 h
1936 19/3, 2 h au 4/10, 3 h = − 1 h
1937 4/4, 2 h au 3/10, 3 h = − 1 h
1938 27/3, 2 h au 2/10, 3 h = − 1 h
1939 16/4, 2 h au 19/11, 3 h = − 1 h

Depuis le 14/5/1940 à 3 h :

L'heure légale est en avance d'une heure sur Greenwich. Il faut donc soustraire une heure à l'heure de naissance et une heure supplémentaire si l'heure d'été était appliquée pendant la période considérée :

1940 14/5, 3 h au 2/11/1942, 3 h = − 2 h
1943 29/3, 2 h au 4/10, 3 h = − 2 h
1944 3/4, 2 h au 18/ 9, 3 h = − 2 h
1945 2/4, 2 h au 16/ 9, 3 h = − 2 h
1946 19/5, 2 h au 7/10, 2 h = − 2 h
1977 3/4, 2 h au 25/ 9, 2 h = − 2 h
1978 2/4, 2 h au 1/10, 2 h = − 2 h
1979 1/4, 2 h au 30/ 9, 3 h = − 2 h
1980 6/4, 2 h au 28/ 9, 3 h = − 2 h
1981 29/3, 2 h au 27/ 9, 3 h = − 2 h
1982 28/3, 2 h au 26/ 9, 3 h = − 2 h
1983 27/3, 2 h au 25/ 9, 3 h = − 2 h
1984 25/3, 2 h au 30/ 9, 3 h = − 2 h
1985 31/3, 2 h au 29/ 9, 3 h = − 2 h

ALGÉRIE

Pas de correction, excepté :

1916 14/6, 23 h au 1/10, 23 h = − 1 h
1917 24/3, 23 h au 7/10, 23 h = − 1 h
1918 9/3, 23 h au 6/10, 23 h = − 1 h
1919 1/3, 23 h au 5/10, 23 h = − 1 h
1920 14/2, 23 h au 23/10, 23 h = − 1 h
1921 14/3, 23 h au 21/ 6, 23 h = − 1 h
1939 11/9, 23 h au 18/11, 24 h = − 1 h
1940 25/2, 23 h au 2/ 4/1944, 23 h = − 1 h
1944 2/4, 2 h au 8/10, 1 h = − 2 h
1945 2/4, 2 h au 16/ 9, 1 h = − 2 h
1945 16/9, 2 h au 7/10/1946, 1 h = − 1 h
1956 29/1, 23 h au 14/ 4/1963, 23 h = − 1 h
1971 25/4, 23 h au 26/ 9, 23 h = − 1 h
1977 6/5, 23 h au 7/10, 1 h = − 2 h
1978 23/3, 1 h au 26/10/1979, 2 h = − 1 h
1980 25/4, 0 h au 31/10/, 1 h = − 1 h
1981 1/5, 0 h au 30/10/, 1 h = − 1 h

MAROC

Pas de correction, excepté :

1939 12/9, 0 h au 18/11, 24 h = − 1 h
1940 25/2, 0 h au 17/11/1945,24 h = − 1 h
1950 10/6, 24 h au 28/10, 24 h = − 1 h
1967 3/6, 12 h au 30/ 9, 24 h = − 1 h
1974 23/6, 24 h au 31/ 8, 24 h = − 1 h
1976 1/5, 0 h au 1/ 8, 24 h = − 1 h
1977 1/5, 0 h au 28/ 9, 24 h = − 1 h
1978 1/6, 0 h au 4/ 8, 1 h = − 1 h

TUNISIE

L'heure légale est en avance d'une heure sur Greenwich. Il faut donc retrancher une heure de naissance, et une heure supplémentaire si l'heure d'été était en vigueur :

1939 15/4, 23 h au 18/11, 24 h = − 2 h
1940 25/2, 23 h au 5/10/1941, 24 h = − 2 h
1942 8/3, 23 h au 2/11, 3 h = − 2 h
1943 29/3, 2 h au 17/ 4, 2 h = − 2 h

Comment calculer un thème pour une naissance au Canada

Renseignements de base

Décalage horaire par rapport au méridien de Greenwich : 5 h à l'Ouest. Lorsqu'il est 12 h à Greenwich, il est 7 h du matin au Québec et à Montréal.

Mais attention à l'heure d'été, en vigueur selon la Loi Fédérale : l'heure d'été y est appliquée chaque année du dernier dimanche d'avril au dernier dimanche d'octobre.

Durant ces périodes le décalage se réduit à 4 h. (Pour plus de sûreté nous conseillons aux lecteurs concernés de s'en référer à des ouvrages spécialisés, les régimes horaires du Canada variant suivant les provinces.)

Prenons l'exemple d'une personne qui serait née à Québec le 15 novembre 1950 à 14 h, heure légale. Il n'y a pas d'heure d'été.

Nous commençons par convertir l'heure légale en heure de Greenwich. Pour cela nous ajoutons 5 h à l'heure légale : 14 h + 5 h = 19 h. Il était donc 19 h à Greenwich au moment de la naissance : nous retiendrons cette heure pour calculer la position des planètes.

Ensuite nous devons rechercher l'heure locale afin de domifier le Thème : il nous suffit de retrancher de l'heure GMT la longitude de Québec, à savoir 4 h 45′ Ouest : 19 h − 4 h 45 = 14 h 15, heure locale.

Ensuite le processus est semblable : on additionne le temps sidéral du jour à l'heure locale pour trouver la position des maisons, etc.

Day Jour		S. T.			LONGITUDE for 0h																					
					☉			☽			☿		♀		♂		♃		♄		♅		♆		♇	
		h	m	s	°	′	″	°	′	″	°	′	°	′	°	′	°	′	°	′	°	′	°	′	°	′
W	1	00	35	32	06 ♎	58	07	15 ♈	36	37	29 ♎	06	14 ♎	19	29 ♋	56	25 ♏	30	19 ♌	08	26 ♊	10	10 ♎	25	14 ♌	28
Th	2	00	39	29	07	57	06	28	45	09	00 ♏	29	15	34	00 ♌	31	25	41	19	14	26	10	10	27	14	29
F	3	00	43	25	08	56	07	12 ♉	05	24	01	48	16	49	01	06	25	52	19	20	26 R	10	10	29	14	30
Sa	4	00	47	22	09	55	10	25	36	27	03	06	18	04	01	40	26	03	19	26	26	10	10	31	14	31
Su	5	00	51	18	10	54	16	09 ♊	17	39	04	23	19	18	02	15	26	14	19	32	26	10	10	34	14	32
M	6	00	55	15	11	53	24	23	06	28	05	39	20	33	02	49	26	25	19	37	26	10	10	36	14	33
T	7	00	59	12	12	52	34	07 ♋	06	28	06	53	21	48	03	23	26	36	19	43	26	10	10	38	14	34
W	8	01	03	06	13	51	47	21	16	51	08	06	23	03	03	57	26	48	19	49	26	10	10	40	14	36
Th	9	01	07	05	14	51	02	05 ♌	32	10	09	16	24	18	04	31	26	59	19	54	26	09	10	43	14	37
F	10	01	11	01	15	50	19	19	51	54	10	25	25	32	05	04	27	10	20	00	26	09	10	45	14	38
Sa	11	01	14	58	16	49	39	04 ♍	12	25	11	32	26	47	05	38	27	22	20	05	26	09	10	47	14	39
Su	12	01	18	54	17	49	01	18	29	06	12	37	28	02	06	11	27	34	20	10	26	08	10	49	14	40
M	13	01	22	51	18	48	25	02 ♎	36	59	13	40	29	17	06	45	27	45	20	16	26	08	10	51	14	41
T	14	01	26	47	19	47	51	16	31	11	14	40	00 ♏	32	07	18	27	57	20	21	26	07	10	54	14	41
W	15	01	30	44	20	47	19	00 ♏	07	53	15	38	01	47	07	51	28	09	20	26	26	06	10	56	14	42
Th	16	01	34	41	21	46	49	13	24	44	16	32	03	01	08	24	28	21	20	31	26	06	10	58	14	43
F	17	01	38	37	22	46	22	26	21	01	17	23	04	16	08	56	28	33	20	36	26	05	11	00	14	44
Sa	18	01	42	34	23	45	56	08 ♐	57	45	18	11	05	31	09	29	28	45	20	41	26	04	11	03	14	45
Su	19	01	46	30	24	45	32	21	17	21	18	54	06	46	10	01	28	57	20	45	26	04	11	05	14	46
M	20	01	50	27	25	45	09	03 ♑	23	21	19	33	08	01	10	33	29	09	20	50	26	03	11	07	14	46
T	21	01	54	23	26	44	49	15	20	05	20	07	09	16	11	05	29	21	20	55	26	02	11	09	14	47
W	22	01	58	20	27	44	30	27	12	19	20	36	10	31	11	37	29	34	20	59	26	01	11	11	14	48
Th	23	02	02	16	28	44	13	09 ♒	04	55	20	59	11	45	12	09	29	46	21	03	26	00	11	13	14	49
F	24	02	06	13	29	43	58	21	02	43	21	15	13	00	12	40	29	58	21	08	25	59	11	16	14	49
Sa	25	02	10	10	00 ♏	43	44	03 ♓	10	04	21	25	14	15	13	11	00 ♐	11	21	12	25	58	11	18	14	50
Su	26	02	14	06	01	43	32	15	30	43	21 R	27	15	30	13	42	00	23	21	16	25	56	11	20	14	51
M	27	02	18	03	02	43	22	28	07	31	21	20	16	45	14	13	00	36	21	20	25	55	11	22	14	51
T	28	02	21	59	03	43	14	11 ♈	02	10	21	05	18	00	14	44	00	48	21	24	25	54	11	24	14	52
W	29	02	25	56	04	43	07	24	15	05	20	41	19	15	15	15	01	01	21	28	25	53	11	26	14	52
Th	30	02	29	52	05	43	03	07 ♉	45	26	20	07	20	29	15	45	01	14	21	32	25	51	11	28	14	53
F	31	02	33	49	06 ♏	43	00	21 ♉	31	13	19 ♏ R	25	21 ♏	44	16 ♌	15	01 ♐	27	21 ♌	36	25 ♊ R	50	11 ♎	30	14 ♌	53

Extrait des éphémérides pour octobre 1947

Time.	♈	♉	♊	♋		♌	♍
H. M. S.	°	°	°	°	'	°	°
0 0 0	0	8	20	24	1	11	2
0 3 40	1	9	21	24	43	12	3
0 7 20	2	10	22	25	25	13	4
0 11 0	3	11	23	26	7	13	5
0 14 41	4	12	24	26	49	14	5
0 18 21	5	13	24	27	30	15	6
0 22 2	6	14	25	28	12	16	7
0 25 42	7	15	26	28	54	16	8
0 29 23	8	16	27	29	35	17	9
0 33 4	9	17	28	0 ♌	17	18	10
0 36 45	10	18	29	0	58	19	11
0 40 26	11	19	30	1	39	19	11
0 44 8	12	21	♋	2	20	20	12
0 47 50	13	22	1	3	1	21	13
0 51 32	14	23	2	3	43	22	14
0 55 14	15	24	3	4	24	22	15
0 58 57	16	25	4	5	5	23	16
1 2 40	17	26	5	5	46	24	17
1 6 23	18	27	5	6	27	25	17
1 10 7	19	28	6	7	8	25	18
1 13 51	20	29	7	7	49	26	19
1 17 35	21	♊	8	8	30	27	20
1 21 20	22	1	9	9	11	28	21
1 25 6	23	2	9	9	53	28	22
1 28 52	24	3	10	10	34	29	23
1 32 38	25	4	11	11	16	♍	24
1 36 25	26	5	12	11	57	1	24
1 40 12	27	6	13	12	38	1	25
1 44 0	28	6	14	13	19	2	26
1 47 48	29	7	14	14	1	3	27
1 51 37	30	8	15	14	43	4	28

Time.	♉	♊	♋	♌		♍	♍
H. M. S.	°	°	°	°	'	°	°
1 51 37	0	8	15	14	43	4	28
1 55 27	1	9	16	15	25	5	29
1 59 17	2	10	17	16	7	5	♎
2 3 8	3	11	18	16	49	6	1
2 6 59	4	12	18	17	31	7	2
2 10 51	5	13	19	18	13	8	3
2 14 44	6	14	20	18	55	8	3
2 18 37	7	15	21	19	37	9	4
2 22 31	8	16	22	20	20	10	5
2 26 25	9	17	22	21	2	11	6
2 30 20	10	18	23	21	45	12	7
2 34 16	11	19	24	22	28	12	8
2 38 13	12	20	25	23	11	13	9
2 42 10	13	21	26	23	54	14	10
2 46 8	14	22	26	24	38	15	11
2 50 7	15	23	27	25	21	16	12
2 54 7	16	24	28	26	4	16	13
2 58 7	17	25	29	26	47	17	14
3 2 8	18	26	30	27	31	18	14
3 6 9	19	27	♌	28	15	19	15
3 10 12	20	27	1	28	59	20	16
3 14 15	21	28	2	29	44	21	17
3 18 19	22	29	3	0 ♍	28	21	18
3 22 23	23	♋	4	1	12	22	19
3 26 29	24	1	5	1	56	23	20
3 30 35	25	2	5	2	41	24	21
3 34 41	26	3	6	3	26	25	22
3 38 49	27	4	7	4	11	26	23
3 42 57	28	5	8	4	56	26	24
3 47 6	29	6	9	5	42	27	25
3 51 15	30	7	10	6	27	28	26

Time.	♊	♋	♌	♍		♍	♎
H. M. S.	°	°	°	°	'	°	°
3 51 15	0	7	10	6	27	28	26
3 55 25	1	8	10	7	13	29	27
3 59 36	2	9	11	7	58	♎	28
4 3 48	3	10	12	8	44	1	29
4 8 0	4	11	13	9	30	2	♏
4 12 13	5	12	14	10	16	2	1
4 16 26	6	12	15	11	2	3	2
4 20 40	7	13	16	11	49	4	3
4 24 55	8	14	16	12	35	5	3
4 29 10	9	15	17	13	22	6	4
4 33 26	10	16	18	14	9	7	5
4 37 42	11	17	19	14	55	8	6
4 41 59	12	18	20	15	42	9	7
4 46 16	13	19	21	16	29	9	8
4 50 34	14	20	21	17	17	10	9
4 54 52	15	21	22	18	4	11	10
4 59 10	16	22	23	18	52	12	11
5 3 29	17	23	24	19	39	13	12
5 7 49	18	24	25	20	26	14	13
5 12 9	19	25	26	21	13	15	14
5 16 29	20	26	27	22	1	16	15
5 20 49	21	27	28	22	49	17	16
5 25 9	22	27	28	23	36	17	17
5 29 30	23	28	29	24	24	18	18
5 33 51	24	29	♍	25	12	19	19
5 38 12	25	♌	1	26	0	20	20
5 42 34	26	1	2	26	48	21	21
5 46 55	27	2	3	27	36	22	22
5 51 17	28	3	4	28	24	23	23
5 55 38	29	4	5	29	12	24	24
6 0 0	30	5	5	30	0	25	25

Time.	♎	♎	♏	♐		♑	♒
H. M. S.	°	°	°	°	'	°	°
12 0 0	0	28	19	5	59	10	22
12 3 40	1	29	19	6	41	11	23
12 7 20	2	30	20	7	23	12	24
12 11 0	3	♏	21	8	5	13	25
12 14 41	4	1	22	8	48	14	26
12 18 21	5	2	22	9	31	15	28
12 22 2	6	3	23	10	14	16	29
12 25 42	7	4	24	10	58	17	♓
12 29 23	8	5	25	11	41	18	1
12 33 4	9	5	25	12	25	19	2
12 36 45	10	6	26	13	8	20	3
12 40 26	11	7	27	13	52	21	4
12 44 8	12	8	28	14	36	22	6
12 47 50	13	9	28	15	21	23	7
12 51 32	14	10	29	16	6	24	8
12 55 14	15	10	♐	16	51	25	9
12 58 57	16	11	1	17	36	26	10
13 2 40	17	12	1	18	22	27	11
13 6 23	18	13	2	19	8	28	13
13 10 7	19	14	3	19	55	29	14
13 13 51	20	15	4	20	42	♒	15
13 17 35	21	16	4	21	30	1	16
13 21 20	22	16	5	22	18	2	17
13 25 6	23	17	6	23	6	3	19
13 28 52	24	18	7	23	55	5	20
13 32 38	25	19	7	24	44	6	21
13 36 25	26	20	8	25	33	7	22
13 40 12	27	20	9	26	23	8	24
13 44 0	28	21	10	27	14	10	25
13 47 48	29	22	11	28	5	11	26
13 51 37	30	23	11	28	57	12	27

Time.	♏	♏	♐	♐		♒	♓
H. M. S.	°	°	°	°	'	°	°
13 51 37	0	23	11	28	57	12	27
13 55 27	1	24	12	29	49	13	28
13 59 17	2	25	13	0 ♑	41	14	♈
14 3 8	3	26	14	1	35	16	1
14 6 59	4	26	15	2	30	17	2
14 10 51	5	27	15	3	24	18	4
14 14 44	6	28	16	4	20	20	5
14 18 37	7	29	17	5	17	21	6
14 22 31	8	♐	18	6	14	22	7
14 26 25	9	1	19	7	11	24	9
14 30 20	10	2	19	8	10	25	10
14 34 16	11	2	20	9	10	27	11
14 38 13	12	3	21	10	11	28	12
14 42 10	13	4	22	11	13	♓	14
14 46 8	14	5	23	12	16	1	15
14 50 7	15	6	24	13	19	2	16
14 54 7	16	7	25	14	24	4	17
14 58 7	17	8	26	15	30	6	19
15 2 8	18	8	27	16	37	7	20
15 6 9	19	9	27	17	45	9	21
15 10 12	20	10	28	18	54	10	23
15 14 15	21	11	29	20	5	12	24
15 18 19	22	12	♑	21	18	13	25
15 22 23	23	13	1	22	31	15	26
15 26 29	24	14	2	23	46	16	28
15 30 35	25	15	3	25	3	18	29
15 34 41	26	16	4	26	21	20	♉
15 38 49	27	16	5	27	41	21	1
15 42 57	28	17	6	29	2	23	3
15 47 6	29	18	7	0 ♒	25	25	4
15 51 15	30	19	8	1	50	26	5

Time.	♐	♐	♑	♒		♓	♉
H. M. S.	°	°	°	°	'	°	°
15 51 15	0	19	8	1	50	26	5
15 55 25	1	20	9	3	17	28	6
15 59 36	2	21	10	4	46	♈	8
16 3 48	3	22	11	6	16	1	9
16 8 0	4	23	12	7	49	3	10
16 12 13	5	24	13	9	23	5	11
16 16 26	6	25	14	11	0	7	13
16 20 40	7	26	15	13	39	8	14
16 24 55	8	27	16	14	20	10	15
16 29 10	9	28	17	16	3	12	16
16 33 26	10	29	19	17	49	13	17
16 37 42	11	♑	20	19	37	15	19
16 41 59	12	1	21	21	27	17	20
16 46 16	13	2	22	23	20	18	21
16 50 34	14	3	23	25	14	20	22
16 54 52	15	4	24	27	11	22	24
16 59 10	16	5	26	29	10	23	25
17 3 29	17	6	27	1 ♓	12	25	26
17 7 49	18	7	28	3	15	27	27
17 12 9	19	8	29	5	20	28	28
17 16 29	20	9	♒	7	28	♉	29
17 20 49	21	10	2	9	38	2	♊
17 25 9	22	11	3	11	49	3	2
17 29 30	23	12	5	14	2	5	3
17 33 51	24	13	6	16	16	6	4
17 38 12	25	14	7	18	31	8	5
17 42 34	26	15	9	20	48	9	6
17 46 55	27	16	10	23	5	11	7
17 51 17	28	17	12	25	23	12	8
17 55 38	29	18	13	27	41	14	9
18 0 0	30	19	15	30	0	15	11

Sidereal Time.	10 ♋	11 ♌	12 ♍	Ascen ♎		2 ♎	3 ♏
H. M. S.	°	°	°	°	'	°	°
6 0 0	0	5	5	0	0	25	25
6 4 22	1	6	6	0	48	25	26
6 8 43	2	7	7	1	36	26	27
6 13 5	3	8	8	2	24	27	28
6 17 26	4	9	9	3	12	28	29
6 21 48	5	10	10	4	0	29	♐
6 26 9	6	11	11	4	48	♏	1
6 30 30	7	12	12	5	36	1	2
6 34 51	8	13	13	6	24	2	3
6 39 11	9	14	13	7	11	2	3
6 43 31	10	15	14	7	59	3	4
6 47 51	11	16	15	8	47	4	5
6 52 11	12	17	16	9	34	5	6
6 56 31	13	18	17	10	21	6	7
7 0 50	14	19	18	11	8	7	8
7 5 8	15	20	19	11	56	8	9
7 9 26	16	21	20	12	43	9	10
7 13 44	17	22	21	13	31	9	11
7 18 1	18	23	21	14	18	10	12
7 22 18	19	24	22	15	5	11	13
7 26 34	20	25	23	15	51	12	14
7 30 50	21	26	24	16	38	13	15
7 35 5	22	27	25	17	25	14	16
7 39 20	23	27	26	18	11	15	17
7 43 34	24	28	27	18	58	15	18
7 47 47	25	29	28	19	44	16	18
7 52 0	26	♍	28	20	30	17	19
7 56 12	27	1	29	21	16	18	20
8 0 24	28	2	♎	22	2	19	21
8 4 35	29	3	1	22	47	20	22
8 8 45	30	4	2	23	33	20	23

Sidereal Time.	10 ♌	11 ♍	12 ♎	Ascen ♎		2 ♏	3 ♐
H. M. S.	°	°	°	°	'	°	°
8 8 45	0	4	2	23	33	20	23
8 12 54	1	5	3	24	18	21	24
8 17 3	2	6	4	25	4	22	25
8 21 11	3	7	4	25	49	23	26
8 25 19	4	8	5	26	34	24	27
8 29 26	5	9	6	27	19	25	28
8 33 31	6	10	7	28	4	25	29
8 37 37	7	11	8	28	48	26	♑
8 41 41	8	12	9	29	32	27	1
8 45 45	9	13	9	0 ♏	16	28	2
8 49 48	10	14	10	1	1	29	3
8 53 51	11	15	11	1	45	30	3
8 57 52	12	16	12	2	29	♐	4
9 1 53	13	16	13	3	13	1	5
9 5 53	14	17	14	3	56	2	6
9 9 53	15	18	14	4	39	3	7
9 13 52	16	19	15	5	22	4	8
9 17 50	17	20	16	6	6	4	9
9 21 47	18	21	17	6	49	5	10
9 25 44	19	22	18	7	32	6	11
9 29 40	20	23	18	8	15	7	12
9 33 35	21	24	19	8	58	8	13
9 37 29	22	25	20	9	40	8	14
9 41 23	23	26	21	10	23	9	15
9 45 16	24	27	22	11	5	10	16
9 49 9	25	27	22	11	47	11	17
9 53 1	26	28	23	12	29	12	18
9 56 52	27	29	24	13	11	12	19
10 0 42	28	♎	25	13	53	13	20
10 4 33	29	1	25	14	35	14	21
10 8 23	30	2	26	15	17	15	22

Sidereal Time.	10 ♍	11 ♎	12 ♎	Ascen ♏		2 ♐	3 ♑
H. M. S.	°	°	°	°	'	°	°
10 8 23	0	2	26	15	17	15	22
10 12 12	1	3	27	15	59	16	23
10 16 0	2	4	28	16	41	16	24
10 19 48	3	5	29	17	22	17	24
10 23 35	4	6	29	18	3	18	25
10 27 22	5	6	♏	18	44	19	26
10 31 8	6	7	1	19	26	20	27
10 34 54	7	8	2	20	7	21	28
10 38 40	8	9	2	20	49	21	29
10 42 25	9	10	3	21	30	22	♒
10 46 9	10	11	4	22	11	23	1
10 49 53	11	12	5	22	52	24	2
10 53 37	12	13	5	23	33	25	3
10 57 20	13	13	6	24	14	25	4
11 1 3	14	14	7	24	55	26	5
11 4 46	15	15	8	25	36	27	6
11 8 28	16	16	8	26	17	28	7
11 12 10	17	17	9	26	59	29	8
11 15 52	18	18	10	27	40	30	9
11 19 34	19	19	11	28	21	♑	11
11 23 15	20	19	11	29	2	1	12
11 26 56	21	20	12	29	43	2	13
11 30 37	22	21	13	0 ♐	25	3	14
11 34 18	23	22	14	1	6	4	15
11 37 58	24	23	14	1	48	5	16
11 41 39	25	24	15	2	30	6	17
11 45 19	26	25	16	3	11	6	18
11 49 0	27	25	17	3	53	7	19
11 52 40	28	26	17	4	35	8	20
11 56 20	29	27	18	5	17	9	21
12 0 0	30	28	19	5	59	10	22

Sidereal Time.	10 ♑	11 ♑	12 ♒	Ascen ♈		2 ♉	3 ♊
H. M. S.	°	°	°	°	'	°	°
18 0 0	0	19	15	0	0	15	11
18 4 22	1	21	16	2	19	17	12
18 8 43	2	22	18	4	37	18	13
18 13 5	3	23	19	6	55	20	14
18 17 26	4	24	21	9	12	21	15
18 21 48	5	25	22	11	29	23	16
18 26 9	6	26	24	13	44	24	17
18 30 30	7	27	25	15	58	25	18
18 34 51	8	28	27	18	11	27	19
18 39 11	9	♒	28	20	22	28	20
18 43 31	10	1	♓	22	32	♊	21
18 47 51	11	2	2	24	40	1	22
18 52 11	12	3	3	26	45	2	23
18 56 31	13	4	5	28	48	3	24
19 0 50	14	5	7	0 ♉	50	4	25
19 5 8	15	6	8	2	49	6	26
19 9 26	16	8	10	4	46	7	27
19 13 44	17	9	12	6	40	8	28
19 18 1	18	10	13	8	33	9	29
19 22 18	19	11	15	10	23	10	♋
19 26 34	20	13	17	12	11	11	1
19 30 50	21	14	18	13	57	13	2
19 35 5	22	15	20	15	40	14	3
19 39 20	23	16	22	17	21	15	4
19 43 34	24	17	23	19	0	16	5
19 47 47	25	19	25	20	37	17	6
19 52 0	26	20	27	22	11	18	7
19 56 12	27	21	29	23	44	19	8
20 0 24	28	22	♈	25	14	20	9
20 4 35	29	24	2	26	43	21	10
20 8 45	30	25	4	28	10	22	11

Sidereal Time.	10 ♒	11 ♒	12 ♈	Ascen ♉		2 ♊	3 ♋
H. M. S.	°	°	°	°	'	°	°
20 8 45	0	25	4	28	10	22	11
20 12 54	1	26	5	29	35	23	12
20 17 3	2	27	7	0 ♊	58	24	13
20 21 11	3	29	9	2	19	25	14
20 25 19	4	♓	10	3	39	26	14
20 29 26	5	1	12	4	57	27	15
20 33 31	6	2	14	6	14	28	16
20 37 37	7	4	15	7	29	29	17
20 41 41	8	5	17	8	42	♋	18
20 45 45	9	6	18	9	55	1	19
20 49 48	10	7	20	11	6	2	20
20 53 51	11	9	21	12	15	3	21
20 57 52	12	10	23	13	23	3	22
21 1 53	13	11	24	14	30	4	22
21 5 53	14	13	26	15	36	5	23
21 9 53	15	14	28	16	41	6	24
21 13 52	16	15	29	17	44	7	25
21 17 50	17	16	♉	18	47	8	26
21 21 47	18	18	2	19	49	9	27
21 25 44	19	19	3	20	50	10	28
21 29 40	20	20	5	21	50	11	28
21 33 35	21	21	6	22	49	11	29
21 37 29	22	23	8	23	46	12	♌
21 41 23	23	24	9	24	43	13	1
21 45 16	24	25	10	25	40	14	2
21 49 9	25	26	12	26	36	15	3
21 53 1	26	28	13	27	30	15	4
21 56 52	27	29	14	28	25	16	4
22 0 43	28	♈	16	29	19	17	5
22 4 33	29	2	17	0 ♋	11	18	6
22 8 23	30	3	18	1	3	19	7

Sidereal Time.	10 ♓	11 ♈	12 ♉	Ascen ♋		2 ♋	3 ♌
H. M. S.	°	°	°	°	'	°	°
22 8 23	0	3	18	1	3	19	7
22 12 12	1	4	19	1	55	19	8
22 16 0	2	5	20	2	46	20	9
22 19 48	3	6	22	3	37	21	10
22 23 35	4	8	23	4	27	22	10
22 27 22	5	9	24	5	16	23	11
22 31 8	6	10	25	6	5	23	12
22 34 54	7	11	27	6	54	24	13
22 38 40	8	13	28	7	42	25	14
22 42 25	9	14	29	8	30	26	15
22 46 9	10	15	♊	9	18	26	15
22 49 53	11	16	1	10	5	27	16
22 53 37	12	17	2	10	52	28	17
22 57 20	13	19	3	11	38	29	18
23 1 3	14	20	4	12	24	29	19
23 4 46	15	21	5	13	9	♌	20
23 8 28	16	22	6	13	54	1	20
23 12 10	17	23	7	14	39	2	21
23 15 52	18	24	8	15	24	2	22
23 19 34	19	26	9	16	8	3	23
23 23 15	20	27	10	16	52	4	24
23 26 56	21	28	11	17	35	5	25
23 30 37	22	29	12	18	19	5	25
23 34 18	23	♉	13	19	2	6	26
23 37 58	24	1	14	19	46	7	27
23 41 39	25	2	15	20	29	8	28
23 45 19	26	4	16	21	12	8	29
23 49 0	27	5	17	21	55	9	♍
23 52 40	28	6	18	22	37	10	0
23 56 20	29	7	19	23	19	11	1
24 0 0	30	8	20	24	1	11	2

Extrait des tables de maisons Raphaël pour 48° de latitude nord

	Degrés ou Heures											
	0	1	2	3	4	5	6	7	8	9	10	11
0	3.1584	1.3802	1.0792	9031	7781	6812	6021	5351	4771	4260	3802	3388
1	3.1584	.3730	.0756	07	63	6798	09	41	62	52	3795	82
2	2.8573	.3660	.0720	8983	45	84	5997	30	53	44	88	75
3	.6812	.3590	.0685	59	28	69	85	20	44	36	80	68
4	.5563	.3522	.0649	35	10	55	73	10	35	28	73	62
5	2.4594	1.3454	1.0614	8912	7692	6741	5961	5300	4726	4220	3766	3355
6	.3802	.3388	.0580	8888	74	26	49	5289	17	12	59	49
7	.3133	.3323	.0546	65	57	12	37	79	08	04	51	42
8	.2553	.3258	.0511	42	39	6698	25	69	4699	4196	45	36
9	.2041	.3195	.0478	19	22	84	13	59	90	88	38	29
10	2.1584	1.3133	1.0444	8796	7604	6670	5902	5249	4682	4180	3730	3323
11	.1170	.3071	.0411	73	7587	56	5890	39	73	72	23	16
12	.0792	.3010	.0378	51	70	42	78	29	64	64	16	10
13	.0444	.2950	.0345	28	52	28	66	19	55	56	09	03
14	.0122	.2891	.0313	06	35	14	55	09	46	49	02	3297
15	1.9823	1.2833	1.0280	8683	7518	6600	5843	5199	4638	4141	3695	3291
16	.9542	.2775	.0248	61	01	6587	32	89	29	33	88	84
17	.9279	.2719	.0216	39	7484	73	20	79	20	25	81	78
18	.9031	.2663	.0185	17	67	59	09	69	11	17	74	71
19	.8796	.2607	.0153	8595	51	46	5797	59	03	09	67	65
20	1.8573	1.2553	1.0122	8573	7434	6532	5786	5149	4594	4102	3660	3258
21	.8361	.2490	.0091	52	17	19	74	39	85	4094	53	52
22	.8159	.2445	.0061	30	01	05	63	29	77	86	46	46
23	.7966	.2393	.0030	09	7384	6492	52	20	68	79	39	39
24	.7781	.2341	1.0000	8487	68	78	40	10	59	71	32	33
25	1.7604	1.2289	0.9970	8466	7351	6465	5729	5100	4551	4063	3625	3227
26	.7434	.2239	.9940	45	35	51	18	5090	42	55	18	20
27	.7270	.2188	.9910	24	18	38	06	81	34	48	11	14
28	.7112	.2139	.9881	03	02	25	5695	71	25	40	04	08
29	.6960	.2090	.9852	8382	7286	12	84	61	16	32	3597	01
30	1.6812	1.2041	0.9823	8361	7270	6398	5673	5051	4508	4025	3590	3195
31	.6670	.1993	.9794	41	54	85	62	42	4499	17	83	89
32	.6532	.1946	.9765	27	38	72	51	32	91	10	77	83
33	.6398	.1899	.9737	00	22	59	40	23	82	02	70	76
34	.6269	.1852	.9708	8279	06	46	29	13	74	8995	63	70
35	1.6143	1.1806	0.9680	8259	7190	6333	5618	5003	4466	3987	3556	3164
36	.6021	.1761	.9652	39	74	20	07	4994	57	79	49	57
37	.5902	.1716	.9625	19	59	07	5596	84	49	72	42	51
38	.5786	.1671	.9597	8199	43	6294	85	75	40	64	35	45
39	.5673	.1627	.9570	79	28	82	74	65	32	57	29	39
40	1.5563	1.1584	0.9542	8159	7112	6269	5563	4956	4424	3949	3522	3133
41	.5456	.1540	.9515	40	7097	56	52	47	15	42	15	26
42	.5351	.1498	.9488	20	81	43	41	37	07	34	08	20
43	.5249	.1455	.9462	01	66	31	31	28	4399	27	01	14
44	.5149	.1413	.9435	8081	50	18	20	18	90	19	3495	08
45	1.5051	1.1372	0.9409	8062	7035	6205	5509	4909	4382	3912	3488	3102
46	.4956	.1331	.9383	43	20	6193	5498	00	74	05	81	3096
47	.4863	.1290	.9356	23	05	80	88	4890	65	3897	75	89
48	.4771	.1249	.9330	04	6990	68	77	81	57	90	68	83
49	.4682	.1209	.9305	7985	75	55	66	72	49	82	61	77
50	1.4594	1.1170	0.9279	7966	6960	6143	5456	4863	4341	3875	3455	3071
51	.4508	.1130	.9254	47	45	31	45	53	33	68	48	65
52	.4424	.1091	.9228	29	30	18	35	44	24	60	41	59
53	.4341	.1053	.9203	10	15	06	24	35	16	53	35	53
54	.4260	.1015	.9178	7891	00	6094	14	26	08	46	28	47
55	1.4180	1.0977	0.9153	7873	6885	6081	5403	4817	4300	3838	3421	3041
56	.4102	.0939	.9128	54	71	69	5393	08	4292	31	15	35
57	.4025	.0902	.9104	36	56	57	82	4799	84	24	08	28
58	.3949	.0865	.9079	18	41	45	72	89	76	17	01	22
59	.3875	.0828	.9055	00	27	33	61	80	68	09	3395	16
60	1.3802	1.0792	0.9031	7781	6812	6021	5351	4771	4260	3802	3388	3010

	Degrés ou Heures											
	12	13	14	15	16	17	18	19	20	21	22	23
0	3010	2663	2341	2041	1761	1498	1249	1015	0792	0580	0378	0185
1	04	57	36	36	56	93	45	11	88	77	75	82
2	2998	52	30	32	52	89	41	07	85	73	71	79
3	92	46	25	27	47	85	37	03	81	70	68	75
4	86	41	20	22	43	81	33	0999	77	66	64	72
5	2980	2635	2315	2017	1738	1476	1229	0996	0774	0563	0361	0169
6	74	29	10	12	34	72	25	92	70	59	58	66
7	68	24	05	08	29	68	21	88	66	56	55	63
8	62	18	00	03	25	64	17	84	63	52	52	60
9	56	13	2295	1998	20	60	13	80	59	49	48	57
10	2950	2607	2289	1993	1716	1455	1209	0977	0756	0546	0345	0153
11	45	02	84	89	11	51	05	73	52	42	42	50
12	38	2596	79	84	07	47	01	69	49	39	39	47
13	33	91	74	79	02	43	1197	65	45	35	35	44
14	27	85	69	74	1698	38	93	62	42	32	32	41
15	2921	2580	2264	1969	1694	1434	1189	0958	0738	0529	0329	0138
16	15	75	59	65	89	30	85	54	34	25	26	35
17	09	69	54	60	85	26	82	50	31	22	22	32
18	03	64	49	55	80	22	78	47	27	18	19	29
19	2897	58	44	50	76	17	74	43	24	15	16	25
20	2891	2553	2239	1946	1671	1413	1170	0939	0720	0511	0313	0122
21	85	47	34	41	67	09	66	35	17	08	09	19
22	80	42	29	36	63	05	62	32	13	05	06	16
23	74	36	23	32	58	01	58	28	09	01	03	13
24	68	31	18	27	54	1397	54	24	06	0498	00	10
25	2862	2526	2213	1922	1649	1393	1150	0920	0702	0495	0296	0107
26	56	20	08	17	45	88	46	17	0699	91	93	04
27	50	15	03	13	40	84	42	13	95	88	90	01
28	45	09	2198	08	36	80	38	09	92	85	87	0098
29	39	04	93	03	32	76	34	05	88	81	83	94
30	2833	2499	2188	1899	1627	1372	1130	0902	0685	0478	0280	0091
31	27	93	83	94	23	68	26	0898	81	74	77	88
32	21	88	78	90	19	63	23	94	78	71	74	85
33	16	83	73	85	14	59	19	91	74	68	71	82
34	10	77	68	80	10	55	16	87	70	64	67	79
35	2804	2472	2164	1875	1605	1351	1111	0883	0667	0461	0264	0076
36	2798	67	59	71	01	47	07	80	64	58	61	73
37	93	61	54	66	1597	43	03	76	60	54	58	70
38	87	56	49	62	92	39	1099	72	56	51	55	67
39	81	51	44	57	88	35	95	68	53	48	51	64
40	2775	2445	2139	1852	1584	1331	1092	0865	0649	0444	0248	0061
41	70	40	34	48	79	27	88	61	46	41	45	58
42	64	35	29	43	75	22	83	57	42	37	42	55
43	58	30	24	38	71	18	80	54	39	34	39	52
44	53	24	18	34	66	14	76	50	35	31	35	48
45	2747	2419	2114	1829	1562	1310	1072	0846	0632	0428	0232	0045
46	41	14	09	25	58	06	68	43	29	24	29	42
47	36	09	04	20	52	02	64	39	25	21	26	39
48	30	03	2099	16	49	1298	61	35	21	18	23	36
49	24	2398	95	11	45	94	57	32	18	14	20	33
50	2719	2393	2090	1806	1540	1290	1053	0828	0614	0411	0216	0030
51	13	88	85	02	36	86	49	24	11	08	13	27
52	07	82	80	1797	32	82	45	21	08	04	10	24
53	02	77	75	93	28	78	41	17	04	01	07	21
54	2696	72	70	88	23	74	37	14	01	0398	04	18
55	2691	2367	2065	1784	1519	1270	1034	0810	0597	0394	0201	0015
56	85	62	61	79	15	66	30	06	94	91	0197	12
57	79	56	56	74	10	61	26	03	90	88	94	09
58	74	51	51	70	06	57	22	0799	87	84	91	06
59	68	46	46	65	02	53	18	95	83	81	88	03
60	2663	2341	2041	1761	1498	1249	1015	0792	0580	0378	0185	0000

La Chirologie

C'est l'art de savoir interpréter les formes, les volumes, les dimensions de chacune des différentes parties de la main.

Selon les périodes, et selon les peuples, la chirologie (du grec kheir *et* logos *discours) anima les consciences. Elle suivit une trajectoire où de nombreux concepts l'enrichirent. Elle fut associée, tour à tour, à l'astrologie, la philosophie, la médecine, pour servir l'homme.*

La chirologie est une technique qui permet de relier la morphologie de la main à la personnalité d'un individu, à ses potentialités, à sa dynamique interne. Nous entendons par dynamique l'ensemble des mécanismes qui régissent un individu, et le font aller depuis le stimuli aux comportements, le mouvement unique et original qui fait que chaque homme aime, pense, agit.

Elle a pour finalité la connaissance de soi et des autres, elle s'applique à mettre en relief ce que l'on porte en soi, à en décrypter les schémas, elle s'appuie sur des observations confirmées par l'expérience empirique et sur un modèle théorique cohérent, universel, et surtout échangeable avec les praticiens des autres techniques d'analyse de l'homme.

Outre dans les ouvrages spécialisés, la main est présente dans la culture, comme de nombreux témoignages le confirment, témoignages archéologiques (empreintes dans les grottes), iconographiques (peintures dans les cathédrales), symboliques (talisman, mudra, rites), linguistiques (les expressions populaires).

La main est plus que ce simple membre de notre corps, elle le représente. La main est l'expression de la personne tout entière.

Nous allons, à notre tour, aller à la découverte de l'humain, et construire cet immense puzzle, en présentant derrière les éléments isolés des synthèses, à chaque fois réajustées en fonction des nouvelles informations recueillies.

Ce chapitre a été conçu et réalisé par :
— Gérard AUSSOLEIL
— Michèle BOUILLON
— Patrick ROUILLER

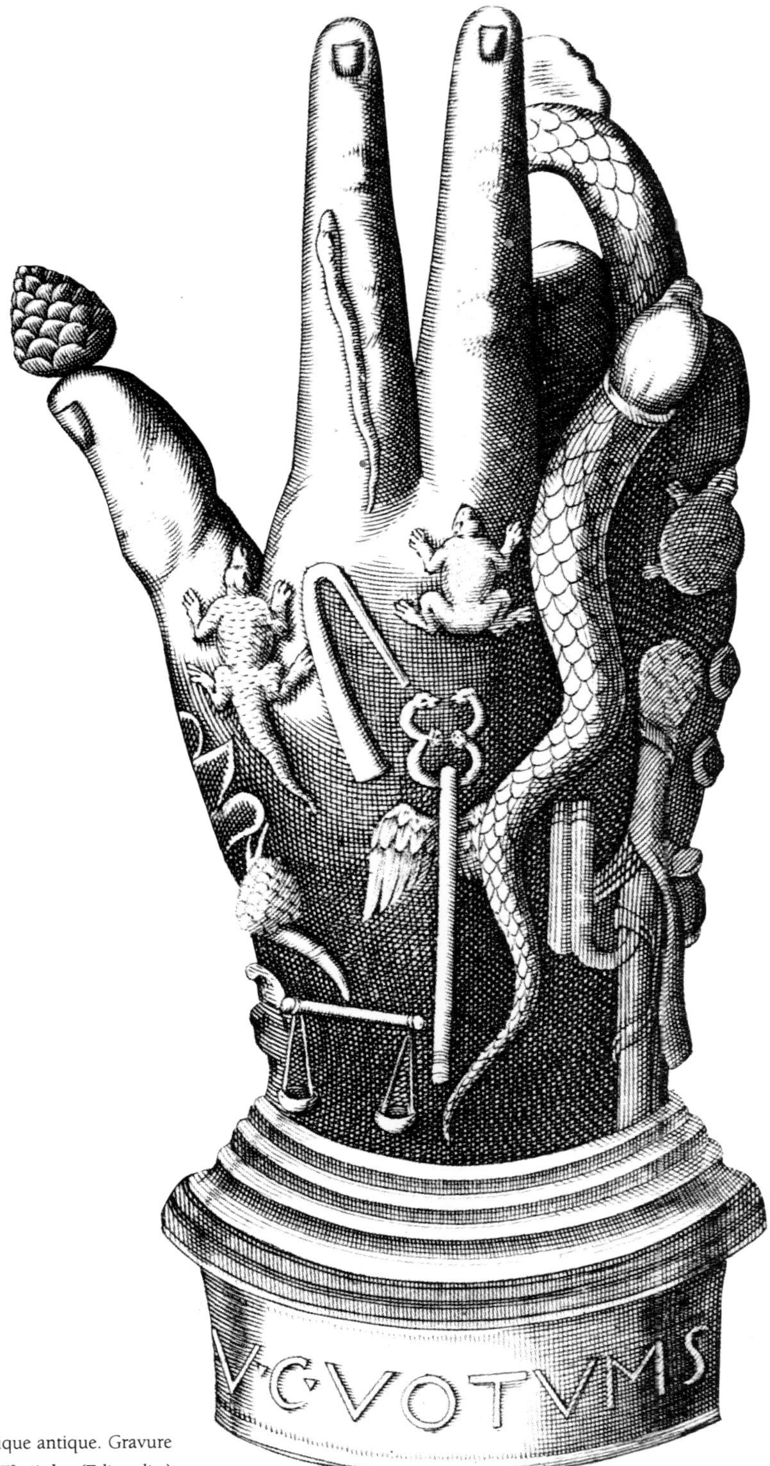

Main magique antique. Gravure 17e siècle. *(Edimedia.)*

LA MORPHOLOGIE

Elle est fondée sur un modèle de l'homme et six hypothèses fondamentales.

Le modèle émotionnel de l'homme

« L'homme peut se définir comme une nécessité d'expression et une capacité de ressentir. » Tout homme porte en lui l'absolue nécessité de traduire ses dynamiques profondes dans le monde extérieur. Cela peut se faire par la parole, les actes, les sentiments, les mimiques, les rêves, etc. Il a en plus la capacité de ressentir ce monde extérieur à travers ses cinq sens. Le vécu peut donc être défini comme l'interaction entre le ressenti et l'expression.

Les hypothèses fondamentales

Hypothèse de base : La morphologie de la main d'un individu peut représenter sa personnalité, son caractère, ses potentialités, sa dynamique fondamentale.

Hypothèse géographique : La main est constituée d'un certain nombre de zones et sous-zones, chacune jouant un rôle spécifique dans l'élaboration de la personnalité. Les zones principales sont la paume, représentative du monde intérieur, le pouce responsable de la structuration de l'inconscient en fonction des règles du monde extérieur, et les doigts, organes de négociation entre nos désirs et leur acceptabilité par les autres.

Hypothèse des flux d'énergie : La main est parcourue par un flux d'énergie représentant, lorsqu'il s'écoule depuis le bout des doigts vers la paume, notre capacité de ressentir, et quand il s'écoule du poignet vers les doigts, notre nécessité d'expression. Le vécu naîtra de l'interaction entre ces deux flux.

Le modèle morphopsychologique

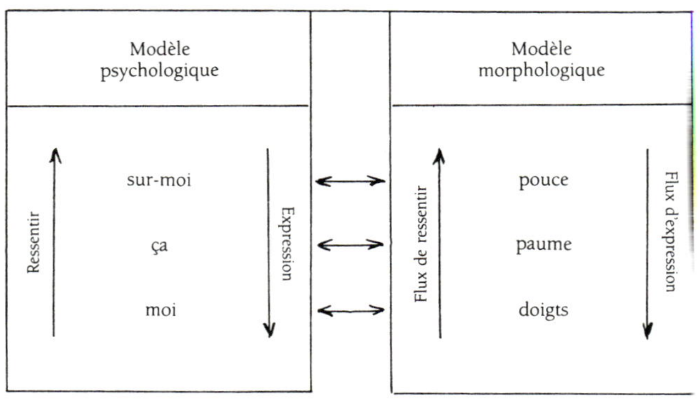

Construction d'un Modèle

Le modèle morphologique est comparé à un modèle psychanalytique pour en mieux comprendre les informations psychologiques. (Modèle freudien S. FREUD). Il ne s'appuie pas sur une psychologie du comportement direct, mais sur une description d'une réalité psychique sous-jacente au comportement manifesté. De cette réalité psychique décrite va naître une explication de fonctionnement. Voici un choix arbitraire qui ne veut entrer dans aucune querelle de chapelle : Gérard AUSSOLEIL précise : « Ma position de psychothérapeute m'a permis, tout au fil des années, d'explorer l'homme et d'établir un rapport de concordance entre la morphologie de la main et la réalité psychique des sujets. Il ne s'agit pas d'une projection de la théorie freudienne par association directe ; mais, il est apparu que cette pensée, elle-même autonome, m'a servi à illustrer une autre convention de pensée : la théorie du trépied, que l'expérience empirique vérifie. »

Hypothèse de la maturation des pulsions : Au cours de son trajet dans la main, le flux d'expression subit un processus de maturation qui consiste en une structuration, une codification de plus en plus élaborée, afin de passer d'un état archaïque à un état secondaire, représenté par l'acquisition d'un langage avec le monde extérieur.
Le flux de ressenti subit un processus inverse. C'est par cette maturation que la pulsion se transforme en un désir formalisé et exprimé. Elle consiste en une mise en forme d'un message qui n'en modifie par le contenu profond.

Hypothèse des dilatations-rétractions : Dans la main, les flux s'écoulent facilement à travers les zones dilatées ou larges, et difficilement à travers les zones rétractées ou étroites (exactement comme un cours d'eau, calme si son lit est vaste, turbulent si celui-ci est étroit ou accidenté).
C'est la juxtaposition des zones dilatées et rétractées qui crée la morphologie de la main. C'est elle qui va déterminer le trajet des flux et donc les zones géographiques dans lesquelles leur interaction donnera le vécu. La morphologie de la main représentera donc la personnalité.

Hypothèse de la tonicité : Une zone dure ou tonique privilégie les mécanismes d'expression, d'émission, de réalisation vers l'extérieur.
Au contraire une zone souple ou atone privilégie les mécanismes liés à la faculté de ressentir, de recevoir, d'être imprégné par le monde extérieur. La topologie tonique est donc associée à l'activité, la topologie atone à la passivité.

LE TREPIED

Le trépied comporte trois zones principales : la paume, le pouce, les doigts.
La paume est le dedans de la main entre le poignet et le pouce. Elle est la source et le réceptacle du monde pulsionnel. Le siège des instincts du « je veux et j'ai envie ». Elle est en relation avec notre monde intérieur.
Le pouce est le plus gros des doigts de la main et ne présente que deux phalanges visibles.
Il est l'organe de la structuration des pulsions du monde intérieur, au travers du pouce, les pulsions sont confrontées aux réalités extérieures. Le pouce est un arbitre puissant entre nos désirs non canalisés et l'expression de ceux-ci. Il autorise ou interdit, il freine et filtre ou se laisse fertiliser par les messages du monde intérieur. Il permet l'adaptation des individus au milieu environnant.
Les doigts sont les parties mobiles qui terminent la main.
Les doigts sont représentatifs de l'expression du monde pulsionnel structurée par le pouce.
Ils sont des négociateurs agissant sur tout ce qui est conscient. Ils sont impliqués dans la réalité. Les doigts gèrent les différentes informations reçues du monde intérieur et du monde extérieur. Ce sera à travers eux que nous approcherons les différents comportements externes.

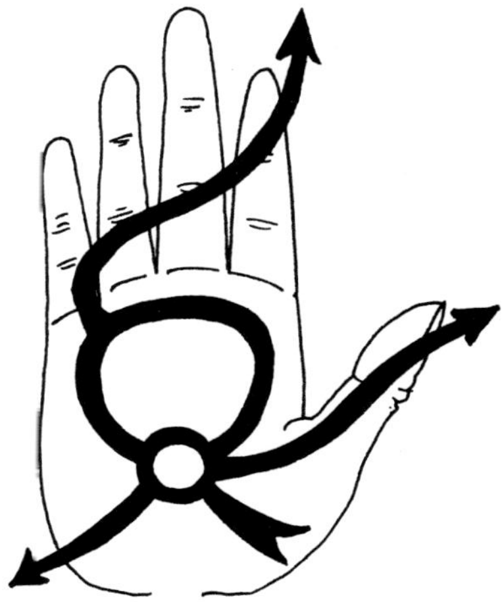

Le trajet des flux

Le découpage de la main

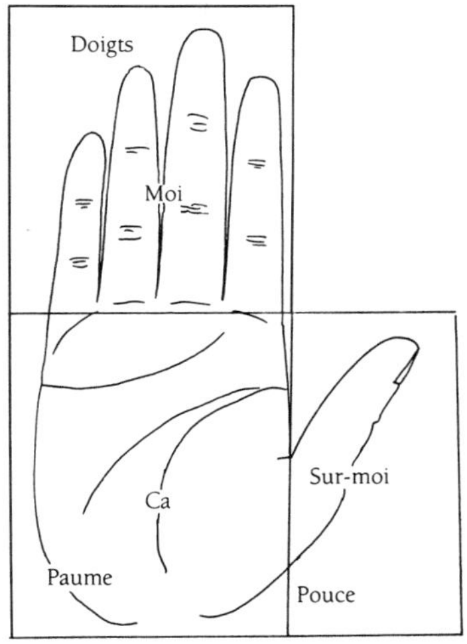

LE ÇA est le « grand réservoir d'énergie pulsionnelle » siège des pulsions innées et des pulsions refoulées, qui cherchent à se réaliser. On y trouvera un principe de plaisir et de déplaisir.

LE SUR-MOI est un juge, un arbitre autoritaire qui censure ou autorise la vie des pulsions.

LE MOI est la seule partie de l'appareil qui soit consciente. Elle gère les exigences du ça, du moi et du sur-moi et les contraintes de la réalité. Le moi est « obligé de servir trois maîtres à la fois ».

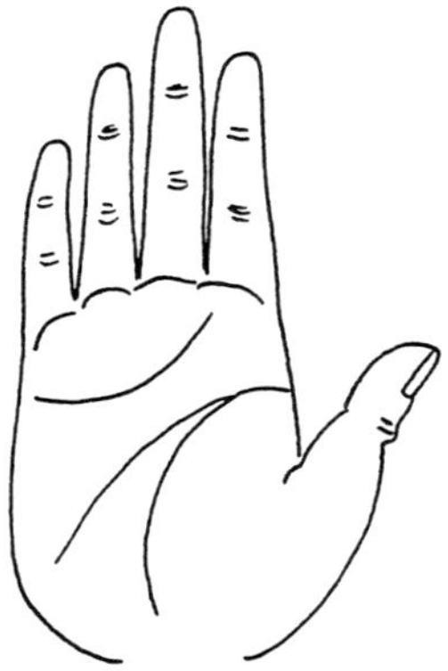

Paume majoritaire

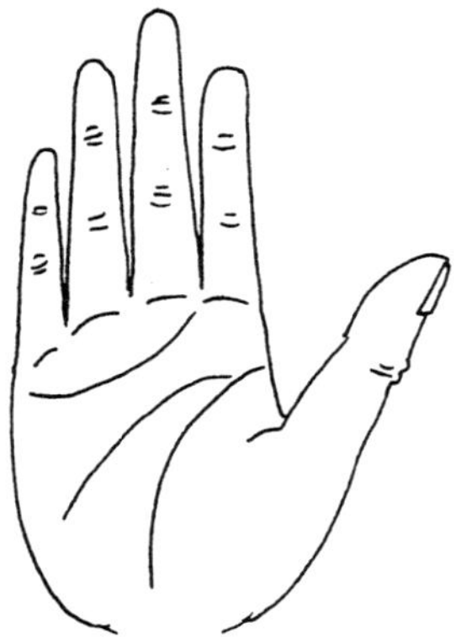

Pouce majoritaire

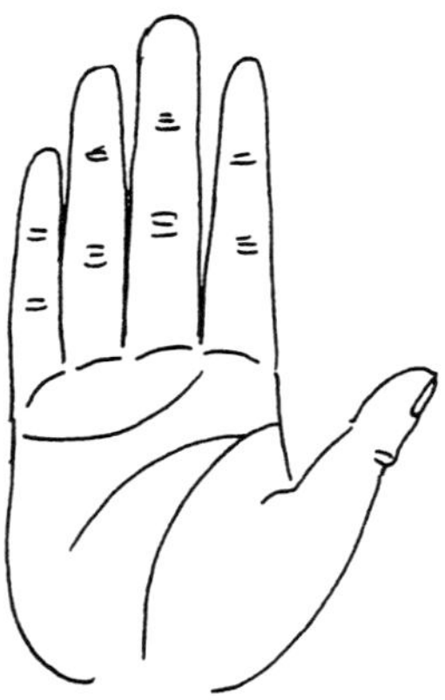

Doigts majoritaires

Équilibre du trépied

Chacun des éléments décrits va jouer un rôle important dans l'élaboration de la personnalité. Compte tenu des hypothèses de dilatation et de rétraction, on peut déduire que plus une zone sera importante en volume, grandeur et épaisseur de chairs, plus les échanges seront favorisés, et plus la zone concernée sera privilégiée dans la construction de la personnalité.

Les échanges se font à trois niveaux :

Conscient : observable et reconnaissable dans notre approche de la réalité.

Inconscient : par essence non connu de nous-même mais agissant à notre insu.

Archaïque : profond et restant à déchiffrer.

Voilà, en fonction du rapport des différents volumes des éléments du trépied, sept grandes familles morphologiques uniquement théoriques et caricaturales qui facilitent l'analyse.

Ouvrons maintenant le dialogue et tentons de répondre pour chacun des cas supposés aux interrogations suivantes :

Comment se comporte-t-il ?

Comment est-il perçu par les autres ?

Comment perçoit-il les autres ?

Que se passe-t-il au fond de lui ?

Paume majoritaire

À l'observation, la paume est la zone prépondérante. Ici le monde pulsionnel est le plus important.

Le sujet est impulsif, très proche de ses désirs, aimant le mouvement, le changement, ayant la capacité d'entreprendre.

Il est perçu comme une personnalité expansive, cherchant l'approbation des autres, entreprenante et dynamique.

Il perçoit les autres comme trop statiques et peu capables de le comprendre dans ses désirs profonds.

L'absence de structuration due au pouce expose le sujet à une recherche perpétuelle d'identité. Il est anxieux car animé par une multitude de besoins à assouvir.

Pouce majoritaire

À l'observation, le pouce est le plus important ; il domine les deux autres zones. Le monde de la structuration est favorisé.

L'être est directif, réglant sa conduite selon des lois bien précises. Il aime l'ordre, la discipline, est attaché aux valeurs.

Il est perçu comme ferme, autoritaire, fiable, normatif.

Il a besoin de façonner, d'imprimer ses lois et ne supporte pas la différence.

Enfermé dans ses systèmes, le pouce est un censeur aux exigences importantes générant des états de tension qu'il régule par la rigidité.

Doigts majoritaires

À l'observation, les doigts s'élancent dans l'espace et règnent en maître. Le monde relationnel est privilégié.

L'être est à l'aise en société et négocie facilement avec l'extérieur. C'est un homme de communication plus concerné par la vie des autres que par la sienne.

Il est perçu comme un individu solide, plein d'assurance, sur lequel on peut compter, jonglant avec les sollicitations de l'extérieur. Toujours très affairé, il perçoit les autres comme trop hésitants, pas assez engagés, centrés sur leur vie : il a envie de les bousculer.
Peu conscient de son ressentir, il en souffre et cherche à travers l'émotionnel d'autrui un moyen d'exister.

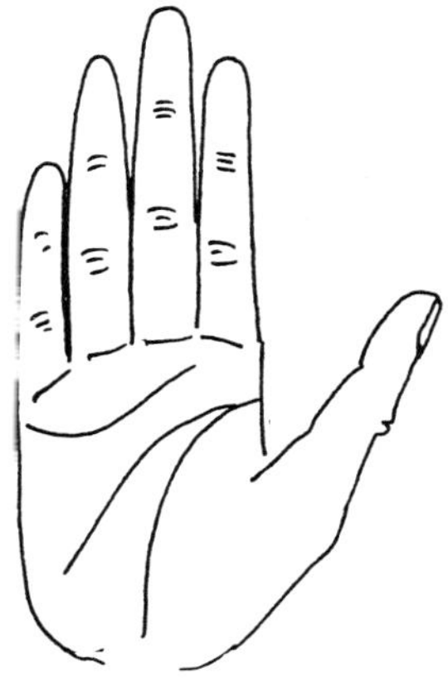

Paume minoritaire

PAUME MINORITAIRE

La masse centrale de la main apparaît comme rétrécie. Les pulsions sont faibles et très contrôlées par le pouce. La vie intérieure est un peu au deuxième plan. L'être est calme, peu émotif, sachant mal s'apprécier, évitant les conflits.
Il est reconnu pour son sens du service, son adaptation, se rangeant à l'avis du dernier qui a parlé. Il a peur des émotions des autres car peur des univers inconnus.
Il s'accorde mal avec le mouvement.
Il est souvent insécurisé, car il ne ressent pas le mouvement qui l'habite, celui-ci étant faible. Il a plus le souci de paraître que d'être.

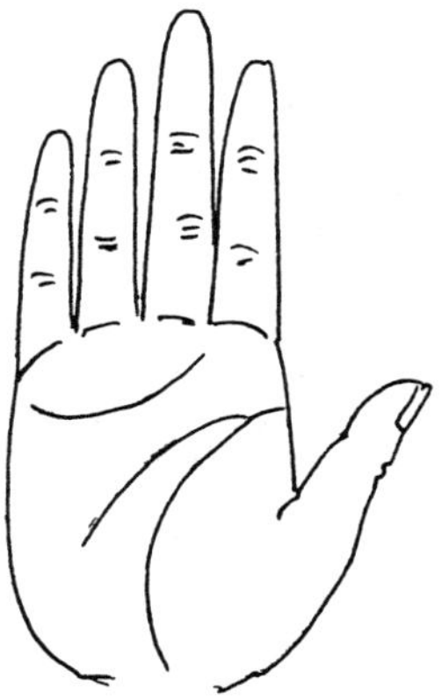

Pouce minoritaire

POUCE MINORITAIRE

À l'observation, le pouce est de faible importance par rapport aux autres zones. Le monde des structurations n'est pas favorisé.
Le sujet manque de suite dans les idées et adopte pour un temps des comportements choisis à l'extérieur. Il est fantaisiste et tolérant, mais perçu comme manquant de fiabilité. Il est apprécié pour son art de faire face aux situations nouvelles.
Il trouve que les autres ne sont pas assez aventureux.
Il ressent le malaise que lui procure son manque de stabilité et a peur de se montrer sous ces aspects instables.

DOIGTS MINORITAIRES

À l'observation, les doigts sont peu consistants par rapport aux autres zones. La vie relationnelle n'est pas privilégiée.
Le sujet se suffit à lui-même, accordant une place mineure à ce qui se passe autour de lui. Un peu casanier mais acharné dans ses actions limitées et ponctuelles.
Il est perçu comme étant toujours en retrait, attentif, discret, vivant en solitaire. Très sensible au regard qu'autrui lui porte, il crée des situations contradictoires pour attirer l'attention et tenter de se gérer.

Paume majoritaire : paume > pouce = doigts
Pouce majoritaire : pouce > paume = doigts
Doigts majoritaires : doigts > paume = pouce
Paume minoritaire : pouce = doigts < paume
Pouce minoritaire : paume = doigts < pouce
Doigts minoritaires : paume = pouce < doigts
Trépied équilibré : paume = pouce = doigts

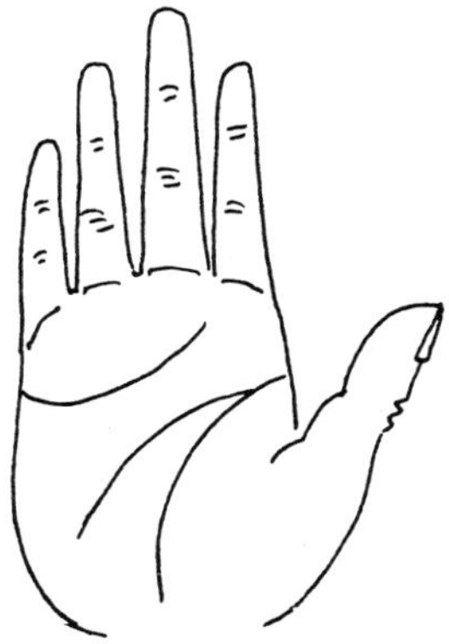

Doigts minoritaires

Les typologies de paumes

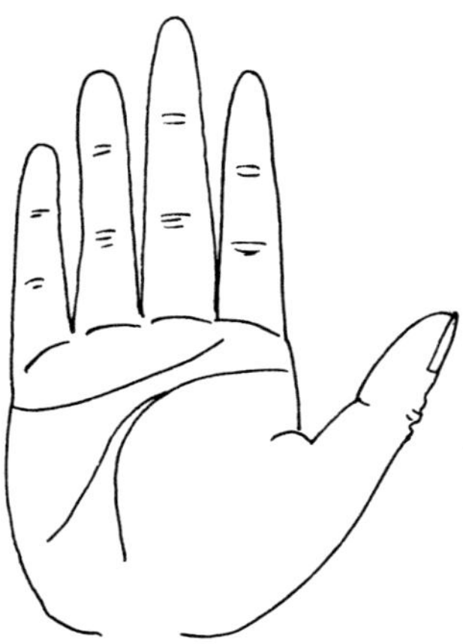

Paume carrée

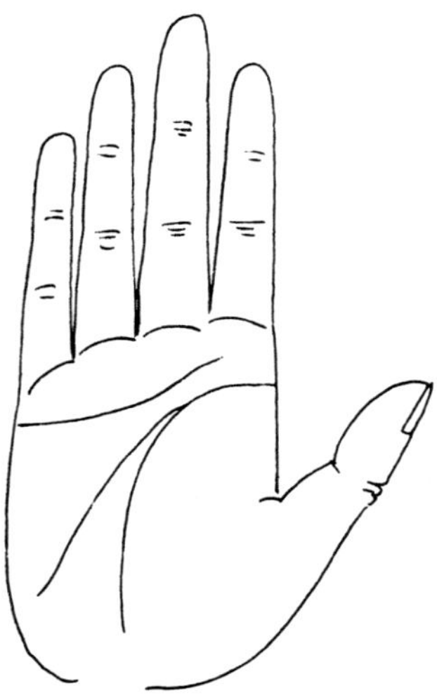

Paume rectangulaire

TRÉPIED ÉQUILIBRÉ

À l'observation, le regard est attiré par l'harmonie des trois zones.
Le sujet est régulier, tranquille, pondéré dans ses actes et sa pensée. Il se suffit à lui-même, s'investissant parcimonieusement dans toutes les situations.
Il est perçu comme un être toujours d'humeur égale, gérant correctement les divers aspects de sa vie. De bon conseil, mais ne s'engageant pas facilement.
Très en phase avec lui-même et les autres, il éprouve peu de besoins contradictoires, est en fait un peu statique du fait même de l'absence de ces turbulences.
Notre richesse et notre mouvement de vie prennent leur source dans nos contrastes et nos imperfections.
Les personnages que nous avons fait vivre ne sont que des caricatures, mais il faut bien savoir qu'il existe, par-delà la différence, des familles qui concentrent des comportements semblables et qu'un repérage immédiat peut permettre une bonne compréhension globale du sujet.
Une reconnaissance correcte du trépied est garante d'une bonne analyse future et apprécie au premier coup d'œil : *la sensibilité du sujet, son mode de perception de la réalité, ses besoins relationnels, son moteur.*

Les grands types de paume

La paume est capitale dans l'organisation de nos échanges. Elle est le siège des pulsions primaires et des pulsions non exprimées. À travers elle, nous apprécierons le trajet de la pulsion et sa structure.

UNE PAUME CARRÉE

C'est une paume où la largeur est égale à la longueur, de la base du poignet à la base du médius.
Caractéristiques : Instinct de conquête, primarité et rapidité dans l'expression.
Grands besoins d'affirmation par la réalisation, la concrétisation des idées.
Organisation et sens pratique.

Technique : Le temps de contact du flux d'émission et de réception est faible car la distance à parcourir du poignet aux doigts est courte.

UNE PAUME RECTANGULAIRE

C'est une paume plus longue que large.
Caractéristiques : Instinct de conservation, lenteur et secondarité dans l'expression.
Les porteurs sont plus attachés aux idées qu'à leur réalisation, ils ont le goût de l'analyse et le sens de l'abstraction.

Technique : Le flux d'énergie s'écoule lentement et subit le long de son parcours une maturation puisqu'il y séjourne plus longtemps.

UNE PAUME RONDE
C'est une paume carrée dont le bord cubital (tranchant de la main) et le bord radial (près du pouce) sont très arrondis.
Caractéristiques : Instinct de protection, organisation souple, volupté. Les sujets sont réfractaires aux conflits, et ont besoin de satisfaire leurs désirs.

Technique : Le flux d'énergie suit les courbes douces des formes et entame une course circulaire.

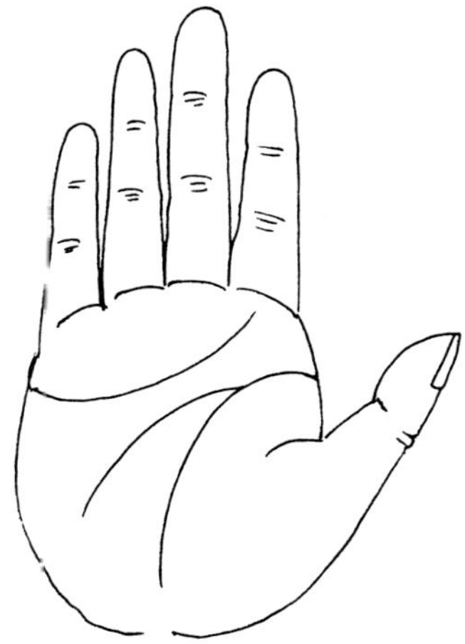

Paume ronde

UNE PAUME TRAPÉZOIDALE
C'est une paume plus étroite vers le poignet que vers les doigts ayant un peu une forme de spatule.
Caractéristiques : Instinct d'imitation, concentration d'une énergie à l'expression jaillissante. Activité, démonstrativité, ingéniosité dans le mouvement.

Technique : Le flux d'énergie est concentré à la base et libéré avec force dans plusieurs directions.

UNE PAUME MIXTE
C'est une paume qui présente des aspects très multiples, les caractéristiques des uns et des autres la définissent.

Technique : Le flux d'énergie circule plus irrégulièrement, tantôt accéléré, tantôt ralenti dans son mouvement.

Toutes les formes reposent sur des terrains différents, regardons comment la loi de la tonicité va venir modifier nos informations de base.

TONICITÉ GÉNÉRALE
La tonicité est donnée par la masse musculaire plus ou moins ferme au toucher.
Le terrain sera tonique ou dur, atone ou souple.
La paume est dite **tonique ou dure** lorsqu'elle résiste à la pression des doigts, les chairs sont fermes.
La paume dure est signe d'une bonne énergie vitale alliée à une grande résistance. Sur ce terrain, le flux d'énergie en émission est rapidement exprimé, et le flux de réception y rebondit.
Énergie, volonté, endurance. *Le porteur est plus émetteur que récepteur.*
La paume est dite **atone ou souple**, lorsqu'à la pression les chairs ne résistent pas et réagissent comme des amortisseurs.
La paume souple est signe d'un manque de tonicité, de fatigabilité. Le flux d'énergie en réception est favorisé, le flux d'émission est retardé dans sa traduction. Souplesse, adaptabilité, réceptivité. *Le porteur est plus récepteur qu'émetteur.*

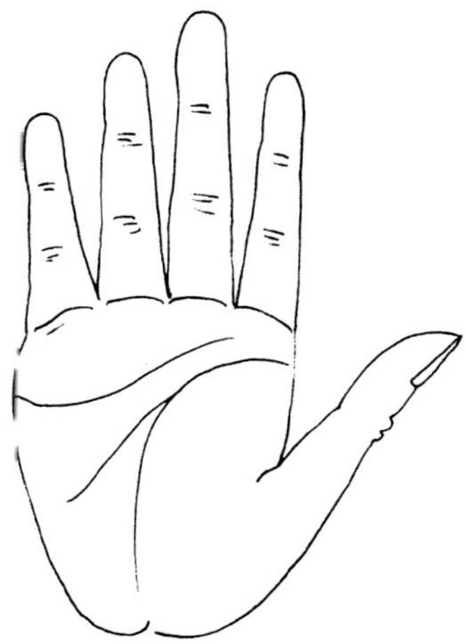

Paume trapézoïdale

Les grands types de paume

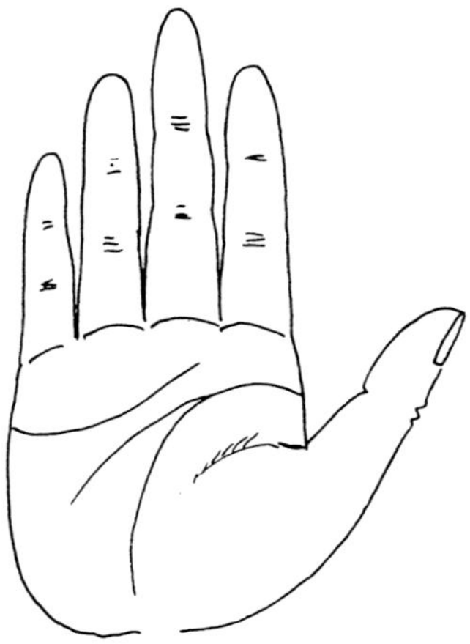

Paume carrée/dure

Combinaisons

Paume carrée dure : L'instinct de conquête (paume carrée) très tonique (dure) s'impose dans l'action, obstination dans la réalisation.

Paume carrée souple : Au besoin d'affirmation et de réalisation (paume carrée) s'oppose une grande réceptivité (souple), le passage à l'action est différé, et les désirs peuvent être contradictoires.

Paume rectangulaire dure : La tonicité remet en question le mode sélectif de l'expression (paume rectangulaire), les réactions seront vives et ambivalentes.

Paume rectangulaire souple : L'émotivité (souple) est renforcée par la lenteur de l'expression (rectangulaire). Indolence et difficultés à concrétiser.

Paume ronde dure : Les forces (dure) se mobilisent pour perpétuer les satisfactions instinctives (ronde).

Paume ronde souple : L'instinct de protection, de sécurisation (ronde) s'installe dans la régularité d'action (souple).

Paume trapézoïdale dure : La nature explosive (trapézoïdale) imprègne le monde extérieur de son univers créatif (dure).

Paume trapézoïdale souple : Elle façonne (trapézoïdale) et se laisse façonner (souple) : la gestion des énergies est délicate.

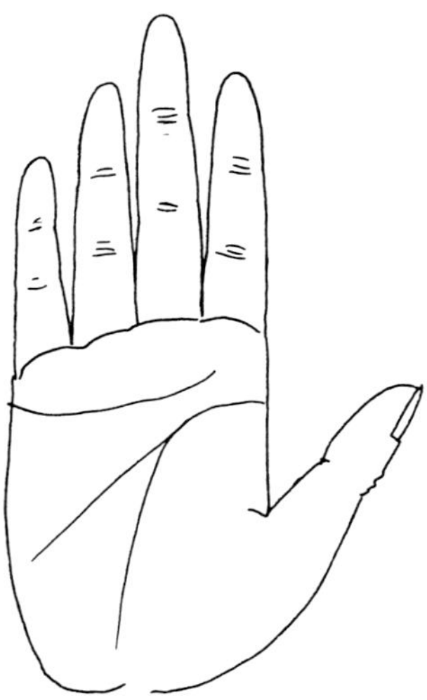

Paume rectangulaire/dure

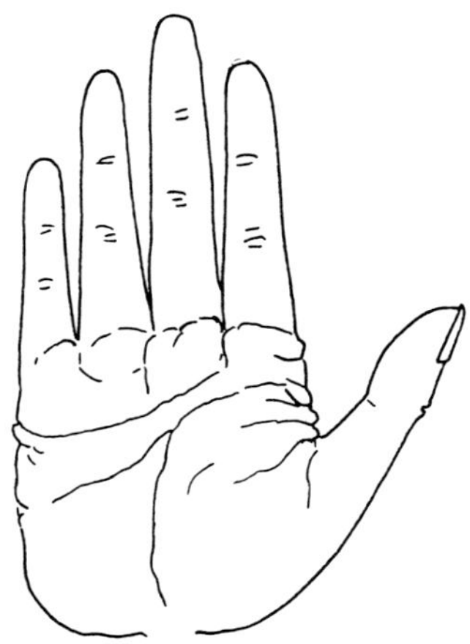

Paume carrée/souple

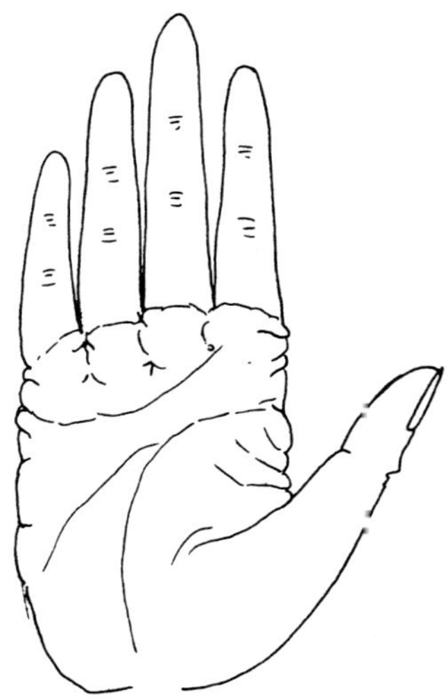

Paume rectangulaire/souple

Les découpes
Voyons maintenant les priorités possibles dans l'expression de cette énergie.

Longitudinale : En coupant la main en deux parties on obtient :
Une zone active : médius, index, pouce.
Cette zone nous relie au monde extérieur socialisé et favorise l'action motrice.
Une zone passive : annulaire, auriculaire.
Cette zone nous relie à notre monde inconscient, notre univers intime, et favorise l'expression du ressentir.

Horizontale : En coupant la main en deux parties dans le sens de la largeur, on obtient :
Une zone instinctive : du poignet au milieu de la paume, c'est la zone des pulsions primaires, le siège de notre vitalité.
Une zone affective : du milieu de la paume à la base des doigts.
C'est la zone de nos réactions sensibles, émotionnelles.
La combinaison de ces différentes zones associée à nos premières informations offre une amorce de profil.

Le découpage de la paume

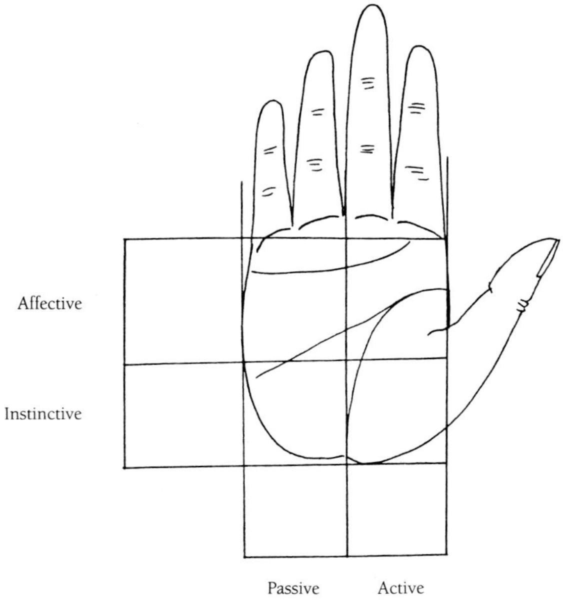

Paume Carrée Dure

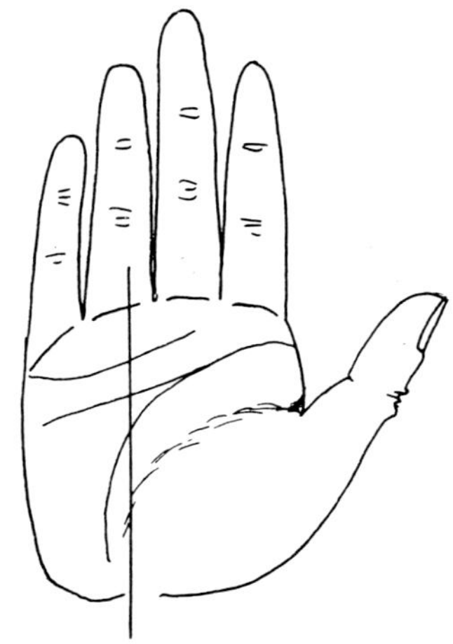

Zone active importante
Renforcement des facteurs de primarité avec des désirs accrus de réaliser, de concrétiser. Extériorisation facile, dynamisme dans l'action. Vie intime au second plan.

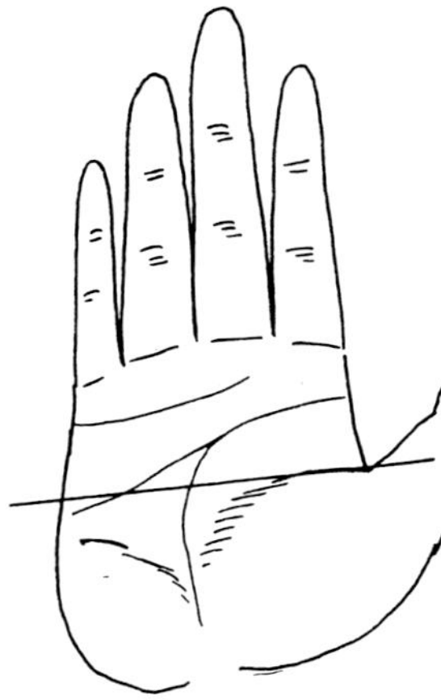

Zone instinctive importante
Le sujet va s'appuyer sur sa force instinctive pour se traduire à l'extérieur. Il en exprimera les besoins et saura les imposer.

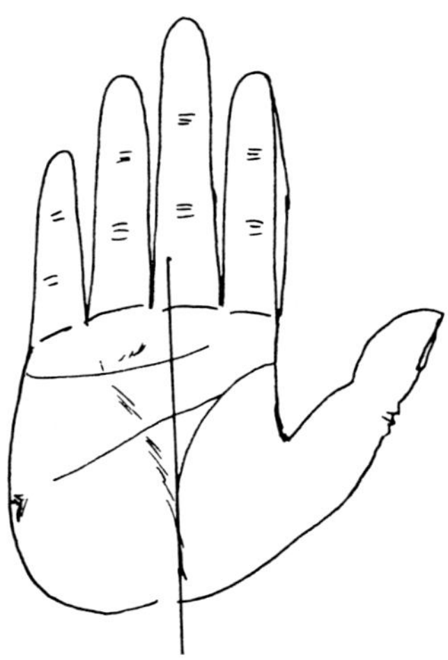

Zone passive importante
Le facteur de secondarisation, offert par la prépondérance de la zone, facilite la prise de recul par rapport à l'extérieur et la conceptualisation, l'affirmation de soi se vit sur un mode défensif.

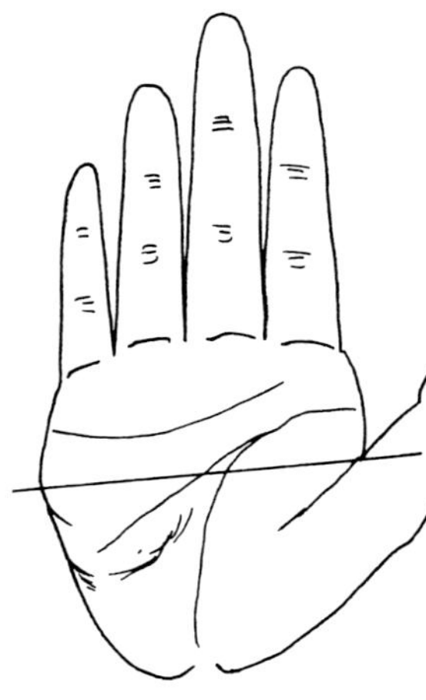

Zone affective importante
La qualité de résonance affective vient perturber l'élan de l'action ; mais tout en la freinant elle lui apporte un facteur de secondarisation.

Paume Carrée Souple

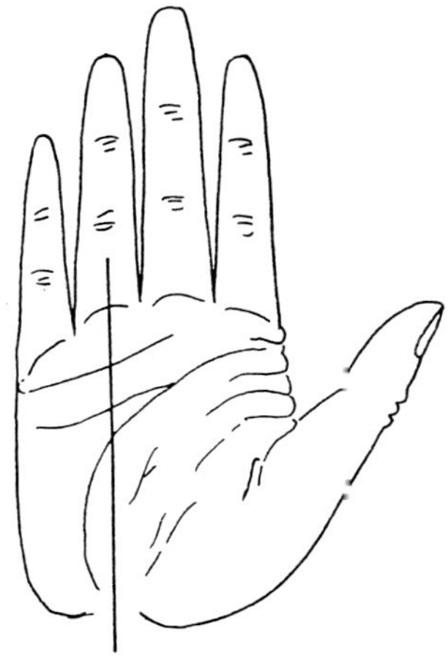

Zone active importante
Action souple et modulée où la négociation tient une très grande place.

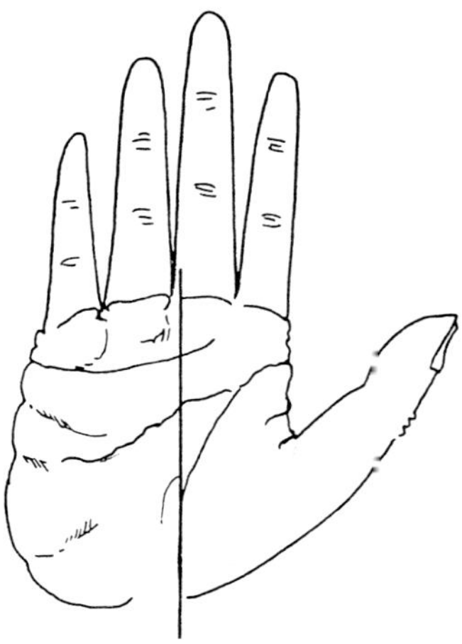

Zone passive importante
Les désirs sont cérébralisés, réduits à des fantasmes. L'action est velléitaire.

Paume Rectangulaire Dure

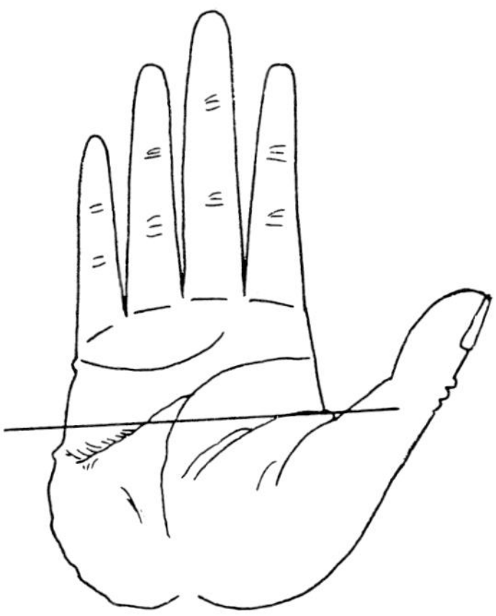

Zone instinctive importante
Les forces instinctives ont du mal à trouver une voie d'accès.
Leur expression est différée, voire même inhibée.

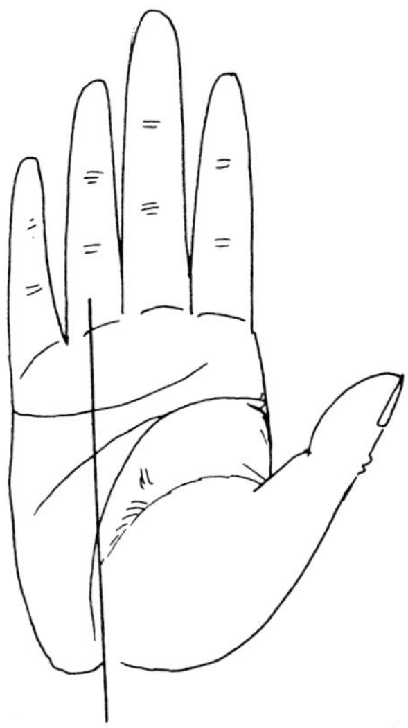

Zone active importante
Goût de l'action dynamique où les effets sont maîtrisés et contrôlés.

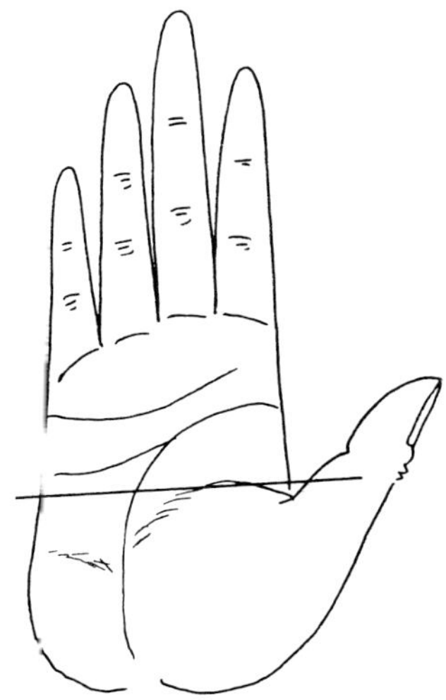

Zone instinctive importante
L'énergie de base alimente le monde onirique et en transmet les qualités créatrices.

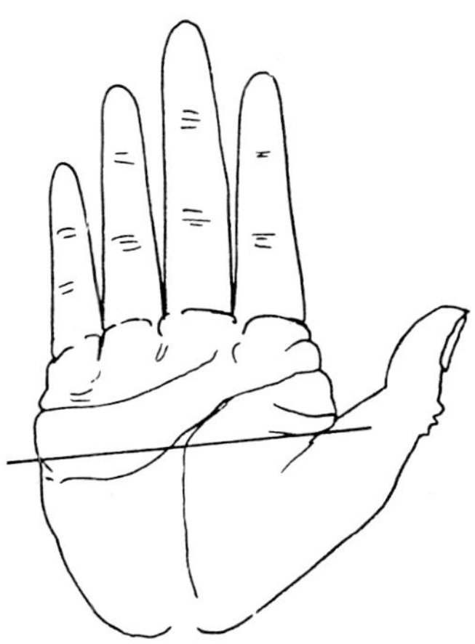

Zone affective importante
Derrière une certaine organisation, grand souci de l'autre manifesté par chaleur et tendresse.

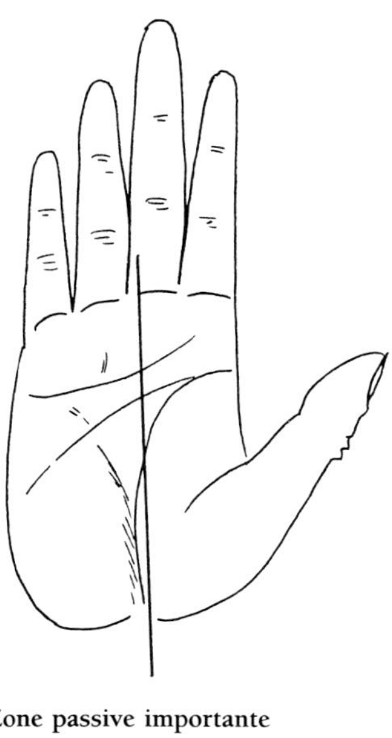

Zone passive importante
Prise de recul importante par rapport à l'extérieur, les attitudes sont défensives et cérébralisées.

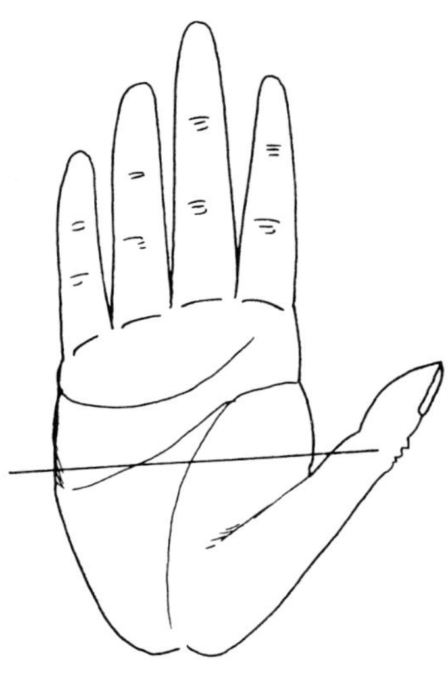

Zone affective importante
Grande originalité dans le comportement extérieur, démonstrativité sous-tendue par une sensibilité exacerbée.

Paume Rectangulaire Souple

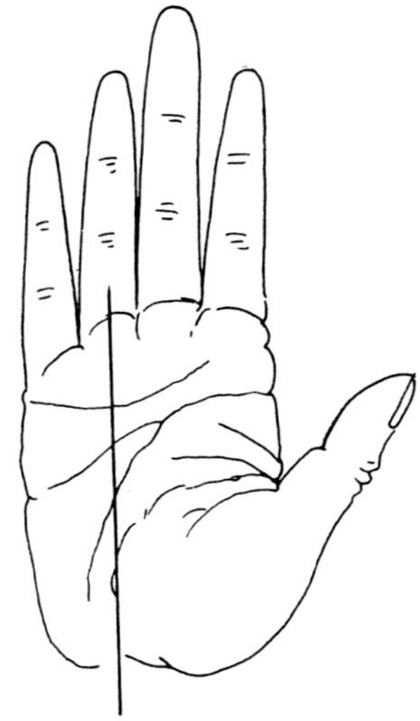

Zone active importante
Diplomatie, séduction axée sur une vie relationnelle.

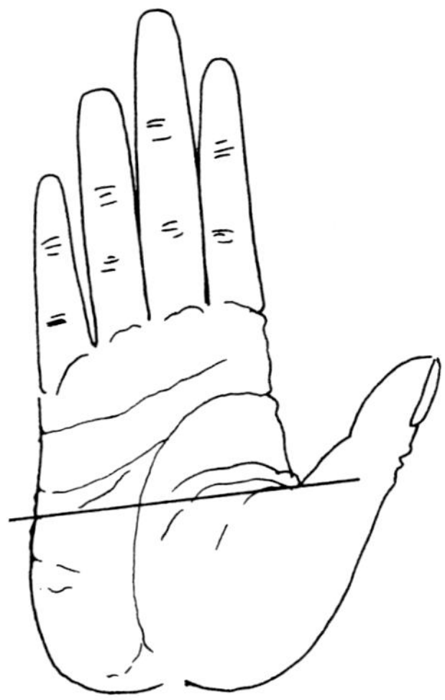

Zone instinctive importante
Des envies, des besoins souvent insatisfaits, amplifiés par une grande réceptivité.

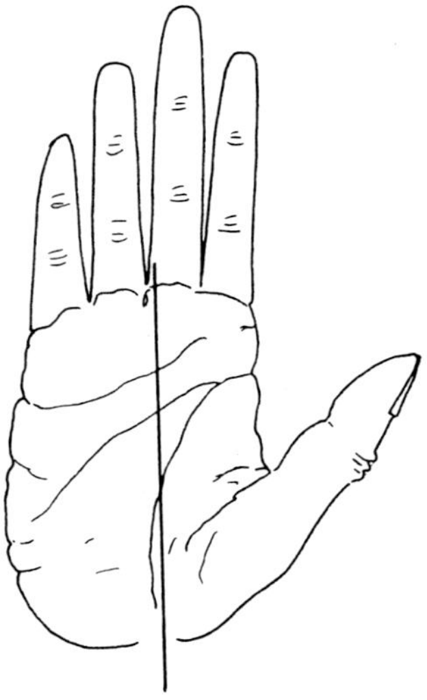

Zone passive importante
L'importance de la zone n'invite pas à l'extériorisation, tendance à la rêverie, et peut-être à rêver sa vie.

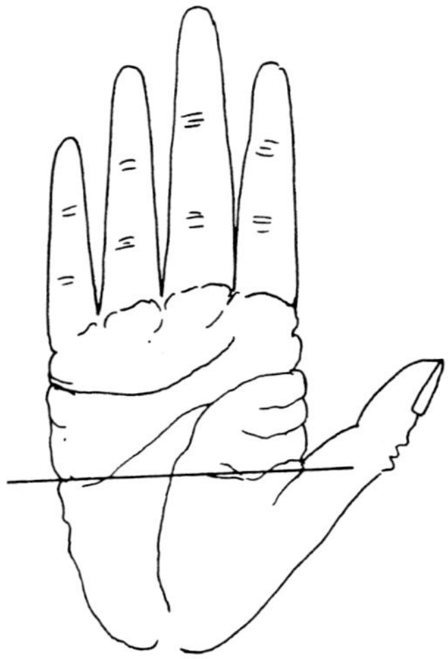

Zone affective importante
Peu d'émission, priorité donnée à l'écoute, et l'ouverture sur les autres.

Les typologies de pouce

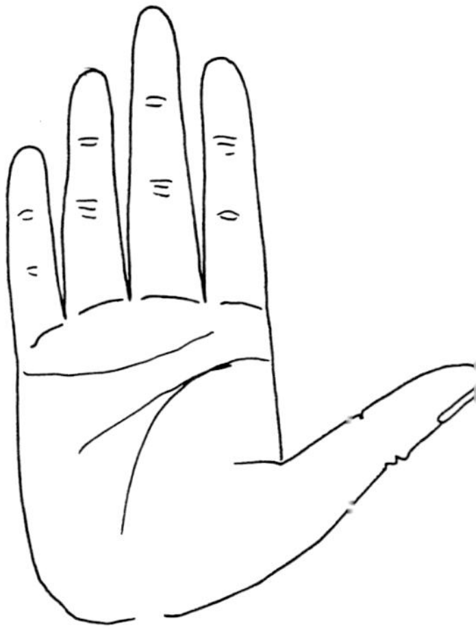

Pouce fort implanté bas

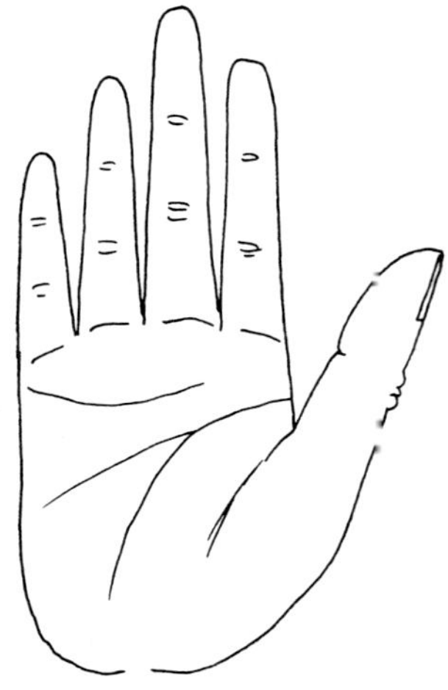

Pouce faible implanté bas

Le pouce ou l'adaptation au milieu

Dans le règne animal, la capacité des espèces à s'adapter aux modifications de l'environnement est faible. L'évolution se fait par un lent processus de sélection naturelle, les individus les mieux adaptés ayant le plus de chance de survivre et de se reproduire. Lorsque la modification des conditions extérieures est trop rapide, l'espèce est amenée à disparaître.
L'homme est l'une des rares espèces capables d'adaptation au niveau de l'individu bien que l'évolution lente par sélection existe également pour lui. Dans la main, le pouce représente cette capacité d'adapter nos nécessités internes à leur possibilité d'être vécues de façon positive dans le monde extérieur. Il est donc le principal témoin de la forme d'adaptation de l'individu à son milieu et le fondement de notre capacité à vivre en société.

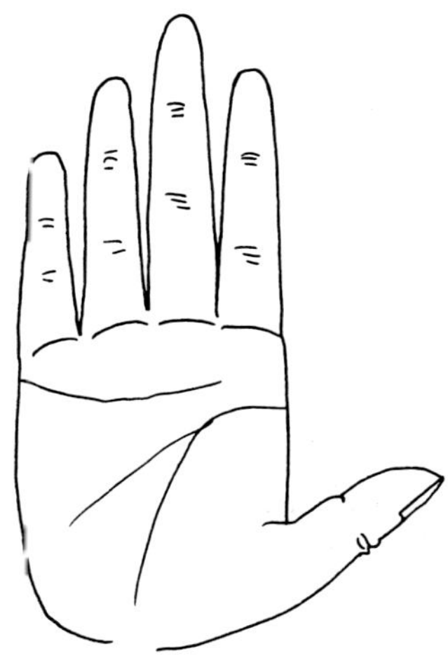

Pouce faible implanté bas

Sa taille

Elle est déterminante dans la capacité d'un individu à accepter les structures du monde extérieur. Un pouce fort est un pouce long et volumineux ; un pouce faible est un pouce court et frêle.
Le pouce fort : L'inconscient est parfaitement structuré en fonction des réalités extérieures. Les pulsions sont bien sociabilisées. L'individu est tenace, volontaire, capable de mener à bien des tâches de longue haleine. Directif et conformiste, il est autoritaire, car il a du mal à accepter les différences d'autrui, à sortir de ses schémas de base. C'est une forte personnalité aux décisions aussi nettes et tranchées que ses refus. Il est apprécié pour sa droiture, sa fiabilité, son côté sécurisant.
Le pouce faible : L'inconscient est peu structuré : les pulsions fusent dans toutes les directions.
L'individu est fantasque, sans grande volonté. Il a du mal à s'astreindre à des tâches répétitives, à accepter les contraintes. Peu respectueux des règles et des principes, il aime la nouveauté, et naturellement on l'apprécie davantage pour sa fantaisie, son libéralisme que pour sa rigueur.

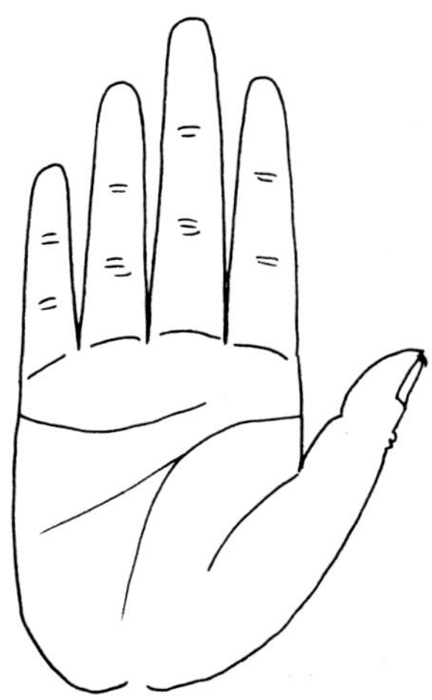

Pouce faible implanté haut

Son implantation

Elle correspond à la hauteur à laquelle le pouce s'insère dans la paume.
Le pouce implanté bas : Il joue son rôle structurant au plus profond de la personnalité : c'est dès la naissance que les pulsions sont organisées. L'énergie a tendance à être retenue dans la paume et l'expression est différée. L'individu a un grand souci de modération et d'objectivité. Cela peut lui donner sagesse ou indécision, retenue ou effacement, objectivité ou refus de s'engager, selon bien sûr les autres caractéristiques de sa main.
Le pouce implanté haut : Avant d'être organisée par le pouce, la pulsion a déjà été exprimée. L'individu a une tendance générale à l'extraversion, au dynamisme, à la spontanéité. Il a besoin d'action pour résorber ses tensions, besoin de s'agiter, de se « défouler ».

Les doigts ou la capacité à communiquer

La communication entre les êtres se fait au travers de codes relationnels établis en fonction des règles de l'univers social. Elle n'existe qu'entre un émetteur et un récepteur, capables d'analyser et d'utiliser les mêmes règles. En chirologie, les doigts représentent la capacité de l'individu à communiquer, c'est-à-dire à transformer les messages émis par son inconscient en messages perceptibles par l'autre. Ils représentent également la capacité à recevoir et à décrypter les messages venus de l'extérieur et d'en ressentir le contenu émotionnel. Alors que le pouce représentait notre possibilité d'adaptation aux lois universelles, les doigts seront plus le reflet de nos nécessités d'échanges, de notre faculté d'être un peu différent tout en restant nous-même, en fonction des êtres ou des groupes que nous rencontrons.

Les typologies des doigts

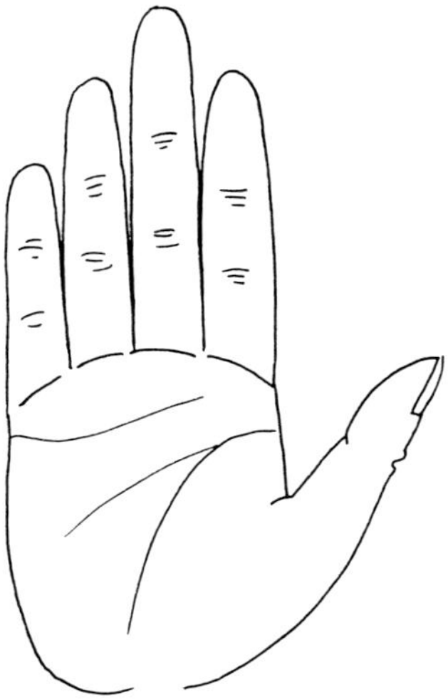

Doigts longs et forts

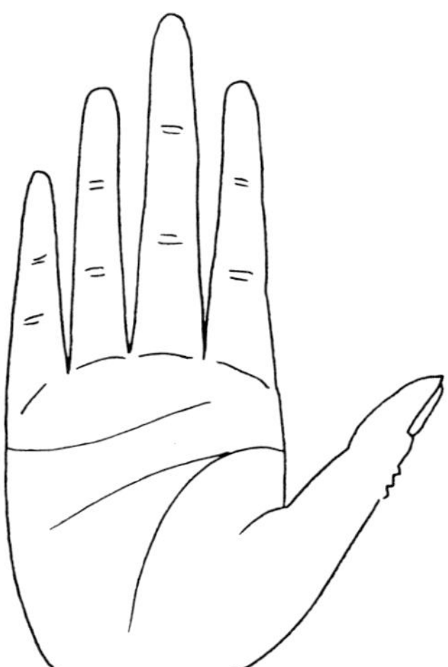

Doigts longs et frêles

Leur longueur

Elle reflète le caractère plus ou moins primaire de nos relations avec les autres. Selon leur taille par rapport à la longueur de la main, les doigts seront dits longs ou courts.

Les doigts longs : Plus les doigts sont longs et plus les processus de maturation des pulsions dont nous parlions plus haut sont importants. Le vécu est fortement secondarisé, le message transmis à l'extérieur très élaboré. L'individu a le sens de la forme, parfois même au détriment du but à atteindre. Il a du jugement, une bonne capacité de réflexion, une pensée analytique, le sens de l'obstacle et de la négociation. Son habileté manuelle s'exprime dans des travaux réclamant adresse, minutie, patience.

Les doigts courts : Au contraire des doigts longs, ils indiquent la faiblesse du pouvoir de maturation : les réactions sont primaires, le message simplifié à l'extrême. La perception de soi et des autres est plutôt immédiate et peu transposée dans le domaine des idées l'être n'en tire pas ou peu d'enseignement. Il a un comportement chaleureux, spontané, passionné, impulsif. Lorsqu'il agit, la rapidité d'exécution et d'obtention du but est pour lui prépondérante, et il se soucie de la fin plus que des moyens. Actif, impatient, il prend souvent des décisions « à l'emporte-pièce », sans réflexion préalable. Chez lui, le manque d'esprit critique s'associe à un manque de tact.

Leur largeur

Elle représente la capacité d'interaction entre le monde extérieur tel que nous le ressentons et ce que nous avons à exprimer. Elle est donc liée à notre adaptation aux besoins des autres dans les relations que nous avons avec eux.

Les doigts charnus : Les mécanismes d'adaptation jouent au maximum et la sociabilisation des désirs est toujours réussie. L'individu a une bonne appréhension des nécessités du monde extérieur, une forte intuition des choses et des êtres. L'excellente adaptation aux réalités extérieures, sa bonne capacité relationnelle lui donnent confiance : il est bien implanté dans la vie. Il sait ce qu'il veut et quand il le veut, agit de façon nette. À l'aise avec les autres il sait être chaleureux... et peut même en devenir envahissant.

Les doigts frêles : La capacité d'adaptation au monde extérieur est faible. L'individu a du mal à se situer vis-à-vis des autres, ne parvient

ni à satisfaire complètement ses besoins instinctifs, ni à intégrer les évolutions de son milieu pour s'y adapter en souplesse.
Il est inquiet, insatisfait, et cherche à se protéger du monde extérieur. Il a du mal à s'affirmer, à prendre des initiatives, et lorsqu'il le fait c'est souvent de façon brutale (la brusquerie des timides) ou très intellectuelle, voire ergoteuse. En revanche, s'il se sent accepté, reconnu, il peut s'ouvrir et vivre sa sensibilité de façon enrichissante.

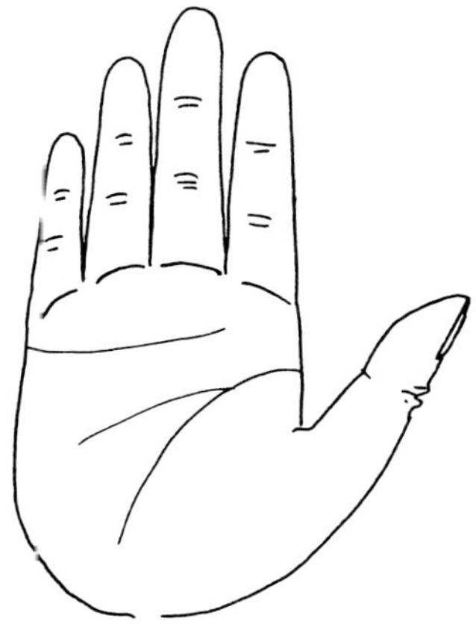

Doigts courts et forts

Leur implantation

Il s'agit de la hauteur à laquelle les doigts s'insèrent dans la paume, celle-ci étant repérée par rapport à l'insertion du médius qui sert de référence.
Les doigts implantés haut : L'implantation haute des doigts privilégie dans le vécu relationnel l'expression de l'individu, la transmission de son message vers le monde extérieur. Le besoin d'échange est important. Le sujet a besoin des autres pour se situer, se sentir exister.
Les doigts implantés bas : L'implantation basse des doigts diminue la nécessité d'échange avec l'extérieur. Le sujet est plus à l'écoute de son monde intérieur. Poussée à l'extrême cette tendance peut impliquer un coté régressif et accentuer l'introversion.

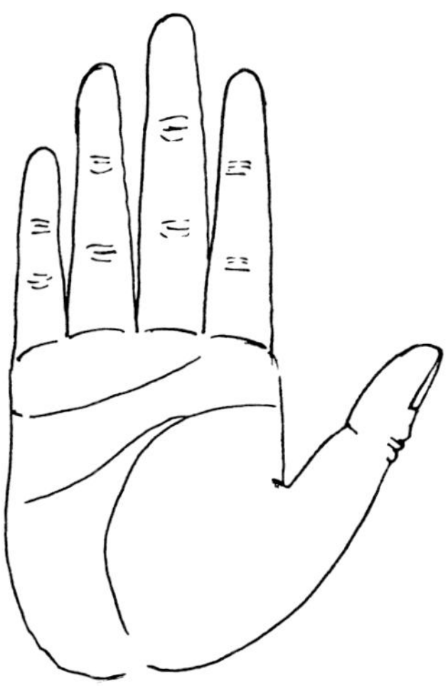

Doigts implantés haut

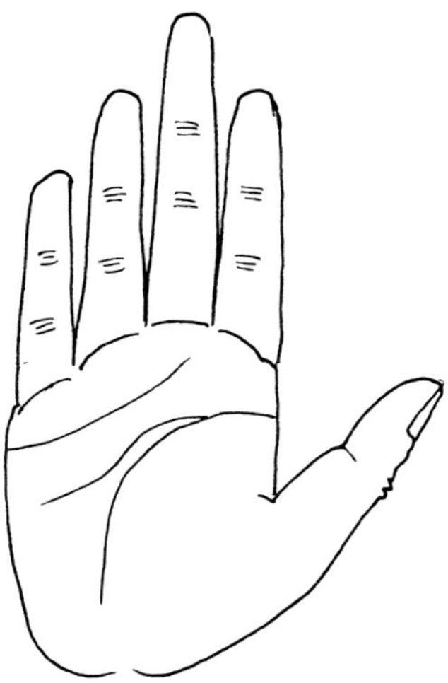

Doigts implantés bas

Les phalanges des doigts

Un doigt est formé de trois phalanges : en partant de la paume, phalange, phalangine, phalangette. L'interprétation de ces éléments sera importante dans la détermination des comportements.
Les doigts à phalanges majoritaires : C'est toujours un gage de bon fonctionnement du vécu relationnel, même si certaines problématiques superficielles peuvent exister.
Le sujet a une bonne intuition des êtres et des situations ; même si sa capacité d'analyse est faible il a toujours une vue saine des situations, un bon sens à toute épreuve et vit dans la matérialité et la sensation.

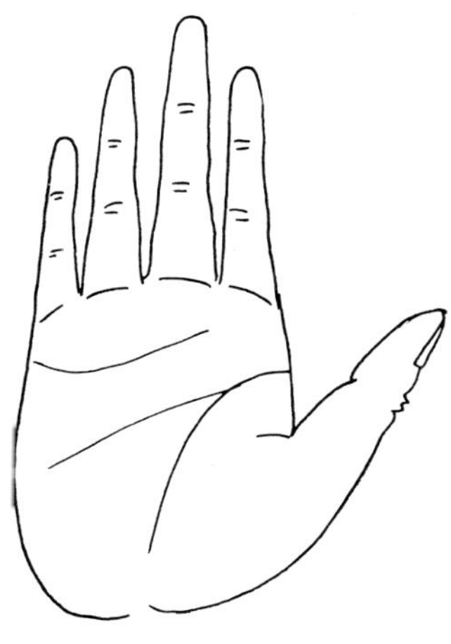

Doigts courts et frêles

Les doigts à phalangines majoritaires: C'est l'indice d'une bonne capacité de raisonnement, d'excellentes capacités intellectuelles. L'individu est capable d'appréhender des pensées et des faits complexes. Il a l'esprit critique, pertinent, le sens de l'analyse, et aime communiquer sur ce mode.

Les doigts à phalangettes majoritaires: C'est dans le domaine des idées que cet individu cherche à se projeter. Il aime les principes, l'essence des choses. C'est un spécialiste de l'abstraction plus sensible à l'esprit, au sens, qu'à l'obtention des résultats. Parfois idéaliste ou mystique il est plus attaché aux représentations qu'il a de la vie qu'aux réalités.

Les phalanges des doigts

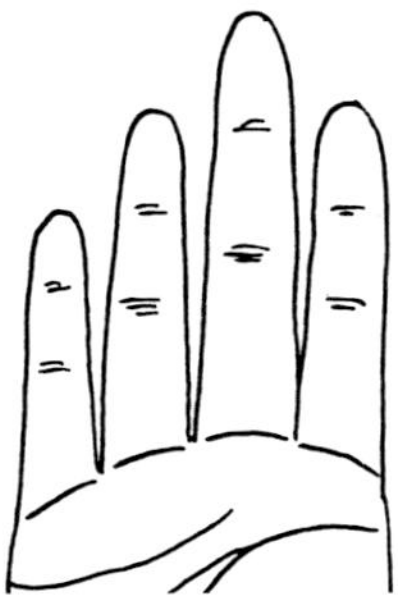

Phalanges majoritaires

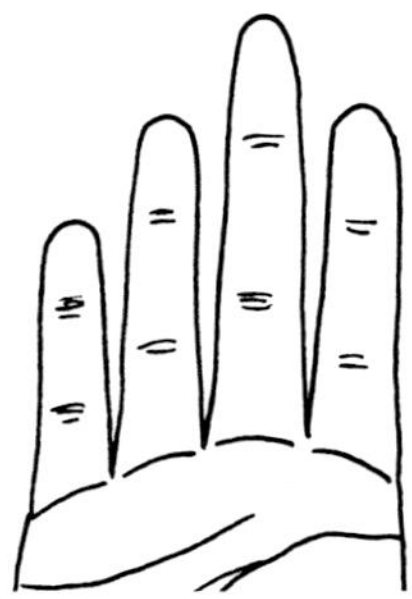

Phalangines majoritaires

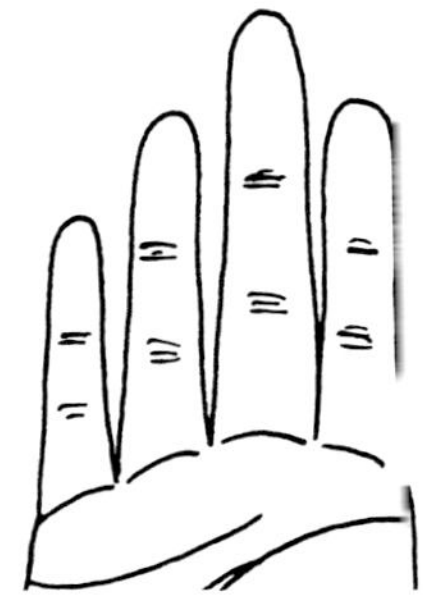

Phalangettes majoritaires

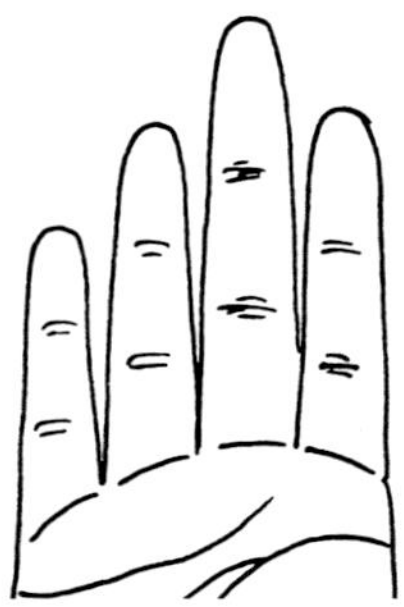

Phalanges minoritaires

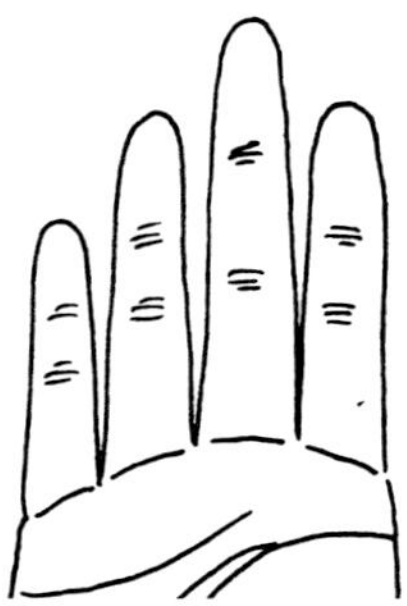

Phalangines minoritaires

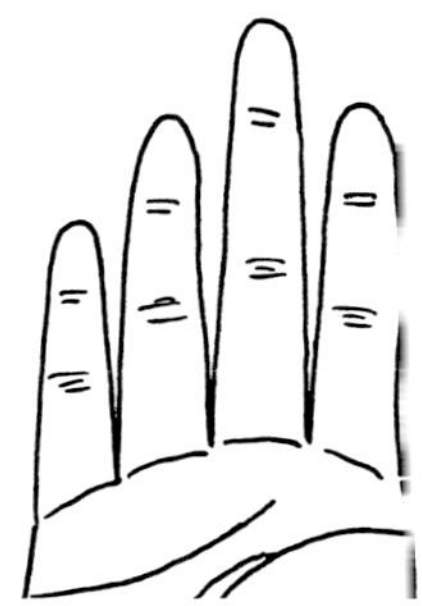

Phalangettes minoritaires

Des fonctions spécifiques

Les doigts constituent les portes de sortie du monde pulsionnel, sur un mode socialisé et conscient. Ce sont des négociateurs entre le monde intérieur et le monde extérieur.

- **Communication sociale avec l'index et le medius**
- **Communication intime avec l'annulaire et l'auriculaire**

L'index est le premier doigt chargé des relations extérieures. Il nous renseigne sur l'image consciente que l'on a de soi et que l'on souhaite transmettre à l'extérieur, nos aptitudes d'intégration, et enfin notre capacité de jouissance de nos aises et des plaisirs que l'on affectionne. Plus l'emprise sur le monde extérieur sera importante plus les qualités d'ambition et de commandement seront développées.

Index court: spontanéité, gaucherie dans les relations, sujet casanier, solitaire.

Index long: forme adaptée à l'appréhension des autres, raffinement dans les contacts non exempt de pouvoir et de contrôle.

Le médius : Avec le médius, nous rentrons dans le monde de l'évaluatif. En effet, nous évaluons l'extérieur en fonction de nos propres critères, et nous nous auto-évaluons par rapport à celui-ci. Nous conditionnons ainsi notre positionnement, c'est-à-dire cette manière personnelle de nous situer, de trouver notre place dans toutes les circonstances de la vie.

Médius court : Goût de l'aventure, du risque, pour le porteur le monde est en mouvement.

Médius long : attachement aux normes sociales, conformisme et sens des responsabilités.

L'annulaire : Avec l'annulaire nous sommes dans le monde sensible, intime. Il nous renseigne sur la qualité des échanges affectifs, et nos besoins potentiels regroupant les sentiments, les sympathies ou antipathies irraisonnées, les passions, les haines.

Il nous guide sur les subtilités des engagements affectifs, les besoins d'idéal.

Annulaire court : Expression spontanée des besoins affectifs, parfois un peu envahissante.

Annulaire long : courtoisie, délicatesse, attitude réajustée en fonction de la perception de l'autre.

L'auriculaire : Est un réel passeur des éléments inconscients au conscient. À travers lui, nous vérifierons l'image que l'on a de soi-même, telle qu'autrui pourrait l'avoir, l'estime de soi, la cohésion de soi, et le sentiment de l'existence de soi, qui constituent la connaissance de soi.

Auriculaire court : dialogue intérieur succinct, spontanéité, candeur, naïveté.

Auriculaire long : conscience du ressentir, subjectivité, vie intérieure intense.

Les couples (Les doigts se présentent accolés)

Index médius : priorité au monde social et matériel.

Médius annulaire : trouver sa place, passe par la reconnaissance d'autrui.

Auriculaire annulaire : la pensée, la conscience de soi, sont animées par l'affectif.

Le découpage des doigts

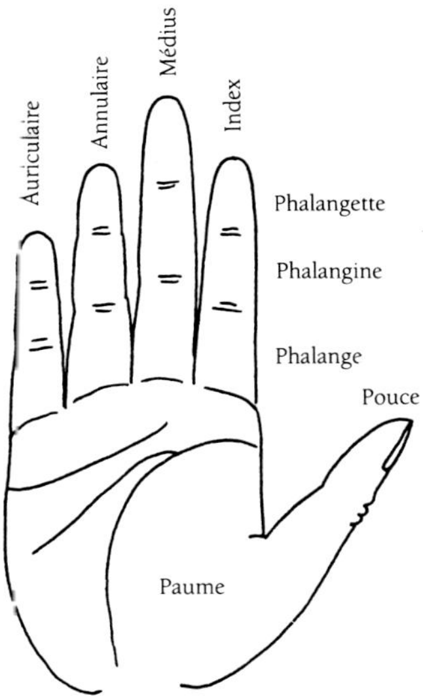

Les doigts accolés

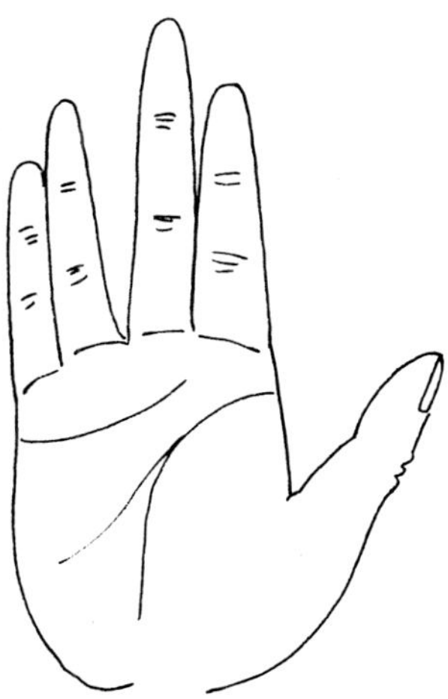

Lien médius-index

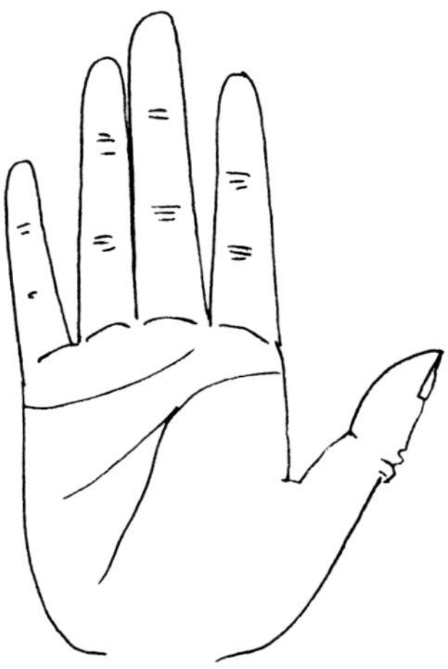

Lien médius-annulaire

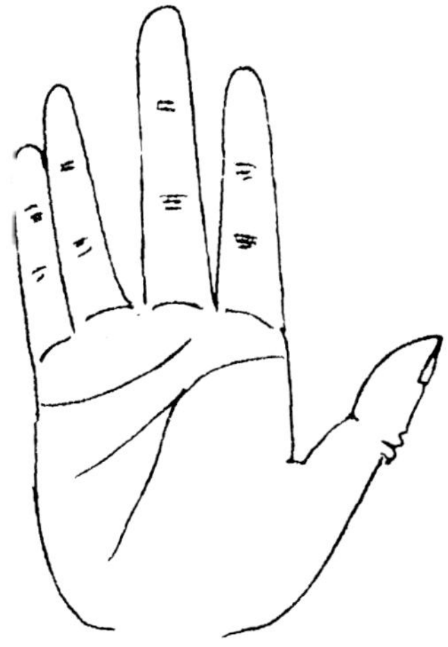

Lien auriculaire-annulaire

Fonction couplée (les doigts sont de même force)
Index et annulaire : l'image donnée de soi sera teintée d'affectivité et le sujet recherchera des relations harmonieuses.
Index et auriculaire : l'image traduite est cernée par une conscience aiguisée.
Médius et auriculaire : réflexion et analyse sous-tendent les prises de positions.
En fonction des informations requises, nous obtenons des combinaisons.

Les couples majoritaires

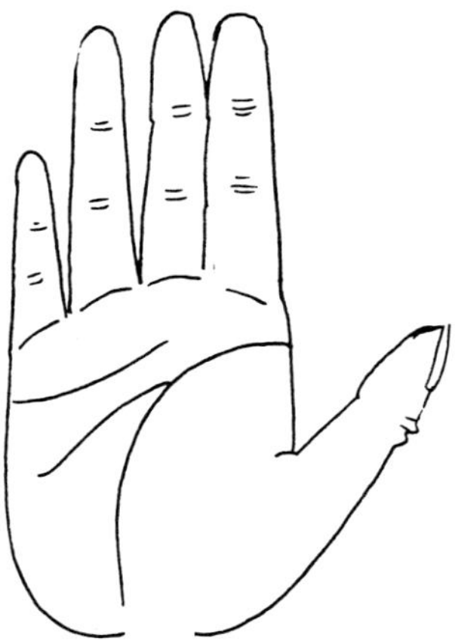
Index - Annulaire

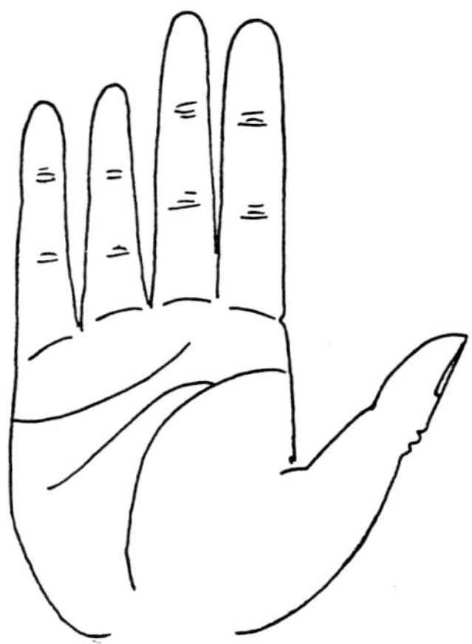
Index - Auriculaire

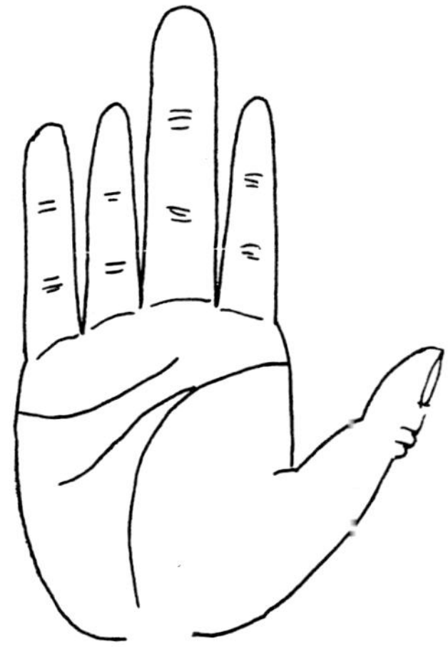
Médius - Auriculaire

Les combinaisons du trépied
Les paramètres combinés sont :
PAUME : rectangulaire ou carrée
POUCE : long ou court
DOIGTS : longs ou courts

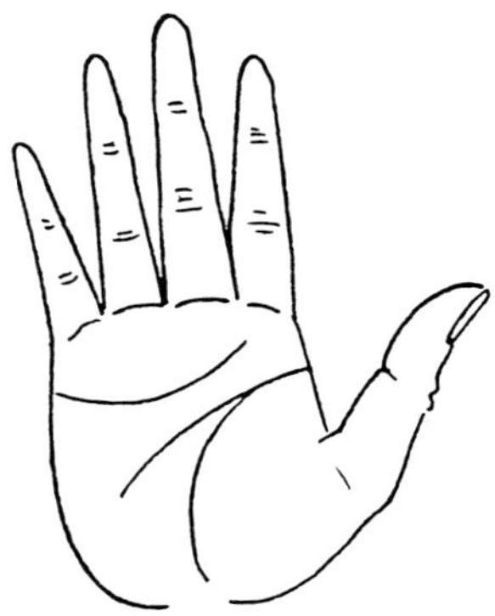
N°1

PAUME CARRÉE
POUCE LONG
DOIGTS LONGS

Esprit pragmatique et réfléchi. Sens de l'action à risques mesurés.

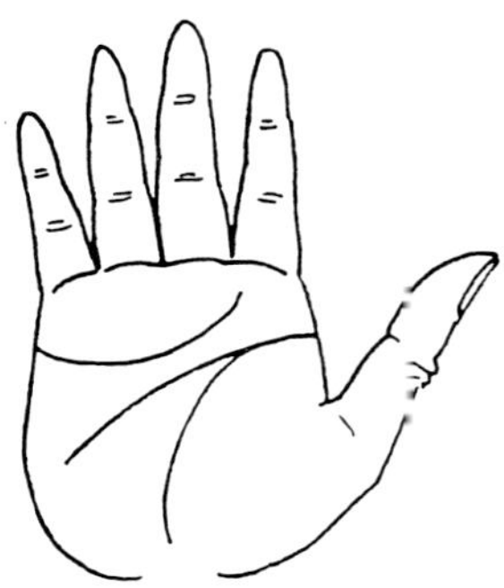
N° 2

PAUME CARRÉE
POUCE LONG
DOIGTS COURTS

Fougue interne, activité accrue. Rapidité d'expression mais qui n'est pas dénuée d'un certain besoin de rigueur et d'organisation.

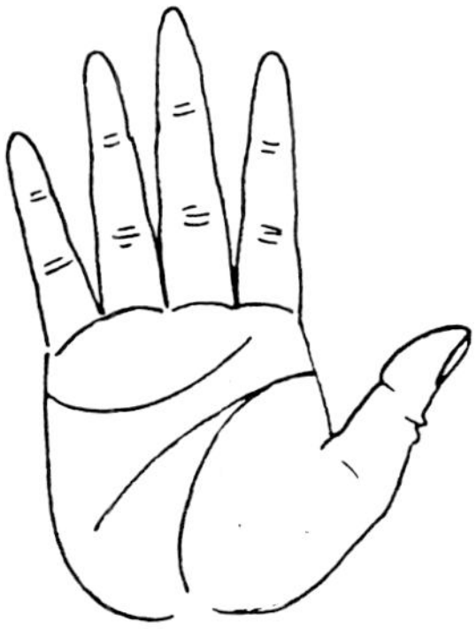

N° 3

PAUME CARRÉE
POUCE COURT
DOIGTS LONGS

Conflit entre le souci du respect des formes et des conventions et le besoin impérieux de réaliser.

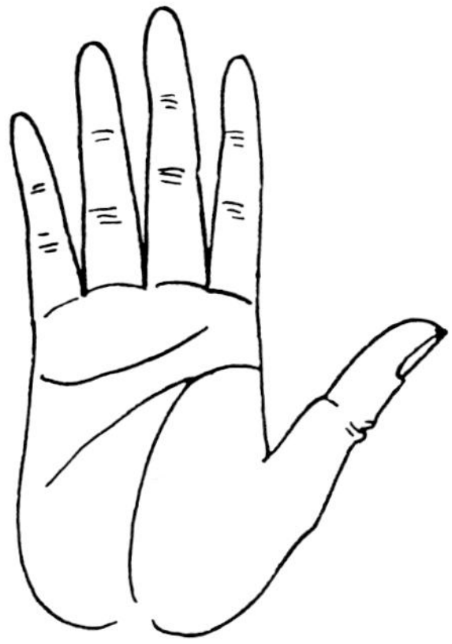

N° 5

PAUME LONGUE
POUCE LONG
DOIGTS LONGS

Réflexion, lenteur, souci d'analyse et de stratégie.
Goût prononcé pour le brassage d'idées, l'harmonie, et la diplomatie.

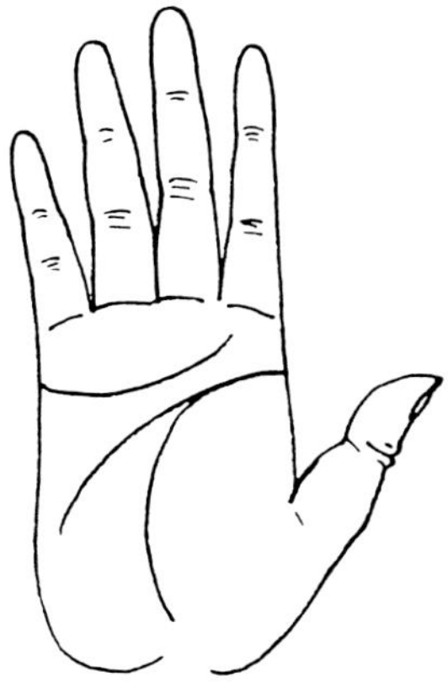

N° 7

PAUME LONGUE
POUCE COURT
DOIGTS LONGS

Grande capacité à négocier mais très émotif et parfois velléitaire.

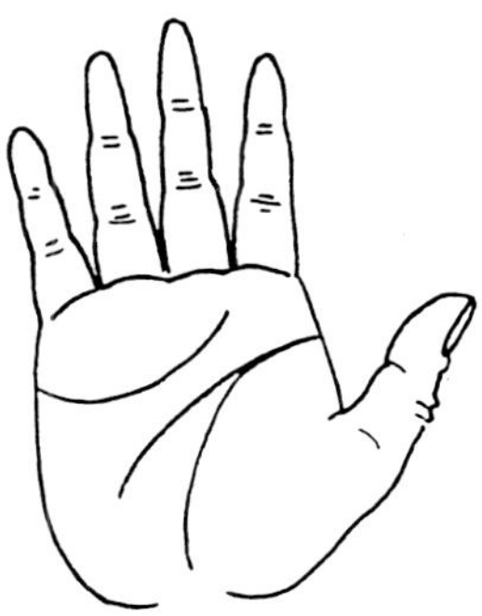

N° 4

PAUME CARRÉE
POUCE COURT
DOIGTS COURTS

Beaucoup de dispersion, malgré une certaine unidirectionnalité, difficulté de communication par impatience et impulsivité.

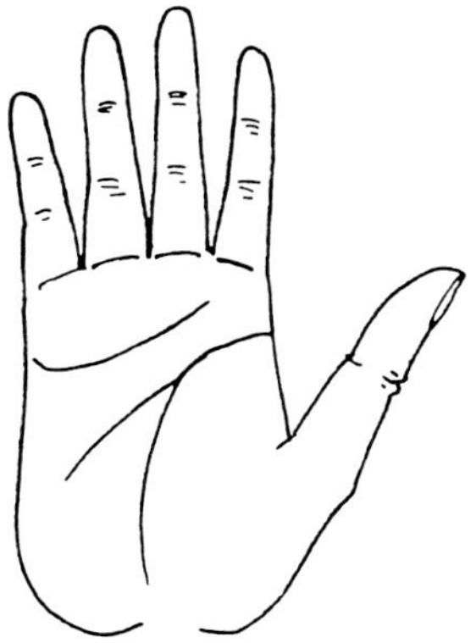

N° 6

PAUME LONGUE
POUCE LONG
DOIGTS COURTS

Spontanéité apparente cachant beaucoup de réserve et d'émotivité.
Grande capacité d'animateur.

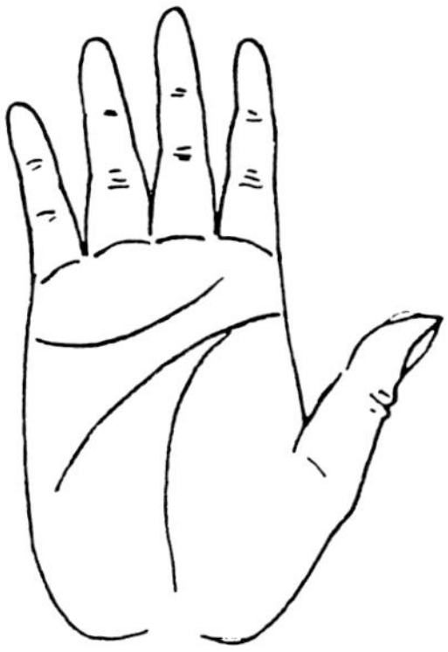

N° 8

PAUME LONGUE
POUCE COURT
DOIGTS COURTS

Tributaire des événements extérieurs, avec un grand besoin d'affirmation et de concrétisation.

Les rétractions

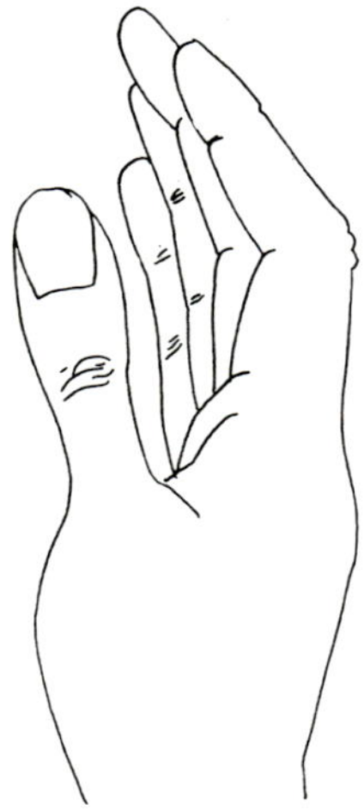

Phalangine du pouce rétractée

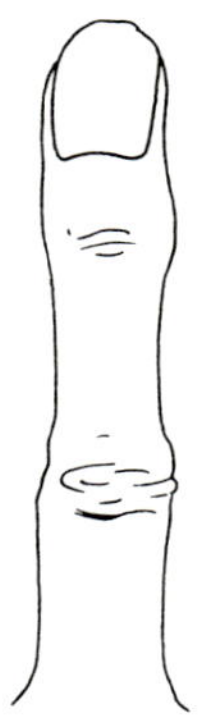

Rétraction de la phalange

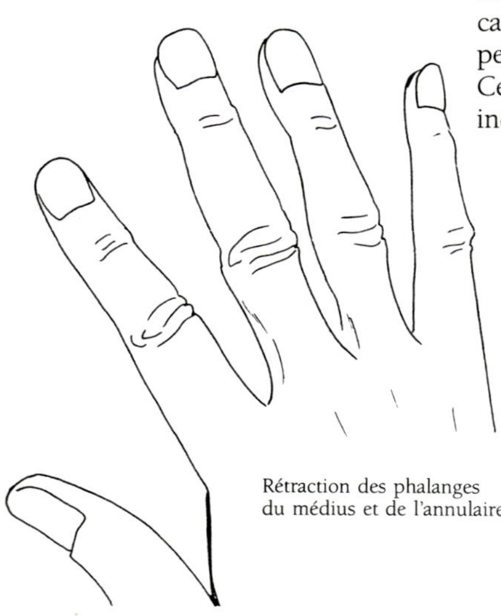

Rétraction des phalanges
du médius et de l'annulaire

Les rétractions

Toute zone morphologique rétractée constitue un élément freinant pour la libre expression des pulsions. Elle est donc toujours un facteur de stress, de mal-être. Cependant, et l'homme est ainsi fait, ce seront la plupart du temps ces manques, ces frustrations qui seront les éléments dynamisants projetant l'être dans une dynamique compensatoire. D'une façon générale, notre vécu est harmonieux à travers nos zones dilatées, mais ce sont les zones rétractées qui nous font agir, réagir et colorent notre personnalité.

Le pouce à phalangine rétractée : Les mécanismes d'adaptation de nos désirs aux structures et aux règles du monde extérieur sont perturbés : en fait l'adaptation se fait à une vision subjective, déformée de ces structures. Quand cela vient à s'exprimer, les pulsions et désirs se trouvent en décalage permanent par rapport à la réalité.
Le vécu de la pulsion ne peut donc être gratifiant car la réaction du monde extérieur n'est jamais celle que nous attendons. Il en résulte un sentiment d'insécurité, qui se traduit par une pulsion agressive vers le monde extérieur que l'on rend responsable de nos échecs, ainsi qu'une volonté de travestir nos désirs et nos comportements pour essayer d'être plus « en phase » avec les autres (auto-censure).

Les doigts à phalangine rétractée : Le mécanisme du raisonnement et des jugements critiques est perturbé. Nous comparons nos élans, nos motivations à une vision déformée du monde extérieur. Il en résulte que :
Tout désir jugé pour nous positif est mal reçu par les autres (puisqu'en fait ce n'est pas ce qu'ils attendent) et son vécu n'est pas gratifiant pour nous.
Tout désir qui serait bien accepté par les autres et nous assurerait un retour agréable est à priori l'objet d'un jugement négatif de notre part.
Dans le comportement on observe ainsi un double mécanisme dépréciatif : d'une part, nous nous jugeons inadaptés d'où une remise en cause permanente, un manque d'assurance, de confiance, une tendance au repli ou à la marginalité. D'autre part, nous remettons en cause le monde extérieur, jugeons ses règles mauvaises, ses structures pernicieuses. Nous nous posons en redresseur de torts, en idéologue. Cette attitude est particulièrement évidente dans le comportement des individus à phalangine majoritaire et rétractée.

LES LIGNES DE LA MAIN

Elles sont constituées de sillons qui traversent la face palmaire de la main, et sont généralement présentes chez tous les individus. Elles doivent être considérées comme un élément morphologique au même titre que les doigts, le pouce, ou la paume.

Des hypothèses de base

Une ligne dans la main est un signe qui représente la traduction de notre vécu, l'empreinte de nos émotions, et une capacité d'extériorisation de nos états intérieurs, passés, présents et à venir. La ligne constitue un phénomène permettant d'utiliser une partie plus ou moins importante de notre énergie. Elle joue un rôle régulateur dans notre dynamique personnelle et peut être considérée comme un moyen de communication inconsciente avec le monde extérieur, un moyen d'expression.

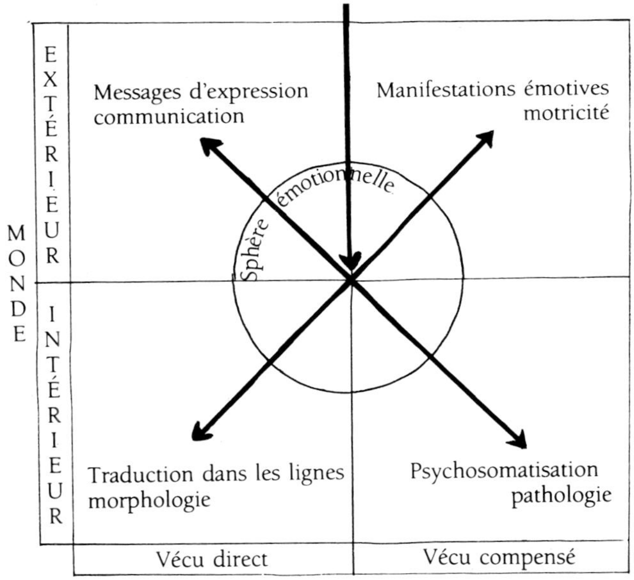

Hypothèse géographique : Une ligne, ou portion de ligne, traduit le vécu émotionnel de la zone sur laquelle elle est située, zone dont le rôle a déjà été défini.

— La ligne de vie située sur la zone d'activité reflète notre vécu énergétique.

— La ligne de cœur située sur la zone affective représente notre vécu émotionnel sensible, nos sentiments.

— La ligne de tête liant les zones passives et actives, instinctives et affectives traduit la formation du moi profond, support de notre pensée et de nos aptitudes à l'extérioriser.

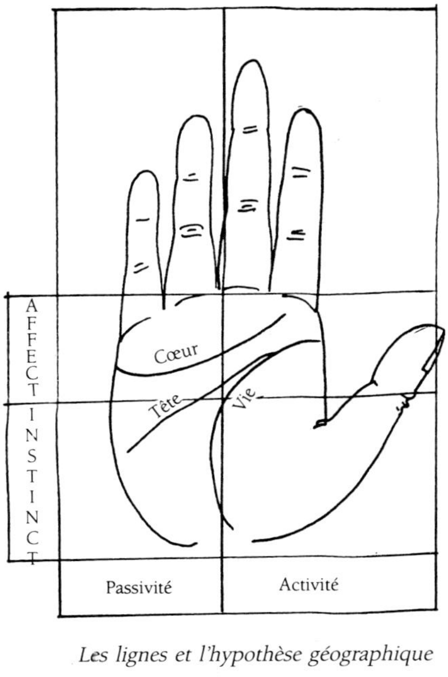

Les lignes et l'hypothèse géographique

Hypothèse des dilatations-rétractions : Elle est liée au tracé des lignes et peut être résumée dans le tableau ci-contre :

Ligne profonde Ligne superficielle	Ligne large Ligne étroite
Quantité du vécu traduit	Qualité du vécu traduit

Ligne profonde : Elle indique qu'une forte quantité du vécu émotionnel est traduite dans la main. Cette énergie utilisée pour tracer la ligne n'est évidemment plus disponible pour les autres types d'expression.
Ligne superficielle : Elle indique qu'une faible partie du vécu émotionnel est traduite dans la main. L'écriture de la ligne sur la main n'a consommé que peu d'énergie.
Ligne étroite : Elle traduit un vécu concentré, focalisé, subjectif de la zone sur laquelle elle se trouve. Elle est signe de secondarité et de nécessité d'expression.
Ligne large : C'est l'indice d'une dispersion dans le vécu émotionnel : elle signifie ouverture, perméabilité au monde extérieur.

Relation des lignes et du terrain

On appelle terrain la morphologie de la zone sur laquelle est tracée la ligne. C'est dans cette relation au terrain que la ligne prend sa signification.
Ligne profonde sur zone forte : Elle traduit le vécu intense de la zone forte, mais l'énergie consommée pour tracer la ligne joue un rôle régulateur vis-à-vis de la trop forte énergie disponible.
Ligne profonde sur zone faible : La faible énergie disponible est largement consommée pour tracer la ligne, et il en reste peu pour les autres moyens d'expression. Le vécu sera inhibé et totalement tourné vers le monde intérieur sans capacité de s'exprimer.
Ligne superficielle sur zone forte : Le vécu intense ne peut être régulé par l'écriture de la ligne. Il y a risque de stress, possibilité de développement de maladies psychosomatiques, surtout pendant les périodes riches d'émotions.
Ligne superficielle sur zone faible : Les réserves énergétiques sont faibles mais gérées au mieux de l'équilibre. Les tendances sont vécues « à l'économie » mais de façon harmonieuse.
Ligne étroite sur zone forte : Tout le vécu intense de la zone se concentre sur un mode unique, l'énergie y est focalisée : forte implication, nervosité, hyper-excitabilité.
Ligne étroite sur zone faible : L'énergie disponible est faible mais canalisée pour lui donner l'impact maximum. C'est l'indice d'une bonne gestion mais d'une énergie déficiente.
Ligne large sur zone forte : La forte énergie disponible est vécue avec impétuosité, dispersée. Cette difficulté à canaliser ses élans conduit à un comportement très réagissant vis-à-vis des événements extérieurs.
Ligne large sur zone faible : L'énergie faible se vit sur un mode dispersé. Elle ne parvient pas à s'actualiser. La forte perméabilité au monde extérieur génère un comportement angoissé.

Livre de chiromancie du comte de Gabalus. 17e siècle. *(J.-L. Charmet.)* ▶

Lecture des lignes de la main. Gravure de la « Chiromantia » d'Andrea Corvo. 1581. Fondation G. Cini. Venise. *(J.-L. Charmet.)* ▶ ▶

Lecture des lignes de la main en Inde. 18e siècle. Bibliothèque nationale. *(J.-L. Charmet.)* ▶ ▶

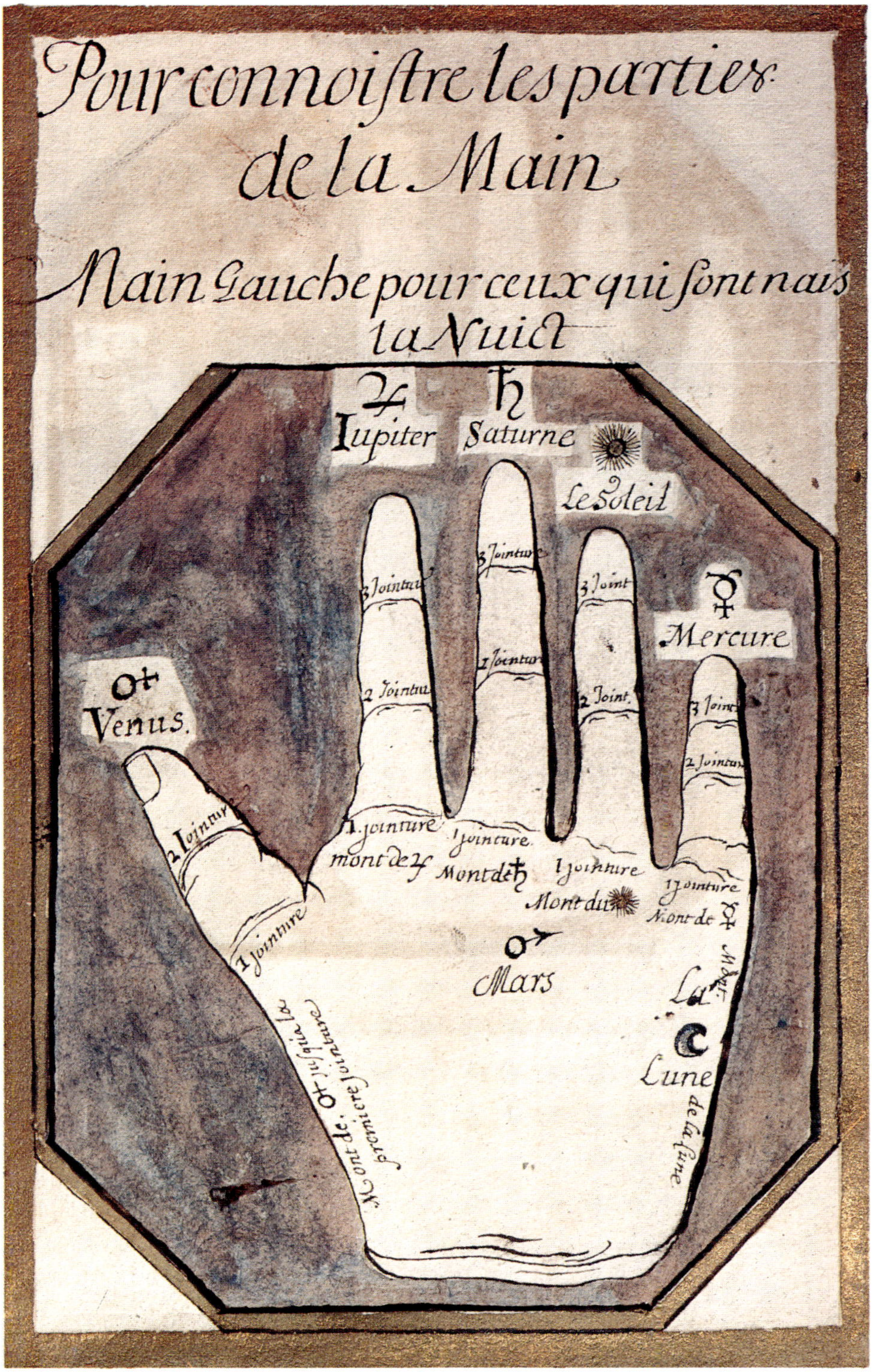
Pour connoistre les parties de la Main
Main Gauche pour ceux qui sont nais la Nuict
Iupiter
Saturne
Le Soleil
Mercure
Venus
Mars
Lune

Jeu de chiromancie fin 19e siècle. I.N.R.P., Collections historiques. *(J.-L. Charmet.)*

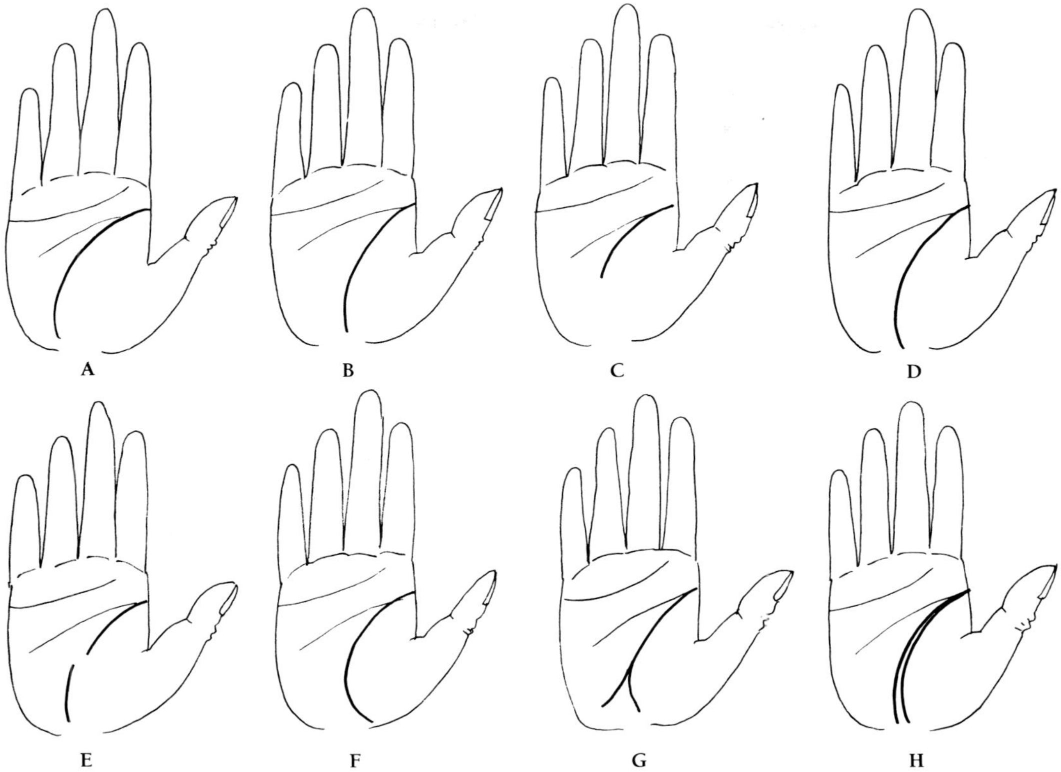

Les tracés de la ligne de vie

La ligne de vie ou ligne vitale

La ligne vitale est un canal qui va véhiculer au mieux l'énergie de fond d'un sujet, elle nous renseigne tout particulièrement sur la santé physique, psychique, la résistance, la vitalité organique.

Insertion : Elle prend naissance du côté du bord radial (près du pouce) et s'épanouit dans la paume en encerclant l'éminence thénar (renflement musculaire à la base du pouce).
Courbe large : Vitalité excellente, générosité dans l'expression. Bonne ouverture sur le monde extérieur. **(A)**
Courbe étroite : Prudence dans l'ouverture, ménagement de la vitalité dans l'action, attitudes casanières. **(B)**
Ligne courte : Réserves vitales limitées. **(C)**
Ligne longue : Énergie disponible distribuée régulièrement sur un axe continu. **(D)**
Ruptures : Elles désignent un arrêt de la vitalité pendant une certaine période. **(E)**
Terminaison : *Courbe déviée vers la masse musculaire près du poignet :* Besoin de changement. *En fourche :* Déperdition d'énergie par dispersion. **(F et G)**
Particularités : Double ligne vitale : Bonne constitution physique renforcée, puissance énergétique. **(H)**

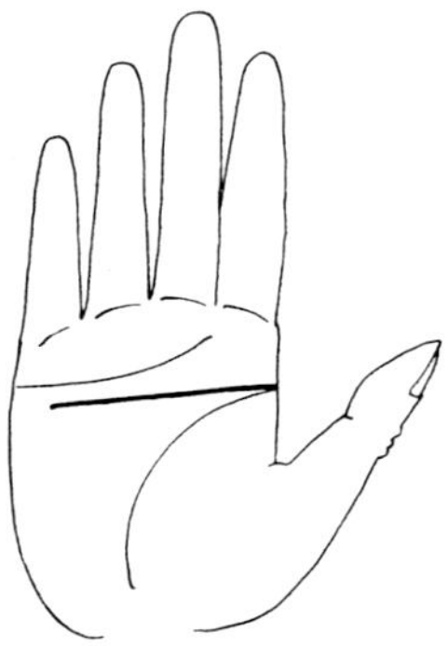

A

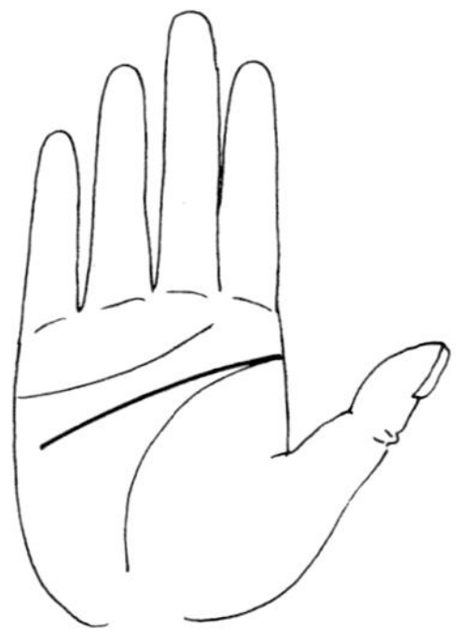

B

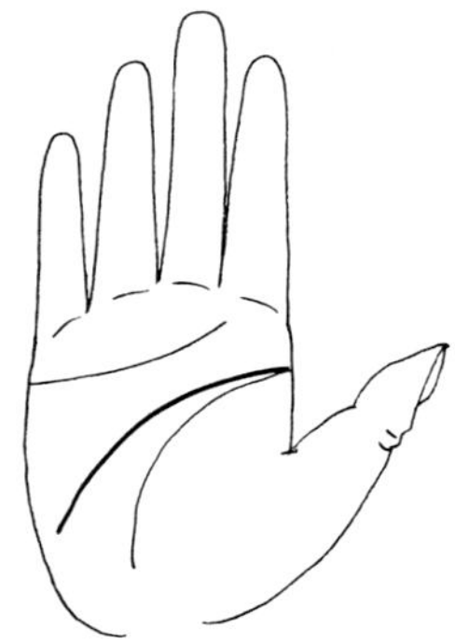

C

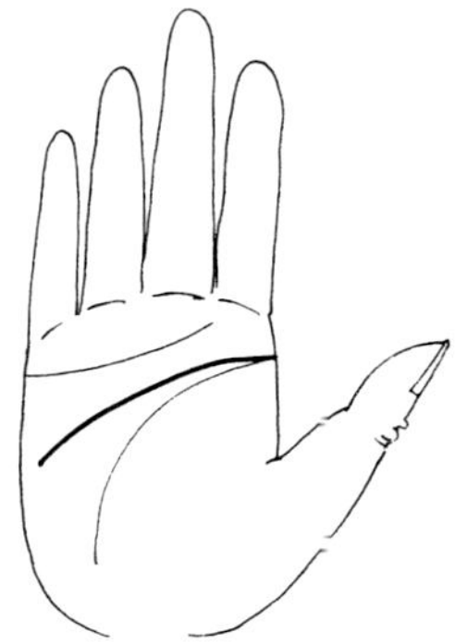

D

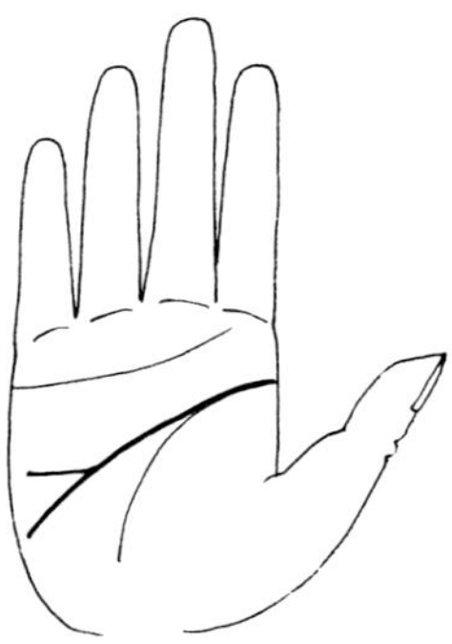

E

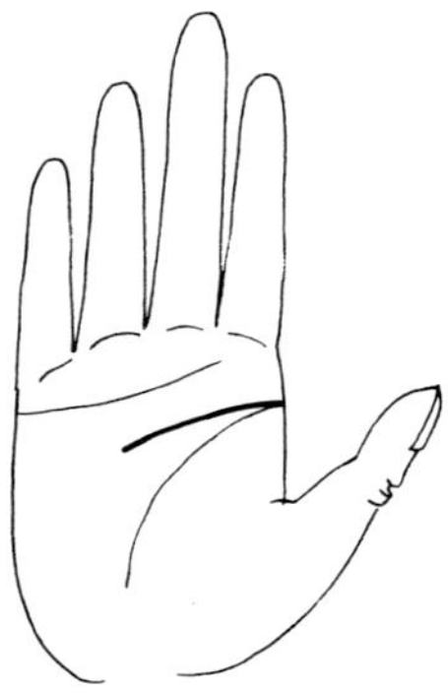

F

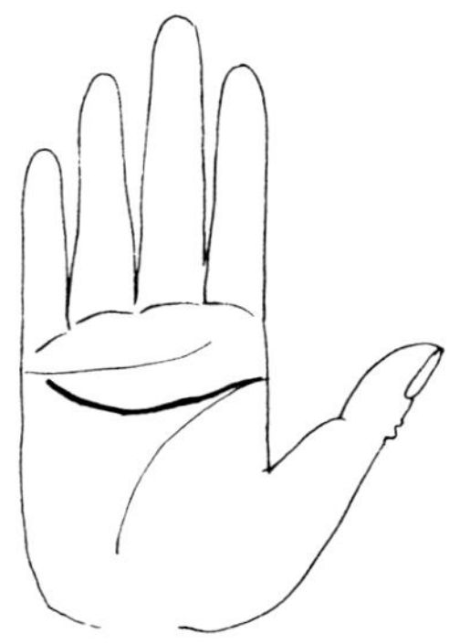

G

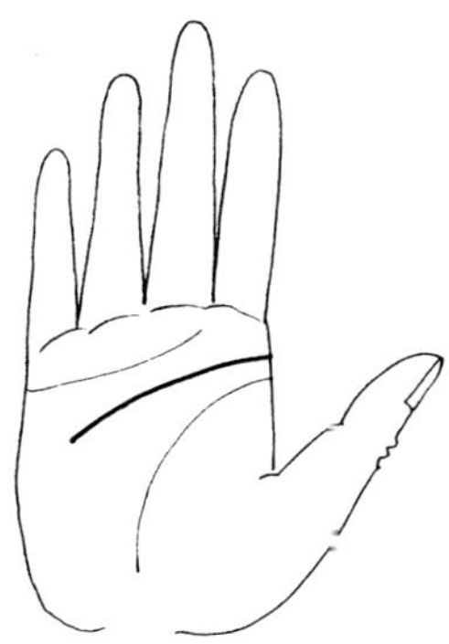

H

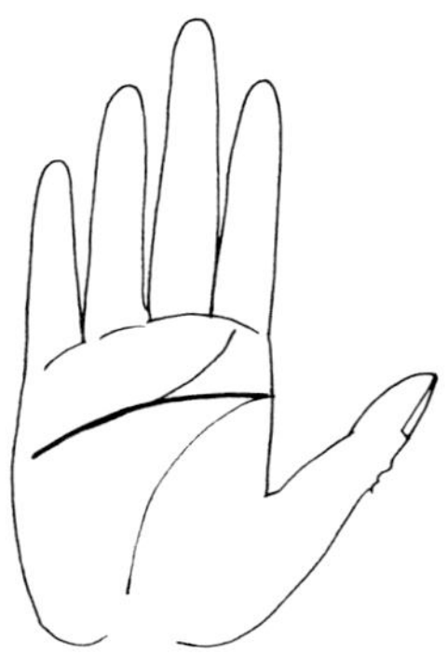

I

Les tracés de la ligne de tête

La ligne de tête ou ligne cérébrale

La ligne cérébrale est le canal qui favorisera ou bloquera le passage des messages inconscients au conscient. C'est à travers elle que nous apprécierons notre type de perception du monde (analytique ou synthétique) et nous en découvrirons les modalités de traduction.

Insertion : La ligne se place sur le même lieu d'origine que la ligne vitale sur le bord radial, et s'élance dans le centre de la main en prenant des directions variables.
Droite : Elle s'élance dans la paume en suivant une trajectoire rigide sans encombre. Propension à la logique, aux attitudes rigides, froideur apparente, contrôle important des messages internes. **(A)**
Oblique : L'élan est plus souple, meilleure adaptation des messages internes et externes. **(B)**
Courbe : Nature conciliante, sensible aux messages de l'inconscient et du monde onirique, pensée créatrice. **(C)**
Liée sur 1,5 cm avec la ligne vitale : Sensibilité imprégnée du monde extérieur et de ses lois. **(D)**
Liée sur plus de 1,5 cm avec la ligne vitale : Attachement très grand à la cellule familiale, difficultés d'autonomie. **(E)**
Courte : Elle est courte lorsqu'elle n'arrive pas sous l'annulaire. Perception synthétique, captation globale des choses. **(F)**

Longue : Elle est dite longue lorsqu'elle dépasse l'annulaire. Perception analytique, associations progressives des éléments de détails. **(C)**
Terminaison : *En fourche :* choix entre deux influences. **(E)**
Remontante : Le cérébral est contrôlé par l'affectif. **(G)**
Particularités : *Séparée à l'origine de la ligne vitale :* grande indépendance de pensée, non conformisme, curiosité, capacité d'entreprendre. **(H)**
Confondue sur une bonne partie de son parcours avec la ligne de cœur : Fusion de la pensée et de la sensibilité, difficultés à séparer les deux fonctions et à faire l'unité. **(I)**

La ligne de cœur ou ligne cardiaque

La ligne de cœur est le canal chargé de véhiculer notre potentiel vibratoire avec le monde extérieur, et de nous renseigner sur l'équilibre du cœur physique. Nous apprécierons tout particulièrement les différents types de sensibilité, d'affectivité (passion, instinct, idéal, altruisme).
Insertion : La ligne prend naissance sur le bord cubital (tranchant de la main), se dirige presque horizontalement à travers la paume et va atteindre différents doigts dont le plus éloigné est l'index.
Droite : contrôle de l'affectivité, sensibilité cérébralisée. **(A)**
Courbe : Sensibilité délicate, générosité des sentiments, bienveillance. **(B)**
Courte : Difficulté d'expression affective, matérialisme. **(C)**
Longue : Sentiments idéalisés, tendances généreuses. **(D)**

Les tracés de la ligne de cœur

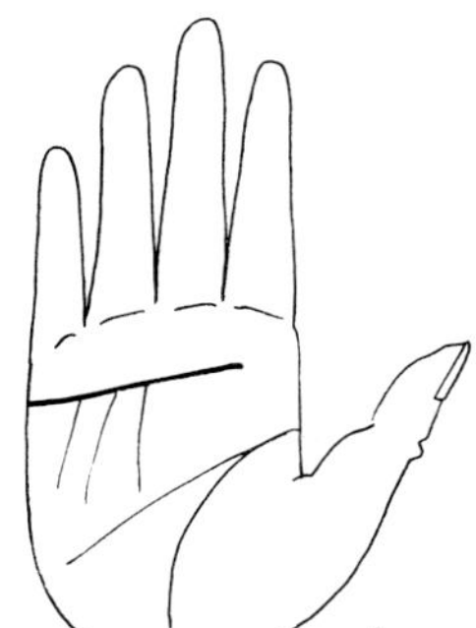
A

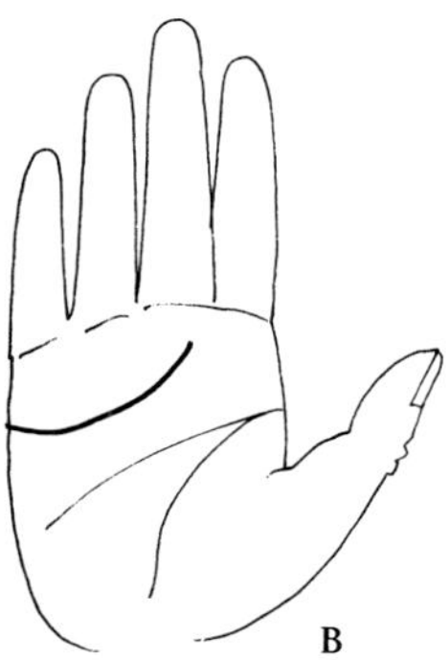
B

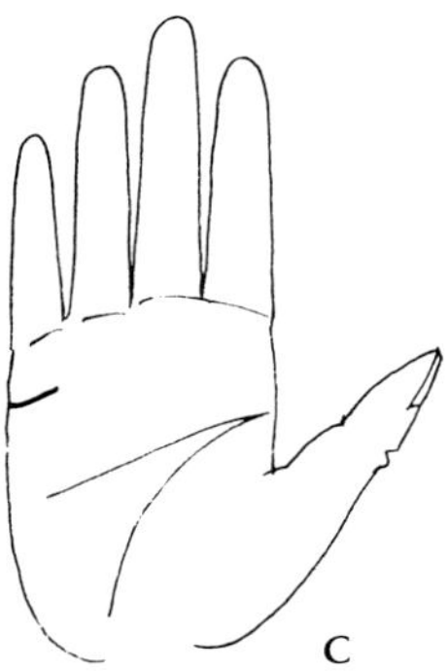
C

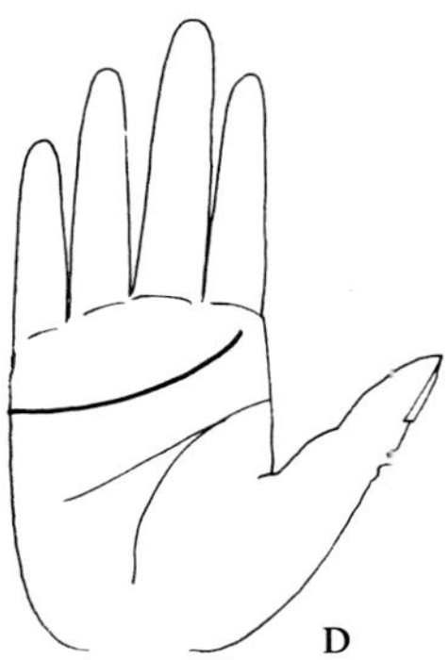
D

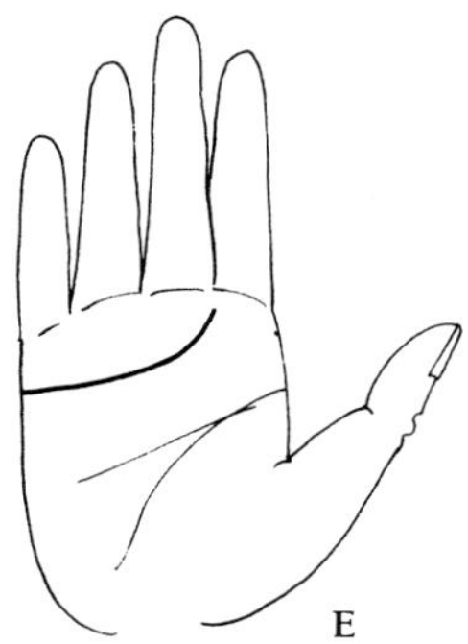
E

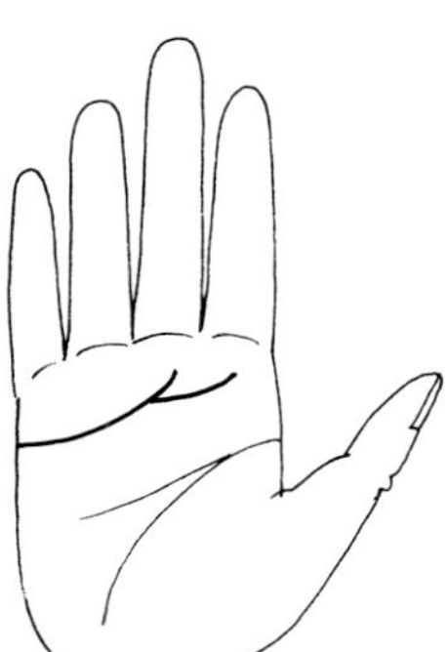
F

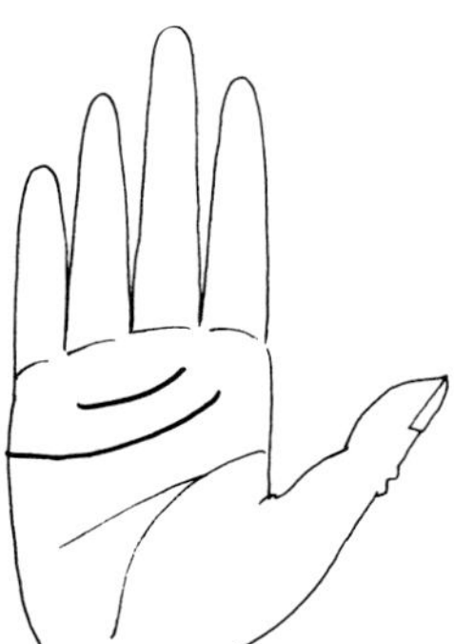
G

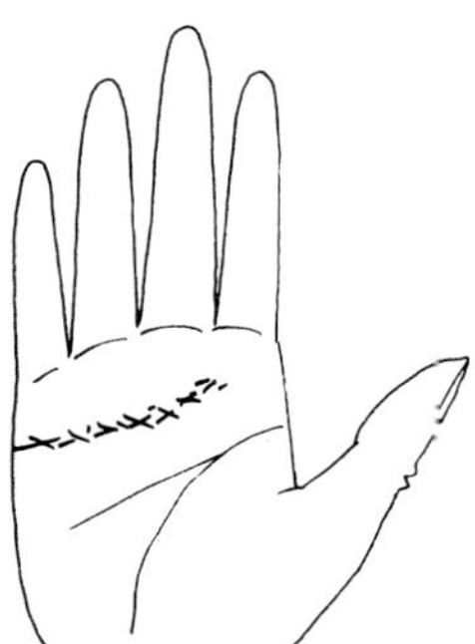
H

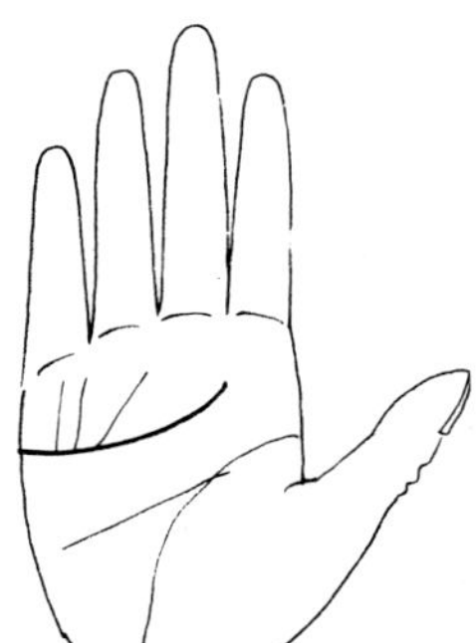
I

Terminaison : *Sous l'annulaire :* rare, faiblesse des viscères, peu de résonance affective. **(C)**
Sous le médius : affectivité conformiste, égoïsme. **(B)**
Préjoint médius - index : affectivité partagée entre le souci de soi et d'autrui. **(E)**
Sous l'index : sensibilité très imprégnée de l'extérieur, nature entière. **(D)**
Fourches aux extrémités : investissement sur plusieurs plans à la fois. **(F)**
Lignes partant de la ligne de cœur et montant : tendresse, élan vers les autres. **(I)**
Lignes partant de la ligne de cœur en descendant vers la paume : affectivité souvent déçue, intervention de la raison dans le sentiment. **(A)**
Particularités : *Lignes doublées :* qualités vibratoires importantes, grande émotivité. **(G)**
Lignes perturbées : difficultés à trouver un équilibre affectif. **(H)**
Les lignes sont des informations complémentaires dont la lecture doit être associée : au terrain, aux zones concernées par leur parcours, aux rôles spécifiques des zones et des doigts.
La ligne vitale sera reliée à la zone active de la main, à l'éminence thénar, aux phalanges des doigts.
La ligne cérébrale sera reliée à la plaine de mars (creux de la main) à la zone active et passive, aux phalangettes, à l'auriculaire.
La ligne cardiaque sera reliée à la zone affective, aux phalangines, à l'annulaire.
Les indices du réseau palmaire ne font qu'affirmer des tendances, les

Les tracés de la ligne de cœur

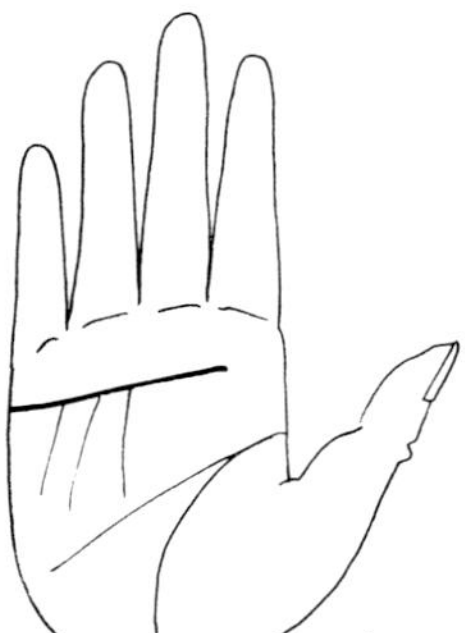
A

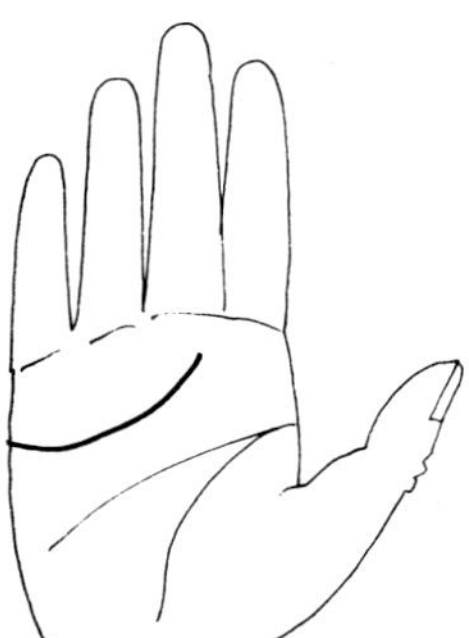
B

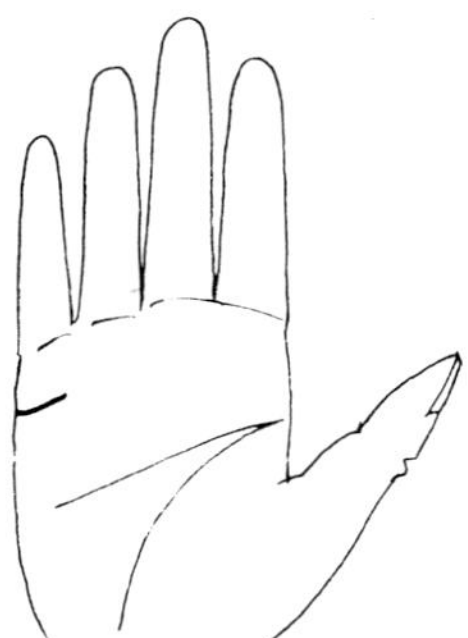
C

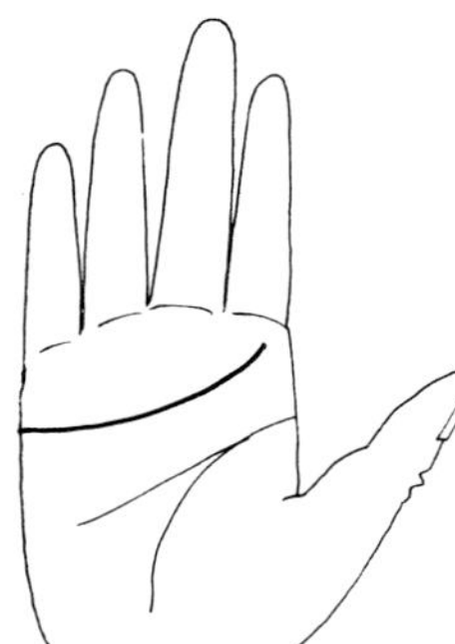
D

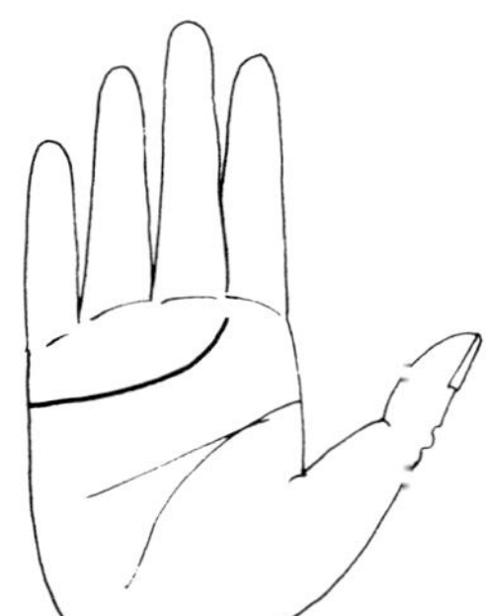
E

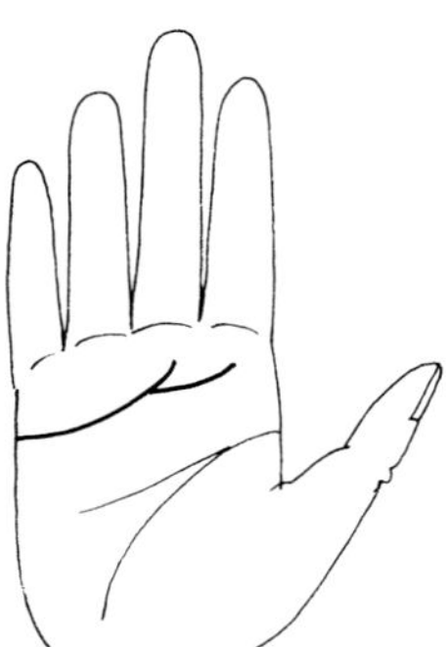
F

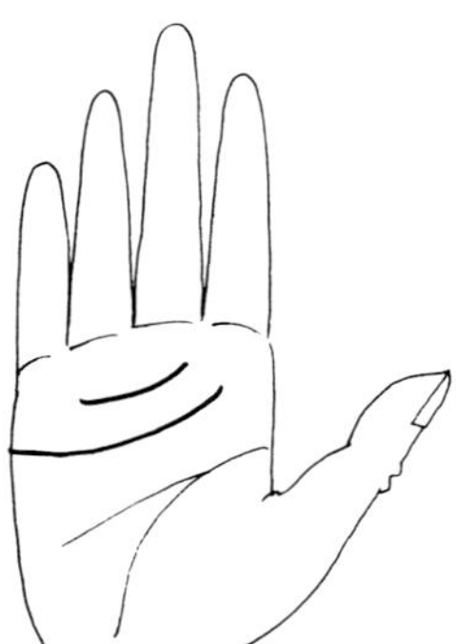
G

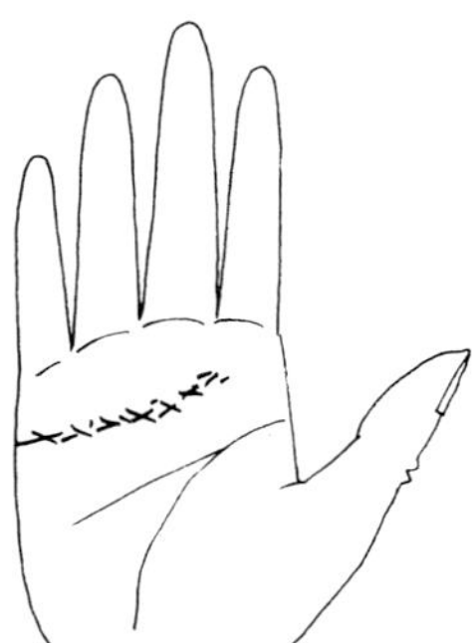
H

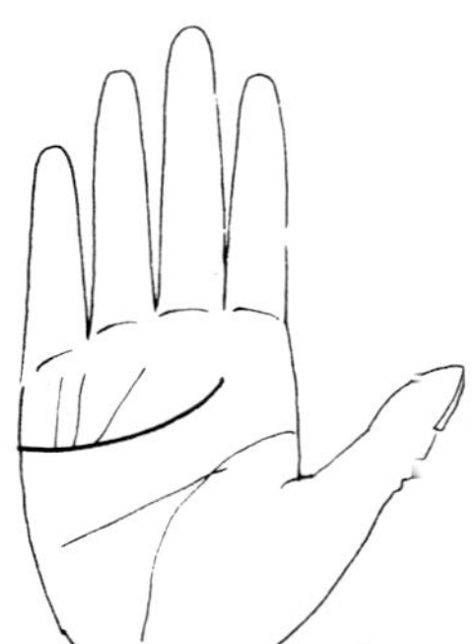
I

éléments d'apparence contradictoire se fondent, s'équilibrent, suivant la dynamique générale d'un sujet.

LA DYNAMIQUE MAIN DROITE, MAIN GAUCHE

En chirologie, doit-on observer les deux mains ?

Afin de repérer les signes concomitants, et d'établir des comparaisons, l'observation des deux mains est indispensable.

Quelle est la signification de la main gauche et de la main droite ?

La main droite est en rapport avec l'hémisphère cérébral gauche, c'est-à-dire la partie logique et rationnelle de notre être ; la main gauche est en rapport avec l'hémisphère cérébral droit, c'est-à-dire la partie créative, intuitive de notre être. Un individu, en pleine possession de ses moyens, utilise alternativement les deux hémisphères selon les situations et les circonstances. Nous devons constater que dans nos cultures, l'hémisphère gauche est nettement privilégié, soit notre main droite.

La main gauche reflète davantage l'influence des impulsions cérébrales provoquées par l'imagination et est en rapport avec l'héritage des générations et toute la mémoire collective. La main droite donne au contraire le résultat de l'influence des structures de l'éducation, de la pensée, et la résultante des impulsions cérébrales provoquées par l'extérieur. Avec la main droite, nous vérifions davantage l'utilisation des potentiels de base, les durcissements ou les adoucissements de certains points.

En fonction du droitier et du gaucher, faut-il inverser l'analyse ?

La logique voudrait que nous inversions les informations recueillies ; nous n'avons pas à ce sujet de réelles confirmations, nous dirons simplement qu'à la lumière des travaux du chirurgien Pierre Paul Broca, la zone dévolue au langage a été parfaitement délimitée dans la troisième circonvolution frontale gauche et que pour un gaucher la zone était inversée.

Toutes ces observations concluent au fait qu'il y a rarement deux mains identiques et que l'appréciation de leur dynamique est utile pour une bonne compréhension du sujet, de son histoire, de ses comportements.

LES APPLICATIONS DE LA MORPHOCHIROLOGIE

UNE ORIENTATION DE VIE

Ce que nous avons montré inscrit le sujet dans une globalité, une unité. Aider celui-ci à mieux se réaliser, à trouver son « schéma » personnel semble être l'objectif de la chirologie. La main nous montrera ses composantes psychologiques, ses qualités d'extraversion, d'introversion, ses motivations profondes mises en valeur par le rapport relatif des zones affectives, instinctives, cérébrales.

UNE ORIENTATION PROFESSIONNELLE

Nous ne déterminerons pas le métier proprement dit mais les activités qui peuvent se regrouper comme suit :

Activité manuelle
Activité intellectuelle
Activité indépendante
Activité de commandement, responsabilités.
Activité de contacts
Activité à caractère artistique
Activité à caractère sédentaire
Activité dynamique ou au grand air, etc.

La Numérologie

C'est la science des nombres. On doit dire « nombre » et non pas « chiffre ». En effet, le chiffre n'est que le dessin qui représente le nombre.

La science des nombres est fort ancienne, mais durant plusieurs siècles, elle est demeurée le secret de quelques initiés, de Pythagore (VIe siècle) à Papus (XIXe siècle) en passant par les hébreux et la « Kabbale ». Aujourd'hui nous vivons environnés de nombres. Nous sommes représentés, catalogués sous forme numérique, depuis notre numéro de téléphone à celui de la Sécurité sociale. Et la numérologie sort de son long silence, passionne un grand nombre de gens qui se rendent compte que tout individu, depuis l'enfant qui compte sur ses doigts jusqu'au scientifique environné d'ordinateurs, se sert de chiffres... L'interrogation est naturelle : qu'y a-t-il derrière ces chiffres ? il y a les nombres et leurs symboles, qui servent aussi bien à cerner la personnalité d'un être que son devenir potentiel.

LA SIGNIFICATION SYMBOLIQUE DES NOMBRES

UN :
l'indépendance : Je décide.

DEUX :
le couple : Je m'associe.

TROIS :
la communication : Je m'exprime.

QUATRE :
l'effort : Je construis.

CINQ :
le mouvement : Je change et je voyage.

SIX :
le sentiment : J'harmonise.

SEPT :
la sagesse : Je cherche à comprendre.

HUIT :
L'action : Je conquiers.

NEUF :
Le dévouement : J'aide.

Giacomo Balla : Métamorphoses de l'objet. 20e siècle. *(Edimedia/Connaissance des arts)/Droits réservés.*

À ces neuf principaux nombres sont ajoutés les « maîtres-nombres » de la tradition numérologique :

ONZE :
La force : Je domine.

VINGT-DEUX :
La réalisation de l'idéal : Je maîtrise.

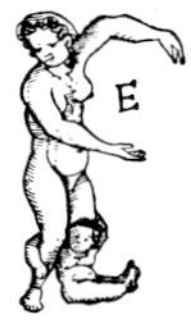

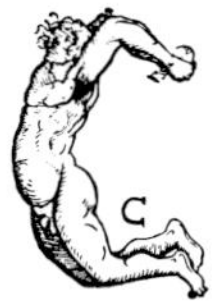

Max Ernst : « Au rendez-vous des amis. » 1922. Collection privée *(Giraudon)* © *SPADEM et A.D.A.G.P., 1991.*

C'est parce que nous sommes tous réductibles à des nombres, symboliquement parlant ! que la compréhension de ceux-ci peut nous renseigner. Pour procéder à ses analyses le numérologue utilise deux supports :

LE NOM

LA DATE DE NAISSANCE.

À chaque lettre de l'alphabet correspond symboliquement un nombre de 1 à 9.

Notre nom, c'est notre identité sociale. C'est par lui que nous nous présentons aux autres. C'est leur prénom que les petits enfants écoutent leur mère chuchoter avec amour : c'est l'un des premiers sons qu'ils entendent régulièrement et apprennent à reconnaître, à reproduire phonétiquement, avant même d'en connaître le sens.

En numérologie les nombres du nom servent surtout à étudier la personnalité d'un individu. Ceux de la date de naissance, autre symbole d'identité, sont utilisés davantage dans l'analyse de la destinée. Cette double approche respecte totalement le fait que chacun est unique : nous pouvons en effet avoir des homonymes comme des jumeaux, mais il est fort improbable qu'existe une personne ayant à la fois le même prénom, le même nom et la même date de naissance que nous ! Partons ensemble à la recherche de cette identité...

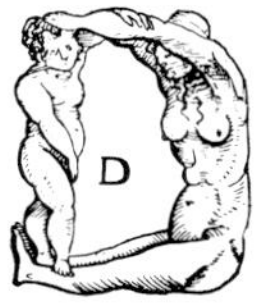

Alphabet anthropomorphe. *(Lausat/Explorer archives.)*

Comprendre notre nom

Qu'est-ce que notre nom, pour un numérologue ? La question n'est simple qu'en apparence : nous avons souvent plusieurs identités... Une femme qui se marie prend le nom de son époux, certaines personnes utilisent des pseudonymes, d'autres portent plusieurs prénoms, tous dûment inscrits sur leur état-civil.
Pour la plupart des numérologues, la règle est claire : il faut utiliser, *pour une femme, le nom de jeune fille, et, pour tous, le premier prénom figurant sur l'état-civil.*
Cette dernière indication, à mon sens tout au moins, mériterait d'être nuancée. Il est en effet des parents qui nommeront leur enfant « Pierre, Georges, Christophe » parce que ses grands-pères s'appelaient Pierre et Georges, mais utiliseront toujours le prénom de Christophe. Dans ce cas, il semble évident que c'est le *prénom usuel* qui doit être choisi. Dans le cas d'un prénom composé, « Marie-Claude » par exemple, la totalité de celui-ci est retenu. En ce qui concerne les pseudonymes pour un artiste, ils seront considérés comme une sorte « d'apport » à l'identité et interprêtés en tant que tels dans un deuxième temps de l'analyse. Si Jean-Philippe Smet devient célèbre sous le nom de Johnny Halliday, sa personnalité profonde demeure celle de Jean-Philippe Smet mais les nombres de son pseudonyme ne seront pas neutres : il faudra les étudier aussi séparément.

Steinberg : « The new world. »
Bibliothèque nationale.
(Droits réservés.)

La Signification Des Lettres*

A (lettre cérébrale) : Autorité, direction
B (lettre émotive) : Sentimentalité, réserve
C (lettre intuitive) : Extraversion, expression
D (lettre physique) : Développement
E (lettre physique) : Activité
F (lettre intuitive) : Adaptation, responsabilité
G (lettre cérébrale) : Secret
H (lettre cérébrale) : Ambition, irrégularité
I (lettre émotive) : Émotivité, tension
K (lettre intuitive) : Inspiration, nervosité
L (lettre cérébrale) : Intelligence, création
M (lettre physique) : Travail, construction
N (lettre cérébrale) : Énergie, mouvement
O (lettre émotive) : Sentimentalité
P (lettre cérébrale) : discrétion, solitude
Q (lettre intuitive) : Instabilité, force
R (lettre émotive) : Émotivité
S (lettre cérébrale) : Nervosité, oppression
T (lettre émotive) : spiritualité, élévation
U (lettre intuitive) : Restrictions
V (lettre intuitive) : Stabilité
W (lettre physique) : Inconstance
X (lettre émotive) : Troubles nerveux
Y (lettre intuitive) : Incertitude, intuition
Z (lettre émotive) : Doute, matérialité

* d'après Jean-Daniel Fermier *ABC de la numérologie,* J. Grancher Éditeur.

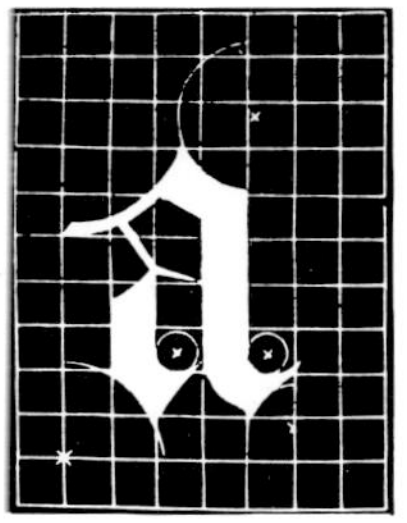

En ce qui concerne le nom du mari pour une femme, les opinions des numérologues varient : certains n'en tiennent pas compte, d'autres l'ajoutent à l'identité de base. Nous pensons là aussi qu'il s'agit d'un apport à l'interprétation : Sophie Durand restera toute sa vie Sophie Durand, mais si elle épouse monsieur Dupont il peut être intéressant de regarder ce que devient « Sophie Durand Dupont ».

Les nombres de notre nom

Voici le tableau des correspondances entre les lettres et les nombres. Pour faciliter votre étude, vous avez tout intérêt à le recopier sur une feuille séparée afin de l'avoir toujours à portée de main sans être obligé de le rechercher.

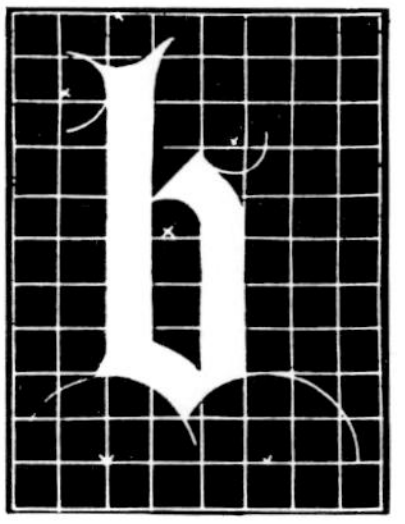

A	B	C	D	E	F	G	H	I
J	K	L	M	N	O	P	Q	R
S	T	U	V	W	X	Y	Z	
1	2	3	4	5	6	7	8	9

Ce tableau va permettre le chiffrage du nom. Nathalie Bouré a accepté de nous prêter son identité numérologique. Cela va donner, pour elle :

N	A	T	H	A	L	I	E	B	O	U	R	E
5	1	2	8	1	3	9	5	2	6	3	9	5

Et vous pouvez faire la même chose en ce qui concerne votre nom. Ceci fait, vous devez maintenant apprendre à tracer un schéma à partir des nombres de votre nom. Pour cela, il suffit de dessiner un carré divisé en neuf parties, numérotées de 1 à 9 :

1	2	3
4	5	6
7	8	9

Ces neuf cases représentent les neuf nombres ; vous y indiquez votre graphique personnel. Par exemple, si le nombre 1 est présent trois fois dans votre nom, vous inscrirez le chiffre 3 dans la première case. Si le nombre 2 est absent, vous n'inscrivez rien dans la deuxième case, et ainsi de suite. Cela donne pour notre exemple :
Le nombre 1 figure 2 fois.
Le nombre 2 figure 2 fois.
Le nombre 3 figure 2 fois.
Le nombre 4 est absent.
Le nombre 5 figure 3 fois.
Le nombre 6 figure 1 fois.
Le nombre 7 est absent.
Le nombre 8 figure 1 fois.
Le nombre 9 figure 2 fois.
Le schéma de Nathalie Bouré sera donc :

2	2	2
0	3	1
0	1	2

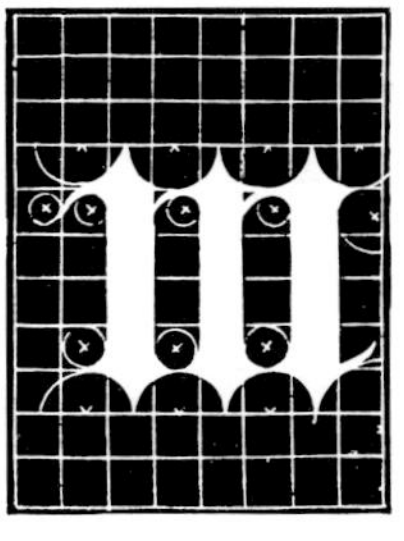

Vous remarquerez que certains nombres manquent alors que d'autres dominent, ce qui vous apporte une première information.

Signification des nombres dominants ou absents

1	*Absent :* manque d'assurance *Dominant :* Volonté *En excès :* Domination
2	*Absent :* Difficulté relationnelle *Dominant :* Capacité à se montrer solidaire *En excès :* Passivité
3	*Absent :* Adaptabilité insuffisante *Dominant :* Souplesse et sociabilité *En excès :* Versatilité
4	*Absent :* Instabilité *Dominant :* Sens de l'organisation et de l'effort *En excès :* Esprit borné
5	*Absent :* Personne casanière, ennemie du changement *Dominant :* Amour du changement *En excès :* Instabilité
6	*Absent :* Manque de conciliation, rend la vie amoureuse difficile *Dominant :* Aime la famille et l'harmonie *En excès :* Goût de la facilité
7	*Absent :* Personne peu compréhensive *Dominant :* Idéalisme, profondeur *En excès :* Fanatisme
8	*Absent :* Instabilité matérielle *Dominant :* Ambition, réussite matérielle aisée *En excès :* Avidité
9	*Absent :* Égoïsme *Dominant :* Dévouement *En excès :* Sacrifice

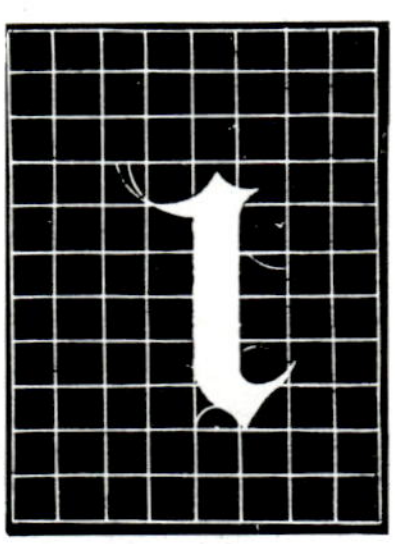

Alphabet par Pierre Le Bé. 16e siècle. Bibliothèque des arts décoratifs. *(J.-L. Charmet.)*

Les nombres absents du schéma de Nathalie Bouré sont le 4 et le 7 : il en résulte une difficulté à se stabiliser comme à comprendre les autres en profondeur. On notera que le nombre 7 est très souvent manquant dans les schémas, car les lettres qu'il symbolise : G, P et Y sont moins courantes qu'un R, par exemple : la compréhension ne serait-elle pas souvent innée ?
Le nombre dominant est le 5 : Nathalie Bouré aime le mouvement et le changement, elle s'adapte facilement.
Il n'y a pas de nombre en excès.

Les nombres de la personnalité

Ils seront calculés très simplement en effectuant une « addition numérologique », opération très simple qui constitue à ajouter les uns aux autres les nombres concernés puis à les réduire en un chiffre compris entre un et neuf. Pour chaque personne, plusieurs nombres doivent être calculés :

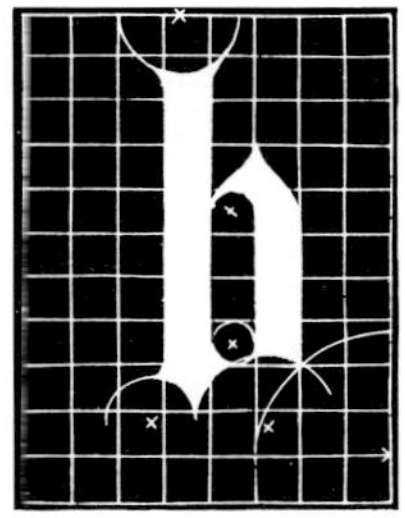

Le nombre intime : résultat de l'addition des voyelles du nom. Il vous renseigne sur les désirs profonds de la personne.
Le nombre de réalisation : résultat de l'addition des consonnes du nom. Il montre de quelle façon l'être se positionne et se réalise dans l'existence.
Le nombre d'expression : résultat du nom complet. Il décrit la personnalité en général, le caractère du sujet, ses faiblesses et ses forces...
Le nombre actif : addition des nombres du prénom. Il doit être étudié en fonction du nombre d'expression dont il confirme ou atténue les tendances.
Le nombre héréditaire : addition des nombres du nom de famille. Moins important que le prénom, il doit également être comparé au nombre d'expression.

Le nombre intime

Reprenons l'exemple de Nathalie Bouré et dégageons les voyelles de l'ensemble de son nom :

N A T H A L I E   B O U R É

A A I E   O U E
1 1 9 5   6 3 5

Additionnons ces nombres : $1+1+9+5+6+3+5=30$.
Réduisons le résultat à un seul nombre : $3+0=3$.
Le nombre intime de Nathalie Bouré est donc le 3.
Remarquons tout de suite qu'il s'agit d'un nombre présent dans le schéma que nous avons dégagé précédemment. Cela signifie qu'intimement, elle aspire à une ouverture qu'il lui est facile de réaliser.
ATTENTION : Si le résultat de votre addition numérologique, à n'importe quel moment de votre analyse, se trouve être un ONZE ou un VINGT-DEUX, ne les réduisez pas à deux ou à quatre : il s'agit en effet des « maîtres-nombres » possédant une signification propre.

Interprétation du nombre intime

Un : Cherche à s'affirmer de façon indépendante.
Deux : Aspire à l'amour, l'union, le mariage.
Trois : Souhaite exprimer ses idées et avoir des contacts.
Quatre : Cherche à construire solidement et durablement.
Cinq : Aspire à vivre librement, hors de toute routine.
Six : Aime l'art. Souhaite une vie affective équilibrée et heureuse.
Sept : Aspire à avoir une vie intérieure enrichissante ; désire évoluer.
Huit : Désire réussir sur le plan matériel.
Neuf : Souhaite réaliser son idéal et se sentir utile aux autres.
Onze : Aspire à imposer des ambitions originales, voire exceptionnelles.
Vingt-deux : Cherche à s'élever, à se réaliser sur un plan universel.

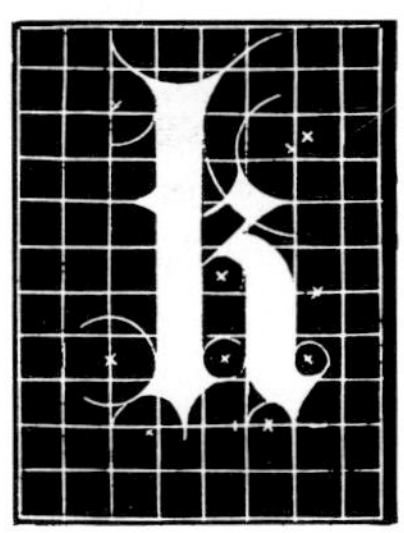

Le nombre de réalisation

Dégageons les consonnes du nom de Nathalie Bouré :

N A T H A L I E B O U R É

N T H L B R
5 2 8 3 2 9

Additionnons-les : 5 + 2 + 8 + 3 + 2 + 9 = 29. 9 + 2 = 11. Il s'agit d'un maître-nombre donc nous ne le réduirons pas.
Le nombre de réalisation de Nathalie Bouré est le 11 : elle aspire à se réaliser de façon ambitieuse et originale.

Interprétation du nombre de réalisation

Un : Veut s'affirmer, commander, décider.
Deux : Agit de façon solidaire, a le sens du travail d'équipe.
Trois : Réussit dans un travail lié aux échanges, aux contacts.
Quatre : L'effort, la patience sont à l'origine de la réussite, mais celle-ci vient lentement.
Cinq : Vie toute en mobilité ; multiplicité des expériences.
Six : Importance des autres dans les choix et les orientations. Réussite artistique, profession liée à un public ou une clientèle.
Sept : Réussite liée à l'imagination, dans une orientation originale et indépendante, malgré des obstacles.
Huit : Énergie, franchise, autorité aident à la réussite mais l'équilibre matériel est délicat à préserver.
Neuf : Se réalise en se sentant utile aux autres. A toujours un idéal présent à l'esprit. Moderne et inventif.
Onze : Très actif et ambitieux, apte à des réalisations originales.
Vingt-deux : Projets vastes et ambitieux. Créativité importante.

Le nombre d'expression

Vous l'obtiendrez en additionnant tous les nombres du nom, soit :

N	A	T	H	A	L	I	E	B	O	U	R	É
5	1	2	8	1	3	9	5	2	6	3	9	5

5 + 1 + 2 + 8 + 1 + 3 + 9 + 5 + 2 + 6 + 3 + 9 + 5 = 59. 5 + 9 = 14.
Nous opérerons une seconde réduction puisque le nombre obtenu n'est pas compris entre 1 et 9 : 1 + 4 = 5.
Le nombre d'expression de notre exemple est donc un 5. (Notez que vous obtenez le même résultat en additionnant le nombre intime et le nombre de réalisation, donc les voyelles et les consonnes du nom : c'est logique !) Étant donné qu'il s'agit également de son nombre dominant, Nathalie Bouré peut se réaliser et s'exprimer dans un domaine lui convenant parfaitement.

Interprétation du nombre d'expression

Un : Il préfère attaquer plutôt que se défendre, et commander plutôt qu'obéir. Indépendant, entreprenant, cet être prend sans hésiter des initiatives et entraîne les autres à sa suite : c'est un meneur, courageux et décidé. Très attaché à sa liberté, il souhaite être responsable de ses succès comme de ses erreurs et ne rien devoir aux autres. Il déteste par exemple demander de l'aide ou avouer ses faiblesses. Énergique et autoritaire dans son travail, il se montre exigeant envers les autres comme envers lui-même. En amour, il a tendance à prendre la direction des opérations ; l'autre doit se soumettre. Sincère et passionné, il ne montre pas aisément ses sentiments.

Deux : De tempérament paisible, doux et patient, il recherche l'harmonie. Les provocations le font d'abord fuir, puis très vite il essaye de trouver un terrain d'entente. La compétition ne l'intéresse pas, il ne voit pas l'utilité de gagner une bataille si c'est au détriment des sentiments. Car c'est un grand sentimental, sensible, émotif, qui a les plus grandes difficultés à s'assumer solitairement. Il est fait pour la vie à deux, pour les associations, les unions. Dans le travail, c'est un excellent collaborateur, diplomate, habile, qui a besoin d'être entouré, soit par une équipe, soit par une clientèle. Il est incapable de faire la preuve de ses qualités dans un climat tendu. Une ambiance équilibrée et harmonieuse lui est absolument nécessaire, en affaires... comme en amour.

Trois : De tempérament gai et charmant, il communique avec une aisance étonnante et sa bonté rayonne autour de lui. Il est donc en général aimé et apprécié. Très sociable, actif, il a besoin de mouvement et d'échanges permanents, est à la recherche de sollicitations extérieures. Au négatif, il est impatient et coléreux, supporte mal la critique. Affectivement il est très enthousiaste, passionné, sans pour cela perdre de vue ses intérêts, et choisit toujours des partenaires dont il est fier et qui peuvent lui apporter quelque chose.

Quatre : Équilibré, patient et réaliste, il ne se lance jamais dans une bagarre sans avoir assuré ses arrières. Il agit avec sang-froid et détermination, fait preuve d'une grande fiabilité mais prend rarement des initiatives : c'est le travail du nombre d'expression Un !
Possessif et captateur, obstiné et persévérant, il ne s'éloigne pas du chemin qu'il s'est fixé. Sa progression et lente mais régulière, sa réussite est liée à ses efforts. Mais il y a un revers à la médaille : le Quatre est rigide, il manque de fantaisie, voire de tolérance. Affectivement il est très attaché à sa famille, se montre fidèle et possessif ; ses sentiments sont profonds, durables, mais il les exprime... avec beaucoup de réserve.

Cinq : Il ne reste jamais longtemps à la même place : il aime le changement et la diversité plus que toute autre chose. Aucune ancre ne le fixe, aucun port ne le retient, mais les horizons lointains l'attirent et le fascinent. D'esprit souple, curieux et adaptable, il a un don réel pour les contacts et fait preuve de dynamisme dans son action. Ceci engendre bien naturellement une tendance à l'instabilité, à la dispersion, et un manque de persévérance : le Cinq a besoin de résultats rapides ou d'excitants à sa curiosité, sinon il se lasse. Il peut lui arriver, sur le tard, de se sentir démuni et seul, n'ayant jamais rien conservé. Heureusement pour lui, ce n'est pas un grand sentimental ! mais il ne manque pas de charme et les conquêtes ne lui font pas défaut. Là aussi, il a parfois du mal à demeurer fixé dans un engagement.

Six : Pour lui, la qualité de vie prime sur le reste. Le bonheur, voilà ce qu'il poursuit. Avec la beauté en plus car c'est un esthète, raffiné, amoureux des jolies choses et doté d'un réel sens artistique. Il réussit d'ailleurs souvent dans ce domaine, lorsqu'il ne se réalise pas dans une profession faisant appel à son goût de la conciliation. Ses défauts sont l'hésitation, l'indécision, la recherche de la facilité ; mais il ne manque pas en revanche de sens des responsabilités, et il assume ses (difficiles) choix... Mais le Six est surtout sentimental et affectueux, avec un goût très vif pour les plaisirs des sens... Il cherche à plaire, mais aussi à construire une famille solide à laquelle il se consacre attentivement.

Sept : C'est un penseur, un intellectuel original et indépendant. Il a de grandes qualités d'observation, de réflexion, qui lui font apprécier le travail solitaire — c'est d'ailleurs dans le silence et l'isolement qu'il obtient ses meilleurs résultats. Tout ce qui est étrange ou inhabituel l'intéresse : il a beaucoup d'intuition et des capacités de création, tout au moins sur le plan intellectuel. Hélas il est aussi pessimiste et anxieux, avec une tendance à se replier sur lui-même ou à tourner en rond. Affectivement, son indépendance est telle qu'elle ne facilite pas la construction d'un couple, excepté s'il rencontre quelqu'un qui nourrit les mêmes idéeaux que lui.

Huit : C'est un actif, un énergique qui a le goût de la conquête et aime les défis. Mais ses ambitions sont matérielles plus que morales ; il souhaite obtenir un pouvoir et y parvient grâce à son réalisme, son « flair », sa rapidité de décision et d'exécution. Impatient, il déteste perdre du temps, se dépense beaucoup, travaille énormément. L'intensité est un état qui lui plaît, mais il est parfois dur, intolérant, et entêté. Affectivement, il est sincère, direct... mais passionné et jaloux.

Neuf : La tolérance, la générosité, le désintéressement sont les clés de son comportement. Il faut y ajouter, par respect de l'exactitude, un côté rêveur, utopique et parfois, il faut bien l'avouer, un peu fumeux ! Il possède une grande faculté d'assimilation et de compréhension, mais ce n'est pas un actif, excepté peut-être s'il trouve un idéal qui vaille la peine de se battre. C'est la foi qui le sauve. En amour il est profondément sincère, affectueux, mais exige plus d'affection qu'il n'en donne. Non pas qu'il soit indifférent ; il pense seulement à autre chose.

Un Neuf qui n'a pas trouvé son équilibre devient une sorte de vagabond instable, intellectuellement comme affectivement.

Onze : Il possède une grande énergie psychique et une réelle inspiration. Cette force fait que les autres s'appuient sur lui et cherchent son approbation. Cela tombe bien car il aime dominer, en affaires comme en amour. Sur ce plan il y parvient grâce à un charme assez fascinant. La réussite est souvent l'apanage du Onze, elle l'amène à prendre des responsabilités qu'il assume volontiers, parfois au détriment de sa vie privée. Mais il est facilement angoissé, nerveux et irritable.

Le Onze est un nombre qui réclame beaucoup de force morale et une capacité à s'exprimer seul. Certains, n'y parvenant pas, vivent ce nombre comme sa réduction, c'est-à-dire comme un Deux.

Vingt-deux : Il ne crée pas, il n'entreprend pas seulement pour lui-même mais pour les autres : c'est un grand bonhomme, capable de maîtriser des situations complexes, capable aussi de se laisser aveugler par l'ampleur de sa tâche. L'inspiration, le talent guident ses actes et lui permettent souvent d'atteindre une renommée : il y a du génie dans le Vingt-deux. Affectivement, c'est moins facile car il sacrifie souvent sa vie privée à son œuvre, et ne peut partager l'existence d'une personne qui ne le « suit » pas. Le Vingt-deux est le nombre des êtres d'exception. Pour beaucoup, il engendre une telle tension qu'ils préfèrent le vivre à son niveau inférieur, celui du Quatre.

Le nombre actif

C'est la somme des nombres du prénom. Pour notre exemple :

N A T H A L I E
5 1 2 8 1 3 9 5

5+1+2+8+1+3+9+5=34. 3+4=7.
Remarquons que ce nombre est absent dans le schéma de base. Il y a là une intériorisation qui entre en contradiction avec les autres nombres de la personnalité — mais qui peut aussi, par sa présence, adoucir, l20approfondir la personnalité.

INTERPRÉTATION DU NOMBRE ACTIF

Un : Ingéniosité, tension nerveuse.
Deux : Sensibilité, gentillesse, douceur.
Trois : Habileté, adaptabilité.
Quatre : Sens de l'organisation, goût de l'effort.
Cinq : Esprit vif et curieux, goût du changement.
Six : Tendresse, harmonie, équilibre.
Sept : Intériorisation, intuition, goût du mystère.
Huit : Énergie, obstination.
Neuf : Émotivité, dévouement.
Onze : Force et tension.
Vingt-deux : inspiration, idéaux ambitieux.

Le nombre héréditaire

Il se calcule en additionnant les nombres qui composent le nom de famille. Pour notre exemple :

B O U R E
2 6 3 9 5

2+6+3+9+5=25. 2+5=7.
Ses parents ont certainement cherché à lui montrer les bienfaits de la réflexion.

INTERPRÉTATION DU NOMBRE HÉRÉDITAIRE

Un : Confiance en soi.
Deux : Équilibre.
Trois : Ouverture d'esprit.
Quatre : Sens de l'organisation.
Cinq : Enthousiasme.
Six : Compréhension.
Sept : Réflexion.
Huit : Volonté.
Neuf : Loyauté.
Onze : Puissance.
Vingt-deux : Inspiration.

Folon : Chiffres. *(Edimedia/Connaissance des arts)*
© SPADEM, 1991.

Les initiales

Elles représentent en quelque sorte un « résumé » du nom. Pour notre exemple il s'agit des lettres N et B symbolisées par les nombres 5 et 2. Cela donne le nombre suivant : $2 + 5 = 7$.
Cela confirme chez Nathalie Bouré l'importance de la vie intérieure.

L'INTERPRÉTATION DES INITIALES :
Un : Diriger.
Deux : S'entendre.
Trois : S'exprimer.
Quatre : Organiser.
Cinq : Bouger.
Six : Aimer.
Sept : Réfléchir.
Huit : Acquérir.
Neuf : Grandir.
Onze : Maîtriser.
Vingt-deux : Réaliser.

L'INTERPRÉTATION DES LETTRES
Les lettres de l'alphabet, nous l'avons vu au début de ce chapitre, se divisent en lettres physiques, cérébrales, intuitives et émotives. Adaptons ce classement aux initiales de Nathalie Bouré.
N : lettre cérébrale, symbole de mouvement.
B : lettre émotive, symbole d'intériorisation du sentiment.
Il est possible également d'effectuer cette recherche pour le nom complet, soit pourr notre exemple :
Lettres cérébrales : 5 (2 A, 1 N, 1 H, 1 L).
Lettres intuitives : 1 (1 U).
Lettres émotives : 5 (1 T, 1 I, 1 B, 1 O, 1 R).
Lettres physiques : 2 (2 E).
Chez Nathalie Bouré dominent les lettres cérébrales et émotives.

Le graphique du nom et son interprétation

Pour faciliter l'interprétation, tous les nombres que nous avons obtenus en utilisant l'exemple de Nathalie Bouré, comme tous ceux que vous obtiendrez dans vos analyses personnelles, doivent être retranscrits sur un schéma appelé « graphique » selon l'exemple suivant :

La chasse aux lettres. Gravure 19e siècle. *(Lausat/Explorer archives.)*

N A T H A L I E   B O U R É
5 1 2 8 1 3 9 5   2 6 3 9 5

2	2	2
0	3	1
0	1	2

Nombre dominant : 5.
Nombres absents : 4 et 7 **PAGE 109**

Analyse du nom :

Nombre intime :		1+			1+		9	+5		6	+3	+	5
Nombre de réalisation :	5+		2	+8	+	3+			2+			9	
	N	A	T	H	A	L	I	E	B	O	U	R	E
Nombre d'expression :	5	1	2	8	1	3	9	5	2	6	3	9	5
Nombre actif :	7												
Nombre héréditaire :									7				
Initiales :	5+								2				

En résumé...
Nombre intime : 3.
Nombre de réalisation : 11.
Nombre d'expression : 5.
Nombre actif : 7.
Nombre héréditaire : 7.
Initiales : 7.

Nathalie Bouré a un esprit souple, adaptable et curieux. Elle aime le changement et les voyages, communique facilement et s'exprime avec aisance (nombre d'expression 5). Cette mobilité n'exclut pas la profondeur (nombres actif et héréditaire 7) mais comme ce nombre est absent de son schéma de base, elle doit faire des efforts pour comprendre vraiment les autres. De même son équilibre nécessite qu'elle consacre du temps à la réflexion, à sa vie intérieure. La routine lui pèse, il peut lui être difficile de faire face à un effort quotidien et régulier (4, nombre manquant). Elle aspire à communiquer, à s'exprimer en toute liberté, afin de parvenir à une réalisation originale et ambitieuse (nombre intime 3, nombre de réalisation 11). Les nombres 2 et 6 étant présents dans son graphique, la vie sentimentale ne pose pas de problèmes particuliers, si ce n'est que sur ce plan elle peut vivre des expériences quelque peu instables, avoir du mal à renoncer à son indépendance (expression 5) et à se mettre à la place de l'autre.
Dans la réalité, Nathalie Bouré est professeur au conservatoire et l'une des seules femmes chef de chœur de France.

Alphabet pour broderies
de Nicolo Zoppino. 16e siècle.
Bibliothèque des arts décoratifs.
(J.-L. Charmet.)

LES NOMBRES DE NOTRE NAISSANCE

Nous avons vu que l'étude numérologique du prénom et du nom de famille de chacun d'entre nous donnait des renseignements sur notre personnalité et nos possibilités. C'est la partie « psychologique » de la numérologie. Sa partie prévisionnelle se partage en deux parties. La première concerne notre devenir potentiel, c'est l'étude du chemin de vie. La seconde, l'étude des cycles de vie, permet de poser les jalons de l'existence et d'orienter nos actions en fonction des dates : années, mois... parfois même au jour le jour. Mais commençons par le commencement.

Le chemin de vie

Le calcul du chemin de vie est extrêmement simple : il suffit d'additionner les uns aux autres les nombres qui composent votre date de naissance, et de les réduire, comme nous l'avons déjà vu dans l'étude du nom, à un nombre compris entre 1 et 9 (plus 11 et 22). Reprenons l'exemple de Nathalie Bouré. Elle est née le 2 mai 1961. Posons notre addition de la façon suivante :

$$\begin{array}{r} 2 \\ 5 \\ 1961 \\ \hline 1968 \end{array}$$

1968. 1 + 9 + 6 + 8 = 24. 2 + 4 = 6.

Le chemin de vie de Nathalie Bouré porte donc le numéro 6.

Les facultés de l'âme. Gravure 17e siècle. Musée Carnavalet. *(J.-L. Charmet.)*

Lorsque l'on analyse le chemin de vie il est important de vérifier immédiatement deux points :

- Correspond-il à l'un des nombres manquants ? si oui, il sera difficile à suivre.
- Correspond-il à l'un des nombres de la personnalité, et en particulier au nombre d'expression ? si oui, la personne s'y sentira plus à l'aise.

Dans le cas de Nathalie Bouré, le 6 est présent dans son schéma de base, donc ce chemin ne présente pas de difficulté majeure. On peut aussi conclure que, pour une personne exerçant une profession créative et artistique, le 6, nombre de l'harmonie, est tout à fait favorable. En revanche, si l'on compare son nombre d'expression, le 5, avec ce chemin de vie 6, voici qu'apparaît une subtile difficulté : les responsabilités, les choix qu'il implique peuvent sembler inconfortables à une personne indépendante, éprise de mouvement et de liberté.

Si votre chemin de vie est le Un, votre voie est celle de l'accomplissement.
Ce chemin est difficile car celui qui le prend ne peut compter que sur ses propres ressources et doit payer fort cher ses erreurs. C'est une route solitaire qui réclame indépendance, courage et individualisme. Mais au bout il y a la réussite personnelle, la réalisation des ambitions, le succès. Si vous prenez ce chemin, vous pouvez devenir un chef... à condition de ne jamais trop compter sur les autres.
Notre conseil : vous êtes fait pour ouvrir de nouvelles voies : n'hésitez pas à sortir... des sentiers battus. Tout sacrifice à la routine représenterait des kilomètres de déviation...
Ce chemin sera plus difficile si le 1 est absent de votre schéma, ou si votre nombre d'expression est un 2. Dans ce dernier cas, l'autonomie qu'implique le chemin de vie Un vous semblera parfois difficile à supporter.

Si votre chemin de vie est le Deux, votre voie est celle de la relation.
Comme le nombre qui la symbolise, votre route ne peut être parcourue qu'à deux. Elle est paisible, bucolique, environnée de jolis paysages. On peut y flâner, s'y arrêter sans danger pour pique-niquer, se faire des câlins ou écouter chanter les oiseaux. Les haltes ont noms amour, amitié, équilibre, bonté, harmonie. Mais ceux qui le prennent auront rarement la latitude de prendre des décisions, tant leur vie sera subordonnée... à celle de l'autre.
S'il peut paraître monotone à certains... c'est pourtant l'un des plus heureux.
Notre conseil : vous n'irez pas loin si vous refusez d'unir vos efforts à ceux d'autrui.
Si votre nombre d'expression est 1, 5, 9, 11 ou 22 vous vous sentirez mal à l'aise sur ce chemin de dépendance. De même, si le 2 est absent de votre schéma.

Si votre chemin de vie est le Trois, votre voie est celle de la joie de vivre.
Quelle agréable promenade ! A chaque tournant l'on y rencontre de nouveaux amis, de nouvelles idées. Et tout cela propose à l'imagination des occasions de s'exprimer, de lancer des idées...
Pourtant ce chemin est moins facile qu'il ne paraît à cause des nombreux croisements qu'il contient, chacun offrant la possibilité de s'égarer et de gaspiller son énergie en vaines explorations.

Si cette voie est la vôtre, vous aurez une existence animée, pleine de rebondissements ; la chance vous sourira souvent mais restera peu de temps près de vous. Vos dons seront liés à l'esthétique, à la beauté.
Notre conseil : méfiez-vous de votre impulsion et regardez bien où vous allez.
Si le 4 est votre nombre d'expression, ou si le 3 est absent de votre schéma, vous ne vous sentirez pas très à l'aise sur ce chemin.
Si votre chemin de vie est le Quatre, votre voie est celle de l'effort. La réussite ne vous viendra jamais toute seule. Vous aurez à lutter obstinément pour avancer et trouver le succès matériel et la sécurité que vous souhaitez pour vous et les vôtres.
Vous n'aurez ni le temps de flâner ni celui de vous reposer. C'est un chemin montant, sablonneux, malaisé... comme aurait dit La Fontaine. Mais vos efforts trouveront leur récompense dans la confiance qui vous sera accordée, dans la reconnaissance de votre valeur... et dans la satisfaction du devoir accompli.
Notre conseil : ne vous plaignez pas des limitations qui vous sont imposées. Sachez que ce que vous représentez (solidité, fiabilité, etc.) est indispensable à l'équilibre comme à la survie de la société.
Si le 4 est absent de votre schéma, suivre ce chemin vous sera difficile ; et vous le trouverez parfois pénible si votre nombre d'expression est 1, 3, 5 ou 11 ; vous vous sentirez freiné.
Si votre chemin de vie est le Cinq, votre voie est celle de la liberté. Vous suivrez une route en zigzag et en montagnes russes, pleine de variété et de changements, où les paysages se renouvelleront à chaque tournant. À vous la diversité des expériences et des rencontres, à vous l'aventure, à vous l'excitation de découvrir des horizons nouveaux. Si vous acceptez cette instabilité et recherchez la nouveauté plutôt que de la subir avec angoisse, votre réussite sera inespérée.
Notre conseil : méfiez-vous de tout ce qui pourrait nuire à votre lucidité. Il existe des expériences dangereuses...
Ce chemin sera difficile si le 5 est votre nombre manquant. De même si votre nombre d'expression est un 2 ou un 4 : vous serez souvent obligé de bouger sans en avoir vraiment envie !
Si votre chemin de vie est le Six, votre voie est celle de la responsabilité. Vous serez souvent amené par les circonstances à jouer un rôle de conciliateur et d'intermédiaire, à prendre d'importantes décisions. Sur votre route, vous rencontrerez des occasions de franchir rapidement les échelons menant à la gloire, au pouvoir, à la puissance. La chance vous sourira aussi sur le plan du sentiment : vie familiale épanouissante, mariage heureux peuvent être votre lot. Dans le couple, c'est vous qui serez l'élément « fort ».
Tout cela implique... que vous serez rarement tranquille. On vous sollicitera, on vous demandera votre aide, que vous ne refuserez pas car vous êtes très dévoué. Mais vous enragerez souvent de ne pouvoir changer le monde ou atteindre la perfection. Ce chemin est plus masculin que féminin.
Notre conseil : sous prétexte d'aider les gens, ne décidez pas de leur avenir à leur place...
Si le 6 est absent de votre schéma, ou si le 5 est votre nombre d'expression vous ne serez pas très à l'aise sur ce chemin.

Si votre chemin de vie est le Sept, votre voie est celle de la sagesse. C'est une voie solitaire. Vous y rencontrerez la paix du cœur, l'harmonie

intérieure et la connaissance... à condition de ne rechercher que la compagnie de ceux qui vous ressemblent, car les autres vous feraient douter de votre voie : elle n'est pas assez fréquentée.
Vos haltes se feront dans les monastères plutôt que dans les paillardes auberges. Vous deviendrez peut-être un philosophe, un occultiste, un écrivain, un prêtre... Ou vous vous passionnerez pour toutes ces choses.
Les autres vous confieront leurs peines et vous aurez rarement le temps de vous consacrer à des plaisirs personnels.
Votre vie sera riche, passionnante, parsemée de rencontres exceptionnelles et désintéressées. Mais l'angoisse vous suivra comme une ombre...
Notre conseil : choisissez avec soin vos compagnons de route, sous peine de tomber en panne...
Si le 7 est votre nombre manquant, vos réalisations seront retardées.
Si votre nombre d'expression est un 8 ou un 22, vous rencontrerez des difficultés.

Si votre chemin de vie est le Huit, votre voie est celle de la matérialité. Vous rencontrerez sur votre route beaucoup d'occasions de vous enrichir, et vous saurez vous servir de l'argent pour conforter votre puissance et votre autorité. Certes, il y aura aussi des obstacles en travers, mais votre courage vous permettra de les réduire à merci. Attention cependant à ne pas laisser votre ambition occulter les autres domaines de votre vie. Tout ne s'achète pas. Si vous n'acceptez pas cette évidence, vous écraserez tout sur votre passage... et vous vous retrouverez isolé, incompris ou rejeté.
Souvent vous aurez à changer brutalement de direction ou d'orientation.
À chaque fois votre ascension sera rapide, voire spectaculaire.
Notre conseil : sachez reconnaître vos erreurs à temps.
Si le 8 est absent de votre schéma, vous aurez quelque peine à suivre le chemin très matériel. De même si votre nombre d'expression est un 7 ou un 9.

Si votre chemin de vie est le Neuf, votre voie est celle du lointain. Il y a de fortes chances pour que vous fassiez de grands voyages. Soit dans le monde, soit dans votre tête... grâce à une imagination sans limite. Vous vous arrêterez souvent pour secourir les autres. Vos qualités de bonté, de compréhension vous y obligeront. Mais vous resterez souvent seul.
Intelligent mais rêveur, souvent très cultivé, vous vous soucierez peu de la réussite qui vous viendra par surprise.
Notre conseil : apprenez à contrôler vos émotions... et tenez vos valises prêtes !
Vous ne serez guère à l'aise sur ce chemin si le 9 est votre nombre manquant. Et il vous paraîtra solitaire si votre nombre d'expression est le 2.

Si votre chemin de vie est le Onze, votre voie est celle de l'inspiration. Votre destinée vous amènera à vivre des situations d'exception. Vous êtes porteur, peut-être sans le savoir, de connaissances acquises dans une existence antérieure, que vous devez transmettre. La révélation vous en sera donnée au cours de votre vie. Vous devrez également résister à la tentation de laisser le monde à ses erreurs et de profiter de votre intelligence pour amasser une fortune. Cela se retournerait contre vous. Comme tous les chemins sublimes, celui-ci est difficile à suivre, d'autant plus qu'il apporte souvent à ses passagers un côté hautain et distant.

Notre conseil : si vous n'avez pas la force de suivre la voie 11, sachez que vous pouvez la transformer en 2 : pour cela vous devrez vous soumettre à l'autre. Ce sera moins exaltant mais plus tranquille !
Ce chemin est difficile surtout pour ceux qui ont le 1 et le 2 comme nombres absents. Les nombres d'expression 2 auront beaucoup de mal à le vivre tel qu'il se présentera et en général le réduiront à un chemin n° 2.

Si votre chemin de vie est le Vingt-deux, votre voie est celle de la construction.
Vous êtes sur terre pour réaliser de grands projets.
Votre vie y sera subordonnée et vous n'aurez guère de temps à consacrer aux vôtres... ou à vous-même. C'est le monde qui vous appellera. Vous devrez cependant vous méfier d'une tendance à la dispersion liée à l'accumulation des possibilités.
Notre conseil : si cette destinée vous semble écrasante, vous pouvez transformer ce chemin en le réduisant au 4.
Si le 4 est votre nombre manquant, si le 2 est votre nombre d'expression, ce chemin vous semblera impossible à suivre.

Les années personnelles

Nous savons tous en quelle année nous sommes. Par exemple, j'écris ces lignes en 1990. Mais que signifie 1990, pour moi, sur le plan numérologique ? Pour répondre à cette question, nous allons aborder l'étude des « années personnelles », et entrer ainsi dans le domaine de la prévision.
Les années personnelles suivent un cycle de neuf ans, mais le début de ce cycle varie suivant chaque personne.
Pour savoir quel est le nombre qui symbolise votre année personnelle, vous devez procéder de la façon suivante.

- Quel est le nombre de l'année en cours ?

Prenons comme exemple 1990. Ajoutez successivement les uns aux autres les chiffres qui composent cette année : 1 + 9 + 9 + 0 = 19. Réduisez le résultat : 1 + 9 = 10, donc 1.
L'année 1990 est donc, de façon générale, une année n° 1.
Mais qu'en est-il pour chacun d'entre nous ? Pour cela passons à la deuxième étape !

- Qu'est-ce que 1990 pour vous ?

Inscrivez le jour et le mois de votre naissance et additionnez-les au nombre de l'année. Pour Nathalie Bouré : 2 + 5 + 1 = 8. 1990 est pour elle une année n° 8.
Pour plus de sûreté prenons un autre exemple ; imaginons une personne née un 24 septembre (24/9) : 2 + 4 + 9 + 1 = 16. 1 + 6 = 7. Pour elle, 1990 serait donc une année n° 7.
Vous pouvez faire ce calcul pour toutes les années de votre vie.

Année personnelle Un. C'est l'année des commencements. Elle est favorable pour entreprendre quelque chose de nouveau, pour s'affirmer de façon individuelle. Année la plus importante du cycle, elle le colore : les autres ne feront que raconter l'histoire commençée dans une année Un.
Possibilités : Coup de foudre amoureux, changement de résidence, investissements financiers à long terme, nouveau travail.

Année personnelle Deux. C'est une année propice à l'entr'aide, aux associations. Souvent l'on est obligé de renoncer provisoirement à son indépendance, de tenir compte des autres, de leurs désirs et de leurs actes. Les mariages comme les divorces ont souvent lieu dans une année n° 2 car elle met en avant le rapport avec autrui.
Possibilités : Collaborations intéressantes sur tous les plans : professionnel, intellectuel, affectif ou financier. Émotions fortes.
Année personnelle Trois. Elle est propice aux distractions, à la vie en société. Année en général facile et agréable, elle permet de nombreuses rencontres amicales, des succès, des vacances. Il est possible d'en profiter pour créer, sur le plan mental ou artistique.
Possibilités : Réussite professionnelle, ouverture, voyages, créativité (naissance d'enfant), prospérité matérielle... mais aussi imprudences sur ce plan.
Année personnelle Quatre. Contrairement à la précédente elle ne permet guère de s'amuser. C'est une année de travail acharné et incessant, durant laquelle tout ce qui concerne la situation professionnelle et les finances doivent être suivies de très près. Seule la plus grande prudence et une organisation sans faille peuvent empêcher cette année d'être néfaste à la sécurité. Nécessité : persévérer.
Possibilités : Difficultés matérielles, restrictions, retards dans les projets, surmenage.
Année personnelle Cinq. Le libre-arbitre domine : vous pouvez faire à peu près tout ce que vous voulez, y compris changer de vie, de maison, de sentiments... Mais il ne faut rien attendre de stable ou de constructif. L'année 5 est souvent délicate pour les couples car elle incite à l'infidélité, aux aventures...
Possibilités : Voyages, échanges commerciaux et expansion matérielle, nouveaux contacts, risque d'accident.
Année personnelle Six. Elle est propice aux rencontres, au mariage, aux arrangements de toute sorte. Ceux qui ont des difficultés juridiques, matérielles, trouveront souvent des solutions durant une année 6, car elle est signe de bonne entente, d'harmonie dans les relations, de séduction, avec un minimum de concessions.
Possibilités : Augmentation des responsabilités sur tous les plans. Choix à faire, décisions à prendre. Achats immobiliers. Chance sur le plan matériel.
Année personnelle Sept. Plus intellectuelle que matérielle, elle est idéale pour ceux qui souhaitent étudier ou méditer. En effet, elle permet un progrès spirituel ou l'accomplissement d'une œuvre importante. Mais elle n'est favorable ni aux contacts sociaux, ni aux placements d'argent, ni à la nouveauté. Durant une année 7 vous serez souvent seul... Mais cette solitude sera féconde.
Possibilités : Évolution spirituelle, isolement affectif, retards : la patience est nécessaire.
Année personnelle Huit. Année parfois difficile, surtout dans les premiers mois, sur le plan financier, il est fréquent qu'elle soit le cadre de transactions immobilières. De façon générale, elle demande une gestion prudente de l'avoir, moyennant quoi l'on pourra s'enrichir, après quelques inquiétudes. C'est une année d'engagement concret, de réalisations matérielles importantes. Les couples sont souvent en crise dans une année Huit et des efforts doivent être faits pour préserver l'entente.

Possibilités : Année excellente pour récupérer de l'argent, terminer un procès... Accidents, difficultés de santé, parfois : perte d'argent ou d'emploi.

Année personnelle Neuf. C'est l'année des bilans en tout genre. Profitez-en pour faire place nette, pour achever ce que vous avez commencé au cours de ce cycle. Débarrassez-vous de ce qui vous nuit ou vous oppresse, mais ne commencez rien de nouveau sous peine d'échec. Les activités intellectuelles et les rapports avec l'étranger sont favorisés. Réussite possible vis-à-vis d'un public. Attention : Si vous n'avez pas vécu le dernier cycle d'une façon positive, si vous n'avez rien construit ou rien appris, vous vous retrouverez à la case départ.

Exceptionnellement, vous pourrez avoir une...

Année personnelle Onze. Cette année peut être vécue sur le plan de conscience du Onze uniquement par les personnes qui ont dépassé le stade du Deux, c'est-à-dire de la dépendance. L'année Onze est propice à l'évolution, spirituelle et intellectuelle. Dans ces domaines elle permet des réussites mais elle est néfaste en ce qui concerne les finances. Parfois elle contient d'importantes révélations sur le sens de la vie, la vocation profonde...

Année personnelle Vingt-deux. Année exceptionnelle à la portée de peu d'individus : la plupart la vivront comme une année Quatre. Elle ne sera positive que pour ceux qui se mettront au service de l'humanité et du public.

Quelques explications...

Il y a dans chaque année des possibilités positives ou négatives : par exemple, lorsque l'on signale dans une année Deux : rencontre ou divorce, ou dans une année Huit : richesse ou perte d'argent...

Comment le déterminer ?

Simplement en comparant le nombre de l'année personnelle à vos nombres de personnalité. Par exemple, si celui-ci correspond à l'un de vos nombre manquants, ce sont plutôt les significations négatives qui sont à retenir. En revanche, *si le nombre de l'année personnelle est semblable à :*

Votre nombre intime : l'année vous permettra de réaliser certaines aspirations secrètes.

Votre nombre de réalisation : elle favorisera celles-ci.

Votre nombre d'expression ou votre chemin de vie : il s'agira d'une année importante pour votre réussite et votre évolution.

Pour reprendre notre exemple, Nathalie Bouré est en 1990 dans une année 8. Il ne s'agit pas chez elle d'un nombre manquant, donc elle bénéficiera des aspects positifs de l'année. Mais le nombre 8 n'étant pas présent dans ses nombres de personnalité, ce ne sera sans doute pas une année fondamentale, alors que l'année 1987 ($1+9+8+7=25$; $2+5=7$: année générale de valeur 7), pour Nathalie Bouré une année 6 ($2+6+7=15$, $1+5=6$) était une année trés importante en ce qui concerne les responsabilités, la vie affective et familiale (domaines privilégiés durant une année 6) car portant le même nombre que son chemin de vie.

Les cycles annuels

Nous ressentons le climat de l'année personnelle du 1er janvier au 31 décembre : il s'agit des tendances générales d'une année, auxquelles s'ajouteront l'étude des mois et même des jours. Avant d'entrer dans ces détails, il est intéressant d'étudier les cycles annuels, qui se déterminent d'un anniversaire à l'autre. Cette analyse apporte un « plus » à celle de l'année personnelle.

Le calcul des cycles annuels est fort simple : il suffit de savoir que, d'un anniversaire à l'autre, nous ressentons l'influence de trois cycles de quatre mois chacun. Et le nombre qui symbolise ces cycles nous donnera une information supplémentaire.

Reprenons l'exemple de Nathalie (nous la connaissons maintenant assez pour l'appeler par son prénom)... Calculons ses cycles durant l'année 1990-1991.

Elle est née le 2 mai 1961.

Comptons quatre mois à partir du 2 mai, cela nous donnera la durée du premier cycle annuel : Du 2 mai au 2 septembre.

Comptons à nouveau quatre mois afin d'obtenir la période influencée par le deuxième cycle : 2 septembre au 2 janvier (1991).

Terminons par le troisième cycle en ajoutant encore quatre mois : 2 janvier au 2 mai 1991. Il ne nous reste qu'à définir le nombre qui symbolise chacun de ces trois cycles. Pour cela :

Premier cycle :

Réduisons son année de naissance à un nombre entre un et neuf : $1+9+6+1=17$; $1+7=8$.

C'est donc le nombre 8 qui, chaque année, du 2 mai au 2 septembre, influencera Nathalie.

Deuxième cycle :

Soustrayons du nombre de l'année universelle le nombre de son chemin de vie, sans réduire le nombre de l'année universelle :

$1990-6=1984$; $1+9+8+4=22$. Il s'agit d'un maître-nombre mais dans cette étude nous devons le réduire ; le nombre symbolisant le deuxième cycle annuel de Nathalie est donc le 4.

Attention : contrairement au nombre du premier cycle qui est immuable, celui du deuxième cycle change chaque année.

Troisième cycle :

Nous l'obtiendrons en additionnant simplement le nombre des deux premiers cycles : $8+4=12$; $1+2=3$. Le troisième cycle de Nathalie (du 2 janvier au 2 mai 1991) sera symbolisé par le nombre 3.

Atelier de Botticelli : Allégorie de l'automne. Musée Condé, Chantilly. *(Giraudon.)*

Cycle 1. Mot clé : Diriger. Période de libre-arbitre et d'indépendance durant laquelle la personne a un pouvoir sur les événements. Avantage : elle avance et s'affirme. Inconvénient : elle peut ressentir une impression de solitude.

Si ce cycle est ressenti comme positif, il est le cadre de progrès, de réussite personnelle ; s'il est négatif, l'action individuelle est entravée ou ralentie.

Cycle 2. Mot clé : Entraide. Durant cette période les relations avec autrui, qu'il s'agisse d'associations professionnelles ou sentimentales, sont prépondérantes. Au positif, la personne trouve des appuis, se sent soutenue, s'unit à quelqu'un. Au négatif elle vit mal cette ingérence d'autrui dans sa vie et cela dégénère en conflits.

Cycles 3. Mot clé : Echanges. Ce cycle instaure une période riche en contacts, durant laquelle la personne peut s'exprimer librement et faire d'agréables rencontres (amicales ou affectives, mais aussi intellectuelles). Les échanges commerciaux sont favorisés, les opportunités d'avancement nombreuses. C'est sans doute le cycle le plus facile : les seuls pièges qu'il contient concernent une tendance à l'éparpillement.

Cycle 4. Mot clé : Organisation. Durant cette période l'individu doit prendre sa vie quotidienne à bras-le-corps et l'organiser au mieux de ses intérêts et de sa sécurité. Cela demande des efforts d'adaptation, un respect des nécessités matérielles, une grande prudence au niveau des engagements matériels et des dépenses. Au mieux, il est possible d'en profiter pour instaurer un rythme de vie, établir des plannings et des emplois du temps équilibrés... Au pire la période semble limitative et contraignante.

Cycle 5. Mot clé : Mouvement. Cette période facile met en avant la liberté d'action et l'ouverture sur le monde. Le sujet qui aspire à des changements les réalise aisément et à son avantage ; il se déplace, voyage, se fait de nouvelles relations et en retire des satisfactions personnelles. Au négatif, il doit se méfier des entreprises sans lendemain et ne pas négocier de virages trop importants sans avoir « assuré ses arrières » et prévu sa route. En effet ce cycle incite à l'insouciance.

Cycle 6. Mot clé : Stabilité. C'est durant ce cycle que l'être doit tenir compte de son entourage, de sa famille et de ses amours. Au positif de réels coups de chance sont possibles, on rencontre sécurité, équilibre, harmonie. Au négatif on est rongé par une sensation de doute et d'insécurité.

Cycle 7. Mot clé : Méditation. Durant ce cycle l'être doit prendre le temps de réfléchir : la période n'est en effet guère favorable à l'action, sauf lorsque celle-ci est liée à une création intellectuelle ou une recherche personnelle. C'est souvent durant cette période que l'on fait des bilans de toute sorte, que l'on se remet en question... Au positif ces transformations, ces méditations sont enrichissantes et vécues paisiblement ; au négatif l'être se sent seul, abandonné, bloqué par les circonstances.

Cycle 8. Mot clé : Construire. Cette période est favorable à l'action, aux entreprises personnelles : elle permet d'obtenir des résultats et des avantages concrets. L'être ne manque ni d'énergie ni de combativité, il peut même parfois se montrer intolérant ou agressif... Ce sont ses intérêts qui priment, et pour avoir gain de cause il est prêt à se battre, il en a même envie ! Ses buts sont en général très matériels, d'ailleurs les avantages financiers sont fréquents durant ce cycle. Mais naturellement, s'il est vécu négativement, il peut s'agir de pertes d'argent ou de biens, d'obstacles difficiles à franchir.

Cycle 9. Mot clé : Aboutir. Période idéale pour terminer une affaire, régler un problème, nettoyer le terrain en vue d'un nouveau démarrage. Très favorable aux voyages, à l'évasion, ce cycle est en revanche souvent difficile pour les relations amoureuses qu'il charge d'émotion et de tensions. Les coups de balai sont parfois douloureux...

Maintenant, comment savoir si pour vous les accords de ce cycle seront harmoniques ou dissonants ?

Posez-vous quelques questions...

— Le nombre de ce cycle est-il, pour vous, un nombre manquant ? si oui, vous aurez plus de difficultés que d'autres à vous y adapter.

— Le nombre de votre chemin de vie s'accorde-t-il avec celui de ce cycle ? Pour le savoir, reportez-vous au tableau suivant concernant les rapports entre les nombres.

	1	2	3	4	5	6	7	8	9
1	★	★	+	★	+	★	+	+	+
2	★	★	+	=	★	+	★	+	★
3	+	+	★	★	+	+	=	=	+
4	★	★	★	★	★	+	+	★	★
5	+	★	+	★	+	★	+	+	+
6	+	+	+	+	★	★	=	=	+
7	+	★	=	★	+	=	=	★	+
8	★	+	=	+	★	★	★	★	=
9	+	★	+	+	+	+	+	=	★

★ : Conflit
+ : Harmonie
= : Neutre

EXEMPLE D'INTERPRÉTATION
1990 est pour Nathalie une année personnelle n° 8.
Du 2 mai au 2 septembre 1990 elle est dans un cycle 8. Le 8 n'est pas l'un de ses nombres manquants : indice positif. Il est le même que celui de son année personnelle : cela accentue son importance. Durant cette période, Nathalie va mener une activité déterminante et y mettre beaucoup d'énergie. Elle se battra pour ce qu'elle souhaite obtenir, sur tous les plans mais essentiellement en ce qui concerne sa vie matérielle, sa sécurité, sa situation professionnelle et sociale. La probabilité d'opération immobilière est confirmée.
Le deuxième cycle (du 2 septembre 1990 au 2 janvier 1991) est symbolisé par le nombre 4. Le 4 est l'un des nombres manquants de Nathalie, et il est en conflit avec le 8.
Ce cycle sera donc plus délicat : Nathalie devra faire beaucoup d'efforts pour organiser sa vie de façon satisfaisante ; certaines obligations lui paraîtront fort contraignantes, et ses finances lui causeront quelques soucis.
Le troisième cycle (du 2 janvier 1991 au 2 mai 1991) est symbolisé par le nombre 3 : Ce sera le plus facile. Nathalie se sentira plus libre, elle se distraira davantage, aura moins d'obligations et pourra obtenir des succès dans ses échanges personnels et professionnels. Le côté positif de cette période est accentué par le fait que le 3 n'est pas l'un de ses nombres manquants, et que sa relation avec le 8 (année personnelle) est neutre.
Pour résumer : il s'agit d'une année de construction et d'expansion matérielle ; les événements les plus importants se concentreront sur le premier cycle ; le second sera légèrement stressant car contenant beaucoup d'obligations ; Nathalie pourra se détendre et profiter de ses acquis durant le troisième.

Le mois de janvier : travaux domestiques. Manuscrit flamand, 16e siècle. British library. *(Edimedia.)*

Les mois et les jours

La numérologie, contrairement à d'autres arts divinatoires, ne s'arrête pas à l'analyse d'une année. Il est possible également de l'utiliser pour comprendre le climat d'un mois ou d'un jour de votre vie ; nous ne conseillons pas la démarche quasi obsessionnelle de certaines personnes qui n'entreprennent rien sans avoir consulté leurs éphémérides (pour l'astrologie) ou étudié la vibration du jour (pour la numérologie). Il s'agit d'un comportement fataliste qui détruit le libre-arbitre. En revanche, lorsque l'on a, par exemple, une démarche importante à tenter, il peut être instructif de vérifier si la date est favorable...

Les mois

Calculer le nombre du mois est simple : il suffit d'ajouter le nombre de celui-ci (entre 1 et 12 : 1 pour janvier, 2 pour février et ainsi de suite) à celui de l'année personnelle.
Pour Nathalie, 1990 est une année personnelle n° 8. Recherchons par exemple la vibration qui symbolise pour elle le mois de juin. 8 + 6 = 14.
Réduisons ce chiffre à un nombre entre 1 et 9 : 1 + 4 = 5.
Le mois de juin sera donc un mois 5 pour Nathalie. Bien en accord avec sa personnalité (il s'agit de son nombre d'expression) comme avec son année personnelle (le 5 et le 8 s'entendent bien : se reporter au tableau de l'entente entre les nombres).

Les jours

Pour connaître le nombre qui les symbolise il faut ajouter le chiffre du jour à celui du mois personnel.
Quelle sera la vibration du 15 juin 1990 (juin : mois n° 5) pour Nathalie ?
15 + 520. 20 = 2.
Le 15 juin sera un jour n° 2 pour Nathalie.
En résumé : le mois de juin sera agréable, fertile en déplacements ou rencontres (symbole du nombre 5) ; le 15 sera propice aux relations avec l'autre (symbole du nombre 2).
Pour analyser le climat des mois et des jours vous pouvez vous reporter à l'analyse qui est donnée des nombres dans le chapitre sur les années personnelles.

Et pour finir... Le nombre unique.

L'analyse numérologique est basée sur les nombres de notre nom et ceux de notre date de naissance, ce qui donne pour chacun d'entre nous plusieurs nombres. Or il est possible d'en tirer un seul, le nombre unique ou **nombre cosmique.** Compris entre 1 et 22, il sera celui qui nous caractérise en totalité et nous porte chance. Pour le calculer, vous devrez additionner le nombre actif et le nombre héréditaire au nombre du chemin de vie (en les réduisant tous de 1 à 9).
Pour Nathalie :

Nombre actif :	7
Nombre héréditaire :	7
Chemin de vie :	6
Résultat :	20

Comment en connaître le véritable sens ? Reportez-vous, dans ce livre, au chapitre sur le TAROT et lisez la signification de la lame majeure portant ce numéro. Pour Nathalie, il s'agira du Jugement, lame n° 20.
La connaissance du nombre unique s'avère toujours révélatrice : ne manquez pas de le calculer ! Cela peut vous révéler la trame et la signification de votre incarnation.
Ce chapitre ne prétend pas vous éclairer sur tous les aspects de la numérologie. Nous l'avons, volontairement, réduit aux techniques les plus accessibles et immédiatement utilisables de cette discipline.

Chaque vie doit par exemple être divisée en trois cycles majeurs et trois périodes de réalisation. Chaque incarnation contient des « défis » dont le calcul permet de mieux comprendre le pourquoi profond de nos difficultés...
Pour vous expliquer tout cela il faudrait plusieurs livres...
Si donc vous êtes désireux d'en savoir davantage sur la numérologie et de vous perfectionner dans son étude, nous vous conseillons de lire : L'*A.B.C. de la numérologie* et *Le livre des cycles* de Jean-Daniel Fermier (Éditions Jacques Grancher) et *Les clés de votre nom* de Philippe de Louvigny (Éditions Sand).

Calculez Vos Propres Nombres...

Votre nom...
Vos nombres...

Nombres dominants :
absents ou en excès :

Dominants :
Absents :
En excès :

Nombre intime
(voyelles) :

Nombre de réalisation
(consonnes) :

Nombre d'expression
(nom entier) :

Nombre actif
(prénom) :

Nombre héréditaire
(nom de famille) :

Chemin de vie
(date de naissance) :

Nombre unique :

Calendrier 1839. Musée Carnavalet. *(J.-L. Charmet.)*

LA
DIVINATION
PAR
LES
SYMBOLES

La Cartomancie

Prévoir l'avenir avec un simple jeu de trente-deux cartes.

Parmi les arts divinatoires « majeurs », celui de la cartomancie est probablement le plus récent. En effet, si l'usage des cartes à jouer date approximativement du XIVe siècle, l'usage de celles-ci sur le plan divinatoire lui est postérieur.
Cette méthode est également celle qui réclame le plus d'intuition et se rapproche le plus de la voyance : ce n'est pas un hasard si la plupart des pythonisses de notre époque utilisent un jeu de cartes pour support à leurs prévisions...
La plus grande complexité de la cartomancie réside, un peu comme en astrologie, dans la difficulté de synthèse : bien plus que dans l'étude du tarot, essentiellement symbolique, la lecture des 32 cartes n'a guère de sens si elle est isolée du contexte environnant. Ce sont donc les « rencontres » de cartes qui donneront au tirage sa vraie signification.

LES COULEURS

Le jeu de 32 cartes est divisé en quatre groupes : Cœurs et Carreaux pour la couleur rouge, Trèfles et Piques pour le noir.
Les cartes de Cœur correspondent à tout ce qui concerne les sentiments ; leur influence est positive.
Les cartes de Carreau correspondent au mouvement, aux nouvelles ; leur influence est neutre (bonne si elles sont bien entourées, mauvaise dans le cas contraire).
Les cartes de Trèfle correspondent au domaine matériel, à l'argent, au succès ; leur influence est positive.
Les cartes de Pique correspondent aux difficultés et aux épreuves ; leur influence est négative.

Gustave Doré : Les saltimbanques. 1874. Musée Bargoin, Clermont-Ferrand. *(Jo Bayle/Edimedia.)*

Marlène Dietrich dans « La soif du mal ». *(Christophe L.)* ▶

◀ Cartes à jouer. Jeu de Houligant. Bibliothèque nationale. *(Giraudon.)*

Cartes républicaines. Bibliothèque nationale. *(J.-L. Charmet.)* ▶

PAR BREVET D'INVENTION.
NOUVELLES CARTES DE LA RÉPUBLIQUE FRANÇAISE.
PLUS DE ROIS, DE DAMES, DE VALETS; LE GÉNIE, LA LIBERTÉ, L'ÉGALITÉ LES REMPLACENT:
LA LOI SEULE EST AU-DESSUS D'EUX.

48
F.LEGER

LA SIGNIFICATION DES CARTES

Les Cœurs

As de Cœur : Le foyer, la maison.
Roi de Cœur : Homme bon, sincère, amoureux.
Dame de Cœur : Femme amoureuse, loyale et passionnée. Amie sûre.
Valet de Cœur : Jeune homme aux sentiments ardents et un peu fous.
Dix de Cœur : Réussite, bonheur concret dans les sentiments.
Neuf de Cœur : Bonheur, entente en amour.
Huit de Cœur : Rencontre amoureuse proche. Jeune fille blonde.
Sept de Cœur : Symbolise la pensée du consultant.

Les Carreaux

As de Carreau : Les affaires du consultant. Symbolise également des nouvelles, « une lettre ».
Roi de Carreau : Partenaire professionnel. Homme étranger, « qui vient de loin ».
Dame de Carreau : Amie, relation féminine. Sa sincérité dépend de l'entourage.
Valet de Carreau : Le messager : il apporte des nouvelles.
Dix de Carreau : Grand voyage.
Neuf de Carreau : Retard.
Huit de carreau : Petit déplacement.
Sept de Carreau : Discussions.

◀ Fernand Léger : « Composition au roi de cœur. » 1948. Collection privée. *(Edimedia)*
© SPADEM, 1991.

Les Trèfles

As de Trèfle : Grand triomphe.
Roi de Trèfle : Le consultant si celui-ci a atteint la maturité. Autrement : Homme possédant un pouvoir matériel, protecteur, fiable.
Dame de Trèfle : La consultante. Autrement : Femme intéressée ou tout au moins préoccupée par la réussite et l'argent.
Valet de Trèfle : Jeune homme brun, ambitieux.
Dix de Trèfle : Réussite matérielle proche, argent qui vient.
Neuf de Trèfle : Succès dans le travail.
Huit de Trèfle : Jeune fille brune.
Sept de Trèfle : Petite rentrée d'argent.

Les Piques

As de Pique : Contrats, procès, transactions d'affaires. Surprise.
Roi de Pique : Homme de justice ou de loi, médecin, veuf.
Dame de Pique : Femme seule, veuve ou divorcée.
Valet de Pique : Appelé le « chien de pique », signifie fausseté ou trahison.
Dix de Pique : Accélère un événement. Signifie aussi : la nuit, le secret.
Neuf de Pique : Séparation, rupture, échec, perte, maladie.
Huit de Pique : Petit chagrin, malaise.
Sept de Pique : Espoir.

LES CARTES QUI SE RENCONTRENT...

La complexité de la cartomancie est liée essentiellement aux changements de signification des cartes en fonction de leur voisinage. Il existe à ce sujet un certain nombre de règles dont nous vous soumettons les principales afin de faciliter vos interprétations.

- La présence dans un jeu de *quatre cartes de même valeur* a toujours une signification particulière, que voici :

4 As : Grand triomphe, réussite sur tous les plans.
4 Rois : Chance et protection.
4 Dames : Cancans.
4 Valets : Discussions, disputes.
4 Dix : Grand changement d'existence.
4 Neuf : Bien-être, équilibre.
4 Huit : Entente, accord.
4 Sept : Quelque chose qui commence ; souvent, grossesse.
Si trois cartes de même valeur sont présentes, les indications formulées ci-dessus sont valables mais moins fortes.

- La présence dans un jeu d'un *grand nombre de figures* (Rois, Dames, Valets) indique que le consultant va se trouver au sein d'une importante assemblée.

Cartes à jouer. Jeu de Houbigant. Bibliothèque nationale. *(Giraudon.)*

Les rencontres des Cœurs

L'AS

En général...
Avec des Cœurs : Bonheur dans la maison.
Avec des Trèfles : Sécurité matérielle.
Avec des Carreaux : Nouvelles et visites dans la maison.
Avec des Piques : Ennuis familiaux.

En particulier...
Avec le Roi ou la Dame de Cœur : Visite de l'amoureux, ou de l'amoureuse.
Avec le Dix de Cœur : Réunion ou repas de famille.

Avec l'As de Trèfle : Mariage.
Avec le Roi ou la Dame de Trèfle : le domicile du consultant (ou de la consultante).
Avec le Dix de Trèfle : Confort matériel.
Avec le Neuf de Trèfle : Dans la maison, activité lucrative.

Avec l'As de Carreau : Nouvelles importantes pour la maison.
Avec le Roi ou la Dame de Carreau : Visite d'un étranger ou d'une étrangère.
Avec le Valet de Carreau : Lettre.
Avec le Neuf de Carreau : Absence ou courte séparation.
Avec le Sept de Carreau : Petite dispute dans la maison.

Avec l'As de Pique : Transaction immobilière.
Avec le Roi de Pique : Notaire, ou visite d'un veuf.
Avec la Dame de Pique : Visite d'une veuve.
Avec le Valet de Pique : Trahison familiale.
Avec le Dix de Pique : Secret de famille.

Le Roi

En général...
Entouré de Cœurs : homme amoureux, sincère.
Entouré de Trèfles : Homme amoureux... et de bonne situation.
Entouré de Carreaux : Il va donner de ses nouvelles.
Entouré de Piques : Il a des ennuis.

En particulier...
Avec la Dame de Cœur : Couple.
Avec le Dix de Cœur : Invitation d'un homme amoureux.
Avec le Neuf de Cœur : Sentiment spontané et sincère.

Avec l'As de Trèfle : Homme qui a réussi.
Avec le Dix de Trèfle : Il va toucher de l'argent.
Avec le Neuf de Trèfle : Il va avoir une réussite dans son travail.

Avec l'As ou le Valet de Carreau : Nouvelles d'un homme amoureux.
Avec le Roi de Carreau : Il vient de loin.
Avec la Dame de Carreau : Rivalité amoureuse.
Avec le Dix de Carreau : Il est en voyage, ou va proposer un voyage.
Avec le Neuf de Carreau : Il est en retard.
Avec le Huit de Carreau : Il va faire des démarches.

Avec l'As de Pique : Affaires avec un homme sincère.
Avec le Dix de Pique : Il a un secret.
Avec le Neuf de Pique : Il a de gros ennuis.
Avec le Huit de Pique : Il est fatigué.
Avec le Sept de Pique : Il fait des projets.

La Dame

Toutes ses significations sont semblables à celles du Roi de Cœur... transposées au féminin.

Le Valet

En général...
Entouré de Cœurs : Jeune homme amoureux.
Entouré de Trèfles : Amitié sincère et désintéressée.
Entouré de Carreaux : Distractions.
Entouré de Piques : Jeune homme déçu par amour.

En particulier...
Avec le Dix de Cœur : Rencontre amoureuse sans lendemain, flirt.
Avec le Neuf de Cœur : Déclaration.

Avec le Roi, la Dame ou le Valet de Trèfle :
Rencontres, réunion amicale.

Avec l'As de Carreau : Nouvelles d'un jeune homme ou d'un enfant.
Avec le Roi de Carreau : Homme venant de province.
Avec le Valet de Carreau : Courrier d'un ami.
Avec le Dix de Carreau : Déplacement de loisirs.
Avec le Neuf de Carreau : Quelqu'un vous manque.

Avec l'As de Pique : Promesses.
Avec le Dix de Pique : Rendez-vous à la nuit.

Le Dix
En général...
Entouré de Cœurs : Réconciliation.
Entouré de Trèfles : Réunion d'affaires positive.
Entouré de Carreaux : Invitation.
Entouré de Piques : Rencontres inattendues.

Avec des Figures : Mondanités.

En particulier...
Avec le Neuf de Cœur : Rendez-vous d'amour.
Avec le Huit de Cœur : Rendez-vous avec une jeune fille blonde.

Avec l'As de Trèfle : Succès social.
Avec le Dix de Trèfle : Invitation à dîner, repas d'affaires.

Avec l'As de Carreau : Invitation par courrier, faire-part.
Avec le Dix de Carreau : Invitation à un voyage.
Avec le Huit de Carreau : Invitation à la campagne.

Avec l'As de Pique : Heureuse surprise.
Avec le Dix de Pique : Rendez-vous nocturne ; amour satisfait rapidement.
Avec le Neuf de Pique : Des ennuis surviennent.
Avec le Huit de Pique : Contrariété lors d'une sortie.

Le Neuf
En général...
Entouré de Cœurs : Joie d'amour.
Entouré de Trèfles : Réussite amour et argent.
Entouré de Carreaux : Messages d'amour.
Entouré de Piques : Chagrins d'amour.

En particulier...
Avec le Neuf de Carreau : Séparation.
Avec le Dix de Pique : Amour caché.
Avec le Neuf de Pique : Déception amoureuse.
Avec le Sept de Pique : Sentiment sincère.

Le Huit
En général...
Entouré de Cœurs : Jeune fille amoureuse.
Entouré de Trèfles : Petite réussite.
Entouré de Carreaux : Nouvelles et démarches d'une jeune fille.
Entouré de Piques : Jeune fille malheureuse.

En particulier...
Avec l'As de Trèfle : Réussite d'une personne jeune.
Avec le Dix de Trèfle : Coup de chance.
Avec le Huit de Trèfle : Nouvelle passion.

Avec le Huit de Carreau : Démarches amoureuses.

Avec le Dix de Pique : Souhait exaucé.
Avec le Huit de Pique : Larmes.

Le Sept
En général...
Entouré de Cœurs : Optimisme.
Entouré de Trèfles : Accord entre la pensée et l'intérêt.
Entouré de Carreaux : Attente de nouvelles.
Entouré de Piques : Spleen.

En particulier...
Avec le Sept de Pique : Fin d'un ennui.

Les rencontres des Trèfles

Plus il y a de Trèfles présents dans un jeu, plus la tonalité générale du tirage concerne la réussite matérielle et professionnelle.

L'As
En général...
Entouré de Cœurs : Triomphe sentimental.
Entouré de Trèfles : Grande réussite professionnelle.
Entouré de Carreaux : Des nouvelles annoncent un triomphe.
Entouré de Piques : Fin d'une épreuve, réussite malgré les obstacles.

En particulier...
Par rapport aux cartes de Cœur, voir le paragraphe les concernant.

Avec le Roi de Trèfle : Grande réussite pour le consultant.
Avec la Dame de Trèfle : Grande réussite pour la consultante.
Avec le Valet de Trèfle : Réussite d'un jeune homme ambitieux.
Avec le Dix de Trèfle : Grande chance en argent.
Avec le Neuf de Trèfle : Réussite professionnelle.
Avec le Huit de Trèfle : Intervention heureuse d'une jeune fille.

Avec l'As de carreau : Nouvelle d'un triomphe.
Avec le Roi de Carreau : Réussite due à un étranger.
Avec la Dame de Carreau : Réussite sur les faussetés.
Avec le Valet de Carreau : Une lettre apporte une bonne nouvelle.
Avec le Dix de Carreau : Voyage favorable.
Avec le Neuf de Carreau : Triomphe sous un retard.
Avec le Huit de Carreau : Réussite grâce à des démarches.
Avec le Sept de Carreau : Rentrée d'argent.

Avec l'As de Pique : Signature d'un contrat intéressant.
Avec le Roi de Pique : Réussite par rapport à des problèmes juridiques.

Avec la Dame de Pique : Une veuve va vous aider à réussir.
Avec le Dix de Pique : Réussite toute proche.
Avec le Neuf de Pique : Combat qui tourne à votre avantage.
Avec le Huit ou le Sept de Pique : Amélioration.

Le Roi

En général...
Entouré de Cœurs : Amour pour le consultant, ou homme puissant et amoureux dans un tirage féminin.
Entouré de Trèfles : Réussite matérielle pour le consultant, ou bien homme riche et puissant.
Entouré de Carreaux : Voyages pour le consultant, ou bien homme qui voyage pour ses affaires.
Entouré de Piques : Adversité pour le consultant, ou bien homme subissant des revers de fortune.

En particulier...
Avec des Cœurs : Voir le paragraphe les concernant.

Avec la Dame de Trèfle : formation d'un couple.
Avec le Dix de Trèfle : Chance pour le consultant, ou bien homme qui apporte la chance.
Avec le Neuf de Trèfle : Réussite pour le consultant, ou bien homme d'affaires prospère et bienveillant.

Avec l'As de Carreau : Nouvelles pour le consultant, ou bien, dans un tirage féminin, nouvelles d'un homme puissant.
Avec le Roi de Carreau : Association d'affaires, ou rencontre d'un étranger.
Avec la Dame de Carreau : Une femme rusée dans l'entourage du consultant.
Avec le Valet de Carreau : Lettre pour le consultant, ou lettre d'un homme.
Avec le Dix de Carreau : Voyage et changement dans la vie du consultant.
Avec le Neuf de Carreau : Contrariété liée à un retard pour le consultant.
Avec le Huit de Carreau : Rencontre, rendez-vous pour ou avec le consultant.
Avec le Sept de Carreau : Petite contrariété pour le consultant.

Avec l'As de Pique : Entente au sujet d'un contrat pour le consultant.
Avec le Valet de Pique : Quelqu'un cherche à trahir le consultant.
Avec le Huit de Pique : Petite maladie du consultant.

La Dame

Toutes les significations sont les mêmes que celles concernant le Roi, transposées au féminin et concernant la consultante.

Le Valet

En général...
Entouré de Cœurs : Jeune homme amoureux.
Entouré de Trèfles : Jeune homme ambitieux possédant une belle situation.
Entouré de Carreaux : Jeune homme qui bouge beaucoup.
Entouré de Piques : Jeune homme ennuyé ou malade.

En particulier...
Avec des Cœurs : Voir le paragraphe les concernant.

Avec le Dix de Trèfle : Argent dépensé.
Avec le Neuf de Trèfle : Rencontre dans le travail.
Avec le Huit de Trèfle : Couple de jeunes personnes.

Avec le Roi de Carreau : Fonctionnaire.
Avec le Valet de Carreau : Lettre d'un jeune homme.

Avec le Roi ou la Dame de Pique : Jeune homme accompagné d'un homme ou d'une femme plus âgés.
Avec le Valet de Pique : Palabres.

Le Dix

En général...
Entouré de Cœurs : Générosité.
Entouré de Trèfles : Importante rentrée d'argent.
Entouré de Carreaux : Nouvelles d'argent.
Entouré de Piques : Pertes d'argent.

En particulier...
Avec les Cœurs : Voir le paragraphe les concernant.

Avec le Neuf de Trèfle : Travail rémunérateur.
Avec le Huit de Trèfle : Association d'intérêt.

Avec l'As de Carreau : Nouvelle concernant l'argent.
Avec le Roi de Carreau : Argent venant de l'étranger.
Avec le Valet de Carreau : Lettre contenant de l'argent.
Avec le Neuf de Carreau : Retards dans une rentrée d'argent.
Avec le Huit de Carreau : Démarches matérielles.

Avec l'As de Pique : Transaction profitable.
Avec le Roi de Pique : Argent venant d'un homme de loi.
Avec le Valet de Pique : Discussion d'argent, vol ou fausseté.
Avec le Neuf de Pique : Perte d'argent.

Le Neuf

En général...
Entouré de Cœurs : Amour dans le travail.
Entouré de Trèfles : Travail qui rapporte beaucoup d'argent.
Entouré de Carreaux : Travail nécessitant déplacements ou voyages.
Entouré de Piques : Perte d'emploi.

En particulier...
Avec des Cœurs : Voir le paragraphe les concernant.

Avec le Huit de Trèfle : Amélioration matérielle liée au travail.
Avec l'As de Carreau : Nouvelles concernant un emploi.
Avec le Roi de Carreau : Travail lié à l'étranger.
Avec le Valet de Carreau : Lettre dans le travail.
Avec le Dix de Carreau : Voyage professionnel.
Avec le Neuf de Carreau : Blocage ou difficultés dans le travail.

Avec l'As de Pique : Contrat professionnel avantageux.
Avec le Roi de Pique : Profession libérale.
Avec la Dame de Pique : Importance d'une femme dans le milieu professionnel.
Avec le Valet de Pique : Rivalité professionnelle.
Avec le Dix de Pique : Évolution rapide et inattendue dans le travail.
Avec le Neuf de Pique : Gros ennuis dans le travail.
Avec le Huit de Pique : Arrêt de travail passager pour cause de santé.
Avec le Sept de Pique : Travail stable.

LE HUIT
En général...
Entouré de Cœurs : Jeune fille brune, amoureuse, ou rencontre d'une jeune fille brune.
Entouré de Trèfles : Succès dans les associations.
Entouré de Carreaux : Nouvelles d'une jeune fille brune qui voyage.
Entouré de Piques : Jeune fille jalouse.

En particulier...
Avec le Huit de carreau : Rendez-vous.
Avec le Huit de Pique : Jeune fille souffrante.

LE SEPT
En général...
Entouré de Cœurs : Pensées d'amour.
Entouré de Trèfles : Facilité matérielle.
Entouré de Carreaux : Bonnes nouvelles.
Entouré de Piques : Idées noires.

En particulier...
Avec l'As de Carreau : Démarches utiles.
Avec le Huit de Pique : Petite déception.
Avec le Sept de Pique : Sécurité.

Les rencontres des Carreaux

Par rapport aux cartes de Cœur et de Trèfle, voir le paragraphe les concernant.

L'AS
En général...
Avec des Cœurs : Nouvelles d'amour.
Avec des Trèfles : Nouvelles d'argent.
Avec des Carreaux : Nouvelles d'un déplacement.
Avec des Piques : Mauvaises nouvelles.

En particulier...
Avec le Roi de Carreau : Nouvelles d'un étranger ou d'un homme en voyage.
Avec la Dame de Carreau : Nouvelles d'une étrangère ou d'une provinciale.
Avec le Valet de Carreau : Arrivée d'une lettre attendue.

Avec le Dix de Carreau : Lettre ou coup de téléphone concernant un voyage.
Avec le Neuf de Carreau : Courrier perdu ou retardé.
Avec le Huit de Carreau : Démarches effectuées par courrier.
Avec le Sept de Carreau : Petit cadeau arrivant par courrier.

Avec l'As de Pique : Nouvelles surprenantes.
Avec le Roi de Pique : Nouvelles juridiques ou administratives.
Avec la Dame de Pique : Nouvelles d'une veuve.
Avec le Valet de Pique : Nouvelle erronée.
Avec le Dix de Pique : Nouvelles, appel à la nuit.
Avec le Neuf de Pique : Nouvelles annonçant une perte ou un deuil.
Avec le Huit de Pique : Nouvelles d'un malade.
Avec le Sept de Pique : Nouvelles apportant l'espoir.

LE ROI

En général...
Avec des Cœurs : Amour d'un étranger ou d'un voyageur.
Avec des Trèfles : Homme d'affaires qui voyage.
Avec des Carreaux : Homme qui se déplace souvent.
Avec des Piques : Ennuis par un étranger.

En particulier...
Avec la Dame de Carreau : Couple d'étrangers ou de provinciaux.
Avec le Valet de Carreau : Courrier commercial.
Avec le Dix de Carreau : Voyage lointain.
Avec le Neuf de Carreau : Tristesse par manque de nouvelles d'un homme.

Avec l'As de Pique : Surprise venant d'un voyageur (visite inattendue).
Avec le Roi de Pique : Homme d'affaires étranger.
Avec la Dame de Pique : Rencontre d'un étranger et d'une veuve.
Avec le Dix de Pique : Homme étrange et mystérieux.
Avec le Neuf de Pique : Inquiétude ou tristesse liée à l'éloignement d'un homme.
Avec le Huit de Pique : Vous apprendrez la maladie d'une personne en voyage.

LA DAME

En général...
Avec des Cœurs : Femme amoureuse habitant la province ou l'étranger.
Avec des Trèfles : Provinciale ou étrangère riche.
Avec des Carreaux : Femme qui se déplace beaucoup.
Avec des Piques : Ennuis pour une provinciale ou une femme éloignée.
Avec le Valet de Carreau : Cancans et bavardages.
Avec le Neuf de Carreau : Dispute et séparation d'avec une femme fourbe.
Avec le Huit de Carreau : Visite d'une femme de la campagne.

Avec l'As de Pique : Proposition dont il faut se méfier.
Avec le Roi de Pique : Difficultés juridiques liées à une illégalité.
Avec la Dame de Pique : Femme jalouse et rancunière.
Avec le Valet de Pique : Trahison.

Cartes d'un jeu édité par Hector de Trois à Paris. Milieu 17e siècle. Bibliothèque nationale. *(Lauros-Giraudon.)*

Avec le Dix de Pique : Calomnie.
Avec le Neuf de Pique : Vengeance.
Avec le Huit de Pique : Chagrin causé par une fausseté.
Avec le Sept de Pique : Rancune.

Le Valet

En général...
Avec des Cœurs : Lettre d'amour.
Avec des Trèfles : Lettre d'argent ou mandat.
Avec des Carreaux : Lettres d'amis de province.
Avec des Piques : Courrier apportant des contrariétés.

En particulier...
Avec le Dix de Carreau : Proposition de voyage.
Avec le Neuf de Carreau : Rendez-vous manqué, empêchement.

Avec l'As de Pique : Surprise dans un courrier.
Avec le Roi de Pique : Courrier juridique.
Avec le Dix de Pique : Appel nocturne.
Avec le Neuf de Pique : Mauvaise nouvelle.

Le Dix

En général...
Avec des Cœurs : Amour en voyage.
Avec des Trèfles : Voyage pour des raisons professionnelles, apportant une réussite.
Avec des Carreaux : Rencontres lors d'un voyage.
Avec des Piques : Ennuis au cours d'un voyage.

En particulier...
Avec le Neuf de Carreau : Voyage annulé ou retardé.

Avec l'As de Pique : Voyage décidé rapidement, voyage-surprise.
Avec le Roi de Pique : Procès nécessitant un déplacement.
Avec la Dame de Pique : Voyage contrariant.
Avec le Valet de Pique : Déplacement urgent.
Avec le Dix de Pique : Grande colère.
Avec le Neuf de Pique : risque d'accident en voyage.
Avec le Huit de Pique : soucis causés par un déplacement, ou voyage pour visiter un malade.
Avec le Sept de Pique : Voyage pour fuir les ennuis.

Le Neuf

En général...
Avec des Cœurs : Malentendus en amour.
Avec des Trèfles : Affaires longues à régler.
Avec des Carreaux : Échanges retardés.
Avec des Piques : Blocage total.

En particulier...
Avec le Huit de Carreau : Démarches ennuyeuses.

Avec l'As de Pique : Fin d'une attente.
Avec le Roi de Pique : Échanges de papiers administratifs ennuyeux.

Avec la Dame de Pique : Obstacles créés par une femme.
Avec le Valet de Pique : Quelqu'un cherche à vous nuire.
Avec le Dix de Pique : Secrets causant des complications.
Avec le Neuf de Pique : Une séparation est inévitable.

Le Huit

En général...
Avec des Cœurs : Démarches amoureuses.
Avec des Trèfles : Démarches professionnelles.
Avec des Carreaux : Petits déplacements.
Avec des Piques : Ennuis.

En particulier...
Avec le Sept de Carreau : Petite déception.

Avec l'As de Pique : Démarche qui vous surprendra, accord proche.
Avec le Roi de Pique : Démarches auprès d'un homme de loi.
Avec le Neuf de Pique : Situation embrouillée : vous êtes sur une voie de garage.
Avec le Huit de Pique : Déboires.
Avec le Sept de Pique : Prendre patience.

Le Sept

En général...
Avec des Cœurs : Cadeau d'une personne qui vous aime.
Avec des Trèfles : Rentrée d'argent.
Avec des Carreaux : Discussions.
Avec des Piques : Petites contrariétés.

En particulier...
Avec le Dix de Pique : Jalousie qui s'exprime.
Avec le Sept de Pique : Petite colère.

Les rencontres des Piques

Par rapport aux cartes de Cœur, de Trèfle et de Carreau, voir le paragraphe les concernant.
La présence dans un jeu des Sept, Huit, Neuf et Dix de Pique indique que vous allez, dans un avenir proche, apprendre la mort ou la maladie de quelqu'un.

L'As

En général...
Avec des Cœurs : Surprise amoureuse.
Avec des Trèfles : Procès gagné, contrat avantageux.
Avec des Carreaux : Nouvelles propositions en affaires.
Avec des Piques : Mauvaise nouvelle, inattendue.

En particulier...
Avec le Roi de Pique : Remariage, ou accord juridique.
Avec la Dame de Pique : Intérêts communs avec une femme seule.
Avec le Valet de Pique : Proposition dont il faut se méfier.
Avec le Dix de Pique : Grande surprise.

Avec le Neuf de Pique : Héritage ou legs.
Avec le Huit de Pique : Complication dans une affaire juridique.
Avec le Sept de Pique : Heureux dénouement.

Le Roi

En général...
Avec des Cœurs : Amour d'un homme puissant.
Avec des Trèfles : Argent qui vient d'un homme de loi.
Avec des Carreaux : Démarches juridiques.
Avec des Piques : Gros ennuis juridiques.

En particulier...
Avec la Dame de Pique : Couple en vue.
Avec le Valet de Pique : Attention, un homme de robe vous trompe ou s'occupe mal de vos affaires.
Avec le Dix de Pique : Trahison dans une affaire juridique.
Avec le Neuf de Pique : Procès lié à un décès.
Avec le Huit de Pique : Médecin.
Avec le Sept de Pique : Aide d'un homme de loi ou d'un médecin.

Jeu républicain édité sous le septennat de Mac-Mahon. Bibliothèque nationale. *(Lauros-Giraudon.)*

La Dame

En général...
Avec des Cœurs : Femme seule et bienveillante ; entremetteuse.
Avec des Trèfles : Femme veuve et riche.
Avec des Carreaux : Déplacement d'une veuve.
Avec des Piques : Femme âgée et malade.

En particulier...
Avec le Valet de Pique : Une veuve sera victime d'une fausseté.
Avec le Neuf de Pique : Veuvage.

Le Valet

En général...
Avec des Cœurs : Tromperie en amour.
Avec des Trèfles : Escroquerie.
Avec des Carreaux : Hypocrisie.
Avec des Piques : Complications sans fin.

En particulier...
Avec le Dix de Pique : Désagrément à la nuit, mauvaise rencontre.
Avec le Neuf de Pique : Ennemi acharné.
Avec le Huit de Pique : Violente dispute.

Le Dix

En général...
Avec des Cœurs : Passion amoureuse et sexuelle, rapprochement immédiat.
Avec des Trèfles : Argent secret.
Avec des Carreaux : Démarches et échanges secrets.
Avec des Piques : Ennuis proches.

En particulier...
Avec le Neuf de Pique : Angoisses, cauchemars.

Le Neuf
En général...
Avec des Cœurs : Ruptures amoureuses...
Avec des Trèfles : Pertes d'argent ou d'emploi.
Avec des Carreaux : Mauvaises nouvelles.
Avec des Piques : Grandes épreuves.

En particulier...
Avec le Huit de Pique : Maladie.

Le Huit
En général...
Avec des Cœurs : Déceptions en amour.
Avec des Trèfles : Petites pertes d'argent.
Avec des Carreaux : Échec dans des démarches.
Avec des Piques : Maladie.

En particulier...
Avec le Sept de Pique : Fatigue.

Le Sept
En général...
Avec des Cœurs : Espoir amoureux qui se réalise.
Avec des Trèfles : Accords financiers.
Avec des Carreaux : Démarches qui aboutissent.
Avec des Piques : Quelque chose se termine.

Le tireur de cartes. Gravure 1852. *(J.-P. Dumontier.)*

TIRER LES CARTES

Les méthodes de tirage des cartes sont innombrables, au point que l'on peut se demander si chaque cartomancien n'a pas inventé son propre système ! Devant la multiplicité de possibilités, et afin de ne pas noyer le lecteur, nous avons dû en sélectionner certaines, d'une façon assez arbitraire mais répondant avant tout à un souci de clarté.

Dans tous les cas, quel que soit le tirage utilisé et le résultat que l'on souhaite obtenir — panorama général ou réponse à une question précise —, il convient tout d'abord :

- de s'installer dans un lieu paisible à un moment où l'on ne risque pas d'être dérangé.
- de « faire le vide » dans son esprit, si l'on pratique pour une tierce personne ; de se concentrer sur les questions posées si l'on agit « pour soi ».
- de battre soigneusement les cartes puis de les couper de la main gauche ou de les faire battre et couper par le consultant.

Attention : les cartes de coupe sont toujours importantes et leur signification se doit d'être rapprochée. (Voir à ce sujet les lignes ci-dessus concernant les rencontres.)

- certains praticiens conseillent d'effectuer le tirage durant certains jours de la semaine : le mardi ou le mercredi (jours dévolus à Mars, l'action, et Mercure, la communication) pour les affaires ; le vendredi (jour de Vénus, l'amour) pour les sentiments ; et jamais le dimanche !

La carte du consultant

Dans tout tirage il est important de choisir une carte qui va représenter le consultant ou la consultante (soi-même si l'on agit pour soi ou si l'on s'exerce).

La règle est la suivante :

Le consultant : Roi de Trèfle.

La consultante : Dame de Trèfle.

S'il s'agit d'un très jeune homme :

Valet de Cœur ou de Trèfle (suivant qu'il est blond ou brun).

S'il s'agit d'une très jeune fille :

Huit de Cœur ou de Trèfle (suivant qu'elle est blonde ou brune).

Le jeu des 13

Ce tirage, le plus classique, permet d'obtenir des éclaircissements sur la destinée du sujet ; sa plus grande difficulté réside dans la datation incertaine des événements, parfois très proches, parfois lointains ; en général le délai est d'environ un an... sans garantie.

Il est parfois utile dans ce cas de compléter la recherche par l'utilisation d'une autre méthode permettant une datation plus sûre (astrologie, numérologie).

Après avoir battu et coupé les cartes, on les étale devant soi et l'on en tire treize que l'on retourne et dispose en demi-cercle (voir ci-dessous). Parmi ces treize cartes on vérifie si celle qui signifie le consultant est

présente ; dans le cas contraire on tire les cartes restantes deux par deux et l'on tire celle qui représente le consultant accompagnée de la carte voisine. Celle-ci, appelée la « carte-obstacle », empêche symboliquement la sortie du consultant ; elle indique donc un souci, une préoccupation — ou une joie — qui diminuent sa disponibilité.
On place ces deux cartes côte à côte à la suite des treize, ce qui aboutit à un tirage de 15 cartes. On part de la carte représentant le consultant et l'on compte les cartes cinq par cinq ; la cinquième carte à partir du consultant sera la première à être interprétée, en fonction de son entourage, puis celle qui se trouve cinq cartes plus loin, et ainsi de suite.

EXEMPLE DE TIRAGE

Nous vous conseillons, pour l'interprétation de ce tirage, de procéder au départ très simplement, en analysant les cartes une par une comme indiqué dans l'exemple suivant ; petit à petit vous pourrez intégrer les voisinages, mais dans un premier temps cela vous rendrait le jeu très confus.

La consultante tire :

Dix de Trèfle—Neuf de Pique—As de Carreau—As de Cœur—Dix de Cœur—Huit de Pique—Roi de Carreau—Huit de Cœur—As de Trèfle—Roi de Cœur—Neuf de Cœur—Dame de Trèfle—Valet de Carreau.

On compte cinq cartes à partir de la Dame de Trèfle qui la représente, et l'on aboutit à l'As de Carreau, ensuite on compte cinq cartes à partir de l'As de Carreau, et ainsi de suite... Voici une interprétation simplifiée de ce jeu :
As de Carreau : elle va recevoir des nouvelles... *Roi de Carreau :* d'un homme étranger ou éloigné... *Neuf de Cœur :* auquel elle est liée par un sentiment amoureux... *Neuf de Pique :* Il est probable hélas que ces nouvelles vont annoncer une rupture amoureuse... *Huit de Pique :* qui lui fera beaucoup de peine, elle risque même d'être passagèrement malade... *Roi de Cœur :* Ensuite elle rencontre un homme sincère « un homme de cœur » dans la terminologie cartomancienne... *Dix de Trèfle puis Dix de Cœur :* lors d'une invitation à dîner. *As de Trèfle :* cela lui apporte un triomphe. *Valet de Carreau, As de Cœur, Huit de Cœur :* il lui annonce, sans doute par lettre ou par téléphone, sa visite à son domicile.
Si l'on étudie davantage le jeu, on s'aperçoit que le Roi de Carreau est entouré du Huit de Cœur et du Huit de Pique : chagrin d'amour, alors que le Roi de Cœur est entouré de l'As de Trèfle et du Neuf de Cœur : triomphe sentimental, ce qui confirme l'interprétation.

Les 48 heures ou Chien de Pique

Ce jeu est censé représenté le climat et les événements dans l'avenir immédiat du consultant. Il a l'avantage d'être rapide et de pouvoir être répété souvent.

Après avoir battu et coupé les cartes, après avoir interprété les cartes de coupe, on sort celles-ci deux par deux et l'on dispose devant soi :

1) la carte du consultant et celle qui l'accompagne.
2) l'As de Cœur et celle qui l'accompagne.
3) le Sept de Cœur et celle qui l'accompagne.
4) le Valet de Pique et celle qui l'accompagne.

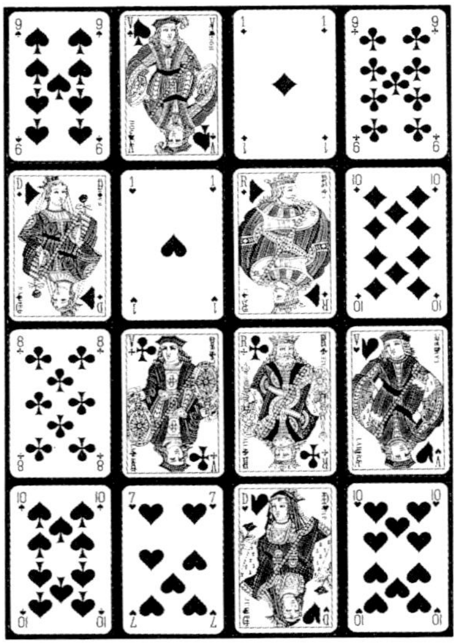

Si deux de ces cartes de base sortent ensemble, par exemple Sept de Cœur avec As de Cœur, cela diminue le nombre de cartes présentes dans le jeu mais celui-ci reste valable. De son côté, le Valet de Pique, censé dans ce tirage « apporter » quelque chose, perd sa signification négative. Une fois les cartes disposées par couples suivant le schéma, on tire au hasard dans le jeu restant le même nombre de cartes que l'on utilise pour recouvrir les cartes tirées initialement.

EXEMPLE DE TIRAGE

Le consultant tire tout d'abord :

Le Sept de Cœur (sa pensée) accompagné de la Dame de Cœur : il pense à une femme blonde. Le Roi de Trèfle (lui-même) accompagné du Valet de Trèfle : Il va rencontrer un jeune homme brun. L'As de Cœur (sa maison) accompagné du Roi de Carreau : Un étranger vient dans sa maison. Le Valet de Pique (événement qui vient) accompagné de l'As de Carreau : Il va recevoir une lettre.

Attention : dans ce tirage le Valet de Pique perd sa signification négative et n'agit plus que comme transmetteur.

Ensuite, afin d'obtenir des détails supplémentaires, il recouvre les cartes déjà tirées, et obtient le résultat suivant :

Dix de Cœur—Dame de Cœur—Sept de Cœur—Dix de Pique : Amour réciproque et satisfaisant avec cette femme blonde.

Valet de Cœur—Roi de Trèfle—Valet de Trèfle—Huit de Trèfle : Le consultant va se trouver dans une assemblée de jeunes personnes.

Dix de Carreau—Roi de Carreau—As de Cœur—Dame de Carreau : Un couple d'étrangers ou de provinciaux en voyage va lui rendre visite chez lui.

Neuf de Trèfle—As de Carreau—Valet de Pique—Neuf de Pique : Le courrier va lui apporter la nouvelle d'un ennui d'argent.

Désirez-vous en savoir davantage sur les cartes ? vous pouvez lire ABC de la cartomancie *de G. Sciuto, Ed. Jacques Grancher*

Jeu de cartes, époque Louis-Philippe. Bibliothèque nationale. *(Giraudon.)*

Le Tarot

Le Tarot est un jeu de cartes ancien et d'une grande portée symbolique. Il en existe plusieurs versions, toutes plus ou moins dérivées du Tarot proprement dit, qu'Oswald Wirth appela poétiquement « Tarot des imagiers du Moyen Âge », ou « TAROT DE MARSEILLE ».

Pourquoi ce « de MARSEILLE » qui donnerait à penser qu'il a pris naissance dans la cité phocéenne ?

Deux explications sont possibles. La première est géographique : en effet, le Tarot, d'après les occultistes, aurait vu le jour dans la vallée du Nil ou en Asie mineure (le visage de deux des Rois du Tarot a un type asiatique prononcé) et serait arrivé en France par Marseille, port de la Méditerranée.

La seconde est technique : le jeu actuel ayant été réalisé d'après un modèle de Fautrier, à Marseille, au XVIIIe siècle. C'est d'ailleurs durant ce XVIIIe siècle que Court de Gébelin s'est penché sur ce jeu de soixante-dix-huit cartes, découvert dans la tradition populaire — on « joue » au tarot comme on « joue » au cartes, mais l'on peut également « tirer » le Tarot ou les cartes — et introduit en Europe vers le XIIe siècle. Par la suite, des occultistes comme Papus ou Eliphas Lévi reprirent les travaux de Court de Gébelin pour décoder la signification symbolique et sacrée du Tarot, par exemple en mettant en évidence l'analogie entre les vingt-deux lames majeures — on ne dit pas carte mais « lame » pour le Tarot — et les vingt-deux lettres de l'alphabet hébraïque, donc la Kabbale. Par là même le Tarot se trouve avoir d'étroites correspondances avec le symbolisme des nombres tel qu'il est utilisé en numérologie.

Tarots de Marseille édités par Nicolas Conver. 18e siècle. Bibliothèque nationale. *(Lauros-Giraudon.)*

LES « LAMES » DU TAROT

Le jeu de Tarot est composé de 78 « lames » qui se divisent en 22 lames majeures (ou « arcanes majeurs ») et 56 lames mineures.

Les lames mineures se répartissent en quatre groupes : les Deniers, les Bâtons, les Épées et les Coupes, composés chacun d'un Roi, d'une Reine, d'un Cavalier, d'un Valet, puis d'un Dix, d'un Neuf, d'un Huit, d'un Sept, d'un Six, d'un Cinq, d'un Quatre, d'un Trois, d'un Deux et d'un As. Les lames majeures sont constituées chacune d'une image à laquelle correspond un nom et un nombre. Ainsi elles forment un langage et racontent une histoire, l'histoire de l'incarnation humaine, un peu comme une « bande dessinée » (expression poétique de la Tarologue Claude de Milleville) à la fois naïve et mystérieuse.

HISTOIRE D'INTERPRÉTATIONS...

Depuis le XVIIIe siècle, beaucoup de personnes se sont penchées sur le Tarot ; ainsi s'est élaborée une interprétation, semblable dans sa globalité, parfois différente dans ses détails. Dans mon étude personnelle, menée avant d'écrire ces lignes, j'ai maintes et maintes fois été surprise, voire choquée, par le côté arbitraire et quasi manichéen de certaines définitions.

Je suis astrologue avant tout et l'étude de l'astrologie m'a permis de me rendre compte que rien ne permet de dire, par exemple, qu'une planète est maléfique ou bénéfique : ce qui peut l'être, c'est leur mélange. Cette classification du Tarot me gênait beaucoup, jusqu'au jour où certaines rencontres ou lectures ont « éclairé ma lanterne ». De même l'Hermite du Tarot cherche la vérité et tient une lanterne. Je reprendrai ici l'explication de Claude de Milleville : « Jamais on ne dira qu'une note de musique est belle ou vilaine. Mais l'accord formé par plusieurs notes de musique peut être, lui, plus ou moins harmonieux. » Il en va de même pour le Tarot et ses lames !

LES ARCANES MAJEURS

Les arcanes majeurs sont au nombre de 22. Ils portent tous un nom — sauf l'arcane 13 — et un nombre — sauf « le Mat » ; il y a donc un arcane sans nom et un arcane sans nombre.

I - le Bateleur
II - la Papesse
III - l'Impératrice
IV - l'Empereur
V - le Pape
VI - l'Amoureux
VII - le Chariot
VIII - la Justice
IX - l'Hermite
X - la Roue de Fortune
XI - la Force
XII - le Pendu
XIII - l'Arcane sans Nom
XIV - la Tempérance
XV - le Diable
XVI - la Maison-Dieu
XVII - l'Etoile
XVIII - la Lune
XIX - le Soleil
XX - le Jugement
XXI - le Monde
-- le Mat

POUR UNE LECTURE GLOBALE

La lecture des lames majeures peut se faire sur plusieurs plans : Tout d'abord en les observant tranquillement, une par une, en notant à chaque fois ce que l'image évoque pour vous. Vous trouverez dans la description des lames une rubrique nommée « le mot de l'enfant » qui vous montrera une vision spontanée. Ensuite, on peut lire les significations qui sont données sur lesdites lames. Certains diront « à quoi bon les observer puisqu'une interprétation en est apportée ? »
Simplement parce que votre vision personnelle est fondamentale : elle traduit la façon dont les symboles vous parlent. Et le Tarot **est** symbole. Si vous prenez le temps nécessaire à une observation personnelle, si vous notez, en regard de chaque lame, ce que **vous** y voyez, spontanément et sans réfléchir, votre interprétation sera beaucoup plus fine et adaptée aux réponses que vous cherchez.
Afin cependant de vous aider à repérer certains détails importants dans la signification des lames, voici quelques indications sur les symboles fondamentaux que vous y rencontrerez.

Les personnages. Sur chaque lame figurent un ou plusieurs personnages. Observez leur position. Sont-ils debout ? c'est une position active, entreprenante. Sont-ils assis ? leur énergie s'exerce dans le sens de l'arrêt, voire de la résistance : cette dernière signification est confirmée s'ils sont de face. Dans le Tarot vous avez cinq personnages assis : la Papesse, l'Impératrice, l'Empereur, le Pape et la Justice.
Debout, ils peuvent soit être immobiles : activité dans le présent ou hésitation — tournés vers la gauche — passé — ou vers la droite — avenir. Certains sont carrément en marche (l'arcane sans nom et le Mat marchent vers la droite) signe d'évolution.
Certains dansent d'un pied sur l'autre — l'Amoureux, qui ne sait pas vraiment quelle direction il va prendre —, sont sur un pied (le Monde) ou la tête en bas (le Pendu, les deux hommes de la Maison-Dieu et l'un des personnages de la Roue de Fortune).
La Lune, la Roue de Fortune et, dans un certain sens, l'Arcane XIII ne comportent pas d'image humaine.

Enfin, il y a un élément fondamental, trop souvent passé sous silence : observez le regard des personnages. Où se dirige-t-il ? Vers le passé, le présent ou l'avenir ? Soyez attentif à ce détail, révélateur dans toute interprétation globale.

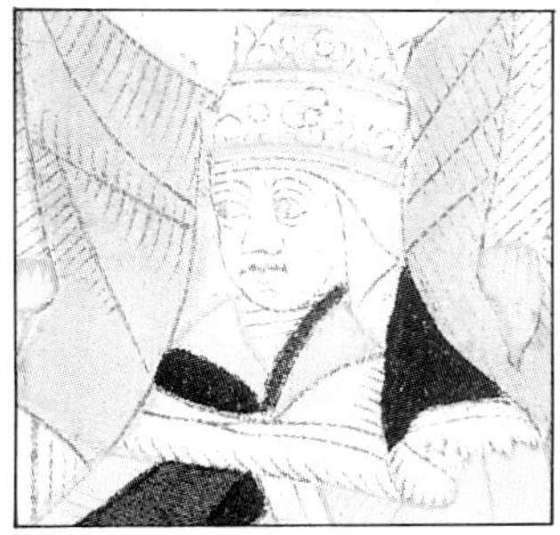

Les couleurs. Le rouge symbolise l'action, l'énergie. Le noir, la matière. Le bleu, la spiritualité. Le vert, l'affectif. Le jaune, la sagesse, la joie, la lumière. La couleur chair, le domaine physique.

Le décor. Il donne entre autres une indication sur les quatre éléments. Chaque lame est en effet en analogie particulière avec un ou deux éléments. Sur certaines lames, la terre est nettement représentée (I, IV, VII, X, XIII, XIV, XV, XVI, XVII, XVIII, XX et le Mat). D'autres sont très aériennes (la Force est debout sur du vide par exemple), d'autres contiennent de l'eau (l'Etoile, la Lune), d'autres des attributs solaires : lion, Soleil, sceptres, en analogie avec le feu.

Les détails des personnages. La tête représente la force ; si elle est couverte, cette force est plus matérielle. La couronne indique un rayonnement. Des cheveux incolores montrent une volonté faible. S'ils sont colorés le mental est plus fort. Dorés, la force est concrète ; bleus, elle est spirituelle. La barbe est signe de volonté. Le cou découvert indique une libre circulation entre le mental et l'animique : couvert, il accentue la séparation entre ces deux plans (voir le Pape). Toutes les fermetures (ceintures, boucles) représentent des limites.

I — le Bateleur

Le nombre : Un, nombre du commencement : il symbolise l'énergie vitale première.

Le nom : On appelait bateleurs, au Moyen Âge, les magiciens, illusionnistes ou funambules qui se produisaient dans les foires. Ce nom est donc synonyme d'habileté.

Tarots de Marseille édités par Nicolas Conver. 18e siècle. *(Lauros-Giraudon.)*

L'image : Un homme jeune, coiffé d'un chapeau symbolisant les énergies cosmiques, est debout devant une table sur laquelle sont posés divers instruments dont certains rappellent les lames mineures : deniers, coupe, couteau (épées) qu'il vient sans doute de sortir de la besace figurant à côté. Il tient dans ses mains un bâtonnet et une pièce de monnaie. Tout cela figure, en miniature, des objets que nous retrouverons plus tard à leur grandeur naturelle.
Ses pieds sont bien plantés dans le sol : il est stable, mais il semble regarder en arrière : il réfléchit avant d'agir.

Le mot de l'enfant : On dirait qu'il a oublié quelque chose derrière lui... son chien ?

La signification : Le Bateleur symbolise l'intelligence et l'adaptation dans l'optique d'une efficacité : il manipule les objets qui sont devant lui et représentent tout un ensemble de possibilités. Il est libre de choisir entre elles, de réussir ou de se tromper... Le Bateleur est la carte du commencement, des nouvelles entreprises. Elle contient aussi une idée de dispersion des énergies : il faut savoir choisir entre les objets qui sont sur la table avant de se mettre en marche.

II — la Papesse

Le nombre : Deux, c'est la rencontre de deux unités : principe de relation, d'union, de fécondité.

Le nom : La Papesse, selon la légende, c'est la femme Pape. Elle détient donc un pouvoir spirituel ou philosophique.

L'image : Une femme d'un certain âge est assise ; elle est vêtue d'une robe rouge, couleur de l'énergie, recouverte par un manteau bleu : la spiritualité. Elle porte une tiare à trois étages : les trois mondes.
Un voile couleur chair retombe autour de sa tête, et elle tient dans ses mains un livre ouvert : ce sont là des symboles de connaissance, mais aussi d'humanité. La position de la Papesse, assise et tournée vers l'arrière, représente la réflexion paisible, la méditation.

Le mot de l'enfant : Elle a l'air de ne pas vouloir qu'on la dérange pendant qu'elle lit !

La signification : La Papesse est un symbole féminin, elle est la déesse mère pétrie de sagesse et de force intérieure. Elle observe avec neutralité, sans prendre parti : elle est seule. Suivant les cartes qui l'entourent dans un tirage, elle indiquera une solitude enrichissante ou frustrante. Enfin, elle signifie toujours qu'un élément du problème n'est pas encore connu — serait-il dans le livre, ou derrière le voile ? — et conseille de rechercher une vérité cachée ou d'approfondir une connaissance.

III — l'Impératrice

Le nombre : Trois, c'est le nombre de la trinité, de la fécondation ; en numérologie il symbolise les contacts.

Le nom : Impératrice : elle détient un pouvoir, mais il est terrestre.

L'image : Une femme au visage jeune mais aux cheveux blancs est assise, de face, mais elle regarde vers l'avant. Elle tient dans ses mains un écu portant l'image d'un aigle et un sceptre d'or, symboles de son intelligence et de son pouvoir. Son attitude est paisible, sa position stable. Ses vêtements, tunique bleue sur robe rouge, montrent l'énergie vitale et les passions contrôlées par la spiritualité.

Le mot de l'enfant : Elle a l'air « sympa ». Elle regarde tranquillement ses petits-enfants qui jouent dans la cour, et elle ne fait pas grand-chose.

La signification : Dans un tirage elle est la femme au sens concret du terme, cette signification pourra être retenue en fonction des questions posées. En général elle représente la stabilité, la force et l'intelligence, la puissance créatrice. L'Impératrice est immobile et tranquille : ses capacités sont latentes et elle ne les utilisera qu'à bon escient. Par son sceptre et sa couronne, elle dirige et son autorité est indiscutable. Cependant la réflexion domine sur l'action : la robe rouge est recouverte de bleu.

IV — l'Empereur

Le nombre : Quatre est le nombre du carré : il comporte la notion d'arrêt, de frontière.

Le nom : Complément de l'Impératrice, l'Empereur représente la domination terrestre.

L'image : Un homme âgé est assis sur un trône, les jambes croisées, dans une attitude de méditation (profil tourné vers la gauche). Il a les mêmes attributs que l'Impératrice : sceptre et écu portant un aigle. Mais chez lui, le vêtement bleu est couvert d'un justaucorps rouge : l'énergie, la passion l'emportent sur la spiritualité. En outre, il n'est qu'adossé à son trône et l'un de ses pieds est croisé : il semble prêt à se lever, à avancer, mais il réfléchit d'abord. Cependant cette intelligence est liée aux domaines du concret, elle a des limites dont l'Empereur est conscient : il tient sa ceinture d'une main.

Le mot de l'enfant : Il n'a pas l'air commode. On dirait le proviseur du lycée !

La signification : L'Empereur est une image masculine concrète : il peut donc dans un tirage représenter un homme. En général sa présence indique un excellent contrôle et des réalisations dans le domaine matériel : l'Empereur est très captateur. Il « tient » énergiquement sa ceinture et son sceptre ! Il est symbole également de l'accès à une autorité, à un pouvoir, ou du maintien de ceux-ci, car il est très stable et solide. En conséquence il est peu favorable au changement. Sa présence dans un tirage conseille de se préoccuper des réalités du moment, et permet d'agir sur elles.

V — le Pape

Le nombre : Cinq est celui du mouvement qui coordonne et unit.

Le nom : Le Pape, évoque le pouvoir spirituel et religieux.

L'image : Un homme portant, comme la Papesse, une couronne à trois étages, est assis sur un trône en bois blanc. D'une main, il s'appuie sur un sceptre formé d'une croix d'or à trois branches : la couronne et le sceptre symbolisent l'étendue de son pouvoir. De l'autre main il semble bénir deux prêtres ou moines — portant tonsure — agenouillés devant lui. Son expression est douce, son attitude, légèrement penchée vers l'avant, toute de protection et de compréhension. Mais si son vêtement bleu indique la prédominance de la spiritualité, son manteau rouge indique une grande énergie : il n'est absolument pas passif.

Le mot de l'enfant : C'est un vieux Roi très gentil, qui raconte une histoire à des enfants.

La signification : Le Pape symbolise l'inspiration divine ; il aide, juge, enseigne avec tolérance et équité. Il peut aussi décider, unir, marier. Dans un tirage, il signifie éveil, clarté intérieure, sagesse, logique, sentiments puissants et bien contrôlés. Il est possible aussi de le mettre en rapport avec toutes les formes d'enseignement et d'aide à autrui, les vocations spirituelles et le pouvoir qui en découle, l'initiation. En général, cette lame implique une grande protection, un équilibre profond préservé, même si elle est mal entourée.

VI — l'Amoureux

Le nombre : Six en numérologie est le nombre du sentiment.

Le nom : L'Amoureux montre dans le jeu de Tarot l'irruption de l'affection humaine.

L'image : La partie inférieure de l'image représente trois personnages : un jeune homme est debout entre deux femmes. Celle de gauche semble plus âgée ; elle pose une main sur l'épaule du jeune homme, l'autre sur son ventre, geste évocateur et surtout possessif. Celle de droite, blonde et jolie, souriante, pose une main sur son cœur — geste marquant son affection. Entre les deux, le jeune homme semble hésiter. L'un de ses pieds légèrement levé esquisse un pas vers la femme blonde mais son regard est tourné vers la brune. Au-dessus d'eux, un angelot, tel Cupidon, tient un arc et les vise de sa flèche ; celle-ci cependant est nettement dirigée entre le jeune homme et la femme blonde.

Le mot de l'enfant : C'est un type qui aime une fille et la présente à sa mère, mais celle-ci n'a pas l'air de vouloir le laisser partir.

La signification : L'Amoureux, c'est bien évident, symbolise l'amour. L'être humain, atteint par la flèche de Cupidon, ressent une attirance pour un autre être. Cela implique de quitter l'adolescence, de prendre des décisions et de les assumer.
Dans un tirage, cette lame a bien sûr des effets différents suivant la situation vécue. Pour une personne seule elle représente une rencontre, l'éventualité d'une union. Dans les autres cas, elle montre un choix à faire, choix entre deux personnes, deux possibilités, deux situations, et indique également que le choix le plus heureux sera guidé par le désir du cœur, plus que par le désir des sens. Mal entouré, l'Amoureux signale l'infidélité.

VII — le Chariot

Le nombre : C'est un nombre impair, donc dynamique, obtenu par l'addition du 4 — la matière — et du 3 — la communication. En numérologie c'est le nombre de la connaissance.

Le nom : « Le chariot » évoque l'idée du voyage, du déplacement, mais aussi de la victoire (les vainqueurs, en des temps anciens, défilaient debout sur un char).

L'image : Un jeune homme, portant une cuirasse (il est bien armé pour affronter la vie) se tient debout, de face, sur un char traîné par deux chevaux. Il est coiffé d'une couronne, tient un sceptre à la main. Sur le chariot de couleur chair (cette lame est éminemment humaine et terrestre) figurent les initiales SM, symboles probables de royauté. Curieux détail : les deux chevaux regardent dans la même direction, légèrement vers la gauche, ce qui montre l'importance d'avancer en tenant compte des expériences passées. Mais ils semblent ne pas se diriger vraiment dans le même sens. Et le jeune homme debout ne tient pas de rênes. Serait-il capable de les influencer par sa force mentale ?

Le mot de l'enfant : Un type qui se promène sur une espèce de char... il ferait bien de regarder un peu plus ce que font ses chevaux.

La signification : Le Chariot est une lame dynamique qui indique que l'on avance avec assurance et confiance vers un but proche. Elle signifie conquête, succès, dans tous les domaines excepté sur le plan spirituel auquel elle n'est pas reliée. Elle montre qu'il est temps d'avancer, de se mettre en route si l'on veut progresser, que le temps des hésitations (l'Amoureux) est révolu. C'est aussi une lame de voyage, de déplacements bénéfiques.

VIII — la Justice

Le nombre : Huit, en numérologie, est le nombre de l'action matérielle. C'est un nombre pair, donc stable.

Le nom : La Justice signifie la toute-puissance de la Loi et l'absence de sentiment, donc l'objectivité absolue.

L'image : Une femme impavide est assise sur un trône ; elle tient un glaive d'une main, une balance de l'autre : elle peut trancher. Un manteau bleu recouvre sa robe rouge : le physique est soumis au mental. Sa position assise complètement de face, son regard dirigé droit devant elle donne une impression de force immuable et implacable. On ne la sent pas susceptible de se laisser attendrir ou émouvoir, mais elle n'est pas hostile : son attitude est neutre : comme son nom l'indique, elle juge.

Le mot de l'enfant : Une dame qui pèse quelque chose...

La signification : La Justice dans un tirage montre, intérieurement, la nécessité de s'arrêter pour réfléchir, peser le pour et le contre, examiner ses actes et leurs conséquences en toute conscience, avec objectivité, lucidité. C'est une lame d'équilibre qui invite à s'abstenir de tout excès, de toute initiative déraisonnable. Sur un plan plus concret, elle peut annoncer que justice sera rendue. En bien ? en mal ? cela dépendra de son entourage... et des actions passées du consultant. En toutes circonstances elle annonce un éclaircissement, une explication, une solution trouvée ou imposée, extérieure à toute émotion.

IX — l'Hermite

Le nombre : Le nombre Neuf est impair, donc évolutif. En astrologie, en numérologie, c'est le nombre du voyage de l'esprit, de la recherche, de l'éloignement.

Le nom : L'Hermite est la version tarologique du mot « Ermite », homme solitaire qui possède la sagesse.

L'image : Un vieil homme s'appuie sur un bâton et de l'autre main tient une lanterne dont il se sert pour s'éclairer, ou éclairer son chemin. Sa robe rouge indique qu'il est rattaché au monde physique, mais le grand manteau bleu qui la recouvre souligne l'importance de la spiritualité et du mental. Ses pieds sont invisibles, donc il est difficile de savoir s'il est en mouvement. En revanche il est tourné vers la gauche. Est-il à la recherche de vérités profondes enfouies dans ses expériences passées ? ou bien se retourne-t-il simplement vers la carte qui le précède, la Justice, pour y trouver clarté et conseil ?

Le mot de l'enfant : C'est un très vieux monsieur qui cherche son chemin dans la nuit...

La signification : L'Hermite est l'arcane du repli sur soi, de la solitude. Le tirer signifie toujours l'obligation de se retourner en arrière et d'éclairer le passé. Cependant ce retour, cet examen, cet isolement ne sont pas vains : ils sont là pour illuminer l'être (la lanterne), l'aider à mieux se connaître, donc à mieux se diriger. Souvent cette lame indique l'existence d'un secret qui doit être dévoilé, la nécessité de terminer quelque chose avant de repartir. Elle retarde mais n'arrête pas : elle suggère la patience et le désintéressement.
Sur un plan évolutif, l'Hermite signifiera que l'on est sur la voie de la lumière intérieure, et que l'on va rencontrer l'aide d'un sage, d'un initiateur.

X — la Roue de Fortune

Le nombre : En numérologie le nombre Dix est l'équivalent du Un : commencement. Formé de deux fois Cinq, il est le mouvement multiplié, donc le mouvement permanent.

Le nom : C'est le symbole du mouvement infini, de l'interpénétration du Yin et du Yang (voir le Yi King). Qui ne connaît l'expression populaire « la roue tourne » ? Elle signifie que chaque chose vient en son temps et s'en va... trois petits tours et puis s'en vont !

L'image : Plantée dans une terre marquée de rayures (le temps) se trouve une sorte de roue dont on devine qu'elle est en mouvement permanent. Autour de cette roue, trois personnages. L'un, un singe de couleur chair, descend ; son visage à l'expression très humaine est triste, il est en état d'involution, et doit descendre dans ses profondeurs pour acquérir la sagesse qui lui manque. Le second, au museau de chien, monte ; il est plus souriant, et son corps jaune montre qu'il a acquis, lors de son séjour dans les profondeurs, une certaine sagesse. Le troisième, qui ressemble à un sphinx, domine le tout. Il est assis au sommet de la roue, est coiffé d'une couronne, tient un sceptre, et surtout, a des ailes. Il symbolise l'homme qui a maîtrisé le destin. Détail : la roue a une manivelle. Celle-ci représente le pouvoir de l'homme de ralentir ou d'accélérer le mouvement de la roue : c'est l'expression du libre-arbitre.

Le mot de l'enfant : C'est la grande roue d'une foire avec des singes qui tournent autour.

La signification : Tout est logique dans le Tarot, aussi la Roue de Fortune annonce-t-elle un changement. Cette lame représente le lien entre passé, présent et avenir, la fin du statu quo et de la réflexion de l'Hermite qui la précédait, donc une transformation complète à laquelle il est difficile de se dérober. Son influence dépend des cartes qui l'entourent, car elle est neutre, mais aussi de la vie présente du consultant, auquel elle signale que sa situation va évoluer. La Roue de Fortune demande à l'être d'accepter un changement, d'avancer dans le sens du vent plutôt que d'y résister. C'est d'autant plus facile qu'il s'agit la plupart du temps d'une évolution heureuse.

XI — la Force

Le nombre : En numérologie le Onze est un « maître nombre » qui signifie créativité et maîtrise.

Le nom : Il se passe de commentaires ! La force est là dans tous les domaines : physique, mental, affectif, spirituel. C'est la carte du pouvoir sur soi s'étendant aux autres.

L'image : Une belle femme, coiffée comme le Bateleur d'un chapeau symbolisant les énergies cosmiques, se tient debout et ouvre de ses deux mains, sans effort apparent, la gueule d'un lion. Ses pieds ne reposent sur rien : il n'y a pas de sol dans cette lame. La Force est légère... Sa robe bleue indique que son énergie est spirituelle mais susceptible de s'incarner physiquement (manteau rouge). Sa position tournée vers la droite confirme cette vocation active.
Détail : la tête du Lion, appuyée contre le ventre de la femme, montre la connotation sexuelle de cette lame.

Le mot de l'enfant : Elle ouvre la gueule de son chien pour montrer qu'il n'est pas méchant (c'est vrai que ce lion ressemble à un chien...).

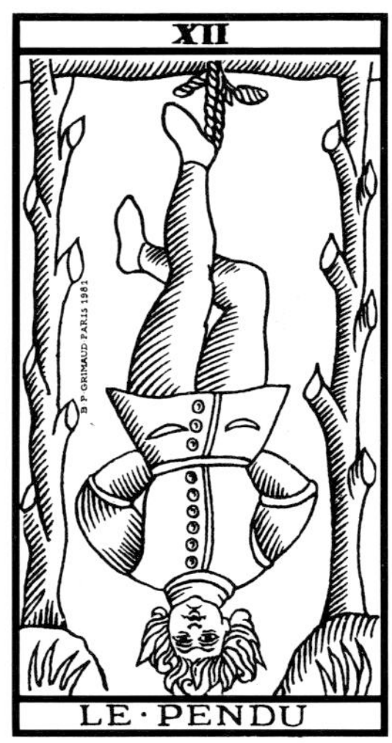

La signification : La Force symbolise la capacité de l'homme à maîtriser les événements, à surmonter les obstacles, à dominer même ceux qui semblent plus forts que lui (une faible femme contre un lion !), tout cela parce qu'il est capable de se maîtriser soi-même. Dans un tirage, elle montre que la volonté, la vitalité du consultant lui permettront de vaincre, à condition qu'il conserve sa lucidité et son sang-froid : la femme parvient à maitriser le lion parce qu'elle fait preuve de confiance, de sûreté et de vigilance. Si la Force est entourée de lames violentes, elle peut cependant verser dans l'excès et devenir brutalité.
Cette lame évoque également une énergie sexuelle bien maîtrisée, donc créatrice.

XII — Le Pendu

Le nombre : Le nombre Douze présente une analogie intéressante avec l'astrologie : il y a dans cette discipline 12 signes et 12 maisons. Donc, il est impossible d'aller plus loin : le Douze est une totalité, une fin, à moins de changer de référentiel.

Le nom : Il évoque la position du personnage, mais celui-ci est pendu par les pieds, non par le cou.

L'image : Un jeune homme brun est pendu par les pieds (bien que l'on ne voie pas de quelle façon la corde enserre ceux-ci) entre deux arbres formant gibet. Il a les mains liées derrière le dos, signe d'impuissance à agir ou réagir. Cependant son attitude presque décontractée ne donne pas l'impression d'une souffrance ou d'une angoisse.
Deux détails importants : les arbres semblent avoir eu chacun six branches coupées (encore le nombre XII) et si l'on retourne la carte on a l'impression que le personnage est debout sur un pied (position des jambes que l'on retrouve chez l'Empereur et le Monde).

Le mot de l'enfant : C'est un homme qui danse, mais la carte n'est pas dans le bon sens.

La signification : Deux idées se dégagent de cette image : celle d'attachement (les mains liées) et celle d'inversion des valeurs. On pense à la phrase d'Hermès Trismégiste : « Ce qui est en haut est comme ce qui est en bas. »
Dans la tradition du Tarot, le Pendu représente les épreuves obligées, les situations sans issue. Chacun pourra s'interroger là-dessus en fonction de son cas personnel. Mais il me semblerait surtout nécessaire de retenir les deux idées qui précèdent. Le Pendu peut donc indiquer une dépendance consentie librement — il n'a pas l'air contrarié par sa position — à une situation, le plus souvent d'ordre affectif, amical... en bref guidée par un sentiment. Ensuite, celui qui le découvre dans son tirage doit se poser une question toute simple : « Suis-je bien à l'endroit ? » et se demander s'il ne serait pas nécessaire de s'arrêter momentanément (le Pendu est immobile) pour descendre en lui-même et élaguer sa conscience. Il a d'autant plus intérêt à le faire librement qu'autrement cela lui serait sans doute imposé.
Dans des considérations plus intellectuelles le Pendu représente l'intelligence à l'envers — soit à la suite d'une erreur, soit, dans les meilleurs cas, grâce à une capacité de réflexion qui ne va pas dans le même sens que les autres et peut permettre la découverte d'autres vérités. Dans ce choix l'entourage de la carte sera prépondérant.

XIII — l'Arcane sans nom

Le nombre : Le nombre Treize est chargé de significations dans le langage populaire : voir « treize à table », etc. Le plus intéressant, c'est que, pour certains, il porte malheur, pour d'autres, il est le symbole même de la chance (vendredi 13) Retenons cette nuance dans notre façon d'appréhender cette carte, à la frontière de deux mondes et de deux états de conscience.

Le nom : Cette lame n'est ni nommée ni nommable. Chacun, en son for intérieur, peut l'appeler comme il le veut, et surtout comme il le sent.

L'image : Un squelette de couleur chair, symbole de son appartenance humaine, avance à grands pas sur un sol noir jonché de débris humains.

Il tient à la main une faux dont la lame est rouge (son acte est physique, conscient). Au sol qu'il fauche, on voit deux têtes dont l'une est couronnée : aucun pouvoir n'échappe à ce nettoyage. Cependant, des touffes d'herbe bleue poussent, montrant l'inéluctabilité du renouveau spirituel. Portée par un véritable mouvement en avant, cette lame, au nombre impair, a en elle un fantastique pouvoir d'évolution.

Le mot de l'enfant : Il y a eu une guerre avec un seul survivant. Il est bien abîmé, alors il s'appuie sur une arme. On dirait qu'il nettoie le terrain avant de s'en aller.

La signification : Ici le « mot de l'enfant » illustre à merveille le vrai symbolisme de la lame : survivre, nettoyer, aller de l'avant. L'Arcane sans nom est celui de la transformation, il montre l'obligation de se mettre en marche après l'arrêt représenté par le Pendu. Mais cette évolution doit se faire sur des bases nettes, d'où la faux qui tranche le superflu et nettoie le sol. Certes, elle détruit quelques illusions au passage, mais cela libère les touffes d'herbe, symboles d'une nouvelle vie, d'une nouvelle énergie, d'une nouvelle conscience.
Dans un tirage, cette lame signifie, sur le plan intérieur, que l'être est en train de se transformer ; sur un plan plus concret, elle signale l'obligation de renoncer, de balayer, tout cela dans le but d'une reconstruction, d'un nouveau départ. Avec l'arcane sans nom, il y a fin et recommencement sur des bases plus saines, plus authentiques.

XIV — la Tempérance

Le nombre : 12 + 2, c'est le symbole d'une nouvelle fécondité.

Le nom : Tempérance = éviter les excès.

L'image : Une femme aux cheveux bleus — puissance spirituelle — se tient debout sur un sol où l'on remarque des touffes d'herbe verte, couleur du sentiment. Elle tient dans ses mains deux vases, l'un rouge, l'autre bleu, tout comme sa robe, et semble en transvaser le contenu. Est-ce une femme ? Est-ce un ange ? Elle porte des ailes couleur chair. C'est donc un ange très humain, ou un humain très angélique. Cette image fait beaucoup penser au symbolisme du signe astrologique du Verseau. La femme est très légèrement penchée vers la gauche : elle prend le temps de réfléchir et tient compte des expériences du passé.

Le mot de l'enfant : C'est un ange charitable qui verse à boire à quelqu'un perdu dans le désert.

La signification : La Tempérance est la lame de l'équilibre et de la conciliation. Elle indique un jugement sain, objectif, que les passions n'aveuglent pas. Les deux vases signifient libre circulation des énergies, donc retour au calme, à la santé, bonne entente avec les autres et soi-même. Son nom « Tempérance » implique l'idée de prudence, d'économie : cet ange qui vient de naître est encore fragile, il doit se ménager. La Tempérance est calme, elle cherche l'harmonie et s'adapte aux circonstances sans les changer ouvertement. Elle est propice à l'entente, aux réconciliations, à la compréhension.

XV — le Diable

Le nombre : S'analyse par 11 + 4, maîtrise de la matière... et risque d'asservissement à cette même matière.

Le nom : Cette lame a été nommée « Le Diable » car elle symbolise la puissance des instincts.

L'image : Un personnage hermaphrodite — il a des seins et un sexe très apparent — se tient debout, de face, sur un socle rouge — l'action physique. Ses ailes bleues ressemblent à des ailes de chauve-souris, son casque jaune a une forme étrange qui fait penser à une intelligence hors des normes. Dans sa main il tient une épée sans manche qui signifie son pouvoir et sa possibilité de trancher — y compris de se faire mal puisqu'il la tient par la lame ! Enchaînés au socle, deux diablotins asservis le regardent en souriant. Le sol sur lequel ils se tiennent est noir — puissance de la matière.

Le mot de l'enfant : C'est Batman ! Il dit bonjour.

La signification : Le Diable représente la puissance des instincts de l'homme. Son domaine est celui de la chair, de la sexualité, du pouvoir. Cependant sa culotte et ses ailes bleues montrent qu'il n'est pas dénué de spiritualité. Le Diable est capable du meilleur et du pire : il porte en lui son enfer et sa rédemption.
Dans un tirage il implique souvent la naissance ou simplement la force d'une passion. Arcane très actif, il indique l'existence d'une volonté propre à renverser les obstacles, satisfaire les désirs, obtenir un pouvoir sur les autres. C'est une lame de triomphe, de réussite, de vitalité. Mais elle contient aussi le risque d'un asservissement à ses propres désirs.

XVI — la Maison-Dieu

Le nombre : 16 peut s'interpréter dans le sens « 4 × 4 », la matière absolue.

Le nom : Dans les pays anglo-saxons cette lame porte le nom de « Tour foudroyée ». Son appellation d'origine est cependant bien la « Maison-Dieu ». Qu'y voir sinon la maison de Dieu, donc un lieu pour Le rencontrer et pour s'élever vers Lui ?

L'image : Une tour couleur chair (c'est une construction humaine) s'élève vers le ciel, dans un paysage parsemé de touffes d'herbe. Trois fenêtres bleues montrent l'importance d'une ouverture spirituelle. Le sommet couronné de la tour (le pouvoir humain) se détache, atteint par le feu du ciel — foudre qui ressemble ici à un panache de plumes jaunes et rouges. Des boules colorées emplissent l'espace — certains y voient les étincelles qui tombent du haut de la tour. Deux personnages sont à son pied : on ne sait exactement s'ils tombent ou s'ils dansent sur les mains.

Le mot de l'enfant : C'est la tour de Babel avec des acrobates qui jonglent avec leurs pieds et envoient des balles en l'air.

La signification : Pour beaucoup de tarologues il s'agit de la lame la plus néfaste du jeu de Tarots. Ils y voient la punition de l'homme qui a voulu monter trop haut, donc la ruine et la catastrophe.
D'autres l'interprètent plus littéralement comme le symbole d'un « coup de foudre ».
Personnellement les interprétations dévastatrices me gênent : je verrais plutôt dans cette lame une sorte de message céleste : « Regarde par les fenêtres, n'accorde pas trop d'importance à un pouvoir éphémère. »
Dans un sens plus concret cette lame signifie un bouleversement, positif ou négatif suivant la façon dont elle est entourée, quelque chose de subit, mais aussi de subi — un changement brutal, inattendu, mais aussi une explosion vitale, un feu d'artifices, une libération.

XVII — l'Étoile

Le nombre : 10 + 7 représente un cycle universel auquel s'ajoute le nombre du septénaire, symbole général de rayonnement, mais aussi de sagesse en numérologie.

Le nom : L'appellation de cette lame vient bien entendu de la présence d'étoiles sur l'image. On peut aussi y voir un rappel de l'étoile qui guida les mages et les bergers ; dans cette optique, l'Étoile symbolise la lumière qui éclaire le chemin.

L'image : Une femme nue, aux cheveux bleus, est agenouillée sur le sol, au bord d'une étendue d'eau dans laquelle elle verse le contenu de deux pots rouges. Dans l'ordre des lames elle est la première forme humaine qui soit représentée nue : c'est l'indice de la pureté, de la simplicité. Au-dessus d'elle brillent dans le ciel une grande étoile et sept plus petites (le Soleil et les planètes du septénaire ?).
Sur le sol jaune poussent deux arbres dont l'un est surmonté d'un oiseau.
Tous les éléments qui composent cette lame sont symboles de fécondité et de rayonnement, mais aussi d'échange désintéressé : la femme, qui est source elle-même, rend ce qu'elle a reçu.

Le mot de l'enfant : Une femme qui verse de l'eau dans un réservoir pour lutter contre la sécheresse.

La signification : Tous les spécialistes s'accordent à dire que cette lame est celle du retour de l'espoir. Elle annonce l'harmonie, l'amour, l'aide, montre le chemin du bonheur et surtout confirme que l'on est bien sur ce chemin. Elle permet un rayonnement, une fécondité dans les actes et les projets. La femme sur l'image est immobile et active à la fois : elle ne conduit pas à une action mais elle apporte l'inspiration quant aux choix à faire, aux directions à prendre.

XVIII — la Lune

Le nombre : 18 est le redoublement du 9 : trop de réflexion aboutit à une rêverie passive.

Le nom : la Lune, est donné par la présence sur l'image de l'astre lunaire (l'étoile, la Lune et le Soleil font référence aux rythmes cosmiques).

Tarots de Marseille édités par Nicolas Conver. 18e siècle. Bibliothèque nationale. *(Lauros-Giraudon.)* ▶

L'image : Au bord d'un bassin d'eau bleue dans lequel se trouve une écrevisse — symbole en astrologie du signe du Cancer, gouverné par la Lune —, deux chiens semblent aboyer — ils ont la gueule ouverte — en direction de l'astre des nuits, ici représenté par un cercle bleu à l'intérieur duquel on voit un visage tourné vers la gauche — méditation. Des gouttes bleues, jaunes et rouges, semblent monter vers la Lune : elle absorbe l'énergie, on peut y voir une sorte d'échange de nourriture cosmique.
Détail important : l'eau n'est pas courante, comme dans l'Étoile. Il s'agit d'un bassin profond, mirage ou marécage... Mais il a des rebords sur lesquels on peut s'appuyer pour sortir.

Le mot de l'enfant : Des chiens qui hurlent à la Lune pour la prévenir que dans le bassin il y a un drôle de crabe qui va les manger.

La signification : Cette lame est celle de l'imaginaire. La figure centrale ne semble pas intéressée par ce qui se passe en dessous : elle rêve, centrée sur elle-même. Suivant son entourage, la Lune dans un tirage montrera l'existence d'un rêve, d'un mirage, d'une illusion, d'une situation trouble, d'une incertitude profonde. Mais elle peut également indiquer la force de l'inconscient, la puissance d'un rêve : en ce sens elle est positive pour tout ce qui est de l'ordre d'un travail créatif, artistique... tout en contenant toujours le risque d'une tromperie ou d'une erreur. La Lune étant également un symbole cyclique, il faut y voir pour le consultant un indice de changements, de voyages.

XIX — le Soleil

Le nombre : Impair, donc actif et évolutif, il peut s'interpréter comme 10 + 9, un cycle complet suivi d'une nouvelle évolution.

Le nom : Le Soleil, vient de l'image figurant sur la lame. C'est la troisième figure cosmique du Tarot.

L'image : Un Soleil dont le visage regarde de face, entouré de seize rayons — rappel de la Maison-Dieu — de toutes les couleurs — union des énergies — baigne de sa lumière deux personnages de chair vêtus d'une sorte de pagne bleu. Ils ont entre eux un contact physique symbole de rapprochement ; pieds nus sur le sol, ils captent les énergies — solaire et terrestre. On notera que la lumière est représentée par des gouttelettes qui tombent cette fois sur le sol, dans un mouvement inverse de celui figurant sur la lame de la Lune.

Le mot de l'enfant : Deux enfants qui jouent sur la plage, au soleil. Ils ont un drôle de maillot de bain, l'un a l'air d'avoir perdu quelque chose et l'autre le console.

La signification : le Soleil est l'arcane du bonheur terrestre. Sa présence indique la réussite, la réalisation d'un espoir, la certitude d'un équilibre heureux. Les deux personnages peuvent être le symbole de l'affection entre deux êtres, comme de la collaboration amicale : ils annoncent joie en amour, relations amenant un triomphe, conquête d'un bonheur. Cette lame est aussi porteuse d'énergie créative, elle est le signe de

Tarots de Marseille. Bibliothèque nationale. *(J.-L. Charmet.)* ▶ ▶

VIIII

X
LA·ROVE DE·FORTVNE

XIIII
TEMPERANCE

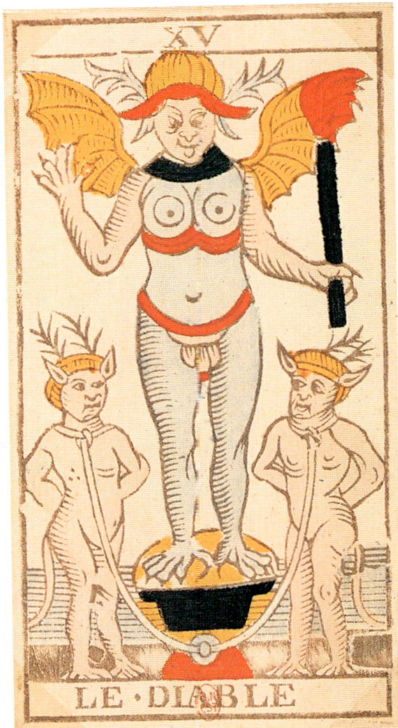
XV
LE·DIABLE

XX
LE·IUGEMENT
B.N
EST

LE MAT

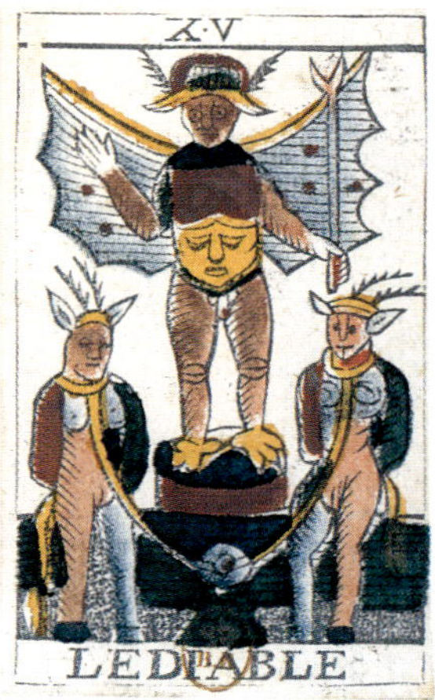

Tarots de Marseille. Bibliothèque nationale. *(J.-L. Charmet.)*

réussite dans les entreprises, voire mise en vedette — le soleil est lumière — et reconnaissance des mérites. Son message est simple : le bonheur est là, jouis du moment présent.

XX — le Jugement

Le nombre : 20, deux fois 10 : l'addition de deux cycles numérologiques, donc un achèvement.

Le nom : Il évoque le jugement dernier, porte d'un autre monde...

L'image : Elle se décompose en deux parties. En bas, deux personnages (une femme, un vieillard) sont debout, les mains jointes en signe de prière, devant un tombeau duquel semble sortir un homme de dos. Au-dessus, un ange sort d'un nuage environné de rayons — la foudre ? — tenant une trompette dans ses mains (beaucoup d'interprétations soulignent qu'il souffle dans une trompette, ce qui est faux... mais il semble prêt à s'en servir). L'ange ne regarde pas plus les hommes que ceux-ci ne le regardent (à part le personnage de dos, peut-être...) donc le ciel et la terre sont séparés ; demeure la possibilité d'entendre l'appel de la trompette....

Le mot de l'enfant : Une famille près d'une table, ils font leur prière en attendant que l'ange leur fasse signe de manger.

La signification : Tout dans cette lame — la position « en attente » des personnages, l'ange et sa trompette, le nom « le Jugement » implique un arrêt. Arrêt utile, nécessaire : deux cycles sont accomplis, il faut en établir un bilan et faire silence de façon à pouvoir entendre l'appel de l'ange. Car l'être ici demeure libre d'écouter ou non le message, d'obéir ou non à l'appel. Certes il est prêt : nu, purifié, il peut se transformer et renaître à un état supérieur.
Dans un tirage cette lame annonce donc, essentiellement, une renaissance, une régénération, voire une récompense méritée. C'est l'aboutissement heureux de toute une série d'efforts personnels qui ont mené l'être vers la lumière, au travers des pièges semés sur la route de son évolution. Souvent cela signifie une illumination, une prise de conscience, l'impression d'avoir enfin trouvé son chemin, sa place, sa justification.

XXI — le Monde

Le nombre : S'interprète comme 20 + 1, c'est-à-dire l'unité réalisée après deux cycles complets d'évolution.

Le nom : Fait très probablement référence à la symbolique de globalité de cette lame.

L'image : Un être dont il est difficile de distinguer s'il est androgyne ou féminin, son sexe étant caché par un voile, debout sur un pied donc en mouvement, tient dans ses mains un bâtonnet et une fiole, rappel des objets utilisés par le Bateleur. Autour de lui, une sorte de couronne jaune, rouge et bleue représentative des plans physique, spirituel, céleste. Aux quatre coins de la lame, l'image des quatre éléments : un taureau de chair (la terre), un lion (le feu), un aigle (l'air) et un ange (l'eau). Personnellement j'y verrai la représentation symbolique du Sphinx à travers les quatre signes fixes de l'astrologie : Le Taureau, le Lion, le Scorpion (représenté par son symbole supérieur, l'Aigle ou Phénix) et le Verseau (l'ange). Cette lame représente donc l'harmonie totale des éléments : la femme semble danser au milieu.

Le mot de l'enfant : Une dame dans un cirque, elle est debout sur des animaux et va sauter au travers d'un cerceau.

La signification : Voici la meilleure lame du Tarot ; elle représente l'équilibre absolu, la maîtrise des sentiments, des émotions, de l'action et de l'évolution. Dans un tirage, elle indique un aboutissement, un accomplissement, aussi bien dans le réel qu'au plan de l'élévation spirituelle et de l'accès à la perfection. Dernier arcane numéroté du Tarot, le Monde est l'heureuse synthèse des vingt étapes initiatiques décrites au travers des vingt lames qui le précèdent.

le Mat

Le nombre : il n'en porte pas, bien que certains lui attribuent le vingt-deux. Par cette absence, le Mat s'affirme comme à l'écart des normes.

Le nom : En italien « matto » veut dire fou, dans le sens « fêlé », « dingue », etc. Ce nom, « mat » était donné il y a quelques siècles aux inadaptés et autres idiots de village dont on ne savait exactement s'ils détenaient sagesse ou folie.

L'image : Un homme marche vers la droite en regardant devant lui : cette lame est un symbole de mouvement, d'action. Son chapeau jaune orné d'un pompon rouge, les grelots qui ornent sa collerette font penser au costume des fous du Roi. Il s'appuie sur un bâton, porte un baluchon sur l'épaule et ne semble pas se préoccuper du chien qui saute après sa jambe, déchirant son pantalon. Il donne l'impression de quelqu'un qui a tout quitté, emportant juste le strict nécessaire, et s'en va un peu au hasard, mais énergiquement, sans prêter attention aux aléas du chemin.

Le mot de l'enfant : Un clown qui s'en va avec son chien qui saute de joie parce qu'il est content de se promener.

La signification : Le Mat est la lame de la liberté. Son personnage a distingué le superflu du nécessaire, tranché ses attachements et ses racines : il part à la recherche d'un ailleurs. Remarquons qu'il tourne résolument le dos aux lames précédentes. Son départ est-il volontaire ? Est-il au contraire rejeté par la société ? Son mystère demeure entier. Sa présence dans un tirage indique la prise (ou la reprise) d'indépendance, la capacité à agir seul et librement, le détachement aussi bien dans le sens de désintéressement des valeurs matérielles que dans celui de fin des attachements... ou simplement un départ. « Vous ne m'avez pas écouté ? Vous n'avez pas voulu me comprendre ? Alors je vous laisse, je m'en vais. »

LES ARCANES MINEURS

Nous ne disposons malheureusement pas de la place nécessaire pour donner la signification détaillée des arcanes mineurs ; néanmoins il est indispensable d'en donner un aperçu... en attendant que, fascinés par le Tarot comme tous ceux qui y mettent le bout du nez, vous décidiez d'approfondir cette connaissance !
Nous avons vu que les arcanes mineurs, au nombre de cinquante-six, étaient classés dans quatre groupes contenant chacun 14 lames.
Ces quatre groupes sont les suivants :

Les Bâtons : En ce qui concerne les éléments, ils sont en analogie avec le feu, ainsi qu'avec les Carreaux d'un jeu de cartes classique. Les Bâtons peuvent être des armes ou des symboles d'autorité (le sceptre). En tant que symboles du feu, ils concernent la régénération. Ce sont les lames de l'action, du travail.

Les Coupes : Elles sont en rapport avec l'Air et les Cœurs dans un jeu traditionnel. Les Coupes sont des récipients, donc leur signification est réceptive, passive. Ce sont les lames du sentiment.

Les Épées : sont en rapport avec l'Eau et les Piques du jeu de cartes. L'épée est une arme noble, symbole de la chevalerie. Elle est symbole de victoire mais apporte aussi la guerre et la mort. Les lames d'Épée concernent les luttes, les combats, l'adversité.

Les Deniers : sont en rapport avec la Terre — et les Trèfles. Comme leur nom l'indique, ils évoquent dans un tirage tout ce qui concerne l'argent.

Série des Bâtons

As : Force mentale, accès à un pouvoir professionnel.
Roi : Homme que vous ne connaissez pas encore, qui apporte sa puissance et son appui. Ce peut être un employeur.
Dame : Amie sincère et de bon conseil, prête à apporter son aide mais indépendante et légèrement dominatrice.
Cavalier : Il annonce des changements proches et se succédant avec rapidité.
Valet : Messager neutre, il apporte des nouvelles.
Dix : Réussite possible, mais stressante.
Neuf : Voyage. Nécessité de réfléchir, de prendre son temps.
Huit : Démarches impulsives.
Sept : Chance professionnelle si vous sautez sur l'occasion.
Six : Doutes et difficultés dans le travail.
Cinq : Efficacité et succès matériels.
Quatre : Indique une période de calme où l'on profite des acquis.
Trois : Nouvelles idées très productives. Réussite prochaine.
Deux : Montre des décisions à prendre, des hésitations, des atermoiements.

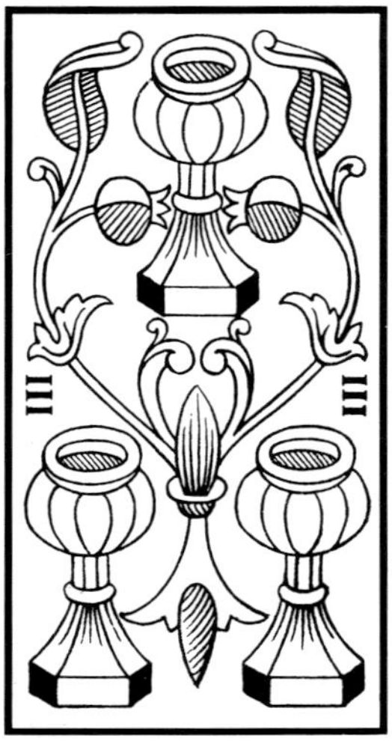

Série des Coupes

As : Grande joie d'amour, passion, bonheur au foyer.
Roi : Homme bienveillant et généreux.
Dame : Femme intelligente, généreuse, digne de confiance.
Cavalier : Carte qui annonce des changements heureux sur le plan affectif.
Valet : Prépondérance de la vie sentimentale, quelque peu aveuglante.
Dix : Symbole de bonheur conjugal, de l'amour satisfait.
Neuf : Réussite affective ou artistique.
Huit : Déception sentimentale.
Sept : Exaltation amoureuse, fin des ennuis.
Six : Annonce une attente et des retards sur le plan affectif.
Cinq : Instabilité et insatisfactions amoureuses.
Quatre : Lame de l'amour physique, conquête passagère.
Trois : Réciprocité en amour. Fécondité, naissance.
Deux : Rapprochement de deux êtres, formation d'un couple.

Série des Épées

As : L'image de l'épée levée qui figure sur cette lame a une connotation très phallique. En ce sens elle indique une conquête, une domination sexuelle. On peut également y voir le symbole de la puissance, de la force maîtrisée, du triomphe de la volonté — avec toujours le danger de sombrer dans la violence.
Roi : Homme puissant sur le plan juridique ou politique, habitué à traiter des affaires importantes.
Dame : Femme seule, indépendante. Dans un jeu elle symbolise également la persévérance.
Cavalier : Nouvelles obligeant à une lutte, une confrontation.
Valet : Indice de difficultés juridiques, de procès, ou de soucis par les enfants.
Dix : Période d'instabilité, de revers, d'alternance de succès et d'angoisse. Possibilité de réussite professionnelle s'accompagnant de soucis dans la vie privée.
Neuf : Problèmes de santé, difficultés, possibilité de deuil. Souffrance morale.
Huit : Risque d'échec, tendance à se sentir dépassé par les événements.
Sept : Renaissance de l'espoir, possibilité de vaincre les obstacles, lucidité.
Six : Difficultés qui tournent en la faveur du consultant. Voyage profitable.
Cinq : Lame de conquête, elle contient cependant un risque d'éparpillement.
Quatre : Isolement nécessaire, période de réflexion, de bilans.
Trois : Malentendus dans les relations professionnelles, discussions.
Deux : Indique la rivalité, l'opposition, la lutte contre un adversaire de force égale... ou contre soi-même.

Série des Deniers

As : Fortune obtenue par l'intelligence, chance sur tous les plans.
Roi : Homme d'affaires ou d'argent, doté de sens pratique, mais égoïste.

Dame: Femme riche, dynamique, essentiellement intéressée par la réussite matérielle.
Cavalier : Habileté financière, réalisation, évolution positive sur le plan de l'argent.
Valet : Signale une personne désintéressée — ou une inadaptation aux responsabilités matérielles.
Dix: Opérations financières intéressantes, excellentes transactions immobilières.
Neuf: Sécurité matérielle.
Huit: Difficultés matérielles, endettement néfaste.
Sept: Augmentation des revenus, succès mérité.
Six: Argent récupéré après des retards.
Cinq: Période de troubles et de dangers, la plupart du temps liés à des circonstances extérieures.
Quatre: Cadeau agréable. Cette lame permet de jouir tranquillement de ce que l'on possède. Attitude raisonnable.
Trois: Réussite matérielle et notoriété amenées par la créativité du consultant.
Deux: Association d'intérêts très profitable.

QUELQUES PRINCIPES D'INTERPRETATION

Lorsque nous avons parlé des lames majeures vous aurez sans doute remarqué cette phrase « si elle est bien entourée » ou « mal entourée ». En effet, lorsque vous placez plusieurs arcanes les uns auprès des autres, vous obtenez des mélanges d'influences susceptibles d'en nuancer la signification, sans toutefois en changer le sens profond. Nous vous donnerons bien sûr ici des indications sur certaines de ces rencontres, mais il est impossible de les passer toutes en revue ; aussi nous vous conseillons, avant d'entrer dans les détails, d'« éduquer » votre regard, et d'étudier certaines règles très souples qui vous permettront assez rapidement, et de façon intuitive, d'analyser ces rapprochements.

Dégager les groupes

Il ne suffit pas que deux lames soient l'une à côté de l'autre pour qu'elle forment un groupe analysable. Il faut aussi qu'elles soient liées l'une à l'autre par une direction ou un regard. Par exemple, si la Justice est précédée de l'Hermite, celui-ci tourne le dos ; si elle est suivie de l'Hermite, il la regarde.
Prenons un autre exemple, plus complexe : mettez à la suite les unes des autres les lames suivantes : Pape, Hermite, Tempérance. Le Pape regarde vers la droite, les deux autres vers la gauche : il y a rencontre. Procédez de la même façon en plaçant à la suite du Pape et de l'Hermite, le Mat. Le Pape et l'Hermite se regardent : ils forment donc un groupe dont le Mat, qui part vers la droite, se détache.
Entraînez-vous à analyser ces groupements de lames, ce qui vous aidera à éclaircir votre interprétation.

Repérer les lames passives ou actives

Il y a des lames passives (tournées vers la gauche), fixes (de face) ou des lames actives (tournées vers la droite ou en mouvement), voire violentes. Plusieurs lames de la même catégorie présentes dans le même tirage donnent une tonalité générale de passivité (et de réflexion, de réceptivité), de fixité (et de stabilité) ou d'énergie entreprenante. Si une seule de ces catégories est présente, elle engendre une exagération, soit de la mollesse, de l'entêtement, ou une fuite en avant suivant les cas. Pour vous aider, voici une récapitulation des lames classées selon ce principe :

Lames passives : La Papesse — L'Empereur — L'Hermite — Le Pendu — La Tempérance — L'Étoile — La Lune.
Lames actives : L'Amoureux — Le Chariot — La Roue de Fortune — La Force - L'Arcane sans nom — Le Soleil — Le Monde — Le Mat.
Lames violentes : Le Diable — La Maison-Dieu.
Lames fixes : L'Impératrice — La Justice.
Le Bateleur et le Jugement échappent à cette classification car ils représentent un mouvement imminent.
Dans cette même optique il est préférable d'obtenir un nombre équilibré de lames paires et impaires. Le mélange du pair et de l'impair est nettement positif.

Recenser les mots clés

La compréhension d'un tirage et la signification d'un assemblage de lames seront toujours facilitées par l'attribution à celles-ci de quelques « mots clés » synthétisant leur symbolisme. En voici une liste, non exhaustive, ouverte à vos suggestions.

Le Bateleur : Habileté.
La Papesse : Connaissance, secret à dévoiler.
L'Impératrice : Humanité, féminité.
L'Empereur : Virilité, force stable.
Le Pape : Protection, évolution.
L'Amoureux : Sentiment, choix.
Le Chariot : Mouvement, voyage.
La Justice : Lucidité, objectivité.
L'Hermite : Solitude, recherche.
La Roue de Fortune : Changement imminent.
La Force : Confiance, maîtrise.
Le Pendu : Dépendance, attachement.
L'Arcane sans nom : Nettoyage, transformation.
La Tempérance : Patience, équilibre.
Le Diable : Passion, sexualité.
La Maison-Dieu : Explosion ou implosion, coup de foudre.
L'Étoile : Espoir réalisé, charité.
La Lune : Inspiration ou illusion.
Le Soleil : Amour partagé, succès concret.
Le Jugement : Bilan et renaissance.
Le Monde : Aboutissement, succès.
Le Mat : Départ, liberté.

Quelques rencontres

Si, dans un tirage, vous rencontrez les voisinages suivants :

PLAN AFFECTIF

- Pape et Papesse ou Empereur et Impératrice : signifie l'existence ou la formation d'un couple. En revanche, Pape et Impératrice ou Empereur et Papesse : le couple est mal assorti.
- Les rencontres sentimentales peuvent être représentées par l'association Amoureux avec Soleil, Étoile ou Roue de Fortune.
- Les passions par la rencontre du Soleil avec le Diable, la Force ou la Maison-Dieu.
- Les illusions par la Lune avec le Pendu.
- Les situations douloureuses dont on ne parvient que difficilement à émerger, les dépendances affectives par le Pendu et l'Amoureux.
- Les périodes de solitude ou de tristesse par le Pendu et l'Hermite.
- Les ruptures par l'Amoureux avec l'arcane sans nom et la Maison-Dieu. S'il s'y ajoute la Justice cela peut indiquer le divorce. S'il s'agit du Mat, on a affaire à un départ, à une reprise de liberté.
- Les réconciliations après un différend seront symbolisées par la rencontre de la Maison-Dieu ou de l'Arcane sans nom avec l'Étoile. Mais attention : il faut dans ce cas que l'Étoile, lame d'espoir, soit placée après les lames de séparation.

PLAN PROFESSIONNEL

- Un changement d'emploi sera lié par exemple à la rencontre du Bateleur avec la Roue de Fortune ; s'il s'agit d'une transformation profonde et positive, cela nécessite la présence de l'Arcane sans nom et du Jugement.
- Une perte d'emploi par le Bateleur et la Maison-Dieu ; avec rupture de contrat, les mêmes plus la Justice.
- Une réussite professionnelle par le Bateleur et le Soleil, ou la Force ; le domaine visé peut être scientifique avec l'Hermite, artistique avec la Lune, lié à des voyages avec le Chariot.
- Une élection, une mise en vedette subite peuvent être représentées par le voisinage du Diable avec le Bateleur et le Soleil ou le Jugement.

PLAN PHYSIQUE

- Un accident sera lié au mélange de la Maison-Dieu avec le Chariot ou le Mat.
- Une opération par la Maison-Dieu et le Pendu.
- Des troubles de santé par la Lune et la Maison-Dieu, mais si la Tempérance (ou l'Étoile) est présente l'équilibre revient.
- Une santé forte et résistante sera indiquée par la Tempérance et la Force...

Il ne s'agit là que d'indications que vous ne devrez pas toujours prendre au « pied de la lettre »... et comme rien ne vaut l'exemple, vous en trouverez ici plusieurs, adaptés à chaque type de questionnement.

LE TIRAGE DU TAROT

Il existe en fait autant de méthodes pour « tirer le Tarot » que de tarologues, chacun adaptant les méthodes classiques à sa propre recherche, ou bien en créant d'autres. En outre certaines techniques sont plus appropriées à telle ou telle interrogation.

QUELLES QUESTIONS POSER ?

Vous pouvez tirer le Tarot dans le but d'éclairer votre vision d'une situation ou l'évolution de celle-ci, l'important étant de ne poser qu'une question à la fois : plus votre demande est compliquée, plus la réponse le sera... et vous aurez donc beaucoup de mal à l'interpréter.
Vous pouvez aussi, une fois que vous aurez acquis une certaine expérience des tirages les plus simples, aborder le « grand jeu » qui vous renseignera sur l'évolution générale de votre vie pendant une année donnée.
Commencez par vous installer, seul, dans un endroit calme, avec votre jeu de Tarots. Séparez les arcanes majeurs des arcanes mineurs. Mélangez les lames en vous concentrant profondément sur la question que vous désirez poser ; si celle-ci concerne une autre personne que vous, essayez de la « visualiser ».
Étalez le jeu devant vous...
Et commencez à tirer les lames.

Des méthodes de tirage

Dans cet ouvrage nous avons retenu trois méthodes qui s'adaptent bien aux différents questionnements.
Apprenez à les utiliser ; lorsque vous les posséderez bien, rien ne vous empêche de les adapter ou d'en choisir une de préférence aux autres... Il s'agit de méthodes, pas de règles, et vous privilégierez celle qui vous permet d'obtenir les meilleurs résultats. Les deux premières techniques, très simples, n'utilisent que les lames majeures.

OÙ EN SUIS-JE ?

Si vous désirez, d'une façon générale, y voir plus clair dans votre vie, vos actes et vos motivations, la méthode la plus accessible et la plus fréquemment utilisée est celle du tirage en croix.
Pour cela, procédez de la façon suivante :
Mettez les lames mineures de côté, car elles n'interviennent pas. Mélangez les arcanes majeurs, étalez-les devant vous puis choisissez quatre cartes que vous placerez de la façon suivante, sans les retourner :
la première, à gauche ;
la deuxième, à droite ;
la troisième, en haut entre les deux premières ;
la dernière, en bas (voir figure 1).
Ensuite retournez les cartes. Si certaines d'entre elles sont à l'envers, remettez-les à l'endroit car, contrairement à ce qui est parfois signalé, cela n'a guère d'importance.
La première lame vous représente, vous et votre état du moment.
La deuxième représente le monde extérieur.

La troisième représente vos pensées, vos idées, vos recherches (esprit). La quatrième représente vos réalisations (matière).
Enfin si vous désirez avoir une idée du sens profond de la situation, procédez à une addition numérologique des quatre lames présentes et retirez du jeu la lame ainsi obtenue pour la placer au milieu de votre tirage (si par exemple vous tirez la Tempérance — 14 — l'Empereur — 4 — l'Etoile — 17 — et le Bateleur — 1 — le résultat sera le suivant : $14+4+17+1=36$. Si votre total est supérieur à 22, réduisez-le de la façon suivante : $3+6=9$. Dans ce cas vous obtenez l'arcane n° 9 : L'Hermite.

Exemple : Tirage d'une femme dans une période perturbée de sa vie professionnelle ; elle craint un licenciement... Elle tire successivement la Lune — la Justice — l'Hermite — la Force.
Analyse : Cette femme a de grandes possibilités créatives et beaucoup d'imagination ; elle est néanmoins dans une période d'incertitude et de trouble (Lune). Elle ne doit attendre du monde extérieur ni hostilité ni soutien : ses actes sont jugés de façon neutre et objective (la Justice). Sa réaction à ce moment est teintée de soulagement : elle dit « je croyais que mes patrons voulaient à tout prix se débarrasser de moi », interprétation subjective liée justement à la Lune. Elle éprouve le besoin de prendre du recul, de réfléchir ; cette réflexion peut lui apporter un meilleur éclairage (Hermite)... Et lui permettre de retrouver une réelle maîtrise des événements (Force). L'addition numérologique est la suivante : $18+8+9+11=46$; $4+6=10$: la Roue de Fortune. Cela annonce un déblocage, une évolution rapide et positive de la situation, mais sans bouleversement majeur.

Quelle va être l'évolution de ma situation ?

Si vous vous demandez ce qui va se passer dans tel ou tel domaine de votre vie, vous obtiendrez des réponses assez claires avec le tirage par trois ou cinq cartes. Nous vous conseillons de commencer avec trois cartes et d'en tirer cinq lorsque l'interprétation vous sera plus familière. Comme précédemment, mélangez les cartes en pensant fortement à la question posée ; étalez-les devant vous, puis choisissez-en trois que vous placerez devant vous, à la suite les unes des autres. Retournez-les et procédez à l'interprétation en tenant compte du fait que la première carte symbolise le moment présent et les deux suivantes, l'évolution de la situation. Dans le tirage par cinq, exercez-vous à dégager les groupes : le premier représentera le présent, le ou les suivants l'avenir.

Exemples. Plan affectif : tirage avec trois cartes
Le consultant est un homme qui pose une question sur l'importance et l'évolution d'une rencontre amoureuse. Il tire : le Diable — la Maison-Dieu — le Soleil.
Interprétation : Il s'agit d'une attirance physique très puissante, cause d'un véritable coup de foudre (Diable et Maison-Dieu). Cette rencontre correspond donc à une passion partagée (Soleil) susceptible d'évoluer heureusement. La synthèse des lames est la suivante : $15+16+19=50$, donc 5 : le Pape. Une union est donc possible.

Tirage avec cinq cartes
La consultante demande quelle sera l'évolution de sa vie affective, sans donner davantage de précisions. Elle tire : la Maison-Dieu — l'Arcane sans nom — l'Hermite — l'Amoureux — l'Étoile.

Analyse : Cette femme vient de vivre une situation très douloureuse, une rupture (Maison-Dieu et Arcane sans nom) qui l'a bouleversée. Elle n'en est pas remise et reste solitaire (l'Hermite, tourné vers la gauche, semble observer l'Arcane sans nom), cependant cette solitude peut lui permettre de mieux comprendre ce qui lui est arrivé et d'opérer une transformation. Après quelque temps (l'Hermite demande de la patience) elle vivra un sentiment qui fera renaître l'espoir (Amoureux et Étoile).
L'addition est la suivante : 16 + 13 + 8 + 6 + 17 = 61. 6 + 1 = 7 : Le Chariot ici indique un nouveau départ, un nouveau bonheur.

Autre exemple de tirage à cinq cartes
Nous vous donnons cet exemple similaire au précédent afin de vous permettre de nuancer votre interprétation. Il s'agit également d'une consultante qui demande quelle sera l'évolution de sa vie sentimentale. Elle tire : le Pendu — le Diable — la Maison-Dieu — le Mat — la Tempérance.
Analyse : Cette femme vient de vivre une passion ayant engendré une dépendance sexuelle (Diable et Pendu) mais elle va reprendre sa liberté et rompre la relation (Maison-Dieu et Mat) afin de retrouver ensuite un équilibre (Tempérance).
L'addition est la suivante : 12 + 15 + 16 + 14 = 57 (le Mat vaut 0). 5 + 7 = 12 : Le Pendu. Cette lame signale le risque pour la consultante de rencontrer à nouveau le même problème, de retomber dans une dépendance.
Vous remarquerez que la Maison-Dieu, présente dans chacun de ces tirages, n'amène pas les mêmes conclusions puisque son entourage n'est pas le même.

Plan professionnel : tirage à trois cartes
Un jeune homme demande s'il va obtenir un stage à l'étranger qui lui permettrait d'améliorer sa situation professionnelle. Il tire : le Mat — la Roue de Fortune — le Pape.
Analyse : Ce consultant va certainement partir (le Mat) assez rapidement. Ce changement (Roue de Fortune) lui permettra de recevoir un enseignement très profitable (le Pape).
L'addition est la suivante : 10 + 5 = 15 : le Diable. Cet apprentissage lui apportera un pouvoir supplémentaire sur le plan matériel.

Tirage à cinq cartes
Une femme pose la question suivante : « Je ne suis pas appréciée par mes supérieurs et je végète dans mon travail. Que faire pour progresser ? »
Elle tire : la Lune — l'Hermite — l'Amoureux — la Force — le Jugement.
Analyse : Cette femme se complaît dans le rêve, sa vie intérieure est riche, mais elle a tendance à demeurer repliée sur elle-même, en dehors de la réalité (l'Hermite regarde la Lune). En outre elle se montre hésitante (l'Amoureux). Si elle décidait de faire preuve d'énergie (la Force) elle serait mieux jugée et récompensée de ses efforts (Force et Jugement).
L'addition est la suivante : 18 + 9 + 6 + 11 + 20 = 64. 6 + 4 = 10. La Roue de Fortune montre qu'une évolution positive est tout à fait possible.

Autre exemple de tirage à cinq cartes

Un homme sur le point de monter une société demande s'il réussira dans cette entreprise. Il tire : le Chariot — le Soleil — le Diable — le Pendu — la Justice.

Analyse : Les projets de cet homme sont promis à un succès rapide, il va accéder à un pouvoir (Chariot, Soleil, Diable) mais l'avenir contient un risque d'erreurs qui serait durement sanctionné (le Pendu et la Justice).

Pour conclure l'addition des lames est indispensable. Il s'agit de : $7 + 19 + 15 + 12 + 8 = 61$; $6 + 1 = 7$. Le Chariot indique une conclusion positive. Dans ce cas il conviendra de signaler au consultant le danger qu'il courra et de lui conseiller la rigueur (rester droit...) et la vigilance.

Le grand jeu ou tirage dans les maisons astrologiques

Ce tirage s'effectue une fois par an et détermine le climat de l'année à venir. Il utilise (comme les tirages de géomancie) le symbolisme des maisons astrologiques ; celles-ci, au nombre de douze, représentent les domaines de la vie dans lesquels l'influence des lames va se manifester. Vous séparez les lames majeures des lames mineures et étalez les premières devant vous. Vous commencez par en choisir douze que vous disposez en cercle, dans le sens inverse des aiguilles d'une montre. Vous retournez ces douze lames de façon à connaître la tonalité générale du jeu.

Vous tirez ensuite douze lames mineures que vous placez sur les lames majeures : puis vous répétez l'opération, toujours avec les lames mineures, de façon à obtenir douze paquets de trois cartes. Vous interprétez d'abord le sens de la lame majeure par rapport à la signification de la maison dans laquelle elle se trouve ; les lames mineures donneront des informations complémentaires.

Par exemple, le Pendu en maison VI peut signifier un déséquilibre de santé ; la Force en maison I une énergie susceptible de surmonter les obstacles ; le Soleil en maison VII un mariage heureux ; la Lune en maison V une création artistique ou une grossesse... Toutes ces interprétations étant nuancées par les autres lames en présence.

Nota : dans le respect de la tradition, ce tirage doit impérativement s'effectuer avec les soixante-dix-huit lames, mais cela demande beaucoup d'expérience et n'est guère à la portée du débutant. Aussi nous vous conseillons, au début, de l'effectuer simplement avec douze lames choisies parmi les arcanes majeurs : cela donne déjà de très bonnes indications.

Exemple

Voici en exemple le tirage effectué par une femme médecin en milieu hospitalier, divorcée sans enfant. Elle tire :

En maison 1 : Le Mat suivi de l'As de Deniers et du Huit de Bâtons.
En maison 2 : La Tempérance suivie de la Reine de Coupes et du Valet d'Épées.
En maison 3 : Le Bateleur suivi du Neuf de Bâtons et du Trois de Deniers.
En maison 4 : Le Chariot suivi du Dix et du Quatre d'Épées.
En maison 5 : L'Amoureux suivi du Trois et du Deux de Coupes.
En maison 6 : Le Soleil suivi du Deux d'Épées et du Roi de Bâtons.
En maison 7 : Le Pape suivi du Dix et de la Reine de Deniers.

En maison 8 : Le Diable suivi du Roi d'Épées et du Six de Deniers.
En maison 9 : L'Étoile suivie du Huit de Deniers et du Six de Bâtons.
En maison 10 : La Force suivie du Cinq d'Épées et du Dix de Coupes.
En maison 11 : Le Monde suivi du Dix de Bâtons et du Sept de Coupes.
En maison 12 : La Roue de Fortune suivie du Quatre et du Cavalier de Coupes.

Analyse
La tonalité générale, donnée par les douze premières lames, est positive.
Maison 1 : La personne
Le Mat, première lame tirée, indique que la consultante est en plein mouvement ; elle va vers un changement susceptible d'augmenter sa liberté et son indépendance (commentaire : je songe à ouvrir un cabinet médical avec une clientèle privée).
Ce changement va se réaliser ; il lui apportera une importante réussite matérielle (As de Deniers) et beaucoup de mouvement et d activités (Huit de Bâtons).
Maison 2 : Les finances
La Tempérance, première lame tirée, est de bon augure sur le plan matériel : elle indique un équilibre, une bonne circulation des fonds. Bien qu'étant honnête (Reine de Coupes), la consultante risque cependant d'avoir des discussions ou même d'être victime d'une petite tromperie (Valet d'Épées).
Maison 3 : Les échanges
La Bateleur en première lame indique que la consultante va nouer de nouveaux contacts. Ceux-ci, liés à une communion intellectuelle, lui permettront d'échanger beaucoup d'idées (Neuf de Bâtons) et de voir sa valeur reconnue (Trois de Deniers).
Maison 4 : Le foyer
L'Hermite accompagné du Dix et du Quatre d'Épées indique que la consultante se sent très seule et que cet isolement peut même créer des accès d'angoisse.
Maison 5 : Les sentiments, les enfants.
La consultante n'ayant pas d'enfant nous retiendrons la première de ces significations. L'Amoureux ainsi placé signale l'arrivée d'un nouvel amour. Cette hypothèse est heureusement confirmée par la présence de deux lames de Coupes : le Trois et le Deux. Les sentiments seront réciproques, la relation épanouissante.
Maison 6 : Le travail quotidien, la santé.
Le contenu de cette maison est intéressant : tout d'abord, le Soleil apporte un enrichissement certain dans le travail et indique une excellente santé. Mais le Deux d'Épées et le Roi de Bâtons annonçent que la consultante va faire dans le cadre de son travail la rencontre d'un homme qui lui apportera un appui positif, mais avec lequel elle se trouvera finalement en rivalité.
Maison 7 : Union et associations
Dans cette maison, le Pape accompagné de la Reine et du Dix de Deniers annonce la possibilité d'une association très profitable avec une femme (*nota :* si au lieu de la Reine de Deniers la consultante avait tiré le Roi cela pourrait signifier : mariage riche).
Maison 8 : L'argent extérieur. La sexualité.
Le Diable ainsi placé peut s'interpréter sur deux plans : d'abord indiquer l'irruption d'une passion sexuelle. Mais auprès du Roi d'Épées et du

Six de Deniers la deuxième hypothèse est plus probable : puissance matérielle liée à la récupération d'un bien ou d'une somme d'argent par l'intermédiaire d'un homme de loi.

Maison 9 : Les voyages du corps ou de l'âme

L'Étoile est favorable : elle montre l'influence heureuse d'un voyage, qui permettra à la consultante de retrouver l'espoir. En revanche, la présence du Huit de Deniers et du Six de Bâtons montre que ce voyage risque de poser un problème matériel ou professionnel : endettement passager, par exemple.

Maison 10 : La situation sociale, les ambitions

Ici la Force s'accompagne du Dix de Coupes et du Cinq d'Épées. La consultante maîtrise parfaitement sa carrière et conquiert sa réussite à la force du poignet : elle en retire de grandes satisfactions. Ce mélange de lames indique également qu'elle peut trouver grâce à sa volonté un équilibre entre vie professionnelle et vie privée.

Maison 11 : Projets, appuis, amitiés.

L'équilibre est total sur ce plan : la présence du Monde l'affirme. Les projets se réalisent, et même si leur réussite engendre un peu de stress (Dix de Bâtons), la consultante trouve distraction et réconfort dans son entourage affectif et amical (Sept de Coupes).

Maison 12 : Épreuves

La Roue de Fortune dans cette maison est de bon augure, d'autant plus qu'elle est accompagnée du Cavalier et du Quatre de Coupes : les ennuis se terminent, en particulier sur le plan affectif, les blocages se défont.

Tarots de Marseille.
Éditions Grimaud.

Une suggestion :
Lorsque vous aurez appris à bien vous servir des lames mineures vous pouvez, lors d'un tirage des arcanes majeurs par cinq, recouvrir ceux-ci d'une lame mineure afin de rendre le résultat plus compréhensible.

.. Et si vous désirez en savoir davantage sur le Tarot, nous vous conseillons de lire :
Les empreintes de l'invisible de Tchalai Unger (M.A. Editions) ;
Le Tarot de Marcel Picard et Sylvie Simon (Ed. Sand).

LES ORACLES VENUS D'AILLEURS

La Géomancie

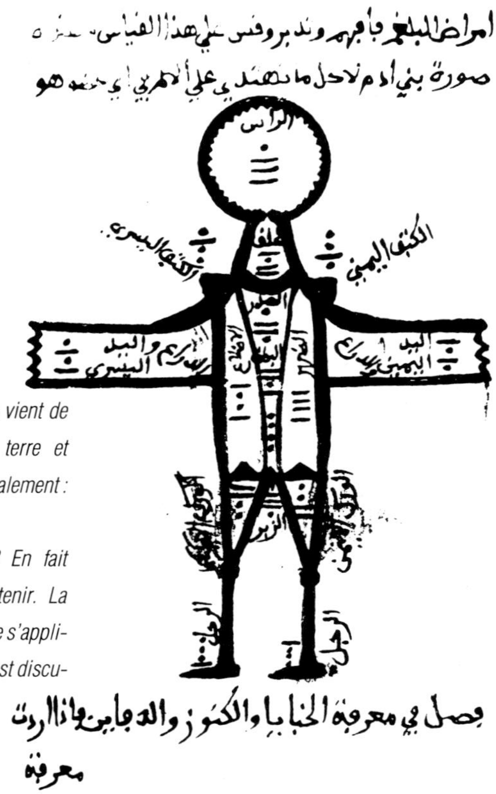

Homme géomantique. Manuscrit arabe.
(Explorer archives.)

LA SCIENCE DU SABLE

Bien que peu utilisée de nos jours, la géomancie est un art divinatoire à part entière. Son nom vient de deux mots grecs : Gê, *la terre et* manteia, *divination ; littéralement : divination par la terre.*

Pourquoi cette appellation ? En fait deux explications sont à retenir. La première est que la géomancie s'applique aux choses terrestres. C'est discutable, car son utilisation peut traiter de problèmes physiques, mais aussi de problèmes spirituels.

La seconde est basée sur un fait simple : la géomancie, qui à l'heure actuelle se pratique simplement avec un papier et un crayon, s'effectuait à l'origine en dessinant dans la terre les points, puis les figures géométriques (encore la racine commune Gê*) qui servent à son interprétation. Dans les contrées d'Orient et les régions où les déserts dominent, on l'appelait également SCIENCE DU SABLE.*

SES ORIGINES

La plupart des spécialistes de l'art géomantique s'accordent à penser qu'il naquit en Perse, il y a plusieurs millénaires ; mais les preuves de son existence semblent s'être effacées, tout comme s'effacent justement les histoires écrites sur du sable. Il faut attendre les XIVe et XVe siècles pour trouver des œuvres traitant de la géomancie (Maître Guilhem) et pour qu'il en soit fait état dans une œuvre littéraire : « À l'heure où, peu avant l'aube, les Géomanciers voient à l'Orient monter leur Fortune Majeure, par voie qui, peu avant, était obscure. » (Dante, la Divine Comédie, *chant du Purgatoire.)*

La géomancie est simple et plus accessible. Le montage du thème est une opération limpide, ne demandant ni opérations mathématiques, ni tables, ni schémas ; une fois le principe de base saisi, n'importe quel amateur peut ériger ce thème en moins de dix minutes.

Son but aussi est simple : avant de tracer les points qui donneront naissance aux figures géomantiques, il convient, pour l'intéressé, de poser une question précise, et de la garder présente en son esprit pendant toute la durée de l'opération.

Celle-ci terminée, il pourra prendre connaissance de la réponse en analysant simplement le symbolisme des deux dernières figures obtenues, le Témoin du futur et le Juge.

S'il désire de plus amples détails sur le déroulement des événements, l'étude des treize autres maisons géomantiques lui apportera l'éclaircissement demandé.

C'est en fait dans la clarté du procédé « Question = Réponse » que réside le principal avantage de la consultation géomantique — avantage auquel il faut rajouter l'accessibilité particulière de cette méthode.

Bien sûr, il serait inopportun de conclure que l'on connaît la géomancie dès que l'on est capable de saisir la réponse donnée à une question; comme tous les arts divinatoires, celui-ci demande à être fouillé et expérimenté. Riche de symboles variant à l'infini, il mérite étude approfondie et attention soutenue; mais sa grande clarté de départ en fait, pour l'amateur, un outil privilégié.

Devin en pays Dogon.
(Renaudeau/Hoa qui.)

LE THEME GEOMANTIQUE

La construction d'un thème géomantique se fait en plusieurs étapes. Commencez d'abord par vous munir d'une feuille de papier de format rectangulaire, d'un crayon, voire d'une règle ; ensuite, diviser votre feuille en cases, de la façon suivante :

L'Écusson géomantique

<table>
<tr><td>Maison
VIII

4e Fille</td><td>Maison
VII

3e Fille</td><td>Maison
VI

2e Fille</td><td>Maison
V

1re Fille</td><td>Maison
IV

4e Mère</td><td>Maison
III

3e Mère</td><td>Maison
II

2e Mère</td><td>Maison
I

1re Mère</td></tr>
<tr><td colspan="2">Maison
XII

4e Nièce</td><td colspan="2">Maison
XI

3e Nièce</td><td colspan="2">Maison
X

2e Nièce</td><td colspan="2">Maison
IX

1re Nièce</td></tr>
<tr><td colspan="4">Maison XIV
« Témoin du Futur »</td><td colspan="4">Maison XIII
« Témoin du Passé »</td></tr>
<tr><td colspan="8">Maison XV
« JUGE »</td></tr>
</table>

Vous obtenez ainsi ce que l'on appelle l'**Écusson géomantique** divisé en quinze cases appelées Maisons comme en astrologie et en tarologie ; les douze premières maisons sont les mêmes que dans ces disciplines et ont la même signification. Les trois dernières sont spécifiques à la géomancie : il s'agit de la maison XIII, appelée également **témoin du passé**, la maison XIV, ou **témoin du futur**, enfin la maison XV, ou **juge**.

Le jeté des points

Sur une autre feuille de papier, divisée tout simplement en quatre, vous tracez — ou plus exactement **jetez** — un certain nombre de points se succédant, et répétez cette opération quatre fois, comme l'indique l'exemple ci-dessous :

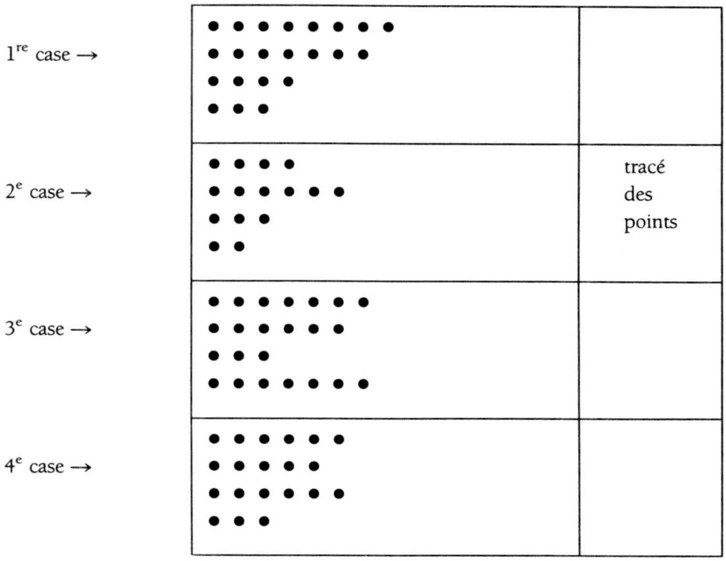

Le nombre de points que vous « jetterez » ainsi sur le papier doit dépendre uniquement de votre impulsion du moment ; en aucun cas vous ne devez les compter, mais seulement penser à la question qui vous préoccupe et à laquelle vous souhaitez obtenir une réponse.

L'énoncé de la question

La question que vous posez doit être aussi claire que possible : évitez les digressions du genre « Si j'arrive à quitter ce travail qui ne me plaît pas et si j'en trouve un autre, est-ce que j'arriverai à changer d'appartement ? » sous peine d'obtenir une réponse tout aussi confuse. Mieux vaut poser plusieurs questions si l'on désire plusieurs réponses...
Très important : votre question doit être posée dans un sens positif. Par exemple, demandez « vais-je gagner ce procès ? » plutôt que « vais-je le perdre ? »... Ceci afin de respecter la tonalité positive ou négative des figures géomantiques.
Passons maintenant au tirage proprement dit.
L'Écusson géomantique, nous l'avons vu, est divisé en quinze cases. Les quatre premières figures, en partant de la droite (on part toujours de la droite en géomancie) sont calculées d'après votre jeté de points. Elles sont appelées **les Mères** car c'est d'elles que naîtront les autres figures.

Obtention des Mères

Pour obtenir les Mères, vous devez reconsidérer votre « jeté de points » case par case ; la première case donnera la première Mère, la deuxième case la deuxième Mère et ainsi de suite.
Vous allez relier les points en les couplant jusqu'à ce qu'il en reste deux ou un seul.
S'il en reste deux, vous obtiendrez un premier étage de figure géomantique double, soit : * *. S'il en reste un seul, le résultat sera celui-ci : *.
La seconde ligne vous donnera le second étage de la figure, etc.
Arrivé au quatrième et dernier étage géomantique (toujours en partant du haut) vous aurez une figure géomantique complète, ou **première Mère** ; vous répéterez cette opération pour dégager les trois autres. Reprenons notre exemple :

Jeté des points	Résultat	
● ●	— — première — Mère — — « Acquisitio » —	* * * * * *
● ● ● ● ● ● ● ● ● ● ● ● ● ● ●	— — deuxième — — Mère — «Albus » — —	* * * * * * *
● ●	— troisième — — Mère — « Puella » —	* * * * *
● ● ● ● ● ● ● ● ● ● ● ● ● ● ● ● ● ● ● ●	— — quatrième — Mère — — « Acquisitio » —	* * * * * *

Sandro Botticelli : Jeune fille.
Nasjonalgalerie, Berlin.
(Hanfstaengl-Giraudon.)

Nous obtenons donc, pour la première Mère :
Premier étage (en haut) : deux points
Deuxième étage : un point
Troisième étage : deux points
Quatrième étage : un point
Ce qui donne la figure **Acquisitio**
Albus est la seconde Mère, **Puella** la troisième, et la quatrième, à nouveau **Acquisitio.**
Il ne vous reste plus qu'à reporter ces quatre Mères dans les cases prévues à cet effet sur l'Écusson géomantique, c'est-à-dire les quatre premières.
Ceci fait, vous passerez à la seconde opération, qui consiste, à partir des figures Mères, à obtenir les Filles.

Obtention des Filles

Vous obtiendrez les Filles de la façon suivante : Prenez le ou les points qui forment le premier étage des quatre figures Mères ;

- le premier étage de la première Mère donnera le premier étage de la première Fille ;
- le premier étage de la deuxième Mère donnera le deuxième étage de la première Fille ;
- le premier étage de la troisième Mère donnera le troisième étage de la première Fille ;
- le premier étage de la quatrième Mère donnera le quatrième étage de la première Fille.

Pour obtenir la deuxième Fille vous procéderez de même, mais en utilisant le deuxième étage des figures Mères, le troisième étage pour la troisième Fille, etc. Dans notre exemple, voici ce que cela donnera :

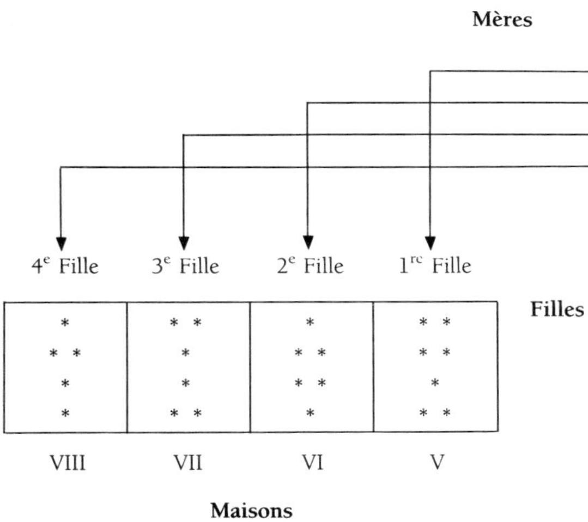

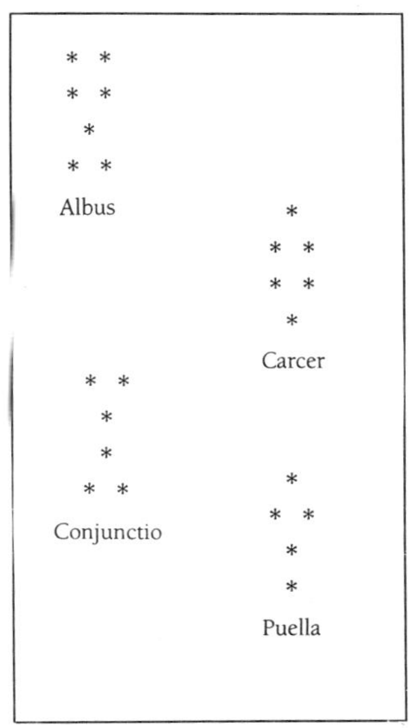

Ainsi la première ligne — premier étage — des quatre figures Mères — * * / * * / * / * * donnera pour première Fille : **Albus**

La deuxième ligne — deuxième étage des Mères — * / * * / * * / * donnera pour deuxième Fille : **Carcer**

La troisième ligne — troisième étage des Mères — * * / * / * / * * donnera pour troisième Fille : **Conjunctio**

La quatrième ligne — quatrième étage des Mères — * / * * / * / * donnera pour quatrième Fille : **Puella**

Placez maintenant les quatre Filles dans les cases de l'Écusson géomantique qui leur reviennent, c'est-à-dire les cinquième, sixième, septième et huitième.

Obtention des Nièces

L'obtention des quatre Nièces se fait d'une façon différente de celle des Filles, en additionnant les points. Mais rien ne vaut l'exemple...
La première Nièce s'obtient en faisant, étage par étage comme à l'habitude, un total des points respectifs des deux premières Mères.
Le total obtenu sera deux, trois ou quatre ; deux et quatre égaleront deux points, trois sera égal à un point.
Un chiffre pair donnera un chiffre pair, un chiffre impair donnera un chiffre impair.
Dans notre exemple, les deux premières Mères sont :

Acquisitio	* *	et Albus	* *
	*		* *
	* *		*
	*		* *

Cela donne les chiffres suivants :

	Acquisitio		Albus		Total	Résultat	1re Nièce
Premier étage	* *	+	* *	=	4	* *	(pair)
Deuxième étage	*	+	* *	=	3	*	
Troisième étage	* *	+	*	=	3	*	
Quatrième étage	*	+	* *	=	3	*	

Le résultat est la figure **Caput draconis** ; c'est la première Nièce.
La deuxième Nièce s'obtient en faisant la même opération avec la troisième et la quatrième Mère, soit :

	Troisième Mère Puella		Quatrième Mère Acquisitio		Total	Résultat 2e Nièce
Premier étage	*	+	* *	=	3	*
Deuxième étage	* *	+	*	=	3	*
Troisième étage	*	+	* *	=	3	*
Quatrième étage	*	+	*	=	2	* *

Le résultat est la figure **Cauda draconis** ; c'est la deuxième Nièce.
La troisième Nièce s'obtient en répétant l'opération, mais à partir des deux premières Filles, soit :

	Première Fille Albus		Deuxième Fille Carcer		Total	Résultat 3e Nièce
Première étage	* *	+	*	=	3	*
Deuxième étage	* *	+	* *	=	4	* *
Troisième étage	*	+	* *	=	3	*
Quatrième étage	* *	+	*	=	3	*

La troisième Nièce est **Puella.**
En répétant une dernière fois cette opération avec les deux dernières Filles (la troisième et la quatrième) vous obtiendrez la quatrième Nièce :

	Troisième Fille Conjunctio		Quatrième Fille Puella		Total	Résultat 4e Nièce
Premier étage	* *	+	*	=	3	*
Deuxième étage	*	+	* *	=	3	*
Troisième étage	*	+	*	=	2	* *
Quatrième étage	* *	+	*	=	3	*

La dernière Nièce sera ainsi, dans ce tirage, la figure **Puer.**
Ces trois premiers tirages — Mères, Filles et Nièces — terminés, vous n'aurez plus qu'à dégager les Témoins et le Juge. Cela vous semblera plus facile car les opérations précédentes vous auront permis de comprendre « le truc ».

Obtention des Témoins

Le Témoin droit ou **Témoin du passé** se calcule exactement de la même façon que les Nièces — à ceci près que ce sont justement les deux premières Nièces qui lui donnent naissance, soit :

	Première Nièce Caput Draconis		Deuxième Nièce Cauda Draconis		Total	Résultat (Témoin du passé)
Premier étage	* *	+	*	=	3	*
Deuxième étage	*	+	*	=	2	* *
Troisième étage	*	+	*	=	2	* *
Quatrième étage	*	+	* *	=	3	*

Le Témoin du passé sera **Carcer.**
Le Témoin gauche ou **Témoin du futur** se calcule d'après les deux dernières Nièces — la troisième et la quatrième, soit :

	Troisième Nièce Puella	+ + +	Quatrième Nièce Puer		Total	Résultat (Témoin du futur)
Premier étage	*	+	*	=	2	* *
Deuxième étage	* *		*	=	3	*
Troisième étage	*		* *	=	3	*
Quatrième étage	*		*	=	2	* *

Le Témoin du futur sera **Conjunctio.**
Enfin, et en dernier, le Juge est la somme des deux Témoins, soit :

	Témoin du passé Carcer		Témoin du futur Conjunctio		Total	Résultat Juge
Premier étage	*	+	* *	=	3	*
Deuxième étage	* *	+	*	=	3	*
Troisième étage	* *	+	*	=	3	*
Quatrième étage	*	+	* *	=	3	*

Le Juge de ce tirage géomantique sera **Via.**

THÈME D'EXEMPLE TERMINÉ

4e Fille	3e Fille	2e Fille	1re Fille	4e Mère	3e Mère	2e Mère	1re Mère
Maison VIII	Maison VII	Maison VI	Maison V	Maison IV	Maison III	Maison II	Maison I
* * * * *	* * * * * *	* * * * * *	* * * * * * *	* * * * * *	* * * * *	* * * * * * *	* * * * * *

4e Nièce	3e Nièce	2e Nièce	1re Nièce
Maison XII	Maison XI	Maison X	Maison IX
* * * * *	* * * * *	* * * * *	* * * * *

Maison XIV — Témoin du futur	Maison XIII — Témoin du passé
* * * * * *	* * * * * *

Maison XV — JUGE

*
*
*
*

RÉCAPITULATION DU TIRAGE DU THÈME GÉOMANTIQUE

- « Jeter » quatre fois de suite quatre lignes de points. Les points en nombre pair donneront naissance à deux points géomantiques ; en nombre impair à un point géomantique.
- Chaque série de quatre lignes donne naissance, en partant du haut, à une « Mère ».
- Les « Filles » dérivent des Mères ; elles se dégagent en prenant : la première ligne horizontale de points des Mères pour la première Fille, et ainsi de suite — toujours en partant de la droite et du haut.
- Les « Nièces » dérivent des Mères et des Filles ; la première Nièce est la somme des points, ligne par ligne, des deux premières Mères ; la deuxième des deux dernières Mères ; la troisième des deux premières Filles ; la quatrième des deux dernières Filles.
- Le Témoin du passé est la somme de points, ligne par ligne, des deux premières Nièces.
- le Témoin du futur est la somme de points des deux dernières Nièces.
- Le Juge est la somme de points des deux Témoins.

Attention : Il faut toujours procéder de la droite vers la gauche, et du haut vers le bas.

DES FIGURES ET DES MAISONS GEOMANTIQUES

Au nombre de seize, les figures géomantiques sont composées de points — un ou deux — disposés sur quatre étages, soit :

* pour *via*, la première des seize.
*
*
*

Chacun de ces quatre étages est en analogie symbolique avec un élément — les mêmes qu'en astrologie, **Feu**, **Air**, **Eau** et **Terre** — et une partie du corps humain ; cela donne le tableau suivant (les étages se comptent en partant du haut) :

Figure d'exemple : *via*.

Étage	Monde	Élément	Partie du corps
Premier	Spirituel-intellectuel	* Feu	Tête
Second	Affectif	* Air	Poitrine (cœur)
Troisième	Instinctif	* Eau	Ventre
Quatrième	Matériel	* Terre	Pieds

Voyons maintenant quelles sont ces seize figures.

Les seize figures géomantiques

VIA : LA ROUTE, LA VOIE, LE CHEMIN

Comme l'indique son nom **la voie**, cette figure représente tout ce qui s'étire en longueur, tout ce qui a besoin de temps pour se réaliser et se clarifier. C'est pourquoi, dans un thème géomantique, elle ne conclut pas mais indique simplement que la situation est insuffisamment mûrie, et réclame patience, durée, attente. Elle est en analogie symbolique avec tout ce qui touche à la route, au voyage.
Marquée par une succession verticale de points uniques, son énergie est resserrée, condensée, mais coule et s'extériorise doucement, sans interruption, comme l'eau entre deux rives : elle représente un mouvement lent et permanent qui ne se laisse annihiler par aucun obstacle, qu'il est impossible de ralentir ou d'accélérer. Il y a en elle quelque chose de non révélé, qui ne pourra s'exprimer qu'après une germination.

Plan spirituel : l'élévation lente, permanente et solitaire.
Plan matériel : les moyens de communication.
Plan intellectuel : l'intuition.
Plan affectif : l'incertitude, la sensualité, l'indécision.
Plan actif : les entreprises longues, délicates et difficiles.

Plan professionnel : les voyageurs de commerce, routiers, reporters...
Plan de la santé : anémie, constipation.
Son message : n'allez pas trop vite, chaque chose vient à son heure et en son temps.

POPULUS : LE PEUPLE, LA FOULE

* *
* *
* *
* *

Populus est la figure de la multitude, elle est en analogie avec tout ce qui grouille, bouge, change et mue. C'est un symbole de vie hypertrophiée, pullulante, d'où son analogie avec l'océan, amas de courants contraires, refuge d'une vie intense et indifférenciée
Les Arabes et les Grecs lui donnèrent le nom de **réunion** dans le sens d'accumulation d'êtres, de masse ; d'où peut sortir la cohésion lorsqu'un but commun existe, mais aussi, et plus souvent, la confusion la plus totale, la division interne engendrant la dispersion des énergies.

Les effets de *Populus* sont imprévisibles car les mouvements qu'elle symbolise sont impulsifs, irréfléchis. C'est une figure neutre, que certains géomanciens considèrent comme « légèrement favorable », probablement grâce à son symbolisme extrêmement vivant, immédiat, concret. En fait il peut en sortir le meilleur comme le pire — exactement comme d'une foule livrée à ses instincts et à ses pulsions.
Son tirage dans un thème géomantique est l'indice d'un désordre, d'une confusion contre laquelle il faut lutter ou qu'il faut savoir organiser.

Plan spirituel : l'esprit qui doit se dégager du chaos pour entraîner les autres.
Plan matériel : les villes, les places, les lieux où les hommes se rassemblent.
Plan intellectuel : l'abondance des idées, le bavardage, l'indiscrétion.
Plan affectif : la sociabilité sans sélectivité, l'inconstance.
Plan actif : les travaux mettant en jeu un grand nombre de personnes ou en réclamant l'appui.
Plan professionnel : hommes politiques, hommes publics, marins, pêcheurs...
Plan de la santé : rhumes, refroidissements, sensibilité à l'humidité, infections microbiennes.
Son message : la situation est confuse et contradictoire, elle réclame une intervention visant à l'ordre, à l'éclaircissement.

CAPUT DRACONIS : LA TÊTE DU DRAGON

* *
*
*
*

Considérée comme bénéfique, *Caput draconis* représente les choses évoluant vers un épanouissement, une évolution positive, une issue heureuse ; mais sa configuration en Y, qui l'ouvre vers le haut, la met en analogie avec ce qui est spirituel plutôt que matériel.
Dans cette figure, l'homme se hisse vers le ciel, s'ouvre aux bonnes influences : il devient comme un radar qui ne capterait que les bonnes émissions.
Spirituelle et évolutive, *Caput draconis* est introvertie, mystique et philosophique : si elle influence les sentiments ce sera dans une optique de compréhension, de tolérance mais sans passion ni violence.
Dans le domaine pratique elle signifie qu'une situation évolue lentement mais favorablement à condition que l'homme demeure ouvert aux forces d'en haut — bon et généreux. En fait cette figure a un sens d'échange positif, de rayonnement.
Plan spirituel : l'éveil de la conscience (selon les Hindous, il s'agit de

« l'éveil de la Kundalini ») harmonieusement fécondée par les forces d'en haut.
Plan matériel : tout ce qui s'élève de la terre vers le ciel : tours, montagnes, arbres, escaliers...
Plan intellectuel : souplesse d'esprit, facilité d'assimilation et d'expression.
Plan affectif : les sentiments tolérants hors de toute jalousie, la compréhension, le respect de la liberté d'autrui, l'amitié.
Plan actif : les changements heureux allant vers une libération ou un progrès.
Plan professionnel : les architectes, les sportifs, les montagnards, tous ceux qui travaillent au grand air.
Plan de la santé : tendance aux chocs, aux migraines, aux otites.
Son message : tout est à portée de votre main si vous écoutez votre intuition et les mouvements généreux qui vous animent.

Le dragon d'après Barchusen : « Éléments de chimie. » 1718. *(Edimedia.)*

CAUDA DRACONIS : LA QUEUE DU DRAGON

Cauda Draconis, c'est le monde tel que l'aurait souhaité Lucifer dans ses plus mauvais jours : gouverné par l'envie, la bassesse, la méchanceté, le mensonge. Tout ce qui peut naître de mauvais dans l'âme humaine est de son ressort. Figure d'ouverture vers le bas, elle représente la puissance négative de la matière qui envahit et désagrège sournoisement les forces du bien.

Fausse et cruelle, vindicative, hypocrite et calomnieuse, *Cauda Draconis* envoûte et hypnotise volontiers pour parvenir à ses fins : c'est le loup transformé en grand-mère. Aucun artifice ne lui est étranger, et son but est la perversion, la désagrégation. Aussi, lorsque cette figure sort en maison I convient-il de se demander si le questionneur a vraiment un but honnête...

*
*
*
* *

Plan spirituel : la domination des forces négatives minant le bien.
Plan matériel : les grottes, les souterrains, les mines... Les forêts sauvages et dangereuses, les marais.
Plan intellectuel : esprit rusé, faux, donnant de mauvais conseils dans le but de détruire, de dominer par le mal.
Plan affectif : nettement sexuelle, indique les perversions, les trahisons, les conquêtes visant à abaisser, à abîmer.
Plan actif : activité matérielle et extérieure intense. Arrivisme, comportement sournois et intéressé. Ambition uniquement matérielle, avidité, domination sans pitié.
Plan professionnel : les agents secrets, espions, sorciers, mineurs, escrocs...
Plan de la santé : les maladies vénériennes, les infections, la toxicomanie.
Son message : ne laissez pas la haine monter en vous, ne vous laissez pas envahir par la rancœur : tout pouvoir basé sur des sentiments négatifs est illusoire.

PUER : LE GARÇON

*
*
* *
*

Puer est une figure masculine et active, dispensatrice d'énergie indifférenciée et non maîtrisée. Sa force se situe au niveau du ventre, donc elle évoque une prépondérance du désir, de l'instinct de conquête et d'entreprise, de la puissance sexuelle.

Ces significations, qui montrent une agressivité totalement incontrôlée, ne semblent pas, sur le plan de la logique, totalement négatives : après tout, l'agressivité est un phénomène naturel, nécessaire à la survie de l'espèce dans bien des cas. Pourtant, *Puer* est considérée comme une figure mauvaise, parce que ces courants d'énergie, qui pourraient être fécondants, sont incontrôlés, donc dangereux.

Figure d'indépendance, elle évoque l'idée d'une liberté obtenue par n'importe quel moyen. Elle signe l'être rebelle aux lois, traditions et influences, allant de l'avant suivant ses instincts et son humeur — mais capable de courage et d'énergie. Elle est insoumise et enthousiaste, impulsive, irréfléchie, et intensément vivante.

En fait, il faut l'envisager comme une figure adolescente, donc encore incomplète, mais pleine de promesses, bonnes et mauvaises...

Plan spirituel : pas de résonance spirituelle.

Plan matériel : tous les lieux où des hommes sont réunis, pour la fête ou la guerre : places d'armes, bars, casernes, centres sportifs...

Plan intellectuel : ingéniosité, esprit vif.

Plan affectif : tendance à l'aventure, au libertinage, aux conquêtes sans lendemain.

Plan actif : les débuts, les commencements pleins de fougue, les actions impulsives et indisciplinées.

Plan professionnel : les rebelles, les militaires, les aventuriers et les sportifs.

Plan de la santé : hypertension, attaques, congestion, inflammations et fièvres, troubles génito-urinaires.

Son message : essayez de maîtriser votre énergie pour mieux l'utiliser.

PUELLA : LA FILLE

*
* *
*
*

Comme son nom l'indique, *Puella* est la figure de la féminité et de ses attributs : douceur, beauté, harmonie, grâce. Elle gouverne tout ce qui est plaisir de l'âme, des yeux, des sens ; elle a une résonance sensuelle et réceptive, sans violence ni passion. Assez passive dans ses significations, *Puella* est parfois inerte, immobile ; son moteur est le sentiment, son mouvement est guidé par une attirance plus que par un élan.

Elle symbolise la jeune fille pure, l'état de grâce de la jeunesse, la floraison des sentiments, les premiers battements du cœur qui prend conscience de ses émotions. Figure de sensualité, elle laisse deviner l'existence future d'une tentation à laquelle on n'a pas encore cédé. Elle représentera la fiancée plus que l'épouse.

Figure bénéfique mais passive, elle indique l'entente affective sans heurts, les sentiments partagés, les attirances romanesques.

Plan spirituel : pas de résonance spirituelle.

Plan matériel : tous les lieux qui concourent à la beauté, à l'harmonie, à l'esthétisme : instituts de beauté, boutiques de mode, de fleurs ou de cadeaux, galeries d'art...

Plan intellectuel : goût de la forme, sens artistique, souplesse d'esprit, adaptabilité... en bref ce sont les sens et les sentiments qui motivent l'intellectuel.

Plan affectif : tendresse, gentillesse, caractère paisible et dépendant de ceux qu'il aime.

Plan actif : peu de résonances car c'est une figure plutôt passive. Les activités artistiques, esthétiques.

Plan professionnel : les artistes : peintres, musiciens, poètes, et tous ceux qui exerçent une profession manuelle touchant à l'art et à la parure.
Plan de la santé : problèmes hormonaux, troubles de la croissance ou de l'appétit, de l'assimilation.
Son message : écoutez ce que vous dit votre cœur.

RUBEUS : LE ROUGE

* *
*
* *
* *

Une très bonne définition de *Rubeus* est donnée par Alain Le Kern : « une énergie puissante s'accumule dans les zones matérielle et instinctive, puis jaillit après un resserrement ». Sa signification n'est pas éloignée de celle de *Puer,* mais si *Puer* est une figure symbolisant une activité indépendante, individuelle, *Rubeus* est plus collective. On pourrait la comparer à un volcan qui explose, dégageant des traînées de lave détruisant tout sur leur passage. Avec *Rubeus* règnent guerre, conflits, batailles violentes, impulsives, sanglantes ; simplement, dans cet incendie non maîtrisé demeure le Feu créatif, primordial, l'étincelle de vie sans laquelle tout ne serait qu'ombre ; elle a donc un rôle important, faisant exploser les situations qui stagnent ; sauter les barreaux des prisons — du corps ou de l'âme.
Plan spirituel : le Feu qui détruit et purifie.
Plan matériel : les forges, les champs de bataille, les volcans, les incendies, les hauts fourneaux, les endroits arides et pierreux.
Plan intellectuel : raisonnement critique mais constructif, intelligence vive, créatrice, originale, imagination.
Plan affectif : pas de résonance affective.
Plan professionnel : toutes les professions qui touchent au sang ou à l'acier : boucher, chirurgien, forgeron, mécanicien... Puis les métiers militaires. Les ingénieurs, les conquérants, les révolutionnaires.
Plan actif : les luttes pour l'indépendance, les révoltes, les révolutions, les rébellions.
Plan de la santé : l'hypertension, les maladies à évolution rapide, les inflammations, les chocs et accidents — et en rapport avec les interventions chirurgicales, les opérations.
Son message : les choses ne peuvent pas durer comme elles sont, un bouleversement est imminent et il faut l'affronter sans perdre son sang-froid.

Sylvester Stallone dans « Rocky IV ». 1985. *(Christophe L.)*

ALBUS : LE BLANC

* *
* *
*
* *

Après *Rubeus* vient *Albus,* et après la guerre, la paix. *Albus* est la figure qui évoque le plus la tranquillité, l'apaisement, cet état de latence bien heureuse, de soulagement presque, que l'on ressent parfois dans la vie, entre deux orages. Mais cette paix n'est pas entièrement passive : elle est contemplative, méditative. Tout comme *Rubeus,* elle peut accomplir des prodiges et changer la face des choses, mais son mode d'action sera la *non-violence.*
Comme son nom l'indique, elle est figure de pureté, d'élévation, mais aussi de froideur, voire d'ascétisme ; il ne faut pas en attendre une aide concernant la réalisation d'un désir matériel ou affectif, car elle est éloignée de toute idée de conquête ou de possession.
Plan spirituel : l'élévation par le renoncement aux choses terrestres. L'homme tourné vers Dieu, ouvert aux influences d'en haut.
Plan matériel : les lieux isolés et paisibles, lacs, montagnes enneigées,

les jardins, les églises et monastères, tout ce qui est blanc : animaux, vêtements, etc.

Plan intellectuel : jugement calme, pondéré, esprit ouvert et paisible nourrissant des opinions modérées. Sens esthétique, goût de la réflexion, tolérance et prudence.

Plan affectif : pas de résonance directe : symbolise la chasteté.

Plan actif : peu de résonances, puisque symbolise le calme. À la rigueur, la résistance passive, la lutte pour préserver la paix.

Plan professionnel : les professions en rapport avec la religion ou l'art lorsqu'il est motivé et guidé par la spiritualité ; les commerçants en œuvres d'art. Les professeurs de relaxation, yoga, méditation.

Plan de la santé : troubles génito-urinaires, problèmes de vue, insuffisances respiratoires.

Son message : l'heure est au calme, à la réflexion, il faut en profiter pour récupérer des forces, mais rien ne se fera sans une écoute attentive des voix de la sagesse.

Burt Lancaster et Deborah Kerr dans « Tant qu'il y aura des hommes ». 1953. *(Christophe L.)*

CONJUNCTIO : LA RÉUNION

Conjunctio est en analogie avec les associations affectives ou professionnelles, donc avec les contrats, le mariage, l'entente qui naît ou qui revient après un différend. Cependant elle n'est pas, en elle-même, suffisante pour conclure et a besoin d'être soutenue par d'autres figures positives afin d'avoir une action durable.

En fait, c'est une figure à la croisée des chemins, qui indique la direction à prendre : celle de la communauté, de la solidarité, des efforts non plus solitaires mais convergents.

Son élément, la Terre, indique qu'elle se sent plus à l'aise dans le domaine du concret, du tangible ; les spéculations spirituelles et abstraites ne sont pas de son niveau.

Elle est également en analogie avec tout ce qui favorise les contacts —courrier, voire maintenant téléphone — et le dialogue ; c'est l'entremetteuse de la géomancie...

Plan spirituel : peu de résonances spirituelles, sinon l'union du haut et du bas, mais pour un résultat concret.

Plan matériel : les lieux de réunion, quel que soit leur but : mairies, écoles, collèges, universités, assemblées, maisons de la culture, etc.

Plan intellectuel : intelligence habile et adaptable, diplomatie, éloquence, sens des nuances, mais peu de profondeur.

Plan affectif : forte résonance sur ce plan : mariage, rencontres, réconciliations.

Plan actif : les actions convergentes, qui visent à rapprocher, rassembler, harmoniser ; les associations, les entreprises collectives guidées par un même but.

Plan professionnel : toutes les professions littéraires : éditeurs, écrivains, libraires ; les conférenciers, professeurs, avocats, médecins... Et tous les intermédiaires.

Plan de la santé : maladies gynécologiques ou sexuelles, troubles gastro-intestinaux.

Son message : la solution des problèmes n'est pas dans la solitude mais dans le mouvement vers autrui : il faut faire les premiers pas sans hésiter.

CARCER : LA PRISON

*
* *
* *
*

Carcer est l'exemple typique d'une figure traditionnellement considérée comme néfaste, et comportant cependant des significations positives d'une importance fondamentale. Sa dénomination la plus courante, **la prison**, évoque l'homme derrière des barreaux, immobilisé, rendu passagèrement inefficace. Mais le dessin circulaire de *Carcer* fait également penser à un œuf, à un monde clos, imperméable et insensible aux climats extérieurs, donc protégé.

Indisponible, centrée sur son économie intérieure, *Carcer* est invulnérable : elle a un sens de protection, de conservation, de repos forcé.

En outre, son immobilité préserve le futur en germination, tout comme à l'intérieur de l'œuf existe déjà le poussin. Cette figure a donc pour signification principale une vie cachée, enfermée, protégée ; lorsque les forces engrangées seront devenues assez puissantes, elles briseront la coquille et ce sera la libération.

Plan spirituel : peu de résonances : la lumière ne pénètre pas dans une prison.

Plan matériel : les lieux clos : prisons, forteresses, tribunaux, bunkers, cavernes et, dans un certain sens, les hopitaux et cliniques, les hospices, asiles, etc.

Plan intellectuel : grande force de concentration, goût de l'analyse, de la recherche solitaire, don pour les sciences, la méditation, la philosophie, mais parfois sectarisme.

Plan affectif : mélancolie, froideur, incompréhension, solitude forcée, séparation.

Plan actif : ne permet que les recherches longues, solitaires, la concentration.

Plan professionnel : les geôliers, spéléologues, géologues, fossoyeurs, ingénieurs des mines, chercheurs, certaines professions hospitalières.

Plan de la santé : constipation, refroidissements, rhumatismes, chutes et fractures.

Son message : la précipitation ne servirait qu'à vous enterrer davantage. Sachez attendre sans vous laisser décourager, rassemblez vos forces en vue d'une action future.

Picasso : Carte postale éditée en faveur des prisonniers politiques espagnols. 1957. *(Soazig/Explorer archives)* © *SPADEM, 1991.*

FORTUNA MAJOR : LA GRANDE FORTUNE

* *
* *
*
*

Fortuna major est la privilégiée, la seule parmi les figures à être entièrement bénéfique, à ne pas comporter la plus petite parcelle de mal. Son dessin qui évoque une ouverture, une plénitude aux étages affectif et cérébral, la met en rapport avec les grandes entreprises, les triomphes inespérés, les sentiments nobles : elle ne règne, comme son nom l'indique, que sur le majeur — le plus grand, le plus haut.

Son tirage dans le thème géomantique indique une réussite totale dans la maison considérée : sa présence démontre que le moment est venu de tenter la chance, de courir des risques, sans plus hésiter ni tergiverser. Elle évoque une force tranquille, une énergie consciente, persévérante et bien canalisée, le scrupule, l'honnêteté, la bonté et la générosité.

Les succès qu'elle implique sont solides, durables et mérités ; elle a en outre un sens d'ouverture à ce qui est bon et harmonieux, d'arrivée de la chance, donc de fin des ennuis.

Plan spirituel : l'esprit réceptif au bien, l'homme pénétré par les influences positives.

Plan matériel : les trésors, les cadeaux, les châteaux et palais, tous les endroits où règnent... ordre et beauté, luxe, calme...
Plan intellectuel : grande ouverture d'esprit, sens de la justice et objectivité.
Plan affectif : sentiments partagés, union heureuse, réalisation des désirs, affections sincères et durables.
Plan actif : les entreprises risquées nécessitant courage et ambition, les grandes aventures humaines.
Plan professionnel : les rois, chefs d'état, grands directeurs de grandes entreprises, les nobles, les ambassadeurs, toutes les professions honorifiques, les personnes célèbres de façon durable.
Plan de la santé : anémies, maladies cardiaques.
Son message : vous êtes dans la bonne voie, continuez, et ne doutez de rien.

FORTUNA MINOR : LA PETITE FORTUNE

*
*
* *
* *

Cette figure est impulsive, imprévue dans ses manifestations et son influence est ambiguë : si elle apporte le succès à ceux qui recherchent une réussite matérielle, concrète, si elle soutient ceux qui courent après le pouvoir, l'autorité et la gloire dans ce qu'ils ont de plus superficiel, elle n'implique ni profondeur ni durée : elle donne un coup de pouce, pas un coup de main.
Fortuna minor joue néanmoins un rôle utile car elle apporte une possibilité de réussite, qui servira celui qui saura saisir la chance : mais qu'il se méfie toujours, qu'il pense que rien n'est éternel, et que le problème des sommets, c'est qu'un jour ou l'autre il faut en redescendre.
Fortuna minor est une figure de luxe, de richesse, mais dans le sens tape-à-l'œil ; elle manque d'authenticité, de qualités profondes : elle bluffe.
La mépriser, la considérer comme négative en tout serait dommage : les petits ruisseaux font les grandes rivières... Et une petite chance vaut mieux que rien du tout.
Plan spirituel : pas de résonance spirituelle.
Plan matériel : les lieux concernés sont à peu près les mêmes que ceux de *Fortuna major* — mais en faux, en factice, en plaqué... Puis les joyaux, les bijoux.
Plan intellectuel : esprit large, cultivé mais de façon superficielle ; autorité, besoin de convaincre, spontanéité, peu de réflexion.
Plan affectif : affections sans durée, coups de foudre, instabilité sentimentale.
Plan actif : les entreprises nécessitant de l'audace, de l'entregent, voire du « culot ». Les « coups de force », conquêtes sans lendemain.
Plan professionnel : les chefs militaires, et tous les métiers qui amènent à graviter autour du pouvoir.
Plan de la santé : troubles mentaux, douleurs dorsales et cervicales.
Son message : si la chance passe, saisissez-la aux cheveux, mais il faudra la laisser repartir.

La fortune. Gravure de Mariller. 19e siècle. Bibliothèque des arts décoratifs. *(J.-L. Charmet.)*

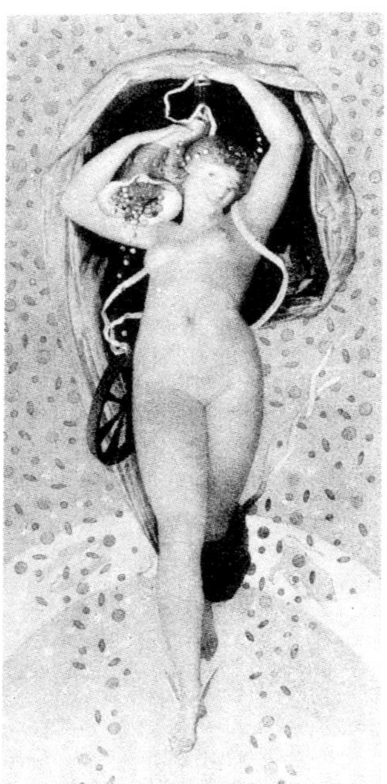

LAETITIA : LA JOIE

Laetitia est la figure qui symbolise la joie de vivre, le bonheur, la gaieté, dans un sens de progrès durable, comme si elle disait « le succès, le bien-être sont là, mais ne craignez rien, vous aurez le temps d'en profiter et de les faire fructifier ».

Cappiello : affiche pour le café Martin. 1921. *(Giraudon)*

Fondamentalement bénéfique, *Laetitia* apporte un règne d'abondance, de plénitude, de plaisir dont chacun peut jouir sans remords ni arrière-pensées. Foin des soucis et des humeurs moroses ! voici venu le temps de rire, d'être heureux, le temps de l'épanouissement et de l'euphorie.

Tous les plans de l'existence sont concernés par ce climat positif : les sentiments sont partagés, vécus dans la joie ; la santé florissante, les entreprises couronnées de succès — et ceci sans trop d'efforts, car il est un temps pour tout sur cette terre, et avec *Laetitia*, le baromètre est au beau fixe.

Plan spirituel : peu de résonances : il ne s'agit pas d'une figure très profonde mais chaleureuse, un peu enfantine. Cependant Jésus a dit : « Bienheureux les simples d'esprit » et « laissez venir à moi les petits enfants, car le royaume des cieux leur appartient. »

Plan matériel : les lieux d'amusement et de plaisir : parcs d'attractions, centres de vacances, jardins d'agrément, et puis tous les endroits aérés, lumineux, harmonieux. Enfin, les lieux de rencontre de la jeunesse.

Plan intellectuel : un peu d'insouciance et de paresse, un zeste de superficialité, mais tout plein de gentillesse, de compréhension, de serviabilité.

Plan affectif : la joie d'aimer. Concordance des désirs et des sentiments, loyauté, confiance méritée.

Plan actif : évoque plus les distractions que le travail, mais amène le succès, l'élévation, le progrès.

Plan professionnel : les professionnels des loisirs, les employés d'industries ou de commerces de luxe, les hôteliers, restaurateurs. Le haut clergé.

Plan de la santé : tous les troubles organiques dus à des excès de nourriture ou de boisson : foie, circulation, digestion...

Son message : tout va bien, laissez-vous vivre !

TRISTITIA : LA TRISTESSE

Il y a une ressemblance évidente entre le dessin de *Tristitia* et un puits, un abîme. Le point isolé dans le bas peut aussi évoquer un écrasement, un homme accablé sous le poids des événements négatifs auxquels il ne voit pas d'issue. C'est la défaite, le découragement, la tristesse en tant qu'état quasi permanent, ainsi que la fatigue, la déperdition des énergies, d'où une analogie avec la dépression dans le sens médical du terme.

En analogie avec l'ombre et l'obscurité, *Tristitia* évoque les idées noires, les crépuscules intérieurs, les tunnels dont on ne voit pas le bout. Matériellement elle indique de longues périodes d'ennuis et de désagréments, qu'une attitude négative accentue évidemment. Affectivement elle est en rapport avec les séparations douloureuses, les arrachements : c'est la figure des abandonnés, des victimes — parfois consentantes, attention au masochisme...

Plan spirituel : l'homme qui se croit abandonné par le ciel.

Plan matériel : puits, crevasses, ravins, fossés, oubliettes... Les avalanches, les écrasements, les effondrements.

Plan intellectuel : esprit pénétrant, perspicace, intérêt pour l'occulte et les choses cachées, tendance à l'angoisse.

Plan affectif : les périodes de solitude engendrant la dépression, les frustrations sexuelles, la froideur éprouvée ou subie.

Plan actif : les défaites, le chômage, les faillites.
Plan professionnel : les moines, les puisatiers, mineurs et terrassiers, mais aussi les savants, le personnel des laboratoires, les occultistes sans but spirituel.
Plan de la santé : les dépressions nerveuses, l'anémie, la paralysie, les rhumatismes de toutes sortes, les maladies de l'âge mûr.
Son message : « Celui qui a perdu l'argent n'a rien perdu ; celui qui a perdu l'amour a perdu quelque chose ; celui qui a perdu le courage a tout perdu. »

ACQUISITIO : LE GAIN

```
* *
 *
* *
 *
```

Le dessin d'*Acquisitio* montre l'étage matériel et l'étage spirituel ouverts aux influences supérieures. C'est à la fois une figure de réception, de jouissance et de conservation, qui symbolise tout ce que l'homme peut acquérir, tout ce qu'il peut posséder, garder, tout ce dont il peut jouir et profiter.
Acquisitio est considérée comme la figure qui apporte les satisfactions matérielles et la sécurité ; cependant, son symbolisme ne s'arrête pas là : en effet elle a un contenu plus abstrait. Représentant les acquisitions de l'homme, elle peut dans certaines circonstances évoquer les possessions spirituelles : une plus grande sagesse, un cœur plus ouvert, des sentiments plus nobles. En fait, elle évoque autant les biens du corps que les biens de l'âme, et montre toujours un progrès, une amélioration, un gain supplémentaire, quelle que soit la question posée.
Plan spirituel : l'énergie mentale utilisée par l'homme pour progresser et s'améliorer.
Plan matériel : tous les lieux où l'on brasse de l'argent : banque, bourse, loteries, etc. Les héritages, les gains ; puis les lieux bénéfiques pour l'homme, son bien-être et sa guérison éventuelle : sanatoria par exemple, maisons de repos.
Plan intellectuel : esprit tolérant, conciliant, généreux, peu porté sur la critique. Sens du commerce, sens pratique.
Plan affectif : progrès, rapprochement, fidélité.
Plan actif : les entreprises concrètes qui progressent lentement mais sûrement.
Plan professionnel : tous les métiers de la finance et du barreau.
Plan de la santé : troubles hépathiques, embonpoint, congestions ou attaques.
Son message : la chance vous aide à progresser ; profitez du temps des vaches grasses...

AMISSIO : LA PERTE

```
 *
* *
 *
* *
```

Cette figure traditionnellement négative représente non pas le manque mais la perte de ce que l'on possède. C'est la pente descendante du sommet, le revers de la médaille, le temps des vaches maigres.
Le symbolisme d'*Amissio* étant, comme celui de sa figure jumelle, essentiellement concret, la restriction qu'elle indique sont d'ordre surtout matériel : dilapidation des biens, certes, mais due autant à la malchance qu'à une gestion déraisonnable ou des risques mal calculés. En bref, c'est celui qui a vu trop grand qui sera victime d'*Amissio*.
Une autre signification touche au plan professionnel : là il s'agit d'échec — à un examen parce qu'on l'a mal préparé, dans une situation parce que son détenteur n'est pas « à la hauteur ».

En analogie avec les régressions, le vide, la dispersion, *Amissio* indique une mauvaise utilisation de l'énergie, une déperdition des forces vives, au moral comme au physique, ce qui explique qu'elle n'est pas de bon augure pour la santé.

Plan spirituel : la dissolution des énergies.

Plan matériel : les lieux où règne la pauvreté : bidonvilles, quartiers miséreux, terres stériles, ruines. Les intempéries.

Plan intellectuel : esprit brouillon, manque de réalisme, tendance à tricher, à mentir, aux autres ou à soi-même.

Joseph Hemard : Almanach de la loterie. 1937. Collection particulière. *(J.-L. Charmet) © SPADEM, 1991.*

Carte de vœux hongroise. 1911.
Collection particulière.
(J.-L. Charmet.)

Gustave Doré : « La laitière et le pot au lait. » Illustration des fables de La Fontaine. 19e siècle.
(J.-L. Charmet.)

Plan affectif : la perte de la personne aimée, par éloignement, séparation ou deuil.
Plan actif : les entreprises nébuleuses, les risques inconsidérés, les escroqueries ou détournements de fonds.
Plan professionnel : les joueurs professionnels, voleurs et escrocs, puis (drôle de coïncidence !) les agents du fisc, contrôleurs, huissiers, etc.
Plan de la santé : troubles nerveux et psychiques, maladies pulmonaires.
Son message : vous allez trop loin dans la poursuite de vos désirs, arrêtez-vous avant qu'il ne soit trop tard.

Les quinze maisons géomantiques

La géomancie n'est pas le seul art divinatoire à faire appel à la notion de maisons puisque l'astrologie et le « grand tirage » du tarot les utilisent également. Au nombre de douze, les maisons ont toujours la même signification, aussi conseillons-nous au lecteur de se reporter au chapitre concernant l'astrologie afin d'en avoir la signification détaillée. Nous n'en donnons ici qu'un résumé, assorti des informations particulières à la géomancie, en particulier l'existence des trois maisons supplémentaires XIII, XIV et XV.
Maison I : le tempérament. En géomancie la figure en maison I donne des renseignements sur le consultant, ses motivations, sa foi en son projet, ou ses doutes.
Maison II : les gains.
Maison III : l'entourage, la communication, les échanges.
Maison IV : le foyer.
Maison V : les enfants, les plaisirs, l'amour.
Maison VI : le travail, la santé.
Maison VII : l'union, le conjoint, les associations.
Maison VIII : les transformations matérielles ou spirituelles.
Maison IX : les voyages, les études.
Maison X : la réussite, la vie publique.
Maison XI : les amitiés et les projets.
Maison XII : la solitude, les épreuves.
Maison XIII : **le Témoin du passé** : les trois dernières maisons, que l'on inaugure avec le « Témoin du passé » sont sans analogie avec l'astrologie. Propres à la géomancie elles ne sont utilisées que dans son étude.
La maison XIII indique la couleur des choses passées, et l'influence que celles-ci peuvent avoir sur la personne qui pose la question.
Maison XIV : **le Témoin du futur** : elle représente le devenir du sujet et des préoccupations qu'il évoque et ressent. La réussite ou l'échec de la question posée sont de son ressort. En bref, elle donne une réponse sur la façon dont les choses vont évoluer.
Maison XV : **le Juge** : cette dernière maison est celle du résultat général plus que la réponse à la question. On y trouve, en fait, l'interaction de l'homme et du monde qui l'entoure. Elle donne la synthèse du problème. Son interprétation est délicate et doit varier en fonction de la question — affective, matérielle ou philosophique. Dans le premier cas elle indiquera la valeur réelle de l'attachement ; dans le second l'utilité de l'acquisition ou de la réussite ; dans le dernier l'évolution possible.

LES FIGURES DANS LES MAISONS

Via

Via en maison I : Grande activité mentale ; favorable à celui qui souhaite un voyage. Celui qui pose la question est indécis, incertain ; ses projets risquent d'échouer par manque de persévérance et d'énergie.
Via en maison II : Beaucoup de mouvements d'argent pour peu de résultats. Embarras financiers, hésitations nuisibles au bon développement des affaires.
Via en maison III : Les nouvelles que l'on attend seront différées, retardées. Des déplacements permettent de rencontrer des personnes de la famille ou de l'entourage.
Via en maison IV : Changements de résidence, éloignement. Opérations immobilières retardées. Instabilité familiale, incertitude.
Via en maison V : Instabilité sentimentale, caprices, sentiments incertains. Éloignement d'un enfant.
Via en maison VI : Maladie dont le diagnostic est difficile à établir, l'évolution lente. Possibilité d'erreur dans le diagnostic.
Via en maison VII : Union ou association retardée, procès qui traînent. Départ ou éloignement passager du conjoint.
Via en maison VIII : Héritage difficile à toucher, voyage provoqué par un deuil. Bon pour les recherches d'ordre occulte.
Via en maison IX : Grand voyage, départ important. Spéculations élevées sur le plan intellectuel, voyage d'études. Bonne position pour les étudiants : annonce des examens réussis.
Via en maison X : La réussite professionnelle est assujettie à des efforts permanents : persévérance nécessaire.
Via en maison XI : Amis éloignés ou séparation amicale due à un changement de résidence.
Via en maison XII : Hospitalisation pour effectuer un diagnostic, mise en observation.
Via en maison XIII : Voyage profitable. Indique que les choses sont en train de changer, que l'incertitude se termine.
Via en maison XIV : Fortune. Renaissance d'un espoir. De toutes façons, les choses évoluent, mais lentement.
Via en maison XV : Issue heureuse mais qui se fera attendre : nécessité de laisser les événements, les sentiments évoluer à leur rythme sans rien précipiter.

Scène finale des « Temps modernes ». Charlot et Paulette Godard. *(Christophe L.)*

Populus

Populus en maison I : L'état d'esprit et les motivations du consultant ne sont pas nets : il est rempli d'idées contradictoires et trop influencé par l'opinion d'autrui.
Populus en maison II : Opérations boursières. Risque de dilapidation, de prêts imprudents.
Populus en maison III : Nombreux petits déplacements en groupe ; réunions, grand mouvement dans l'entourage du questionneur.

Populus en maison IV : Les projets immobiliers dépendent de l'extérieur, et le résultat en est incertain. Peut indiquer une vie communautaire ou une grande réunion familiale.
Populus en maison V : Beaucoup d'enfants, jumeaux, possibilité d'enfant hors mariage. Création artistique populaire. Vie sentimentale instable, engouements de peu de durée.
Populus en maison VI : Travail quotidien mettant en rapport avec la foule, le public, et en dépendant.
Populus en maison VII : Associations, contrats mettant en cause un grand nombre de personnes. Hostilité du public par rapport au questionneur, ennemis nombreux mais connus.
Populus en maison VIII : Mort dans un accident collectif. Réunion de personnes au sujet d'une mort (enterrement populaire).
Populus en maison IX : Grand voyage effectué en groupe, pour un laps de temps assez court, dans un but intellectuel ou culturel. Foi influençable et incertaine : indique ceux qui « retournent leur veste ».
Populus en maison X : Réussite sociale dépendant de l'opinion populaire, célébrité, honneurs ; mais avec cette position les caprices de la foule déterminent la durée des succès.
Populus en maison XI : Beaucoup d'amis sur lesquels il vaut mieux ne pas trop compter ni s'appuyer. Flatterie.
Populus en maison XII : Accidents ou danger par l'eau.
Populus en maison XIII : Fin d'une situation de dépendance ou d'une vie collective.
Populus en maison XIV : Incertitude quant au résultat des entreprises, confusion générale, actions entravées ou influencées par l'opinion publique, dépendance.
Populus en maison XV : Négatif pour toute entreprise individuelle mais favorable pour une activité populaire.

Léon Frédéric : Les âges de l'ouvrier : les jeunes. Musée d'Orsay. *(Giraudon)/Droits réservés.*

Caput draconis

Caput draconis en maison I: Bonne forme physique et morale, équilibre. Les motivations du questionneur sont claires et loyales, ses idées sont bonnes et promises à une heureuse réalisation.
Caput draconis en maison II: Augmentation méritée des revenus, acquisitions fructueuses, placements sains.
Caput draconis en maison III. Contacts fructueux avec l'entourage, conversations enrichissantes, échanges culturels intéressants.
Caput draconis en maison IV: Transactions immobilières saines et profitables. Résidence stable et bénéfique. Si la question concerne un changement de domicile, celui-ci sera favorable au questionneur.
Caput draconis en maison V: Chance au jeu. Affection loyale et partagée, rencontre agréable. Si la question concerne une naissance, celle-ci aura lieu prochainement. Bonne entente avec les enfants.
Caput draconis en maison VI: Si le questionneur est malade, il trouvera un médecin compétent et des remèdes efficaces.
Si le questionneur envisage un changement professionnel celui-ci sera favorable et se produira bientôt.
Caput draconis en maison VII: Gain lors d'un procès, associations bénéfiques. Mariage heureux, promesses tenues.
Caput draconis en maison VIII: Legs ou héritage. Protection occulte ou révélation sur ce plan. Guérison d'un malade ou mort paisible.
Caput draconis en maison IX: Grands voyages heureux, bénéfiques sur le plan intellectuel.
Succès dans de hautes études.
Caput draconis en maison X: Réussite sociale méritée; sujet provoquant l'estime et l'admiration de son entourage. Promotion, progrès très proches.
Caput draconis en maison XI: Amitiés solides et sûres; retour d'un ami. Clientèle fidèle, réalisation proche d'un projet.
Caput draconis en maison XII: Pardon pour les ennemis. Obstacles franchis, difficultés éclaircies.
Caput draconis en maison XIII: Influence heureuse des expériences passées, souvenirs agréables.
Caput draconis en maison XIV: Espoirs concrétisés, bonne fortune, grands progrès dans la réalisation désirée.
Caput draconis en maison XV: Par ses qualités, le questionneur obtiendra de puissants appuis du monde extérieur; ses actions seront jugées avec bienveillance; position surtout favorable pour un travail intellectuel, une connaissance spirituelle, une évolution mentale.

Cauda draconis

Cauda draconis en maison I: Indique soit la mauvaise foi du consultant, l'hypocrisie ou la fausseté de son attitude et de sa pensée dans la question posée; soit que l'entreprise envisagée est nuisible dans son organisation comme dans ses résultats. Un moment de dépression est également envisageable de la part du consultant: en fait il convient de savoir si l'état d'esprit fourbe et malveillant typique de Cauda draconis est chez lui un état passager ou permanent. Celui qui consulte a tout intérêt, devant ce résultat, à abandonner le projet en question.

Cauda draconis en maison II : Entreprise financière déraisonnable, escroquerie, vol ou trahison possibles.
Cauda draconis en maison III : Nouvelles fausses, tromperie dans une conversation ou un courrier, médisance et calomnie de la part de personnes proches.
Cauda draconis en maison IV : Scandale ou trahison familiale, tromperie venant des parents ou hérédité nuisible à la réputation : la mauvaise action d'un parent peut entraîner des ennuis pour le questionneur.
Cauda draconis en maison V : Trahison venant d'un enfant, actes répréhensibles (vol, escroquerie) de celui-ci.
Tromperie en amour.
Cauda draconis en maison VI : Trahison dans le travail, fausseté, calomnie d'un collaborateur jaloux.
Cauda draconis en maison VII : Tromperie venant d'un associé. Adultère, fausseté de l'époux ou de l'épouse.
Cauda draconis en maison VIII : Perte d'un héritage, d'un legs ou d'un patrimoine par suite de manœuvres frauduleuses. Dépouillement.
Cauda draconis en maison IX : Grands dangers au cours d'un voyage : risque d'être trahi ou volé. Études et recherches malsaines, dangereuses pour l'équilibre.
Cauda draconis en maison X : Échec professionnel dû à des manœuvres malhonnêtes.
Cauda draconis en maison XI : Faux amis, qui se dérobent lâchement lorsqu'on fait appel à eux.
Cauda draconis en maison XII : Grande épreuve provoquée par une trahison. Le questionneur peut être victime d'une agression nocturne ou d'une erreur judiciaire.
Cauda draconis en maison XIII : Des trahisons, des duperies ont entravé les projets.
Cauda draconis en maison XIV : La poursuite du but souhaité risque de provoquer une catastrophe générale. Échec, malheur.
Cauda draconis en maison XV : Même si un succès est obtenu, il porte en lui sa punition ; pour l'éviter il faut abandonner les projets en question.

Puer

Puer en maison I : Indique que le consultant est plein d'énergie, de fougue et d'enthousiasme, mais peut faire douter de la maturité de ses projets. Ceux-ci risquent de correspondre à un emballement passager, et le plus grand désordre se mêle à leur réalisation.
Puer en maison II : Risques inconsidérés dans le domaine financier.
Puer en maison III : Disputes avec frères et sœurs, actes de violence, « gaffes » verbales. Petit déplacement inattendu ; possibilité d'accident minime, d'écorchure, de blessures.
Puer en maison IV : Foyer en désordre, disputes familiales.
Puer en maison V : Attirances affectives sans lendemain. Petites ruptures. En cas de grossesse, naissance d'un garçon.
Puer en maison VI : Ambiance difficile dans le travail quotidien, désordre et indiscipline, instabilité professionnelle. Positif pour un travail d'ordre sportif ou hyperactif.

Puer en maison VII : Manque de maturité du conjoint, engendrant des difficultés, des chicanes... Voire des coups. Discussions avec les associés.
Puer en maison VIII : Conflits à propos d'un héritage. Mort violente ou accidentelle dans l'entourage, mort d'un ennemi.
Puer en maison IX : On se bat pour des idées, avec fanatisme et intolérance. Dispute ou bataille au cours d'un voyage, conflit avec des étrangers.
Puer en maison X : Il y a risque de conflits, de rivalités pour un emploi, un pouvoir. Situation instable, menacée.
Puer en maison XI : Amis impulsifs, indépendants, voire rebelles.
Puer en maison XII : Menace d'accident engendrant une hospitalisation. Blessures, rixes : on en vient aux mains. Opération chirurgicale.
Puer en maison XIII : L'impulsivité, l'imprévoyance, le manque de maturité du questionneur sont nuisibles à la poursuite de ses objectifs.
Puer en maison XIV : Succès obtenu grâce au courage, à l'énergie ; rivaux nombreux.
Puer en maison XV : La poursuite aveugle des désirs ne donnerait rien de bon : la tempérance est nécessaire à un bon résultat, tout comme le courage, et autant que celui-ci.

Philippe de Champaigne :
« Les enfants Habert de Montmort. »
Musée des beaux-arts de Reims.
(Giraudon.)

Puella

Puella en maison I : Le projet conçu apportera de l'agrément. Le consultant est sincère, affable, aimable ; ses motivations sont essentiellement affectives. Bonne santé, équilibre, harmonie.

Puella en maison II : Marque des dépenses d'ordre esthétique, ou distractif : vêtements, bijoux, œuvres d'art, etc.
Puella en maison III : Démarches sentimentales promises à un succès ; promenade ou déplacement agréable pour des raisons affectives.
Puella en maison IV : Entente familiale. Décoration nouvelle, amélioration du « home », confort accru.
Puella en maison V : Fiançailles, promesses agréables. Gains par des spéculations intelligentes. En cas de grossesse : naissance d'une fille.
Puella en maison VI : Maladies féminines sans gravité. Travail quotidien mettant en rapport avec des femmes ou en nécessitant une bonne connaissance.
Puella en maison VII : Couple heureux, engagements bénéfiques, associations vécues dans un climat amical. Possibilité d'influencer les adversaires, de charmer les ennemis.
Puella en maison VIII : Mort d'une amie ou d'une amitié.
Puella en maison IX : Liaison sentimentale au cours d'un voyage. Sentiments religieux sincères. Affection pour des étrangers.
Puella en maison X : Réussite artistique. Protection d'une femme.
Puella en maison XI : Amitiés féminines heureuses, clientèle féminine, appuis et soutiens positifs, projets qui aboutiront.
Puella en maison XII : Maladie ou hospitalisation d'une amie, d'une sœur, d'une jeune fille. Liaison cachée. Convalescence bénéfique.
Puella en maison XIII : Indique le rôle important des sentiments dans la question posée, ainsi que l'influence d'une jeune fille.
Puella en maison XIV : Réussite obtenue par des moyens conciliants. Protège contre les dangers à venir.
Puella en maison XV : Réalisation heureuse, surtout dans le domaine sentimental, mais sans réelle profondeur.

Rubeus

Rubeus en maison I : Le questionneur est entreprenant, son but est une conquête faisant appel à la force et tenant peu compte d'autrui. La réalisation des projets en cours provoquera des disputes et des conflits.
Rubeus en maison II : Situation matérielle instable : gains suivis de pertes, le plus souvent par cause d'impulsions malheureuses et d'un manque de coordination.
Rubeus en maison III : Querelle avec des personnes de l'entourage. Écrits agressifs. Révoltes estudiantines.
Rubeus en maison IV : Violences familiales, voies de fait. Grave perte familiale, ruine immobilière.
Rubeus en maison V : En cas de grossesse, risque d'avortement. Rupture sentimentale. Dispute avec un enfant.
Rubeus en maison VI : Perte de travail due à un comportement agressif ou violent. Blessure par accident.
Rubeus en maison VII : Tromperie du conjoint provoquant des violences ou un scandale. Divorce. Procès perdus, engagements rompus.
Rubeus en maison VIII : On apprendra une mort violente, un suicide, qui peuvent concerner directement le questionneur. Lutte et contestations pour obtenir un héritage.

Rubeus en maison IX : Danger d'accident au cours d'un voyage ; le questionneur peut se trouver dans un pays en révolution, dans une manifestation dangereuse.
Rubeus en maison X : Bataille gagnée après de durs combats et beaucoup de dégâts.
Rubeus en maison XI : Rupture violente avec le cercle amical.
Rubeus en maison XII : Opération chirurgicale. Action violente ou criminelle, condamnation, scandale. Risque d'attentat.
Rubeus en maison XIII : La violence passée risque d'avoir des répercussions négatives sur la question posée.
Rubeus en maison XIV : L'agressivité, le manque de contrôle du sujet seront cause de son malheur et de l'échec de ses projets.
Rubeus en maison XV : Le projet est condamné, il est conseillé de l'abandonner tout de suite, à moins qu'il ne s'agisse d'une entreprise guerrière imposée, à laquelle le questionneur ne peut se soustraire ; indique dans ce cas qu'il devra faire face à de grands dangers.

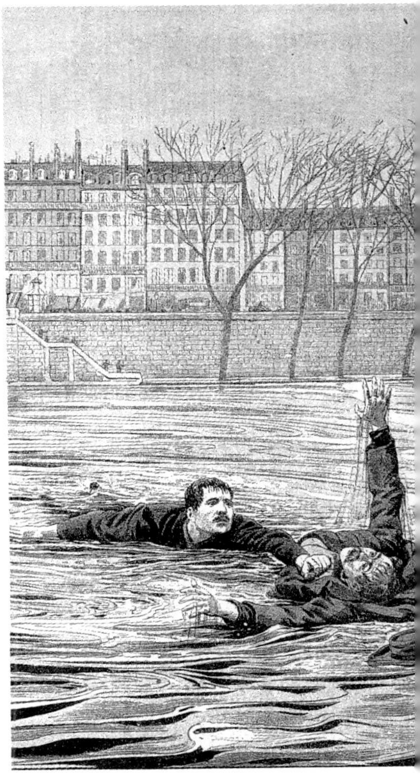
Sauvetage d'un noyé. Le Petit Journal, mars 1906. *(J.-L. Charmet.)*

Albus

Albus en maison I : Cette position indique que les motivations du questionneur sont loyales. Les projets ont de grandes chances d'aboutir paisiblement, sans heurts, et leur réalisation sera profitable à tout le monde.
Albus en maison II : Bon équilibre entre les gains et les dépenses.
Albus en maison III : Période de tranquillité dans les rapports avec l'entourage.
Albus en maison IV : Stabilité du foyer et de la résidence.
Albus en maison V : Paix avec les enfants. Amour sincère, probablement platonique.
Albus en maison VI : Grande stabilité dans le travail quotidien, bonne entente avec les collaborateurs.
Albus en maison VII : Sérénité dans la vie conjugale, fidélité, mais possibilité de frustrations sexuelles. Procès réglés à l'amiable.
Albus en maison VIII : Si la question concerne une mort, celle-ci n'aura pas lieu ou sera paisible.
Albus en maison IX : Voyage ne posant pas de problèmes, bien qu'Albus incite plutôt à rester chez soi.
Albus en maison X : Succès mérité, discret.
Albus en maison XI : Accentue le côté platonique des sentiments : désintéressement, générosité, compréhension. Protections durables.
Albus en maison XII : En cas de maladie, guérison lente mais sûre.
Albus en Maison XIII : Les expériences passées porteront leurs fruits.
Albus en maison XIV : Quelle que soit la question, indique que le questionneur va trouver paix et sérénité.
Albus en maison XV : De bon augure si la question est d'ordre spirituel ; autrement, recommande le détachement, appelle au calme : la réussite en dépend.

Conjunctio

Conjunctio en maison I : Le consultant songe à un rapprochement ou une association ; ses idées pour y parvenir sont ingénieuses. Il parviendra au résultat souhaité grâce à sa subtilité et à sa diplomatie, mais avec un léger retard.

Conjunctio en maison II : Association financière bénéfique pour le consultant.

Conjunctio en maison III : Nouvelles agréables, rendez-vous, conversations intéressantes.

Conjunctio en maison IV : Favorable à un changement de résidence s'il vise à se rapprocher de quelqu'un. Possibilité de début d'une vie commune.

Conjunctio en maison V : Mise en commun des dons et possibilités en vue d'une création artistique. Fiançailles.

Conjunctio en maison VI : Nécessité pour le consultant d'obtenir une aide, un soutien, dans son travail, sa vie quotidienne ou sa santé.

Conjunctio en maison VII : Procès gagné. Mariage, union, projet d'association.

Conjunctio en maison VIII : Héritage pour le conjoint. Mariage avec un veuf ou une veuve.

Conjunctio en maison IX : Heureux retour de l'absent. Voyages nombreux. Mariage avec un étranger ou une étrangère.

Conjunctio en maison X : La réussite est favorisée par une association d'ordre matériel ou affectif.

Conjunctio en maison XI : Grandes joies par les amis, association ou partage d'une clientèle.

Conjunctio en maison XII : Hostilité et controverses.

Conjunctio en maison XIII : Aide et soutien dans l'affaire en question.

Conjunctio en maison XIV : Heureuse réalisation quant à la question posée, surtout si elle concerne une association.

Conjunctio en maison XV : Indique que rien de définitif ne peut s'accomplir sans une aide, un appui extérieur.

Michel Garnier : Le contrat de mariage. 18e siècle. Musée Carnavalet. *(Giraudon.)*

Carcer

Giorgio Ghisi : Allégorie de la Fortune. 16e siècle. *(Lausat/Explorer archives.)*

Carcer en maison I : Le questionneur a de grandes qualités de concentration et d'intelligence, mais il a du mal à y voir clair, se laisse décourager et se renferme sur lui-même. Le projet conçu n'est pas condamné mais sa réalisation souffrira de nombreux retards et complications.
Carcer en maison II : Avarice et thésaurisation, secrets conservés, biens jalousement gardés.
Carcer en maison III : Mauvaises nouvelles d'un frère ou d'une sœur, empêchements au sujet d'un déplacement. L'étudiant peut réussir un examen après une longue et difficile préparation.
Carcer en maison IV : Ambiance étouffante, foyer ressenti comme une prison. En cas de transaction immobilière, blocage des tractations.
Carcer en maison V : Enfants difficiles posant des problèmes. Liaison cachée. Spéculations malheureuses, perte au jeu.
Carcer en maison VI : Maladie obligeant à une immobilisation. Labeur pénible et solitaire. Chômage, inaction forcée.
Carcer en maison VII : Le mariage ou l'association sont ressentis comme pénibles et contraignants. Procès mal engagé ou bloqué. Contrainte légale, divorce impossible.
Carcer en maison VIII : Héritage impossible à toucher. Si la question concerne la santé, risque pour le sujet lui-même.
Carcer en maison IX : Voyages empêchés, et de toute façon à déconseiller, car le consultant risque de se trouver bloqué à l'étranger.
Carcer en maison X : Obstacle, arrêt dans l'élévation professionnelle : le consultant se sent bloqué, coincé, impuissant. Favorable en revanche aux métiers de la recherche scientifique : la valeur d'une découverte, après de nombreux retards, va être reconnue.
Carcer en maison XI : Amis éloignés. Absence de soutien. Projets empêchés, retardés.
Carcer en maison XII : Hospitalisation longue et pénible. Solitude complète, liberté empêchée.
Carcer en maison XIII : Les problèmes vécus dans le passé rendent le sujet pessimiste et incertain, il craint l'échec mais hésite également à tenter une action directe.
Carcer en maison XIV : Impossibilité de réaliser le projet en cours. La situation risque de devenir inextricable.
Carcer en maison XV : Le consultant a tout intérêt à renoncer pour l'instant à ses projets, à laisser les choses mûrir en s'occupant ailleurs, sous peine de rencontrer complications et déceptions.

Fortuna major

Fortuna major en maison I : Indique un « moral de vainqueur » chez le questionneur, qui aborbe la vie avec noblesse, et mérite de réussir : cette position accentue le « facteur chance » et présage le succès.
Fortuna major en maison II : La fortune est stable, elle ne peut qu'augmenter. Position favorable aux spéculations, protection dans les affaires.

Fortuna major en maison III : Excellente entente avec les proches, succès les concernant. Démarches, déplacements profitables.
Fortuna major en maison IV : Grande joie concernant le foyer : installation agréable, bonne affaire immobilière, ambiance heureuse.
Fortuna major en maison V : Joies sentimentales. Vacances ou loisirs porteurs d'épanouissement. Bonheur venant des enfants.
Fortuna major en maison VI : Excellente santé. Progrès dans le travail quotidien, promotion, libération d'une contrainte ou d'une tutelle. Excellents rapports avec les subordonnés.
Fortuna major en maison VII : Mariage apportant une élévation de la situation sociale et matérielle. Procès gagné. Contrats et associations bénéfiques.
Fortuna major en maison VIII : Bel héritage, legs ou don important.
Fortuna major en maison IX : Grand succès dans les études, surtout si elles sont d'ordre religieux, philosophique ou divinatoire. Rapports avec l'étranger profitables, grand voyage effectué dans des conditions luxueuses.
Fortuna major en maison X : Grande réussite sociale et professionnelle. Le questionneur verra ses mérites reconnus et sera propulsé au premier plan de façon durable.
Fortuna major en maison XI : Amis et protecteurs puissants sur lesquels on ne doit pas hésiter à s'appuyer.
Fortuna major en maison XII : Aide inespérée, chance survenant dans une situation difficile. Fin des épreuves et des tourments.
Fortuna major en maison XIII : Optimisme et joie ; le questionneur a confiance en lui et dans la réussite de ses projets.
Fortuna major en maison XIV : Avenir heureux, chance, réussite certaine d'un projet, espoir réalisé.
Fortuna major en maison XV : Grande protection, heureux dénouement.

Fortuna minor

Fortuna minor en maison I : Le questionneur a confiance en lui mais seulement en apparence : au fond il doute du bien-fondé de son projet. Il lui est recommandé, s'il veut réussir, de faire preuve de persévérance et de ne pas se reposer sur ses lauriers.
Si la question posée est d'ordre affectif ou conjugal, cette position indique plusieurs unions ou un emballement sans lendemain.
Fortuna minor en maison II : La situation financière dépend de la vigilance du questionneur.
Fortuna minor en maison III : Nouvelles mitigées, causant à la fois plaisir et contrariété. Entourage verbeux et agité, attention les conseilleurs ne sont pas les payeurs...
Fortuna minor en maison IV : Propriété immobilière dépendant de prêts. Instabilité de la résidence. Situation des parents incertaine ou instable.
Fortuna minor en maison V : Tracas et soucis mineurs au sujet des enfants.
Fortuna minor en maison VI : Le sujet est insatisfait dans ses occupations, son orgueil est plus grand que ses possibilités. L'impatience

et la susceptibilité du sujet rendent difficiles ses relations avec des collaborateurs. Maladie bénigne mais pénible nécessitant des soins constants.
Fortuna minor en maison VII : Conjoint égoïste, capricieux ou instable. Le mariage souhaité aura lieu mais sera source de désillusions. Contrats retardés dans leur signature.
Fortuna minor en maison VIII : L'héritage attendu sera décevant, le passif plus important que l'actif.
Fortuna minor en maison IX : Sur les plans politique, philosophique et scientifique, l'opportunisme risque de l'emporter sur l'idéalisme. Voyages sans résultat.
Fortuna minor en maison X : Élévation sociale rapide, mais de peu de durée. Profession à éclipses.
Fortuna minor en maison XI : Grande instabilité dans les relations amicales. Projets tombant à l'eau.
Fortuna minor en maison XII : Le manque d'honnêteté du sujet risque de provoquer un scandale.
Fortuna minor en maison XIII : L'instabilité de la vie passée risque de nuire à la bonne marche des projets.
Fortuna minor en maison XIV : Les projets aboutiront de façon positive mais pas définitive. Le sujet devra sans cesse défendre sa position.
Fortuna minor en maison XV : Réussite matérielle certaine, mais peu solide car non soutenue par les valeurs morales.

Laetitia

Laetitia en maison I : Le consultant aborde la vie en général et la question en particulier avec une généreuse insouciance, de l'optimisme et de la gaieté. Ses projets ont de grandes chances de réussir, et leur réalisation fera des heureux. Indique également bonne santé et longue vie.
Laetitia en maison II : L'argent est source de satisfactions, le questionneur se sent à l'aise, grâce à une amélioration de ses revenus mais aussi à une juste estimation de ses besoins.
Laetitia en maison III : Une lettre ou un coup de téléphone apporteront une heureuse nouvelle. Les rapports avec l'entourage sont vécus sous le signe de la détente.
Laetitia en maison IV : Joie de vivre au foyer. Réalisation d'un vœu dans ce domaine.
Laetitia en maison V : Atmosphère de camaraderie avec les enfants. Emballement sentimental. Activités créatrices épanouissantes.
Laetitia en maison VI : Le sujet est satisfait de son travail et il obtiendra des succès de façon naturelle, en grimpant les échelons au moment voulu, sans histoires.
Laetitia en maison VII : Mariage fortuné, mais avec du retard. Liaison évoluant de façon heureuse. Protection contre les procès, les contestations et les séparations.
Laetitia en maison VIII : Amélioration de la situation financière grâce au conjoint ou à un héritage. Appuis occultes.
Laetitia en maison IX : Études couronnées de succès, œuvres rencontrant des succès à l'étranger.

« Jean qui rit. » Illustration de la comtesse de Ségur. 1866. Bibliothèque nationale. *(J.-L. Charmet.)*

Laetitia en maison X : Situation stable et sûre, tranquillité. Élévation spirituelle.
Laetitia en maison XI : Amitiés flatteuses, protecteurs bien disposés, mais plus de paroles que d'actes.
Laetitia en maison XII : Victoire sur les ennemis, ennuis terminés, réconciliations. Protège des accidents en cas de risques courus volontairement.
Laetitia en maison XIII : Avantage né d'un voyage, changement heureux, expériences profitables.
Laetitia en maison XIV : Réalisation heureuse de la chose demandée.
Laetitia en maison XV : La réussite du sujet sera profitable à son entourage, celui-ci l'aidera et l'entourera.

Tristitia

Tristitia en maison I : Le questionneur se sent victime d'une fatalité et se laisse écraser par les événements. En ce qui concerne la question posée, il nourrit une sorte de « complexe d'échec » qui lui fait, inconsciemment, attendre le malheur plus que la réussite. Avec cette position il convient de se souvenir du proverbe « il n'y a pas de situations désespérées, il n'y a que des gens qui désespèrent des situations ».
Si la question concerne la santé, la maladie est certaine et contraignante. Le questionneur possède un raisonnement profond, son activité mentale est intense ; mais à force de se poser trop de questions, il est guetté par la mélancolie et l'observation stérile de son propre nombril.
Tristitia en maison II : Ruine possible, provoquée par des erreurs personnelles plus que par des événements extérieurs.
Tristitia en maison III : Position assez bonne pour l'étudiant qui approfondit solitairement ses connaissances. Mauvaise pour les relations et les échanges : démarches pénibles, mauvaises nouvelles.
Tristitia en maison IV : Ambiance familiale pesante et mélancolique. Manque de confort, présence contraignante de parents âgés. Perte ou abandon d'un patrimoine, isolement, exil.
Tristitia en maison V : Mort ou déclin d'un sentiment amoureux. Stérilité, événements douloureux concernant les enfants.
Tristitia en maison VI : Dégoût du travail, découragement, routine pesante sans espoir d'amélioration.
Tristitia en maison VII : Union triste et pesante. Association pénible à laquelle on ne peut se soustraire.
Tristitia en maison VIII : Ennuis financiers pour l'associé ou le conjoint. Suicide à cause d'une dépression.
Tristitia en maison IX : Rapports avec l'étranger et recherches personnelles (religieuses, philosophiques ou politiques) rendus stériles par l'étroitesse d'esprit du sujet.
Tristitia en maison X : Graves revers dans la situation, obstacles difficiles à surmonter, fatalité.
Tristitia en maison XI : Amis pauvres ou malheureux, protecteurs impuissants. En fin de compte, isolement.
Tristitia en maison XII : Risque de chute ou de fracture. Hospitalisation pour dépression ou maladie chronique. Le questionneur qui rencontre cette position de Tristitia doit réagir avant d'être broyé par l'engrenage de l'impuissance et du désespoir.

Tristitia en maison XIII : Le pessimisme, l'attitude sceptique nuiront à la réalisation des projets.
Tristitia en maison XIV : Projets avortés, échec, découragement. Entreprise néfaste.
Tristitia en maison XV : Échec général si le Témoin du futur est négatif. S'il est positif, réussite s'avérant en fin de compte décevante.

Paul Gauguin : séparation.
Narodni galeri, Prague. *(Giraudon.)*

Acquisitio

Acquisitio en maison I : L'attitude du sujet vis-à-vis de la question posée est à la fois lucide et ambitieuse : il se sent capable de réussir tout en étant prêt à se donner tout le mal nécessaire. Si sa question concerne l'affectivité, il doit réfléchir sur la pureté de ses intentions, et se défaire éventuellement d'une possessivité nuisible à ses sentiments.
Acquisitio en maison II : Enrichissement. Transactions et spéculations favorisées, à condition qu'elles soient menées avec prudence et discrétion.

Benjamin Rabier : illustration de « La Cigale et la Fourmi ». 1906. Bibliothèque nationale. *(Lauros-Giraudon)*

Acquisitio en maison III : Nouvelles agréables dans les affaires, transactions bénéfiques avec l'entourage.
Acquisitio en maison IV : Très bonne affaire sur le plan immobilier. Favorable pour ceux qui travaillent à domicile.
Acquisitio en maison V : Chance aux jeux de hasard. Vacances ou loisirs sous le signe du confort. Œuvre d'art rentable. Liaison amoureuse utile, bonne entente sentimentale.
Acquisitio en maison VI : Pour les salariés, augmentation. Travail gratifiant, valorisant.
Acquisitio en maison VII : Mariage avec une personne riche. Association fructueuse.
Acquisitio en maison VIII : Grand profit par une mort (héritage ou assurance). Acquisitions occultes, enrichissement dans les professions en rapport avec la mort ou l'au-delà.
Acquisitio en maison IX : Enrichissement spirituel et intellectuel. Contrats fructueux avec l'étranger, voyages intéressants durant lesquels on conclut des accords financiers.
Acquisitio en maison X : Élévation sociale d'un excellent rapport sur le plan financier. Favorable à ceux qui manient beaucoup d'argent dans leur travail.
Acquisitio en maison XI : Amis fortunés, protecteurs riches, clientèle aisée. Appuis dans des démarches financières.
Acquisitio en maison XII : Situation financière menacée par des ennemis puissants, détenant un pouvoir matériel. Maladie ou hospitalisation nécessitant un traitement coûteux.
Acquisitio en maison XIII : Voyage heureux, biens dont on profite, possessions aidant à la réalisation d'un projet.
Acquisitio en maison XIV : Chance et profit, espoir réalisé, longue vie.
Acquisitio en maison XV : Récompense, réussite. On retrouvera ce que l'on a perdu. Accroissement des biens, sécurité totale.

Amissio

Amissio en maison I : Le questionneur se sent bloqué, empêché, diminué ; il ose à peine agir, encore moins demander, de peur d'être repoussé ou de perdre ce qu'il a. Trancher dans le vif serait sans doute préférable mais le questionneur choisit la facilité.
L'idée conçue ce jour ne saurait lui apporter que des déboires, des déceptions.
Amissio en maison II : Dépenses onéreuses et inutiles, dissipation des biens. Éviter les emprunts sous peine de ne pouvoir les rembourser.
Amissio en maison III : Grosses difficultés financières dans l'entourage du questionneur, rejaillissant sur lui. Nouvelles retardées, lettre égarée.
Amissio en maison IV : Patrimoine en baisse. Saisie mobilière ou immobilière. Habitation pauvre, manquant du confort le plus élémentaire. Ambiance triste au foyer. Mauvaise entente entre les parents.
Amissio en maison V : Avortement, fausse couche, enfant mort-né. Rupture sentimentale. Rupture de fiançailles.
Amissio en maison VI : Perte d'emploi ou rétrogradation hiérarchique. Nécessité pour celui qui tire Amissio en maison VI de se faire faire un bilan de santé car son organisme est en état de moindre résistance.

Amissio en maison VII : Perte d'un associé, trahison de celui-ci. Adultère du conjoint, menace d'un départ laissant le questionneur dans une situation morale ou matérielle difficile. Procès perdu obligeant à de gros frais.
Amissio en maison VIII : Héritage dilapidé. Angoisses psychiques, obsessions morbides.
Amissio en maison IX : Risque d'accident, de vol au cours d'un voyage. Perte d'argent à cause d'étrangers, ou contrat fallacieux avec l'étranger. Échec à un examen.
Amissio en maison X : Perte de situation entraînant une forte diminution des revenus. Une certaine fatalité frappe la profession du sujet : industrie en crise, licenciement collectif, dépôt de bilan.
Amissio en maison XI : Abandon d'amis, trahison.
Amissio en maison XII : Grave épreuve, perte des biens, isolement. Amendes, saisies, contrôles, difficultés avec la loi et l'administration.
Amissio en maison XIII : La faiblesse du questionneur, son manque de volonté et de persévérance risquent d'être à l'origine d'un échec.
Amissio en maison XIV : Déchéance, découragement, abandon de la lutte.
Amissio en maison XV : Le questionneur risque de payer fort cher sa faiblesse et sa pusillanimité, en perdant non seulement ce qu'il a demandé mais en plus ce qu'il possédait déjà.

QUELQUES REGLES D'INTERPRETATION

Le questionneur (vous-même si vous vous exercez, ou un consultant auquel vous tentez de répondre)correspond à la maison I. La figure qui s'y trouve indiquera son état d'esprit, voire son état de santé si la question posée concerne ce domaine.

L'ambiance générale du thème géomantique est indiquée par la somme des figures positives ou négatives. Les figures positives étant Puella, Albus, Fortuna major, Acquisitio, Conjunctio, Laetitia, Caput draconis, et les figures négatives Rubeus, Puer, Cauda, Draconis, Amissio, Tristitia, Carcer.
Via, Populus, Fortuna minor sont plus difficiles à définir, aussi vaut-il mieux les tenir en dehors de ce classement.

Les figures figurant à plusieurs reprises dans le même thème doivent être l'objet d'une attention particulière : elles indiquent un climat général, une « toile de fond » de la question posée.

Le Juge, étant la somme des deux Témoins, doit toujours être interprété par rapport à eux.

Si Via et Populus sortent très fréquemment, le thème n'est pas interprétable, il faut recommencer. De même si les quatre figures mères sont semblables, ou si les Filles répètent les Mères.

Le choix des maisons

Suivant le genre de la question, certaines maisons seront à considérer particulièrement alors que d'autres ne seront que de peu d'importance. Vous pourrez, en règle générale, vous baser sur les définitions suivantes :

De la santé

Les maisons importantes seront la I, la VI et la XII. La I pour l'état de santé, la VI pour la maladie éventuelle, la XII pour une hospitalisation. Si la question concerne l'issue d'une maladie, il faudra également consulter la maison VIII.
Les accidents de la circulation sont en rapport avec la III et la IX (petits et grands voyages).
Pour une grossesse, la I, la V, également la XII qui représente la gestation, ce qui est encore caché.
Pour une opération, la VI et la XII.

De l'amour

En règle générale, le consultant est en maison I, la personne au sujet de laquelle il s'interroge en maison VII.
Les rencontres : la maison V.
Le mariage : la VII.
Le divorce : la VII.
Les enfants : la V.
La solitude, les séparations, les ruptures : la VIII et la XII.
Le foyer : la IV.
L'amitié : la XI.
Le plaisir, la sexualité : la V et la VIII.
L'adultère, les liaisons cachées : la maison XII.

Des voyages

Voir la maison III et la maison IX, ainsi que la maison IV si la résidence est concernée. Si le voyage est distractif, la maison V sera également à considérer, de même que la VI et la X s'il est professionnel.

De la maison

Pour une opération immobilière (achat ou vente) la maison IV et la maison VIII.
Pour un changement de domicile, la maison IV ; la distance entre les deux habitations sera indiquée par la maison III (proche) ou IX (lointain). La figure la plus forte et positive donnera la réponse.

De l'argent

Pour un héritage, voir la maison VIII.
Pour les acquisitions et possessions, la maison II.
Pour toute opération boursière ou spéculative, la II et la VIII.
Si le résultat dépend un peu du hasard, du « jeu », voir aussi la maison V.
Pour une association financière, consulter en plus la maison VII.

De la situation

Pour la réussite d'un projet, les maisons I et XI, de même pour la réalisation d'un espoir.

Pour obtenir un appui, la maison XI.
Pour les honneurs, la I, la X et la XI.
Pour le travail quotidien, la VI.
Pour les avantages matériels, les salaires, la II.
Une figure positive en VI et X indiquera la stabilité de l'emploi et la réussite ; une figure négative l'échec ou la perte de travail.
Si le travail est artistique, la V et la X.
S'il est en rapport avec le service, la VI ; le dévouement, la XII, les voyages, la III et la IX ; les contacts, la III et la VII ; l'argent, la II et la VIII ; si une clientèle est en cause, la XI.

Exemple

Ce tirage correspond au thème géomantique qui a servi d'exemple de calcul.

Le questionneur et sa situation. Le questionneur est une femme, séparée de l'homme qu'elle aime à la suite d'une brouille grave. Sa question est simple : « Puis-je envisager de tenter une réconciliation, et comment les choses évolueront-elles entre nous ? »

Les maisons à considérer sont donc : la maison I pour le questionneur et ses motivations.
La maison III pour d'éventuelles démarches.
La maison V pour les sentiments du questionneur.
La maison VII pour le partenaire.
La maison XI pour les projets.
Les deux Témoins et le Juge.

INTERPRÉTATION SIMPLE

L'impression d'ensemble est bonne : sur les quinze figures, dix sont favorables, quatre sont négatives, deux neutres.
Les conditions d'interprétation, sans lesquelles le thème ne serait pas valable, sont réunies. La consultante est assez optimiste quant à la situation : Acquisitio en maison I est une figure positive, de bon augure pour le résultat final. Simplement, la question étant d'ordre affectif et non pas matériel (domaine privilégié d'Acquisitio) il existe sans doute une arrière-pensée de possession qui peut nuire au résultat général (ou être cause des difficultés passées). Les démarches sont favorisées ; elles doivent être entreprises avec douceur (Puella en maison III). Les sentiments de la consultante sont profonds et sincères. Son amour est probablement autant mental que physique (Albus en maison V). Conjunctio en maison VII indique que le partenaire songe également à une réunion et l'espère. Un mariage dans le futur n'est pas impossible. Les projets aboutiront ; l'aide désintéressée d'une jeune fille ou d'une amie est possible (Puella en maison XI).
Carcer est le Témoin du passé ; cette position est en rapport avec les hésitations de la consultante qui craint l'échec de ses démarches et se sent encore influencée par les difficultés passées. Le Témoin du futur étant positif, ces craintes sont sans fondement. Conjunctio, Témoin du futur, indique une réconciliation, un rapprochement.
Enfin, la figure Juge est Via : si la consultante obtient à coup sûr ce qu'elle souhaite, à savoir la réconciliation, l'évolution du lien est encore incertaine. L'issue sera sans doute heureuse mais se fera attendre.

Et si vous désirez en savoir davantage sur la géomancie, vous pouvez lire : *La géomancie, un art divinatoire*, Alain Le Kern (Éd. du Rocher)

Le Yi king

Le Yi king est l'un des ouvrages fondamentaux de la littérature mondiale, une sorte de Bible orientale, réceptacle de plusieurs millénaires de sagesse. « Presque tout ce qui a été pensé de grand et d'essentiel pendant plus de 3000 ans d'histoire de la Chine, ou bien a été inspiré par ce livre, ou bien a exercé une influence sur son interprétation. »

Ces mots sont dus à Richard Wilhelm, dont la version du Yi king, parue en 1971 aux Éditions Médicis avec une traduction d'Étienne Perrot, a contribué à faire découvrir au public francophone le « livre des transformations ».

Yi *signifie en chinois caméléon ;* King *se traduit classiquement par traité. Le caméléon est ici le symbole d'un changement permanent, d'où, littéralement, le titre* traité des changements, *devenu par la suite* livre des mutations *ou* livre des transformations. *En fait les soixante-quatre hexagrammes qui composent le Yi king et symbolisent la totalité des situations humaines sont conçus comme en perpétuel mouvement.*

LE YIN ET LE YANG

À la base de la formation des hexagrammes, deux énergies complémentaires : le Yin et le Yang, indissociables comme le sont le féminin et le masculin, la nuit et le jour, etc. Le Yin *— réceptif — contient le germe du* Yang *— actif — qui contient le germe du* Yin... *Comme le montre le symbole suivant :*

En Chine, la tradition populaire fait état de deux personnages mythiques : Niu-Koua, *la « mère du ciel » et* Fou-Hi, *l'« empereur céleste ». Par la suite vinrent* Shen Nung *l'« empereur terrestre » et Houang Ti* l'« empereur jaune » *qui vécurent probablement en 2600 avant J.C.*

Le Ying et le Yang. Gravure chinoise 19e siècle. *(J.-L. Charmet.)*

Divination par les tiges d'aquilée. Gravure chinoise, 19e siècle. *(Lausat/Explorer.)*

C'est à Fou-Hi *que l'on doit la méthode de divination par les baguettes d'achillée (utilisée encore aujourd'hui pour interroger le Yi king) et la découverte des huit trigrammes qui forment la base mathématique des soixante-quatre hexagrammes.*

Après lui, le roi de Wen *assembla les hexagrammes et les assortit de brefs commentaires ; puis son fils le duc de* Tcheou *créa les textes qui les accompagnaient.*

Le quatrième personnage important dans l'histoire du Yi king est Confucius, *qui passa la fin de sa vie à étudier le Yi king avec ses disciples. Il fut l'auteur de certains remaniements et commentaires, en particulier le « grand commentaire » qui fit beaucoup pour la compréhension du texte.*

Confucius consulte les sorts. Gravure chinoise, 19e siècle. *(J.-L. Charmet.)*

LES BASES DU YI KING

Les trigrammes

Dans sa version la plus ancienne, le Yi king était une méthode de divination basée sur le Yin et le Yang ; le *Yin,* représenté par un trait brisé en son centre : — — signifiait *non,* alors que le *Yang,* représenté par un trait plein : ——— signifiait *oui.* Ces traits furent dédoublés, puis triplés, afin d'obtenir des réponses plus nuancées : « Oui, mais ... » ou « Non, mais... ». Ainsi naquirent les huit trigrammes, tels qu'ils figurent dans le tableau suivant :

K'ien, le créateur image : le ciel vertu : la force	☰	K'ouen, le réceptif image : la terre vertu : la soumission	☷
Tchen, l'éveilleur image : le tonnerre vertu : le mouvement	☳	K'an, l'insondable image : l'eau vertu : le danger	☵
Ken, l'immobilisation image : la montagne vertu : le repos	☶	Souen, le doux image : le vent vertu : la pénétration	☴
Li, ce qui s'attache image : le feu vertu : la luminosité	☲	Touei, le joyeux image : le lac vertu : le plaisir	☱

LES HEXAGRAMMES

Si l'on juxtapose deux trigrammes, on obtient un hexagramme, figure composée de six traits superposés pleins *(Yang)* ou brisés *(Yin).* Lorsque vous interrogerez le Yi king, les réponses seront donc liées au contenu symbolique d'un hexagramme parmi les soixante-quatre qui forment la somme du Yi king. Mais toute la richesse de l'oracle est liée à la métamorphose des hexagrammes, étroitement liée au titre : *Livre des mutations.*

La transformation des hexagrammes : Parmi les six traits qui composent les hexagrammes, certains sont dits « en repos » donc, ils ne changent pas. D'autres sont dits « muables » et leur présence, qui permet en quelque sorte à un hexagramme d'en devenir un autre, donne naissance à une sentence particulière, une sorte « d'oracle dans l'oracle », de réponse personnalisée, comme on le verra dans l'analyse des hexagrammes.

La consultation de l'oracle

Il existe deux façons de consulter le Yi king ; la première fait appel aux « tiges d'achillée » dont se servit Fou Hi il y a plusieurs millénaires... Aujourd'jui, les tiges d'achillée peuvent être remplacées par des allumettes, nettement plus faciles à trouver. Il n'en demeure pas moins que cette méthode de tirage est longue et compliquée, aussi nous vous indiquerons la seconde méthode, infiniment plus rapide et plus simple.

- Procurez-vous trois pièces de monnaie d'égale valeur (par exemple trois pièces de un franc).
- La valeur numérique du côté face est 3. Celle du côté pile est 2.
- Lancez vos trois pièces ensemble et regardez comment elles retombent. Si par exemple deux sont du côté face et une du côté pile vous comptez : 3 + 3 + 2 = 8.

Ce chiffre va donner naissance au premier trait de votre hexagramme...

— Si vous avez un total de 7 (deux « pile », une « face »), vous obtenez un trait Yang en repos : ———.

— Si vous avez un total de 8 (deux « face », une « pile »), vous obtenez un trait Yin en repos : — —.

— Si vous avez un total de 6 (trois « pile »), vous obtenez un trait Yin muable, que vous représenterez de la façon suivante : —×—.

— Enfin, si vous avez un total de 9 (trois « face »), vous obtenez un trait Yang muable, représenté comme suit : —⊖— .

- En jetant vos pièces à six reprises, vous obtiendrez les six traits d'un hexagramme, que vous dessinerez en commençant par le bas.
- Puis vous vous référerez au tableau des hexagrammes pour trouver le numéro et le nom du vôtre...
- Enfin, vous n'aurez plus qu'à lire sa signification. *Important :* si vous avez obtenu un ou plusieurs traits muables, n'oubliez pas de prendre connaissance de la sentence qui s'y rattache.

Gengis Khan consulte les sorts.
Gravure chinoise, 19e siècle.
Bibliothèque des Arts décoratifs.
(J.-L. Charmet.)

EXEMPLE DE TIRAGE

Premier jet : 2 face, 1 pile, donc 3 + 3 + 2 = 8.
Deuxième jet : 2 face, 1 pile... 8 également.
Troisième jet : 3 face, donc 3 + 3 + 3 = 9.
Quatrième jet : 1 face, 2 pile, donc 3 + 2 + 2 = 7.
Cinquième jet : 2 face, 1 pile, 3 + 3 + 2 = 8.
Sixième jet : 3 pile, donc 2 + 2 + 2 = 6.

À partir de ce tirage dessinez votre hexagramme de bas en haut :

Sixième jet : 6	—×—
Cinquième jet : 8	— —
Quatrième jet : 7	———
Troisième jet : 9	—⊖—
Deuxième jet : 8	— —
Premier jet : 8	— —

Vous obtenez l'hexagramme n° 62 « la prépondérance du petit » avec deux traits muables en 3e et 6e position (pour trouver l'hexagramme reportez-vous au tableau p. 223).

Utilisation du Yi king

Si vous désirez obtenir une réponse précise à une question, inutile d'interroger le *Yi king :* utilisez plutôt la géomancie. En effet les sentences contenues dans le *Livre des transformations* sont parfois limpides, parfois obscures, mais ne répondent jamais par oui ou par non : en fait, elles ont pour effet premier de vous donner un « éclairage » objectif de la situation dans laquelle vous vous trouvez ; à la rigueur, en prendre connaissance peut vous aider à faire un choix délicat.
Une consultation quasi permanente du Yi king m'a permis de constater qu'il peut très bien devenir un livre de chevet, tout comme la Bible, utilisable à deux niveaux : celui de la lecture, et celui du conseil : beaucoup de nos ancêtres ouvraient la Bible et pointaient une ligne au hasard afin d'obtenir une réponse à leurs interrogations profondes.
Parfois, vous y trouverez des réponses hallucinantes de précision. Je pense à une jeune femme de mes amies qui, se demandant si elle avait raison d'insister sur un point de travail précis auprès de ses supérieurs, obtint en réponse « parce que ce qu'il veut est juste, il atteint son but » (hexagramme 33 : la Retraite). Parfois il vous sera plus difficile de décoder le sens profond de la réponse, et vous aurez éventuellement besoin d'un avis extérieur et objectif. En effet, lorsque l'esprit est obnubilé par un problème il est moins disponible à toute voix extérieure... fut-elle celle de la sagesse !

Le premier tirage. Si jamais au cours de votre vie vous n'avez eu de contact avec le Yi king, sachez accorder une importance particulière à la première consultation de l'oracle. Lors de celle-ci, ne posez pas de question précise et libérez votre esprit des soucis du moment avant de jeter vos pièces. Vous obtiendrez « votre » hexagramme, celui qui vous caractérise et décrit le sens profond de votre vie. En prendre connaissance vous sera d'une aide précieuse. Par la suite seulement, vous consulterez l'oracle dans un but nettement défini.

Divination chinoise. Illustration d'un ouvrage du Père Doré sur les superstitions de la Chine. 1915. Chantilly-les-Fontaines. *(J.-L. Charmet.)*

TABLE DES HEXAGRAMMES

TRIGRAMMES		SUPÉRIEURS							
		K'ien ☰	Tchen ☳	K'an ☵	Ken ☶	K'ouen ☷	Souen ☴	Li ☲	Touei ☱
INFÉRIEURS	K'ien ☰	1	34	5	36	11	9	14	43
	Tchen ☳	35	51	3	27	24	42	21	17
	K'an ☵	6	40	29	4	7	59	64	47
	Ken ☶	33	62	39	52	15	53	56	31
	K'ouen ☷	12	16	8	23	2	20	35	45
	Souen ☴	44	32	48	18	46	57	50	28
	Li ☲	13	55	63	22	36	37	30	49
	Touei ☱	10	54	60	41	19	61	38	58

Comment retrouver votre hexagramme sur ce tableau ? Divisez celui que vous avez obtenu en deux trigrammes : l'inférieur, en bas, correspond aux trois premiers traits que vous avez dessinés. Le supérieur, en haut, correspond aux trois derniers. Le point de rencontre entre les deux trigrammes vous donne le numéro de l'hexagramme recherché.

INTERPRETATION DES HEXAGRAMMES

1. K'IEN, le créateur

䷀

En haut, le ciel

En bas, le ciel

Hexagramme entièrement composé de traits Yang, il symbolise l'énergie créatrice originelle.

Signification : Vous êtes sur la voie de la réussite totale, absolue, en accord avec le ciel. Mais il est important que vous ne vous laissiez pas distraire de votre but, et que vous fassiez preuve de persévérance.

Les traits
Les différents traits de cet hexagramme prennent pour image le dragon, image de la force céleste.
1. —⊖— Le dragon est encore sous terre.
Le temps de l'action « à ciel ouvert » n'est pas encore venu. Vous devez cultiver vos forces dans une attente paisible, sans gaspiller votre énergie.
2. —⊖— Première apparition du dragon.
L'énergie créatrice que vous portez en vous commence à se manifester, à être reconnue, mais elle n'est pas encore tout à fait contrôlée. Pour y parvenir, recherchez les conseils d'un homme sage.
3. —⊖— Le sage agit tout le jour, et pense à ses actions le soir venu.
Votre énergie, vos talents sont maintenant reconnus, mais cela implique soucis et responsabilité. Vous devez prendre garde à ne pas vous laisser griser par le succès, et vous élever intérieurement autant qu'extérieurement.
4. —⊖— Le dragon prend son vol au-dessus de l'abîme.
Vous êtes libre d'avancer, mais avant de le faire, vous devez prendre une importante décision : choisir entre la voie de l'affirmation extérieure ou celle de l'évolution intérieure. La réponse juste et bonne réside en vous et n'appartient qu'à vous.
5. —⊖— Le dragon vole dans le ciel.
Quelle que soit la voie que vous avez choisie, vous avez atteint un sommet et votre influence sur les autres est grande et bénéfique
6. —⊖— Le dragon est monté trop haut.
Vos ambitions ne doivent pas vous mener trop loin : sachez ne pas dépasser vos limites, sous peine de vous retrouver seul face à l'échec.

2. K'OUEN, le réceptif

䷁

En haut, la terre

En bas, la terre

Hexagramme entièrement composé de traits *Yin,* il symbolise la puissance engendrée par la passivité.

Signification : Vous n'êtes pas dans une situation indépendante. Aussi ne devez-vous pas entreprendre ou chercher à diriger, mais au contraire vous adapter aux circonstances et vous laisser conduire. C'est en demeurant malléable que vous obtiendrez le succès.

Les traits
1 —x— Avancez avec précautions sur la glace.
Vous devez ressentir les premiers signes ténus du déclin d'une situation. Ne restez pas immobile ; soyez vigilant afin de parer à temps à tout événement.
2 —x— Le succès réside dans l'absence de dessein.
Votre acceptation tranquille des événements, votre attitude naturelle et simple font que tout va bien.
3. —x— La beauté est cachée.
La sagesse ici consiste à ne pas attirer l'attention, mais à continuer d'avancer en se préoccupant du but fixé. Autrement dit : agissez, mais n'en parlez pas.
4 —x— Le sac est ficelé.
... Et votre savoir est dedans, bien caché. Ne le montrez pas : vous n'avez pour l'instant aucun moyen de vous faire entendre, la discussion comme l'action engendreraient des hostilités.
5 —x— Il est bénéfique de porter un vêtement de dessous jaune.
Le jaune symbolise l'authenticité, la confiance. Vous avez un rôle important à jouer sans pour cela venir au premier plan ; sachez demeurer réservé et discret.
6 —x— Les dragons se battent.
Le *Yin* et le *Yan* sont en conflit à l'intérieur de vous : votre équilibre est troublé par un besoin aigu de réalisation indépendante et de pouvoir personnel. Ce combat est destructeur et ne permet pas de progrès.

3. TCHOUEN, la difficulté initiale

En haut, l'eau

En bas, l'éveilleur, le tonnerre

Cet hexagramme est l'image de l'herbe qui rencontre un obstacle pour sortir de terre. Il symbolise la naissance : quelque chose d'important est en germination mais son apparition s'accompagne tout d'abord de chaos.

Signification : Vous êtes dans un état de confusion morale ou affective et ne parvenez pas à y voir clair. Sachez que cette impression est due à la puissance de ce qui est en train de naître ; tout doit prendre forme, trouver sa place. La situation présente est riche de possibilités, vous en comprendrez le sens et vous en profiterez à condition de ne pas vous affoler, d'agir calmement et de vous entourer de personnes qui ont les mêmes aspirations que vous.

Les traits
1 —o— Un obstacle se dresse sur le chemin.
Vous êtes face à une difficulté que vous ne résoudrez pas par la force. Arrêtez-vous pour réfléchir, rassembler vos énergies et trouver l'aide nécessaire afin de franchir l'obstacle. Important : ne pas vous laisser distraire de votre objectif.
2 —x— La jeune fille attend dix ans pour engager sa foi.
Alors que vous vous sentez bloqué de toutes parts, un personnage nouveau surgit dans votre vie, dont vous ne savez pas s'il est ami ou ennemi. En fait il vient pour vous aider mais vous devrez attendre d'avoir retrouvé un équilibre pour accepter son appui.

3 —x— Celui qui chasse sans guide se perd dans le bois.
Si vous forcez un passage pour vous évader des difficultés présentes ou obtenir ce que vous désirez vous ne ferez que vous égarer davantage et ne rencontrerez que l'échec. La sagesse est de renoncer.
4 —x— Recherche l'union.
Celui qui doit agir mais ne s'en sent pas la force tout seul, ne doit pas avoir honte de chercher de l'aide, ni de faire le premier pas.
5 —⊖— La confiance s'acquiert progressivement.
Vous êtes plein de bonnes intentions mais elles ne sont pas comprises de votre entourage. Ce n'est que petit à petit que vous pourrez gagner sa confiance, et entreprendre quelque chose d'important.
6 —x— Il coule des larmes de sang.
Il vous semble que jamais vous ne parviendrez à émerger des difficultés actuelles. Ne vous résignez pas, avançez et vous trouverez l'issue.

4. MONG, la folie juvénile

䷃ En haut, la montagne
En bas, l'eau

Cet hexagramme représente le jaillissement d'une source au pied de la montagne. Il signale les risques dus à l'inexpérience, mais indique aussi que l'eau trouvera inévitablement son chemin. Il évoque l'éducation, dans tous les sens du terme.

Signification : Certes vous agissez de façon un peu irréfléchie, mais cela n'entraîne pas de blâme si vous avez conscience de vos faiblesses et recherchez les conseils d'une personne sage.
Une autre interprétation est possible : il n'est pas bon de donner des conseils à quelqu'un qui ne les demande pas, il vaut mieux attendre qu'il vienne de lui-même.

Les traits
1 —x— La discipline est avantageuse.
Dans les relations que l'on a avec soi-même comme avec les autres, il faut trouver le juste milieu entre la discipline qui développe les forces et le dressage qui les paralyse.
2 —⊖— Le devoir du fort est de comprendre et d'aider les faibles.
Votre sagesse naturelle l'emporte sur votre inexpérience, mais cet avantage ne doit pas vous rendre sévère à l'égard des erreurs humaines.
3 —x— Face à un homme fort il n'est pas bon que la jeune fille ne demeure pas maîtresse d'elle-même.
Même si vous rencontrez une personne représentant l'idéal que vous souhaitez atteindre, vous ne devez pas l'imiter aveuglément ou abdiquer votre propre personnalité.
4 —x— L'imagination apporte l'humiliation.
Aveuglé par votre imagination, vous n'écoutez aucun conseil et vous vous éloignez de plus en plus de la réalité. Personne ne peut vous aider malgré vous et vous éviter l'humiliation finale.
5 —x— Quand le disciple est prêt, le maître arrive.
Même si vous avez déjà acquis une grande expérience, suivre les conseils d'un maître vous sera extrêmement bénéfique.
6 —⊖— Il faut éviter de commettre des excès de pouvoir.
Si vous vous trouvez dans l'obligation de sévir, n'utilisez pas la violence, cela encouragerait la récidive.

5. SU, l'attente

En haut, l'eau

En bas, le ciel

Des nuages sont dans le ciel, mais l'homme ne peut faire qu'ils se transforment en pluie : il est donc obligé d'attendre.

Signification : Cet hexagramme s'interprète à deux niveaux. Il indique tout d'abord que lorsqu'un événement se prépare il ne sert à rien de vouloir en précipiter la venue. Ensuite il signale la présence d'un danger sur votre route, danger indépendant de votre volonté, en face duquel vous devez vous arrêter, afin de le regarder en face, lucidement, sans vous illusionner. Lorsque vous le connaîtrez vraiment, vous pourrez l'affronter et vous gagnerez.

Les traits

1 —o— Attente dans le pré.
Le danger ne s'est pas encore rapproché de vous, même si vous en ressentez quelques signes avant-coureurs. Continuez à vivre normalement, l'inquiétude vous ferait perdre de la force.

2 —o— Attente sur le sable.
L'approche du danger entraîne des perturbations autour de vous. Chacun rejette la faute sur autrui. Demeurez à l'écart des conflits, et ceux-ci s'apaiseront d'eux-mêmes.

3 —o— Attente dans la vase.
Vous avez agi trop précipitamment et cela a eu pour effet de vous mettre dans une situation que vous auriez justement voulu éviter. Il est encore temps de vous reprendre et de vous arrêter.

4 —×— Attente dans le sang.
La situation est très grave, vous ne pouvez plus échapper au danger. Dans de telles circonstances vous ne pouvez que vous soumettre au destin en gardant votre calme.

5 —o— Attente auprès de la nourriture.
Dans les situations les plus difficiles, il est parfois des moments de répit qu'il faut exploiter pour reprendre des forces.

6 —×— Trois hôtes surviennent, qui n'étaient pas invités.
L'attente se termine, l'inévitable se produit, vous êtes sur le point de perdre l'espoir. Puis intervient un tournant inattendu, extérieur à votre volonté, dont vous vous demandez s'il est porteur de bien ou de mal. Acceptez-le sans méfiance car il s'agit d'un changement heureux, même s'il n'y paraît pas à première vue.

6. SOUNG, le conflit

En haut, le ciel

En bas, l'eau

L'eau et le ciel vont en sens inverse et s'éloignent l'un de l'autre, d'où l'image du conflit.

Signification : Alors que vous êtes sûr de votre bon droit, vous vous trouvez face à une vigoureuse opposition engendrant un conflit que vous êtes tenté de résoudre par la violence. Sachez qu'il ne vous servirait à rien de le pousser à l'extrême, cela donnerait sans cesse naissance à de nouveaux conflits. Cherchez plutôt l'avis de quelqu'un d'impartial.

Les traits

1 —×— Ne permettez pas aux malentendus de s'éterniser.
Le désaccord en est à ses débuts : une discussion claire vous permettra de minimiser les dégats.

2 —⊖— Il rentre chez lui.
Lorsque l'on s'aperçoit que l'ennemi est le plus fort, il est sage de choisir la retraite car cela évite des conséquences douloureuses pour soi et son entourage.

3 —×— Les honneurs ont moins d'importance que le mérite
Personne ne peut se saisir de ce qui fait votre valeur profonde, aussi il est inutile de vous battre pour cela.

4 —⊖— Il renonce au combat.
Vous pouvez vaincre car vous êtes dans votre droit, mais vous n'êtes plus très motivé. N'ayez pas honte de renoncer et de rechercher l'harmonie.

5 —⊖— Il rencontre un médiateur.
Vous rencontrez une personne sage et puissante. Exposez-Lui vos problèmes en toute confiance et vous obtiendrez justice.

6 —⊖— La victoire est amère.
Vous avez mené le conflit à son terme, et vous avez gagné, mais votre triomphe sera de courte durée, et vous serez attaqué de nouveau.

7. SZE, l'armée

En haut, la terre

En bas, l'eau

L'eau s'accumule à l'intérieur de la terre, symbole d'une puissance disponible qu'il faut savoir maîtriser.

Signification : Cet hexagramme symbolise l'armée en tant que force qui a besoin d'un chef expérimenté pour fonctionner efficacement. Il vous signale que vous devez d'une certaine façon jouer ce rôle de chef, de général. Mais pour y parvenir vous aurez besoin de la confiance de vos troupes, et vous ne devez rien négliger pour la mériter.

Les traits

1 —×— L'armée doit se mouvoir en bon ordre.
Au commencement d'une entreprise il est important de défendre une juste cause et de bien s'organiser.

2 —⊖— Le chef est au milieu de son armée.
Ce n'est qu'en ayant des contacts avec ceux que l'on dirige, en partageant leurs efforts, que l'on obtient le succès.

3 —×— L'armée ne doit pas avoir plusieurs chefs.
Lorsque tout le monde veut commander, cela aboutit à la confusion et l'échec.

4 —×— L'armée bat en retraite.
L'ennemi est le plus fort, aussi est-il préférable d'éviter le combat et d'organiser un repli.

5 —×— L'ennemi est aux portes.
Votre combat est légitime, mais vous ne gagnerez que si vous savez vous entourer de gens d'expérience et ne pas vous lancer dans la bataille n'importe comment.

6 —×— Le prince récompense son armée.
Vous avez vaincu vos difficultés ; si vous désirez que votre triomphe soit durable, n'oubliez pas de remercier ceux qui vous ont aidé.

8. PL, la solidarité

En haut, l'eau

En bas, la terre

Cet hexagramme symbolise la rencontre des eaux sur la terre, donc la force qui dérive de l'union.

Signification : La signification générale est que l'homme a besoin des autres pour se réaliser pleinement. Appliquée à l'individu, cette sentence est à double portée : soit elle lui annonce qu'il doit jouer un rôle central ; si cela vous concerne, vous devrez tirer une seconde fois le Yi king afin de savoir si vous avez la force intérieure nécessaire à de telles responsabilités. Soit, plus modestement, elle vous signale que pour réussir dans votre entreprise vous avez besoin des autres et devez mettre vos expériences en commun.

Les traits

1 —x— Nouez des relations sincères.
Ce n'est que par une attitude loyale et ferme que vous vous attirerez des amitiés vraies.
2 —x— Privilégiez les affinités intérieures.
Aucun progrès ne peut être obtenu par celui qui fait preuve d'arrivisme. Il est préférable d'attendre d'être recherché par des hommes de valeur.
3 —x— Cette union est néfaste.
Vous êtes en relation avec des personnes qui ne partagent ni vos intérêts ni vos idéaux. Continuer à les rencontrer ne vous apporte rien.
4 —x— Persévérez dans l'union.
Les relations que vous avez établies sont bénéfiques ; ne craignez pas de montrer votre attachement, mais conservez votre autonomie.
5 —o— Solidarité dans la liberté.
Celui qui se trouve à la place centrale ne force personne à venir vers lui et n'impose aucune contrainte. Il obtient ainsi un dévouement libre et spontané.
6 —x— Il hésite à s'unir.
Celui qui recule devant le don de soi le regrettera par la suite.

9. SIAO TCH'OU, le pouvoir du petit

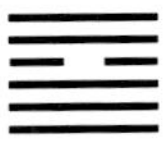

En haut, le vent

En bas, le ciel

Dans cet hexagramme un seul trait Yin, à la quatrième place, retient tous les traits Yang. Cela symbolise le pouvoir passager du faible sur le fort.

Signification : Vous êtes impuissant à faire évoluer les événements selon votre désir, vous n'avez pas, pour l'instant, le pouvoir nécessaire pour entreprendre une activité d'envergure. Vous ne pouvez que manifester votre influence en douceur, suggérer plutôt que revendiquer.

Les traits

1 —o— Ne forcez pas la voie.
... Car si vous le faites vous vous fermerez toutes les issues. Au contraire, laissez-vous porter par les événements.
2 —o— Tenez compte de l'expérience de vos semblables.
Vous souhaitez avancer mais vous vous rendez compte que ceux qui tentent la même action retournent sur leurs pas. Suivez leur exemple, et ne vous exposez pas inutilement à un échec.

3 —⊖— L'attaque n'est pas souhaitable.
Vous êtes ici en position de force et cela vous conduit à tenter une poussée en avant. Le pouvoir étant entre les mains du faible, vous échouez.
4 —×— La sincérité dissout l'angoisse et éloigne le danger.
Vous avez la possibilité, par vos conseils empreints de douceur, d'éviter à une personne plus haut placée que vous de se lancer dans une entreprise dangereuse pour tous.
5 —⊖— La richesse vient d'une relation sincère.
Lorsque le faible se dévoue au fort et que le fort protège le faible, il en résulte une grande joie.
6 —⊖— La pluie vient. L'homme ne continue pas sa marche.
La pluie est ici l'image du soulagement. À force d'actions humbles et accommodantes vous avez obtenu un succès et évité les dangers. La situation est stable. N'essayez pas pour l'instant d'en obtenir davantage.

10. LIU, la marche

En haut, le ciel

En bas, le lac

Le mot marche signifie ici la façon correcte de se conduire : « marcher dans la bonne voie », sans arrogance.

Signification : La signification de cet hexagramme est simple : vous devez avancer en respectant les règles de la société dans laquelle vous vous trouvez. Et même si vous êtes en relation avec des hommes inaccessibles, votre attitude aimable et votre respect de leur mérite éloigneront de vous tous les dangers.

Les traits
1 —⊖— Progresser simplement.
Bien que votre situation de départ soit très humble, avancer simplement sans vous montrer envieux vous amènera à votre but.
2 —⊖— Le sage marche seul.
Celui qui n'attend rien du monde et ne se laisse pas éblouir par ses fastes ne risque aucune attaque extérieure.
3 —×— Il marche sur la queue du tigre ; le tigre mord l'homme.
Celui qui avance avec témérité sans tenir compte de ses limites s'expose à l'infortune.
4 —⊖— Il marche sur la queue du tigre.
Mais le tigre ne le mord pas, parce qu'il agit avec prudence. Cela signifie que si vous êtes obligé de courir des risques, vous devez le faire avec circonspection, ce qui vous apportera le succès.
5 —⊖— Marche résolue et persévérante.
Les circonstances vous obligent à avancer. Ce n'est qu'en ayant une conscience aiguë et permanente des risques que vous prenez que vous obtiendrez le succès.
6 —⊖— Regardez le chemin parcouru.
Examinez vos actes et leurs conséquences. Si les résultats sont tels que vous les espériez, persévérez.

11. T'AI, la paix

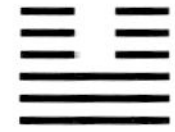

En haut, la terre

En bas, le ciel

Lorsque le ciel et la terre sont en harmonie, tous connaissent paix et prospérité.

Signification : Vous vous trouvez dans une période d'harmonie totale, en accord avec vous-même et le monde qui vous entoure. Sachez profiter de ce moment.

Les traits

1 —o— Les entreprises apportent la fortune.
Tout vous sourit et les autres vous font confiance. C'est le moment d'entreprendre quelque chose d'important.

2 —o— Il supporte les rustres, mais ne tient pas compte de ses compagnons.
Lorsqu'on commence une entreprise importante, il faut faire preuve de tolérance vis-à-vis des autres sans se laisser influencer par eux. Ce n'est que de cette manière que l'on trouve un juste équilibre.

3 —o— Jouis du bonheur tant qu'il est présent.
Aucune prospérité n'est éternelle : la décadence lui succède immanquablement. Vous ne devez pas en être triste mais prendre conscience que seule votre richesse intérieure échappe aux mouvements du destin. Cultivez-la paisiblement, sans angoisse ni aveuglement.

4 —×— Il ne se vante pas de sa richesse.
Votre sincérité sans préjugés vous permet d'établir des relations harmonieuses avec les autres.

5 —×— Le souverain donne sa fille en mariage.
...Et bien que princesse, elle doit se soumettre à son époux. C'est dans l'union du haut et du bas que réside le bonheur. Sur un plan personnel cela indique la résolution heureuse de tous les conflits, même provoqués par des divergences sociales ou hiérarchiques.

6 —×— N'emploie pas d'armée maintenant.
La période de prospérité est terminée, mais s'opposer au changement n'engendrerait que déboires. Restez chez vous et cultivez la paix intérieure.

12. P'I, la stagnation

En haut, le ciel

En bas, la terre

Cet hexagramme est le contraire du précédent. Le ciel et la terre s'éloignent l'un de l'autre et rien n'évolue.

Signification : La défiance, la dureté règnent autour de vous, et certains cherchent à vous entraîner dans l'erreur. En de telles circonstances, évitez de prêter l'oreille aux offres extérieures, même si elles sont séduisantes ; restez dans l'ombre et ne participez pas aux actions mauvaises.

Les traits

1 —×— Il est préférable de se retirer.
Si vous voulez respecter votre éthique, il faut vous retirer.

2 —×— L'homme noble ne se mêle pas des affaires du vulgaire.

L'on essaye de vous flatter afin de vous attirer dans une voie contraire à vos principes. Résistez, même si cela engendre de la solitude.
3 —×— L'homme vulgaire éprouve de la honte.
Vous êtes toujours dans une situation embrouillée, mais ceux qui vous nuisent ou se sont élevés sans mérite commencent à avoir honte de leurs actes. C'est un progrès.
4 —⊖— L'homme noble demeure sans blâme.
Un tournant est proche. Si l'on vous propose de prendre la responsabilité de la réforme, demandez-vous si vous êtes assez fort pour le faire. Autrement dit : agissez si vous êtes soutenu, et sûr de vous.
5 —⊖— La stagnation touche à sa fin.
Les temps meilleurs reviennent. Mais vous ne devez pas agir avec une confiance aveugle ; la réussite est encore fragile et réclame la prudence.
6 —⊖— La stagnation est terminée.
Vous avez su négocier le retour de la confusion à l'ordre. Ne vous endormez pas sur vos lauriers : agissez pour consolider vos acquis.

13. T'ONG JEN, la communauté

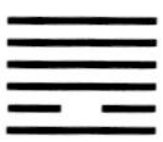

En haut, le ciel

En bas, le feu

Le feu monte vers le ciel : cet hexagramme symbolise le groupement pacifique entre hommes de bonne volonté.

Signification : Vous êtes dans une période particulièrement importante sur le plan social : votre action est reliée à celle des autres, vous sentez la nécessité de regrouper vos intérêts et vos énergies. Il est seulement indispensable que votre but soit lumineux, désintéressé, et que le groupe auquel vous appartenez soit pourvu d'un guide averti.

Les traits
1 —⊖— Communauté sincère.
Il s'agit ici de la formation d'une communauté, regroupée autour d'un but commun. Tout est bénéfique si l'on évite les arrière-pensées.
2 —×— Communauté étroite.
Il est dangereux de fonder une communauté basée sur l'esprit de clan et de se regrouper égoïstement en rejetant les autres hommes.
3 —⊖— Il cache ses armes dans le fourré.
Aucune communauté n'est à l'abri des querelles intestines provoquées par la méfiance et les arrière-pensées. Mais l'attitude négative qui consiste à soupçonner les autres des mêmes ruses que soi conduit à la longue à l'échec.
4 —⊖— Il ne peut pas attaquer. Fortune.
Tous les malentendus ne sont pas encore éclaircis mais vous êtes sur la voie de la réconciliation. Vous vous apercevez que votre méfiance était vaine et rencontrez la fortune en vous intégrant à la communauté.
5 —⊖— Après de grandes luttes ils se rencontrent.
Ici est dépeinte la situation de deux êtres profondément unis mais séparés par les circonstances. Bien que les obstacles soient nombreux, leur fidélité l'emportera et ils se retrouveront.
6 —⊖— Communauté à l'extérieur.
Les circonstances vous obligent à une alliance avec des étrangers. Ce n'est pas une situation idéale, mais vous ne pouvez faire mieux pour l'instant.

14. TA YEOU, la richesse

En haut, le feu

En bas, le ciel

Le feu brille dans le ciel, tous les êtres profitent de sa lumière et de sa chaleur.

Signification : Pour le Yi king, la plus grande force réside dans l'humilité. Cet hexagramme indique que par votre bonté dépouillée d'égoïsme vous avez mérité la réussite. Le moment est favorable ; vous êtes libre d'agir et vos qualités sont reconnues par le plus grand nombre.

Les traits
1 —⊖— Il n'écoute pas les mauvaises influences.
C'est toujours au début d'une réussite que l'on court le risque de céder à l'ambition ou à des compromis. Restez à l'écart de ce genre de tentation.
2 —⊖— Il engage des auxiliaires.
Lorsqu'on commence une grande entreprise, il est utile d'être entouré de personnes de confiance et de valeur, afin de leur déléguer des pouvoirs et de demeurer disponible pour les tâches les plus importantes.
3 —⊖— La richesse ne doit pas être égoïste.
L'homme au cœur vraiment noble sait que la liberté réside dans l'absence de possession. Aussi ne conserve-t-il pas ses biens pour lui mais il en fait profiter la collectivité.
4 —⊖— Il ignore l'envie.
Seul celui qui évite de comparer sa richesse à celle de ses voisins demeure exempt de blâme. Autrement dit : n'accordez pas d'importance aux rivalités matérielles.
5 —×— Celui qui est digne et accessible rencontre la fortune.
Vos responsabilités sont importantes. Vous devez demeurer accessible aux autres et les écouter avec bienveillance, sans accepter de familiarité déplacée.
6 —⊖— Il est béni du ciel.
Votre richesse est intérieure et spirituelle, et vous êtes sur la voie du vrai bonheur.

15. K'IEN, l'humilité

En haut, la terre

En bas, la montagne

Ce qui est élevé (la montagne) se cache sous ce qui est bas (la terre), image de la modestie recélant la vraie grandeur.

Signification : Cet hexagramme est très favorable. Il indique que, si vous êtes dans une situation modeste et agissez sans revendiquer, votre situation va s'améliorer ; si vous avez déjà des responsabilités importantes et avez su rester humble, vous allez réussir, et chacun sera en accord avec cette réussite, car la loi du ciel est de combler ce qui est vide.

Les traits
1 —×— Il traverse les grandes eaux.
Vous êtes devant une entreprise difficile. N'hésitez pas, agissez simplement sans élever de conditions, et vous réussirez. Moins vous demanderez, moins vous rencontrerez de résistances.
2 —×— L'humilité apporte la confiance.

Grâce à votre modestie, vous allez être investi d'importantes responsabilités.
3 —o— Celui qui obtient le succès reste modeste.
Vous avez obtenu une grande réussite. Mais cela vous expose à la critique ; pour l'éviter, demeurez humble et ne vous laissez pas aveugler par la gloire.
4 —x— Il ne faut pas être trop modeste.
L'excès d'humilité peut devenir une fuite des responsabilités. Ne vous dérobez pas.
5 —x—L'humilité ne doit pas devenir faiblesse.
La bonté ne doit pas devenir de la faiblesse ; il faut maintenant agir avec énergie. Pour cela vous devez être sûr de ceux qui vous entourent et vous montrer juste à leur égard.
6 —x— Il met ses armées en marche contre lui-même.
Votre faiblesse a engendré un pourrissement de la situation. Il faut intervenir énergiquement, mais avant d'agir sur les autres vous devez vous interroger sur vos responsabilités et rétablir l'ordre en vous-même.

16. YU, l'enthousiasme

En haut, le tonnerre

En bas, la terre

Le tonnerre sort de terre comme une musique. Celle-ci a pour effet de calmer les tensions et d'instaurer la joie.

Signification : Vous faites partager aux autres la passion qui vous anime. Tous vous suivent avec enthousiasme.

Les traits
1 —x— L'enthousiasme poussé trop loin est néfaste.
Lorsqu'un homme de situation modeste rencontre des personnes importantes et s'en glorifie sans retenue, il s'expose à de cuisantes déceptions.
2 —x— Ferme comme une pierre.
Celui qui ne se laisse pas aveugler par l'enthousiasme mais considère chaque chose avec lucidité, sans flatter ses supérieurs ni mépriser ses inférieurs, reconnaît à temps les germes du changement et agit en conséquence. Tous ont besoin de sa fermeté.
3 —x— Hésiter apporte le remords.
Dans le temps de l'enthousiasme il ne faut pas attendre que les puissants vous fassent signe mais aller vers eux avec confiance.
4 —o— La source de l'enthousiasme.
Vous suscitez l'enthousiasme autour de vous grâce à votre sincérité et réunissez les hommes. Grand succès.
5 —x— L'enthousiasme est contrarié.
La pression des événements vous empêche de vous enthousiasmer librement ; cela a pour avantage de vous protéger des illusions et de préserver vos forces.
6 —x— Il revient de son aveuglement.
Il est facile dans les temps d'enthousiasme de se laisser griser. Mais celui qui réagit à temps et retrouve sa lucidité n'aura pas à se repentir.

17. SOUEI, la suite

En haut, le lac

En bas, le tonnerre

Cet hexagramme symbolise l'union de la gaieté et du mouvement, engendrant l'idée de suivre joyeusement.

Signification : Le sens est double : si vous désirez être suivi, vous n'obtiendrez rien par la force, mais au contraire par une attitude accommodante et chaleureuse. Mais, si vous êtes obligé de suivre quelqu'un, ne vous laissez pas entraîner dans un mouvement incontrôlé et gardez du temps pour la réflexion et le repos.

Les traits

1 —⊖— Changement de chemin.
Vous êtes dans une situation difficile et ne pouvez atteindre votre but. Vous devez sortir de chez vous, rencontrer des gens extérieurs à votre milieu, écouter leur avis sans parti-pris, ils vous montreront une autre voie.

2 —×— Si l'on s'attache au petit garçon, on perd l'homme fort.
Ne vous laissez pas distraire de votre but par des attirances passagères ou des rencontres sans lendemain.

3 —×— Si l'on s'attache à l'homme fort, on perd le petit garçon.
Si l'on choisit la compagnie d'une personne de valeur, cela engendre certaines séparations. On ne peut suivre deux chemins à la fois. Néanmoins, cette voie est la bonne, il faut persévérer.

4 —⊖— Il se détache de ceux qui le suivent.
Ceux qui vous suivent ne sont pas sincères ; leur dévouement est feint, guidé par l'intérêt, mais vous êtes habitué à eux et ne le voyez pas, à moins que vous n'y trouviez un avantage pour l'instant. Pourtant, la meilleure attitude consiste à vous en séparer.

5 —⊖— Il suit son idéal.
L'oracle ajoute simplement que cela est une bonne chose, qui doit vous fortifier dans cette voie.

6 —×— Il revient vers celui qui demande son aide.
Ce trait désigne l'action d'un homme sage et détaché qui n'hésite pas à revenir dans le monde pour apporter son aide à celui qui la demande, et en retire une profonde satisfaction. Moralité, celui qui demande apporte aussi quelque chose.

18. KOU, la corruption

En haut, la montagne

En bas, le vent

Le mot corruption est ici incomplet : l'hexagramme représente en fait une situation statique ayant dégénéré en corruption, mais il contient également l'idée de la réparation et indique les différents moyens de mettre fin à cette corruption.

Signification : La situation est complètement bloquée. C'est sans doute votre faute : vous avez été trop faible, laxiste, ou bien vous n'avez pas su mettre en œuvre les moyens nécessaires pour empêcher un pourrissement. Vous avez devant vous une tâche importante : tout d'abord, réfléchir, observer le passé afin de connaître les causes réelles de la corruption actuelle. Ensuite vous devez agir afin de purifier, de nettoyer... en vous d'abord, puis autour de vous.

Les traits
1 —x— Une réforme rapide est souhaitable.
La corruption n'est pas encore profondément installée, et vous devez y remédier rapidement, mais sans désinvolture.
2 —o— Évitez les réformes brutales.
Ici la corruption a été causée par la faiblesse. Il est préférable donc de conduire votre réforme en douceur, sans choquer.
3 —o— Réforme énergique.
Si vous conduisez une réforme avec trop d'énergie, il en résultera quelques désagréments, mais l'avenir vous donnera raison.
4 —x— Il ne conduit pas de réforme.
Humiliation.
Si vous refusez de prendre conscience de la corruption et laissez les choses suivre leur cours sans intervenir, il en résultera pour vous humiliation et grand ennuis.
5 —x— Il rencontre des alliés.
Si vous ne vous sentez pas de taille à mener seul votre lutte contre la corruption il ne faut pas hésiter à vous faire aider. Simplement, la réforme sera moins complète.
6 —o— Il reste éloigné de la corruption.
Vous n'êtes pas vraiment concerné par la corruption actuelle mais vous pouvez aider les autres à y mettre fin.

19. LIN, l'ascension

En haut, la terre

En bas, le lac

Le mot chinois *Lin* a plusieurs sens : ici, essentiellement, il signifie « grandir », donc l'approche de ce qui est grand, l'ascension.

Signification : cet oracle est bénéfique : il montre que vous progressez, que votre situation s'améliore, que vous vous élevez vers de plus grandes responsabilités. Vous ne devez cependant pas oublier que toute ascension est suivi d'un déclin ; en y étant préparé vous traverserez sans dommage les inévitables passages difficiles.

Les traits
1 —o— Ascension en commun.
Tout va bien. Vous êtes porté par le courant et avancez sans effort. Continuez.
2 —o— Ascension avantageuse.
Vous rencontrez le succès en restant conscient de son côté éphémère. C'est pourquoi tout est avantageux. Profitez-en pour aller encore plus haut.
3 —x— L'ascension insouciante est dangereuse.
Vous obtenez réussite et pouvoir. Cela engendre un moment d'insouciance et de relâchement dangereux pour l'avenir ; cependant vous pouvez y remédier en demeurant conscient de vos responsabilités.
4 —x— Approche parfaite.
Au contraire des traits précédents ceux qui suivent montrent les bénéfices engendrés par l'attitude aimable du supérieur vis-à-vis des inférieurs dont il favorise le progrès. Ici il s'agit d'accueillir sans préjugés un homme doué et de lui donner l'occasion de grandir.
5 —x— Sage approche.

L'intelligence de celui qui est chargé de responsabilités consiste à attirer vers lui des hommes de valeur pour leur déléguer des pouvoirs.
6 —x— Approche généreuse.
Vous faites bénéficier les autres de votre expérience et les aidez dans leur ascension. C'est source de bonheur.

20. KOUAN, la contemplation

En haut, le vent
En bas, la terre

Cet hexagramme représente l'image d'une tour, visible de loin et permettant également de voir au loin. D'où un double sens : contempler et être contemplé.

Signification : Celui qui s'expose au regard des autres et s'érige en exemple doit en être digne. Pour cela il doit se recueillir et savoir observer sans participer directement aux événements.

Les traits
1 —x— Voir comme un petit garçon.
L'on ne doit pas se contenter d'une contemplation sans réflexion ; il faut aussi chercher à comprendre ce que l'on voit.
2 —x— Regarder par la fente de la porte.
Ainsi la vision du monde est subjective et limitée. Cela n'est bon que pour celui qui n'exerce pas de responsabilités extérieures.
3 —x— Regarder derrière soi.
Avant de prendre une décision importante il est bon de rentrer en soi-même et de réfléchir aux actions passées.
4 —x— Voir la lumière du royaume.
Vous voyez avec beaucoup de lucidité et d'intelligence ce qui pourrait améliorer la situation générale. Essayez de vous faire reconnaître et sollicitez l'attention de ceux qui détiennent le pouvoir.
5 —o— Regarder en soi.
Les autres suivent votre exemple. Afin que celui-ci soit bon vous devez sans cesse être capable de vous examiner vous-même, et de juger des résultats obtenus.
6 —o— Contempler la vie.
La vraie sagesse consiste en une vision dépouillée d'intérêts personnels. C'est la voie de la libération.

21. CHE HO, la morsure

En haut, le feu
En bas, le tonnerre

Cet hexagramme représente des mâchoires qu'un obstacle empêche de s'unir, d'où la nécessité de mordre vigoureusement.

Signification : Il est ici question du juste châtiment nécessaire à rétablir l'ordre. Une personne agit avec traîtrise. Afin de l'empêcher d'amener troubles et désunion, il faut intervenir fermement, énergiquement, mais sans violence, de façon juste et impartiale.

Les traits
1 —o— Un avertissement est utile.
Lorsque le mal n'en est qu'à son début, la punition doit être légère et

dissuasive. Autrement dit, il vaut mieux chercher un arrangement.
2 —×— Morsure énergique.
Face à une réelle injustice vous vous irritez et réagissez un peu trop violemment. Cependant votre colère est justifiée, et vous n'avez pas à vous en repentir.
3 —×— Il mord dans un morceau empoisonné.
Vous n'avez pas le pouvoir ou l'autorité nécessaires pour rendre un verdict et appliquer un châtiment, même si vous en éprouvez le désir. Il est préférable de vous abstenir, car autrement vous vous attirerez des ennuis.
4 —⊖— Il mord dans un morceau cartilagineux. Il reçoit des flèches de métal.
Vous devez mener un combat difficile contre un adversaire puissant. Pour vaincre, évitez toute faiblesse ; soyez direct et dur comme la flèche.
5 —×— Il reçoit de l'or jaune.
Vous devez trancher dans une situation délicate, mais la dureté n'est pas dans votre nature.
Attention à la faiblesse : Soyez impartial et franc comme l'or.
6 —⊖— Son châtiment ne lui sert pas d'avertissement.
Vous avez affaire à quelqu'un qui ne peut ni ne veut s'améliorer. Inutile d'insister.

22. PI, la grâce

En haut, la montagne

En bas, le feu

Les flammes qui s'élèvent illuminent la montagne et la parent de beauté.

Signification : Cet hexagramme symbolise la beauté accompagnée de quiétude. Vous êtes dans une situation agréable, à l'abri des aléas de la vie. Autour de vous règne l'harmonie, vos entreprises sont favorisées. Cependant la grâce n'est qu'apparence : elle est forme, mais il lui manque le fond. De grandes œuvres ne peuvent donc être entreprises. Cette sentence est importante sur le plan artistique ou créatif.

Les traits
1 —⊖— Il quitte le char et marche.
Celui qui choisit la voie de l'effort et renonce ainsi à la facilité est sur le bon chemin.
2 —×— La parure seule est sans valeur.
Elle n'en a qu'en fonction du fond. Autrement dit, l'extérieur, aussi beau soit-il, ne change pas l'intérieur.
3 —⊖— La grâce engendre le sommeil.
Cet oracle dépeint un moment de vie plein de charme et d'attraits. Vous seriez tenté de vous y laisser aller et ce serait une erreur.
4 —×— Un cheval blanc vient, comme s'il avait des ailes.
Vous vous interrogez sur l'opportunité de quitter la grâce pour revenir à l'authenticité et la simplicité (le blanc est la couleur de la simplicité), les circonstances vont vous donner raison et vous rapprocher entre autres d'un véritable ami auprès duquel vous trouverez la paix du cœur.
5 —×— Il cherche la compagnie du sage.
Vous vous éloignez de plus en plus du côté artificiel de la grâce mais craignez d'être mal accueilli par le sage dont vous recherchez l'appui. Persévérez même si vous n'avez rien de concret à lui offrir ; la sincérité est votre meilleur argument.

6 —○— L'harmonie parfaite.
La perfection de l'art réside dans le dépouillement. Vous avez trouvé la profondeur et cela amène le succès.

23. PO, l'éclatement

Tout édifice qui n'est pas construit sur des bases solides risque de s'écrouler.

En haut, la montagne

En bas, la terre

Signification : Votre action créatrice est comme sapée, minée de l'intérieur par l'influence progressive des hommes vulgaires. Les temps ne vous sont pas favorables et toute action énergique est à proscrire. Vous devez rester ferme comme la montagne, en consolidant simplement vos bases.

Les traits
1 —×— Les fondations sont attaquées.
Vous sentez que des forces négatives commencent leur travail de désagrégation, mais vous êtes pour l'instant dans l'impossibilité de les éviter.
2 —×— Les bases de la maison tremblent.
Votre sécurité est attaquée et vous demeurez sans aide face à la difficulté. Ne perdez pas votre sang-froid, économisez vos forces.
3 —×— Le danger vient des voisins.
Votre isolement vous expose à l'influence néfaste de personnes dont vous dépendez. Mais il existe quelqu'un qui peut vous aider. N'hésitez pas à quitter pour lui ceux qui ne peuvent que vous nuire.
4 —×— La maison s'écroule.
Votre sécurité est anéantie, vous le ressentez affectivement et physiquement.
5 —×— La reconstruction est possible.
Un changement positif intervient, les attaques cessent. C'est le moment de reconstruire. Vous rencontrerez des appuis.
6 —○— La maison de l'homme vulgaire vole en éclats.
Le bien triomphe enfin. Vous êtes porté par les circonstances, et vos ennemis sont anéantis. Sachez tirer un enseignement positif des épreuves passées.

24. FOU, le retour

Cet hexagramme, l'inverse du précédent, décrit le retour de la lumière.

En haut, la terre

En bas, le tonnerre

Signification : Vous venez de vivre des moments très difficiles, mais la roue tourne et amène un changement bénéfique. Des opportunités se présentent, permettant de récupérer les avantages perdus et surtout de trouver de nouvelles ouvertures. Agissez en toute confiance, mais sans rien précipiter.

Les traits
1 —○— Retour d'une brève distance.
Vous êtes sur le point de commettre une erreur, mais il est encore temps de revenir en arrière.

2 —×— Retour tranquille.
Retourner en arrière est un acte de sagesse qui est plus facile lorsque l'entourage est de bon conseil.
3 —×— Retour répété.
Vous hésitez entre plusieurs voies et allez d'avant en arrière. Cela est dû au fait que vous ne maîtrisez pas vos désirs. Cette attitude vous empêche de progresser mais aussi de vous enraciner dans l'erreur. Reprenez-vous.
4 —×— Il s'en retourne seul.
Vous n'êtes pas en bonne compagnie mais êtes relié au fond à une personne de valeur, digne de votre confiance. Marcher seul vers elle est la meilleure solution.
5 —×— Retour magnanime.
Le temps est venu d'examiner vos actes passés et de reconnaître vos torts, si vous en avez. Vous ne le regretterez pas.
6 —×— Retour manqué. Infortune.
Vous avez malheureusement laissé passer l'occasion de transformer votre vie. Elle ne se représentera pas. Vous ne pouvez qu'attendre que les circonstances changent, mais cela prendra beaucoup de temps.

25. WOU WANG, l'innocence

䷘ En haut, le ciel
En bas, le tonnerre

Lorsque le mouvement suit les lois du ciel, rien de mauvais ne peut advenir.

Signification : L'innocence est l'état de l'homme qui vient de naître : aucune influence négative ne l'a encore atteint, il ignore l'ambition et l'envie. Il agit spontanément, en accord avec le ciel, sans nourrir d'espoir particulier, et ainsi obtient la fortune. Appliqué aux situations individuelles cet hexagramme signifie que vous devez agir suivant votre nature profonde, en limitant vos pensées au moment présent.

Les traits
1 —⊖— La conduite innocente apporte la fortune.
Écoutez la voix du cœur, et suivez sa voie...
2 —×— Labourer sans penser à la moisson.
Il est bon de travailler sans penser à ce que l'on obtiendra en échange et sans garder les yeux fixés sur le résultat final.
3 —×— Il perd la vache qu'il avait attachée.
Vous êtes victime d'une malchance inattendue : quelqu'un — ou les circonstances — vous privent injustement de ce que vous possédiez. Prenez cela philosophiquement ; le regret engendre l'amertume.
4 —⊖— Votre guide est en vous-même.
Dans la situation actuelle il est préférable de suivre le chemin que vous dicte votre cœur, et de ne pas vous laisser influencer par les paroles d'autrui.
5 —⊖— Une maladie imméritée passera d'elle-même.
Même dans l'état d'innocence un mal peut survenir du dehors. Mais puisque son fondement n'est pas en vous-même, il ne peut vous atteindre durablement. Autrement dit... attendez que ça passe !
6 —⊖— L'activité apporte l'infortune.
Ce n'est pas le temps du progrès. Attendez tranquillement, sans chercher à forcer les circonstances.

26. TA TCH'EOU, le pouvoir du grand

En haut, la montagne

En bas, le ciel

La lumière du ciel est retenue et apprivoisée par la montagne.

Signification : Les grandes choses requièrent l'union de la force créatrice et de la fermeté. Vous avez ce pouvoir et cela vous donne un contrôle parfait des circonstances du moment. Vous pouvez tenter une entreprise même dangereuse et assumer de lourdes responsabilités sans crainte, car telle est la volonté du ciel.

Les traits
1 —⊖— La porte est encore fermée.
Les circonstances sont contraires à une avance énergique. Il vaut mieux attendre l'heure propice.
2 —⊖— Les essieux du char sont enlevés.
Vous êtes face à un obstacle de taille, mais il n'est que passager. Ne combattez pas, attendez et rassemblez vos forces.
3 —⊖— Un cheval en suit un autre. La conscience du danger est avantageuse.
Vous commencez à avancer, relié à une personne qui a le même but que vous. Il est important que vous sachiez à la fois continuer avec persévérance et vous garantir des attaques, car le danger est encore présent.
4 —×— Apprivoiser la force à son début.
Il est toujours préférable de s'opposer en douceur aux forces hostiles avant qu'elles n'aient eu l'occasion de se manifester. Ceci est valable également dans le sens de maîtrise de la violence intérieure.
5 —×— Ôter les racines de la violence.
Le seul moyen d'apprivoiser le danger est d'en trouver les racines et de les ôter. Sinon il renaît.
6 —⊖— Il parvient à la voie du ciel.
Votre force longtemps accumulée a fini par vaincre les obstacles. Plus rien ne s'oppose à votre succès.

27. YI, la nourriture

En haut, la montagne

En bas, le tonnerre

L'hexagramme représente une bouche ouverte, d'où l'image de la nourriture, matérielle, culturelle et spirituelle.

Signification : La nourriture entre par la bouche et la parole en sort : le sage est celui qui trouve un équilibre entre ces fonctions. Une autre signification réside dans l'idée d'observer la façon dont quelqu'un se nourrit et quelle nourriture il choisit : ainsi on parvient à le connaître.

Les traits
1 —⊖— Il laisse aller la tortue magique.
La tortue magique n'a pas besoin de nourriture, elle se suffit à elle-même. Elle est l'image d'un être qui possède tout ce dont il a besoin.
Moralité, celui qui envie les autres au lieu de se contenter de ce qu'il a s'attire l'infortune.
2 —×— Il cherche sa nourriture à l'extérieur.
L'homme doit être capable de pourvoir lui-même à sa nourriture. S'il

persiste à l'attendre de ses supérieurs, cela le met dans une situation de dépendance nocive à la longue.
3 —×— Il oublie de se nourrir. N'agis pas ainsi pendant dix ans.
Celui qui néglige les nourritures spirituelles et ne se consacre qu'à la satisfaction de ses désirs entre dans la spirale aveugle de l'attente du plaisir. Il n'en résulte rien de bon.
4 —×— Insatiable comme un tigre.
Tel un tigre affamé, vous guettez toutes les occasions de trouver et d'accumuler de la nourriture. Mais puisque c'est dans le but de la partager avec autrui, cela n'entraîne pas de préjudice.
5 —×— Il dévie du chemin pour rencontrer un sage.
Vous avez la responsabilité de nourrir les autres, mais la force vous en fait défaut pour l'instant. Vous devez changer de direction, demander l'aide d'une personne humble et sage et accepter votre dépendance.
6 —⊖— La source de l'alimentation.
Vous exercez d'importantes responsabilités, nombreux sont ceux qui dépendent de vous. Demeurez conscient des dangers d'une telle situation et vous pourrez réaliser de grandes choses.

28. TA KOUO, la prépondérance du grand

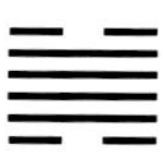

En haut, le lac

En bas, le vent

Cet hexagramme représente l'image d'une poutre, épaisse en son milieu fragile à ses extrémités. Elle peut se rompre à tout moment.

Signification : Il y a un déséquilibre entre ce que vous avez à supporter et ce que vous pouvez supporter. La situation est dangereuse et surtout, elle ne peut durer, mais la réussite est possible, car votre équilibre intérieur n'est pas atteint. Aussi devez-vous trouver très vite une porte de sortie. Vos alliés seront la sérénité, la fermeté, et surtout la patience, car les changements importants réclament du temps.

Les traits
1 —×— Agissez avec précaution.
La situation est très critique. Aussi ne devez-vous rien négliger et prendre toutes les précautions possibles avant de commencer à agir.
2 —⊖— Le peuplier desséché pousse un rejeton.
Un tournant inespéré se produit, offrant la possibilité d'un renouveau. Acceptez-le même s'il émane de personnes inconnues.
3 —⊖— La poutre faîtière se rompt.
Vous avez voulu forcer les événements sans tenir compte des conseils d'autrui. Cela ne fait que précipiter la catastrophe.
4 —⊖— La poutre faîtière est étayée.
Grâce à l'appui désintéressé de vos subordonnés, vous avez dominé les difficultés. N'oubliez pas cependant que votre succès est aussi le leur.
5 —⊖— Le peuplier desséché s'épuise en produisant des fleurs.
Le renouveau n'est qu'apparent, tout demeure stérile. Cela vient du fait que vous n'avez pas recherché les alliés qu'il fallait.
6 —×— Les eaux sont au-dessus de votre tête.
Entraîné par votre courage, vous avez voulu passer à toute force et vous vous êtes mis dans un très grand danger. Cela n'entraîne pas de blâme car vos intentions étaient bonnes.

29. K'AN, l'insondable, l'eau

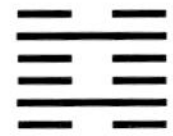
En haut, l'eau
En bas, l'eau

Cet hexagramme est le redoublement du trigramme K'AN, d'où l'idée de répétition du danger.

Signification : Lorsque l'on se trouve dans une situation dangereuse, on court le risque de s'y habituer et de tomber dans un danger encore plus grand. Vous devez être comme l'eau qui coule et épouse tous les obstacles. Ne pas vous décourager, suivre votre voie avec sincérité, sans vous laisser fasciner ou arrêter par le danger.

Les traits
1 —×— Il tombe d'abîme en abîme.
L'accoutumance au mal risque de vous faire perdre conscience du bien.
2 —⊖— Avancez comme la source.
La source a besoin de temps pour s'ouvrir un passage. Comme elle, vous devez agir avec précaution et patiemment, en vous contentant de petites choses ; les grands succès sont pour plus tard.
3 —×— Debout au milieu des abîmes.
Vous êtes dans une situation si dangereuse que le moindre geste serait fatal. Attendez d'y voir plus clair, même si c'est très difficile.
4 —×— La sincérité écarte le danger.
Lorsque l'on souhaite sincèrement offrir son aide ou en trouver dans les moments de danger, les formes n'ont pas d'importance : seules comptent la sincérité et la clarté avec laquelle on expose ses intentions.
5 —⊖— L'abîme est seulement rempli jusqu'au bord.
Vous êtes très près de l'issue. Le danger s'éloigne. Agissez prudemment, ne visez pas trop haut : ce n'est pas le moment de créer de nouvelles difficultés.
6 —×— Emprisonné au fond de l'abîme.
Celui qui s'accoutume au mal et perd le bon chemin risque de perdre aussi sa liberté.

30. LI, le feu

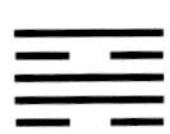
En haut, le feu
En bas, le feu

Il s'agit là encore de la répétition de deux trigrammes. Cela contient l'idée de la dépendance : le feu ne peut brûler sans aliment.

Signification : Cet hexagramme dépeint une situation brillante mais non autonome. Vous êtes respecté, admiré, mis en lumière. Ce succès durera si vous ne cessez de progresser intérieurement, et si vous ne vous éloignez pas de ceux auxquels vous êtes attaché (ou qui sont attachés à vous).

Les traits
1 —⊖— Lever de soleil.
Au début de la journée, l'agitation règne. Ne vous laissez pas entraîner dans la confusion générale, réfléchissez car beaucoup de choses dépendent de ce qui se passe maintenant.
2 —×— Soleil de midi.
Tout est illuminé. L'harmonie règne. Grande fortune.

3 —o— Soleil couchant.
Cet oracle rappelle l'évidence du déclin. Rien ne dure en ce monde : la nuit succède au jour. Certains refusent d'y penser, d'autres en éprouvent de la tristesse. Les deux attitudes sont stériles.
4 —o— Le feu se consume de lui-même.
Le feu qui brûle tout autour de lui ne peut briller longtemps. Il peut en être de même de votre succès du moment, si vous allez trop vite.
5 —x— La lumière la plus brillante est intérieure.
Au sommet de sa vie, l'homme devient conscient de la pérennité des choses et s'en désole. S'il s'efforce de retrouver la clarté et renonce à l'espoir comme à la crainte, il obtient la fortune.
6 —o— Lumière éclairant l'ombre.
Vous devez ramener la lumière et l'ordre là où régnaient les ténèbres (en vous-même peut-être). Restez tolérant et changez seulement ce qui doit l'être.

31. HIEN, la demande en mariage

En haut, le lac

En bas, la montagne

Il existe un autre terme pour désigner cet hexagramme : l'influence. Il symbolise en fait l'attraction mutuelle qui crée influence ou association.

Signification : Le présage est heureux. Il annonce une attirance réciproque basée sur la complémentarité, engendrant union et réussite. Il peut s'agir d'une proposition d'association, affective ou professionnelle. Un conseil est sous-jacent : demeurer ouvert et accessible aux bonnes influences.

Les traits
1 —x— L'influence se manifeste dans l'orteil.
Elle est donc invisible pour l'instant.
2 —x— L'influence se manifeste dans les mollets.
Vous devez, pour avancer, attendre des conseils ou un encouragement extérieur ; une action autonome amènerait l'infortune.
3 —o— L'influence se manifeste dans les cuisses.
Si vous désirez exercer une influence sur quelqu'un, il est préférable de ne pas lui courir après. Réfrénez vos pulsions.
4 —o— L'influence se manifeste dans le cœur.
Il est question ici d'une influence réelle et profonde, de sentiments réciproques. Le sachant, laissez de côté l'égoïsme et soyez constant dans vos affections.
5 —o— L'influence se manifeste dans la nuque.
Celui qui ne se laisse pas influencer perd en même temps le pouvoir d'influencer les autres.
6 —x— L'influence se manifeste dans les mâchoires.
Lorsque l'influence est liée uniquement aux paroles, elle est sans profondeur et sans durée. Moralité, ne vous fiez pas aux propositions verbales.

Souhait de bonheur et de prospérité. Illustration de l'ouvrage du Père Doré. 1915. Bibliothèque nationale. *(J.-L. Charmet.)*

32. HONG, le mariage

En haut, la tonnerre

En bas, le vent.

Cet hexagramme symbolise le mariage en tant qu'union durable entre les êtres. C'est pourquoi il a pour autre nom : la durée.

Signification : Lorsque l'on veut créer quelque chose qui dure il est indispensable de le nourrir d'une façon permanente, donc de ne pas tomber dans le piège de l'habitude et de la routine. Cette attitude serait aussi nocive que celle qui consiste à changer sans arrêt de direction : la fermeté, la persévérance et le mouvement engendrent la durée.

Les traits

1 —×— Vouloir trop vite la durée apporte l'infortune.
Celui qui veut « tout, tout de suite » va droit à l'échec.
2 —⊖— N'ayez pas de regrets.
Vous êtes anxieux car vous craignez de désirer plus que vous ne pouvez obtenir. Mais le présage est heureux, et vous parviendrez à la maîtrise nécessaire à la durée.
3 —⊖— Celui qui oublie la durée rencontre la disgrâce.
Vos sentiments sont contradictoires, votre comportement instable. Vous risquez de vivre une expérience douloureuse (séparation, divorce) si vous ne luttez pas contre votre inconséquence.
4 —⊖— Il n'y a pas de gibier dans le champ.
Vous cherchez à créer la durée là où il est impossible de le faire. C'est une perte de temps et d'énergie.
5 —×— Chacun son devoir.
La règle est que le faible suive le fort : la situation contraire n'amène que confusion.
6 —×— L'agitation apporte l'infortune.
Toute action durable doit naître dans le calme et la réflexion. Celui qui se hâte dans toutes les directions ne crée rien de profond.

33. TOUEN, la retraite

En haut, le ciel

En bas, la montagne

Cet hexagramme dépeint les attitudes à adopter dans les périodes ou l'obscurité est ascendante.

Signification : Les forces hostiles avancent et vous n'avez pour l'instant aucune chance de les vaincre. Dans une telle situation la sagesse veut que l'on se retire pour se protéger : il ne s'agit pas d'une défaite mais d'une mesure de prudence qui permet de conserver ses forces intactes, et évite toute participation aux actions mauvaises.

Les traits

1 —×— Il est dangereux de traîner pendant la retraite.
Cela crée un contact avec les ennemis qui avancent. Mettez-vous vite à l'abri.
2 —×— Personne ne peut lui faire lâcher prise.
La sentence décrit un homme qui s'accroche obstinément à celui qui se retire ; ce qu'il veut est juste, donc il atteindra son but.
3 —⊖— La retraite interrompue est dangereuse.
Vous souhaitez vous retirer mais quelqu'un vous en empêche. Peut-être

avez-vous des responsabilités par rapport à lui ? Cela vous met dans une situation délicate que vous pouvez surmonter en évitant toute dépendance.
4 —o— L'homme noble se retire de bon cœur.
À l'heure de la retraite il est important d'accepter la séparation sans nourrir de rancune ou d'arrière-pensées.
5 —o— Retraite amicale.
Si le moment de la retraite est bien choisi, les explications ne sont pas nécessaires : elles ne feraient que rendre la situation générale plus pénible.
6 —o— Retraite en toute liberté.
Celui qui se sent intérieurement détaché n'a aucune peine à se retirer ; cela lui apporte la sérénité.

34. TA TCHOUANG, la puissance du grand

En haut, le tonnerre

En bas, le ciel

Cet hexagramme dépeint la force en ascension.

Signification : Vous êtes dans une période d'expansion, sur tous les plans. Cela réclame une attention permanente, afin de rester dans la voie de la justice, de la mesure et du droit. La puissance ne doit pas être confondue avec la domination égoïste.

Les traits
1 —o— La force dans les orteils.
La tête doit guider ce que font les pieds... réfléchissez et vous verrez que le moment de montrer votre puissance n'est pas encore venu.
2 —o— La porte s'ouvre.
Vous êtes sur la voie du succès. Continuez hardiment, mais ne soyez pas présomptueux.
3 —o— Un bouc se heurte à une haie et s'y prend les cornes.
Ne vous laissez pas enivrer par vos succès, ne faites pas inutilement montre de votre force, vous vous trouveriez immobilisé.
4 —o— La haie s'ouvre.
Aucun obstacle ne résiste à celui qui les écarte avec calme et persévérance.
5 —×— Il n'y a plus d'obstacles.
Vous n'avez plus besoin d'utiliser la force. Choisissez maintenant la douceur.
6 —×— Le bouc est pris dans la haie.
Vous avez été trop loin dans l'exercice de la force ; cela amène une situation confuse et vous ne pouvez plus ni reculer ni avancer. Avant toute chose, retrouvez votre calme.

35. TSIN, le progrès

En haut, le feu

En bas, la terre

Cet hexagramme représente la lumière qui sort de terre, donc le soleil qui s'élève en progressant inéluctablement.

Signification : Vous êtes dans une période d'émergence et de croissance de vos dons véritables. Votre situation devient plus brillante, et cela entraîne de grands bienfaits car vous savez demeurer proche de tous.

Les traits
1 —x— Progresser dans la crainte.
Vous craignez d'être repoussé si vous progressez. Faites preuve de simplicité et tout ira bien.
2 —x— Progresser dans la tristesse.
L'union à laquelle vous aspiriez est empêchée et vous en éprouvez une profonde déception.
Persévérez et la personne dont vous souhaitez vous rapprocher viendra à votre rencontre.
3 —x— Progresser en compagnie.
Si l'on n'a pas la force de progresser seul il est bon de le faire en compagnie de personnes qui ont le même but.
4 —o— Progresser comme une marmotte.
Vous êtes guidé par l'idée d'amasser, de posséder davantage, mais vous tenez cette ambition cachée. Vous ne pourrez cependant empêcher que ces agissements soient découverts et il en résultera de grands désagréments.
5 —x— Progrès désintéressé.
Vous occupez un poste important et vous vous demandez si vous avez eu raison de ne pas chercher à en obtenir davantage. N'ayez pas de regrets, vous aurez encore des occasions de progresser.
6 —o— Progrès agressif.
Votre comportement est dur, agressif. Cela est excusable si l'un des vôtres a commis une faute, mais vous ne devez pas agir ainsi dans la vie publique.

36. MING YI, l'obscurcissement

En haut, la terre

En bas, le feu

Le soleil est sous la terre : cet hexagramme décrit la domination des ténèbres, qui blessent la lumière.

Signification : Vous êtes en difficulté. Soit la situation générale est obscure, soit vous êtes sous la domination d'un homme dont l'âme est emplie de ténèbres. Les critiques ne serviraient à rien, vous ne pouvez ramener la lumière. Faites semblant de vous adapter, préservez votre clarté intérieure et ne vous laissez pas entamer. De cette façon vous serez prêt lorsque des temps meilleurs reviendront.

Les traits
1 —o— L'homme noble ne mange pas pendant trois jours.
L'obscurcissement en est à ses débuts et vous êtes le seul à vous en apercevoir. Ceux que vous essayez de prévenir vous attaquent et médisent de vous. Vous souffrez de privations. Pourtant vous avez raison et ce sera bientôt reconnu. Patience...
2 —x— L'obscurcissement le blesse à la cuisse.
Ce n'est pas une blessure grave qui empêche d'agir, mais vous êtes gêné. Unissez-vous à d'autres pour lutter contre les ténèbres.
3 —o— Il capture le chef des ténèbres.
Vous emportez la victoire grâce à un hasard propice. Cela ne permet que des réformes prudentes.
4 —x— Au cœur de l'obscurité, il part.
Vous comprenez qu'il n'y a aucun espoir d'amélioration. Partir, vous éloigner des ténèbres au plus vite est la seule solution.

5 —×— Obligé de rester dans l'obscurité.
Les circonstances vous interdisent de quitter votre place. Ne dites pas ce que vous pensez, taisez ce que vous savez. Le salut est dans l'adaptation silencieuse.
6 —×— L'obscurité totale.
Lorsqu'elle arrive à son comble, l'obscurité se détruit d'elle-même, et l'homme ténébreux provoque sa propre chute.

37. KIA JEN, la famille

En haut, le vent

En bas, le feu

Cet hexagramme symbolise les lois internes qui régissent la famille.

Signification : Dans la famille, comme dans toute société humaine, il est important que chacun se tienne à sa place et fasse son devoir, que celui qui doit diriger dirige. De la cohérence intérieure naît l'harmonie extérieure. Cela est également valable pour le gouvernement des hommes.

Les traits
1 —⊖— La hiérarchie est importante.
Si vous êtes responsable d'un groupe, vous devez faire preuve d'autorité et assigner à chacun un rôle précis.
2 —×— La femme est au milieu de la maison.
Ainsi elle maintient l'équilibre, en usant de douceur et non pas de violence.
3 —⊖— Trouver le juste milieu.
Les excès de sévérité sont tout aussi dangereux que le laxisme.
4 —×— Elle est la richesse de la maison.
Lorsque dépenses et recettes s'équilibrent, la prospérité règne dans la famille (et dans la société).
5 —⊖— Comme un roi il s'approche de sa famille.
Le succès est obtenu lorsque le chef de famille inspire confiance, amour et respect.
6 —⊖— Son travail commande le respect.
Celui qui a la charge d'une famille doit en assumer les responsabilités et agir avec justice. Ainsi vient la fortune.

38. K'OUEI, l'opposition

En haut, le feu

En bas, le lac

Le feu et le lac vont dans des directions opposées.

Signification : L'incompréhension est ici causée par deux volontés qui vont en sens contraire. Cela bloque toute action commune, donc toute grande entreprise. Il est préférable de se contenter d'agir sur les petites choses.

Les traits
1 —⊖— Le cheval perdu revient de lui-même.
Le malentendu qui vous sépare d'une personne qui vous est attachée ne sera pas résolu par la force : attendez et elle reviendra spontanément.
2 —⊖— Rencontre dans une rue étroite.

Lorsque des malentendus existent entre personnes dotées d'affinités, une rencontre fortuite, guidée apparemment par le hasard, est utile.
3 —×— Le char est tiré en arrière.
Vous êtes dans un moment où tout semble vous nuire. Un ami vous aidera à sortir de ce mauvais pas.
4 —⊖— Isolé par l'opposition, on rencontre un homme de confiance.
Vos convictions profondes vous tiennent à l'écart du groupe, mais vous rencontrez un ami qui les partage. Vous obtiendrez ensemble le succès.
5 —×— Le compagnon se fraye un chemin vers vous.
Une personne dont vous méconnaissez la fidélité s'obstine à chercher votre compagnie. Vous devez travailler ensemble.
6 —⊖— Isolé par l'opposition, il prend son compagnon pour un brigand.
Votre solitude vient d'un malentendu qui vous sépare de votre meilleur ami : vous pensez qu'il cherche à vous nuire. C'est une erreur, car il vous est loyalement attaché : vous devez déposer les armes et favoriser la réconciliation.

39. KIEN, l'obstacle

En haut, l'eau

En bas, la montagne

Derrière soi, une montagne infranchissable ; devant, l'abîme. Avancer est dangereux, reculer est impossible. Cet hexagramme décrit les différentes façons de réagir face à l'obstacle.

Signification : Vous êtes en face d'une difficulté qu'il est impossible d'affronter pour l'instant. Vous devez d'abord vous arrêter et réfléchir ; puis, vous interroger sur vos responsabilités : ce n'est pas le hasard qui, seul, vous a mis dans cette situation... Enfin ne pas repousser les aides qui vous sont offertes.

Les traits
1 —×— Aller conduit à l'obstacle.
Plutôt que d'avancer, retirez-vous momentanément afin de réfléchir et de préparer l'action future.
2 —×— Le serviteur rencontre obstacle sur obstacle.
Votre devoir vous empêche de contourner l'obstacle. Vous êtes obligé d'avancer, mais nul ne peut vous en faire le reproche.
3 —⊖— Il revient en arrière.
Lorsque l'on est responsable de la sécurité d'autres personnes et qu'une action risque de la mettre en danger, il vaut mieux éviter le combat.
7 —×— Revenir mène à l'union.
Vous ne pouvez affronter seul les difficultés ; cherchez des alliés qui, le moment venu, vous aideront à vaincre.
5 —⊖— Au sein des obstacles, des amis surviennent.
Vous avez la possibilité et le devoir de surmonter les obstacles. Des appuis viennent de l'extérieur.
6 —×— Revenir mène à la fortune.
Vous êtes au-dessus des obstacles. Mais les autres ont besoin de votre aide : ne la refusez pas.

40. HIAL, la libération

En haut, le tonnerre

En bas, l'eau

Le tonnerre (le mouvement) permet de sortir d'une situation critique.

Signification : Vos difficultés disparaissent d'elles-mêmes. La situation se purifie. Vous pouvez agir à votre guise et retrouver, si vous le désirez, l'équilibre et l'épanouissement perdus. En de telles circonstances il est fondamental d'oublier le passé et ses rancœurs.

Les traits
1 —×— Il reprend ses forces.
Vos ennuis sont terminés. Il est normal d'observer un temps de repos, afin de reprendre des forces.
2 —⊖— Il tue trois renards.
La délivrance ne fait que commencer. Pour la mener à son terme, agissez avec mesure et méfiez-vous des flatteurs qui, dans l'ombre, cherchent à vous nuire.
3 —×— Il attire les voleurs.
L'expérience des difficultés passées ne vous a servi à rien, vous vous glorifiez de votre réussite. Ainsi vous vous exposez à retomber dans les mêmes problèmes.
4 —⊖— Il change de compagnon.
Pendant la période de difficulté, vous avez eu des contacts avec des personnes de mauvaise compagnie. Tant que vous ne vous en serez pas libéré, les hommes de valeur resteront éloignés de vous.
5 —×— Il se libère intérieurement.
Si vous voulez vraiment vous délivrer des influences mauvaises, il faut le faire de l'intérieur. Les interdictions ne servent à rien, seule compte votre conviction.
6 —×— Le prince abat un faucon.
Lorsqu'une personne mauvaise fait obstacle à la délivrance, il ne faut pas hésiter à utiliser tous les moyens pour l'écarter.

41. SOUEN, la diminution

En haut, la montagne

En bas, le lac

Le trigramme inférieur perd de sa puissance au profit du trigramme supérieur, d'où l'image de la diminution ou de l'amoindrissement.

Signification : Il est un temps pour tout dans une vie ; l'important est de s'y adapter. Ici, par exemple, il convient d'éliminer le superflu au profit du nécessaire. Lorsque les moyens matériels diminuent, il est temps de développer ses forces spirituelles.

Les traits
1 —⊖— L'aide doit être mesurée.
Si vous aidez une personne en difficulté, épargnez sa fierté.
2 —⊖— Il ne faut pas se diminuer au profit des autres.
Si en apportant votre aide, vous vous mutilez volontairement de quelque chose, cela n'est pas bon. Il vaut mieux ne pas intervenir.
3 —×— Trois hommes ne peuvent s'unir.
Une association à trois entraîne obligatoirement le départ d'une personne ; mais si vous êtes seul, vous trouverez un compagnon.
4 —×— Atténuer ses défauts attire les compagnons.

Nos défauts sont souvent amplifiés et aggravés par un entourage néfaste. S'en défaire permet à ceux qui nous sont bénéfiques de venir vers nous.
5 —×— Quelqu'un l'augmente à coup sûr.
Le bonheur vous est promis et rien ne pourra l'empêcher.
6 —⊖— Il obtient des serviteurs.
Si vous œuvrez de façon désintéressée au bien-être général, les appuis se présenteront d'eux-mêmes.

42. YI, l'augmentation

Le vent et le tonnerre se fortifient et s'augmentent mutuellement.

En haut, le vent

En bas, le tonnerre

Signification : Vous voici dans un moment de prospérité qui ne sera pas éternel. Vous devez en profiter pour entreprendre, cultiver ce qui existe de positif et éliminer ce qui est nuisible.

Les traits
1 —⊖— Il accomplit de grandes actions.
Fortune.
Tout est positif : n'hésitez pas à agir.
2 —×— Le roi le présente devant Dieu. Fortune.
Votre réussite est méritée et va s'amplifier.
Sachez, face au triomphe, rester lucide.
3 —×— Il se trouve enrichi par des expériences malheureuses.
Si vous êtes sincère, les événements tourneront à votre avantage.
4 —×— Il marche au milieu.
Vous avez à jouer un rôle de médiateur auprès d'un personnage influent. Il suivra vos conseils si vous n'avez aucune arrière-pensée.
5 —⊖— Si ton cœur est bon, ne questionne pas.
Cette sentence heureuse indique que votre bonté sera reconnue : il est inutile de vous interroger à ce sujet.
6 —⊖— L'augmentation solitaire engendre la chute.
Si vous vous élevez égoïstement en oubliant de vous rendre utile aux autres, vous vous exposez d'abord à la solitude, ensuite à l'hostilité.

43. KOUAI, la percée

Cinq traits positifs montent à l'assaut de l'unique trait négatif, qui va disparaître.

En haut, le lac

En bas, le ciel

Signification : Deux explications sont à retenir : tout d'abord, même si un seul élément mauvais demeure dans une situation, il peut la polluer ; il doit donc être chassé de façon énergique et résolue. Ensuite, cet hexagramme signale le danger lié à toute accumulation : elle sera automatiquement suivie d'une dispersion. D'où le risque de trop posséder et la nécessité d'agir de façon à rétablir l'équilibre.

Les traits
1 —⊖— Il ne faut pas dépasser le but.
Vous pouvez avancer jusqu'à un certain point car les obstacles sont encore importants. Ne vous emballez pas.
2 —⊖— Armes le soir et la nuit.

Une vigilance constante permet de triompher du danger lorsqu'il survient ; être prêt, là est le secret.
3 —⊖— Il marche solitaire et rencontre la pluie.
Vous êtes dans une situation difficile : personne ne comprend votre façon d'agir et cela vous expose à bien des critiques. Cela n'a pas de réelle importance, du moment que vous restez fidèle à vos convictions profondes.
4 —⊖— Il devrait se laisser conduire comme un mouton.
Votre entêtement à avancer en dépit des obstacles et sans tenir compte des conseils vous attire l'infortune.
5 —⊖— Il lutte contre les mauvaises herbes.
Les mauvaises habitudes, les relations nuisibles sont comme de mauvaises herbes : il faut les détruire par la racine, autrement elles reviennent. Il y a un risque de découragement. Pourtant la tâche n'est pas sans espoir, il faut persévérer.
6 —×— Il pense aux germes du mal.
Le triomphe est obtenu, mais il est encore fragile : ne vous relâchez pas et demeurez vigilant afin d'empêcher toute nouvelle irruption du mal.

44. KEOU, venir à la rencontre

En haut, le ciel

En bas, le vent

Un trait faible s'introduit secrètement (en bas) parmi les traits forts.

Signification : Il y en a deux. La première est que vous deviez être circonspect vis-à-vis des rencontres actuelles, même si elles ne vous semblent pas dangereuses. La seconde est que, parfois, il est bon que le faible aille au-devant du fort, à condition que sa démarche soit sincère et sans arrière-pensées.

Les traits
1 —×— Il faut le freiner avec un frein de bronze.
Le mal doit être stoppé dès qu'il apparaît ; ne lui laissez pas le temps de s'installer.
2 —⊖— Il le tient sous contrôle.
Si l'élément mauvais qui est en vous, ou autour de vous, rencontre un soutien extérieur, il se développe. Veillez à le contrôler.
3 —⊖— Il se souvient du danger.
Vous êtes tenté de vous rapprocher d'une personne dont l'influence vous serait certainement néfaste, mais les circonstances vous en empêchent. Vous trouvez cela douloureux, pourtant c'est une bonne chose. Prenez-en conscience.
4 —⊖— Il les supporte avec patience.
Si vous ne demeurez pas patient et accessible aux plus faibles que vous, vous ne pourrez rien en attendre lorsque vous aurez besoin d'eux.
5 —⊖— Cela lui vient du haut du ciel.
Vous n'obligez personne à venir vers vous, tout en demeurant disponible et disposé à aider celui qui le demande. Vous allez être récompensé de cette attitude et faire des rencontres positives.
6 —⊖— Il vient à la rencontre avec des cornes.
Vous avez choisi d'éviter passagèrement les rencontres et de demeurer solitaire. Ne soyez pas agressif vis-à-vis de ceux qui viennent vers vous : chacun n'est pas censé comprendre votre attitude.

45. TS'OUEI, le rassemblement

En haut, le lac
En bas, la terre

Le lac est le lieu où les eaux qui courent sur la terre se rassemblent : c'est l'image de cet hexagramme.

Signification : Cet hexagramme décrit le rassemblement des hommes dans un sens plus vaste que l'union familiale (la famille, 37) ou l'entraide (la solidarité, 8). Appliqué aux situations individuelles, il indique que l'intégration dans un groupe ne se fait qu'à trois conditions : le recueillement dans un but commun, la présence d'un chef, et la cohérence interne. De même chaque personne doit toujours demeurer attentive à tout élément de trouble qui pourrait s'introduire et nuire au groupe.

Les traits
1 —x— Tantôt confusion, tantôt rassemblement.
Vous souhaitez vous unir à quelqu'un que vous admirez mais votre entourage s'y oppose. Cela vous met dans l'incertitude. Pourtant si vous appelez cette personne à votre aide et exprimez vos doutes elle saura les dissiper. N'hésitez pas et ne vous laissez pas influencer.
2 —x— Se laisser tirer apporte la fortune.
Le passé vous retient. Vous craignez de décevoir ceux qui recherchent votre compagnie. Ne doutez plus, écoutez votre cœur et vos attirances.
3 —x— Rassemblement dans les soupirs.
Vous souhaitez vous introduire dans un groupe déjà formé et cela vous met dans une situation difficile. Il faut malgré tout faire les premiers pas, même si pour cela vous devez passagèrement oublier votre fierté.
4 —o— Rassemblement désintéressé. Fortune.
Vous mettez toute votre énergie au service du groupe sans en attendre d'avantages personnels. Ainsi la réussite est assurée.
5 —o— Ils se rassemblent autour de lui.
Vous êtes au centre d'un rassemblement, mais cela comporte le risque de vous trouver en contact avec des personnes intéressées par votre pouvoir. Soyez franc avec elles, ainsi vous gagnerez leur confiance et éveillerez leur capacité à se transformer.
6 —x— Lamentations et soupirs.
La personne dont vous désirez vous approcher ne comprend pas votre demande et vous repousse. Vous vous lamentez. Ne vous découragez pas, insistez et vous parviendrez à réaliser l'union désirée.

46. CHENG, la poussée vers le haut

En haut, la terre
En bas, le vent

Le vent est le bois : cet hexagramme décrit sa naissance et sa croissance.

Signification : Vous êtes dans une situation où le progrès est possible car il n'y a pas d'obstacles. Mais tout repose sur votre volonté et votre travail. L'oracle recommande également de ne pas se laisser influencer ou décourager par un éventuel insuccès, mais au contraire de continuer à « pousser vers le haut » c'est-à-dire à évoluer, à monter.

Les traits
1 —x— La poussée vers le haut rencontre la confiance.

Vous allez rencontrer un homme puissant qui vous aidera dans votre ascension.
2 —⊖— Il rencontre la sincérité.
La droiture et la sincérité sont plus importantes que les formes. Soyez-en conscient et ne vous choquez pas de la rudesse de ceux qui vous offrent de l'aide.
3 —⊖— Il avance dans une cité vide.
Vous progressez avec une facilité étonnante. Cela ne durera pas éternellement, aussi profitez au maximum de cette situation.
4 —×— Le roi le présente au Dieu de la montagne.
Ici vous parvenez au sommet de la réussite ; tous vous admirent et reconnaissent votre valeur.
5 —×— Il pousse vers le haut par degrés.
Lorsque la réussite est grande l'homme court le risque de se laisser griser et d'avancer trop vite. Il faut au contraire rester lucide et parcourir les dernières étapes lentement.
6 —×— Il pousse vers le haut dans le noir.
Avancer aveuglément, en désirer toujours davantage vous conduirait à l'épuisement de vos ressources. Sachez faire retraite de temps à autre.

47. K'OUEN, l'épuisement

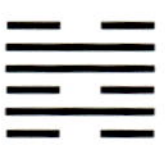

En haut, le lac

En bas, l'eau

Le lac est au-dessus de l'eau : il s'est tari. D'où l'idée d'épuisement, d'accablement.

Signification : Il est ici question d'un moment où domine l'adversité. Vos ressources, morales ou matérielles, sont épuisées, vous n'avez plus la force de réagir et les autres vous refusent leur aide. La seule chose que vous puissiez faire est de demeurer fidèle à vos convictions et vos objectifs.

Les traits
1 —×— Il arrive dans une vallée obscure.
Sombrer dans la dépression et vous lamenter, voici une attitude très dangereuse. Vous devez absolument réagir, sortir de votre aveuglement, vous libérer du passé.
2 —⊖— Il est accablé près du vin et des aliments.
Votre sécurité matérielle n'est pas en cause, mais vous êtes découragé par la banalité de votre existence. Une aide va venir de l'extérieur, une proposition vous sera faite.
3 —×— Il est accablé par une pierre et s'appuie sur des épines.
Si dans une période d'accablement vous hésitez et gaspillez vos forces en changeant de direction sans arrêt, vous ne serez bientôt plus capable de voir les portes de sortie.
4 —⊖— Il vient tout doucement dans un char doré.
Vous êtes dans une situation aisée qui vous permet d'aider les autres. Faites-le sans hésitation, et ne vous laissez pas influencer par ceux qui ne pensent qu'à leur intérêt.
5 —⊖— La joie vient tout doucement.
Vous êtes plein de bonne volonté mais ne rencontrez d'aide ni au-dessus de vous, ni au-dessous. Attendez paisiblement dans le recueillement. Votre isolement ne sera pas éternel.

6 —×— Il est accablé par des sarments.
L'accablement est terminé. Ne vous laissez pas influencer par les difficultés passées et mettez-vous en route.

48. TSING, le puits

L'eau repose sur le bois qui la fait monter de terre, image d'un puits.

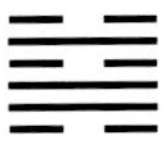

En haut, l'eau

En bas, le vent (le bois)

Signification : Cet oracle a une importante dimension philosophique : il décrit la nature de l'homme dans ce qu'elle a de plus profond, et indique que celui qui fait une recherche personnelle doit aller au fond des choses sans s'arrêter en chemin ou se laisser influencer par des conventions ou des modes.

Les traits
1 —×— Aucun animal ne vient à un vieux puits.
Si vous cessez de vous intéresser à vous-même, personne ne viendra vers vous.
2 —⊖— L'eau du puits est claire, mais la cruche est brisée.
Vous négligez vos possibilités et votre situation se dégrade. Cela vous expose à des contacts néfastes qui détourneront de vous les personnes de valeur.
3 —⊖— Le puits est récuré mais on ne boit pas de son eau.
Vos qualités sont réelles mais personne ne les utilise pour l'instant. Cependant quelqu'un pense à vous mettre en valeur.
4 —×— Le puits est en réparation.
Vous faites un travail sur vous-même et mettez de l'ordre dans votre vie. Cela vous empêche pour l'instant d'agir au grand jour, mais amplifie vos qualités profondes : elles seront reconnues par la suite.
5 —⊖— Dans le puits se trouve une source d'eau claire.
Vous avez des qualités qui seraient utiles à tous. Mais c'est à vous de les en convaincre, et de vous mettre en valeur.
6 —×— On tire l'eau du puits sans obstacle.
Votre richesse intérieure est inépuisable comme l'eau d'une source, et vous en faites bénéficier les autres. Fortune.

49. KO, la révolution

Cet hexagramme décrit la lutte entre deux éléments inconciliables : le lac et le feu.

En haut, le lac

En bas, le feu

Signification : L'oracle parle d'une période de mutation, de changement, qu'il est nécessaire d'accepter. Il dit également que les transformations totales et les révolutions sont des choses dangereuses qu'il faut provoquer uniquement lorsqu'il n'y a plus d'autre issue. Et même dans ce cas, il faut choisir son moment avec prudence et s'assurer d'appuis extérieurs.

Les traits
1 —⊖— La révolution évite une offensive prématurée.

Avant d'agir, interrogez-vous : avez-vous bien essayé toutes les autres possibilités ?
2 —×— À ton heure, tu peux causer la révolution.
Lorsqu'une simple réforme est insuffisante à changer les choses, la révolution est nécessaire. Élaborez calmement votre stratégie.
3 —⊖— Les bruits de révolution ont circulé à trois reprises.
Le changement est inévitable. Afin de ne pas être débordé par les événements, gardez-vous de toute hâte comme de toute hésitation inutile.
4 —⊖— Changer l'ordre de l'État apporte la fortune.
Seul l'homme qui détient à la fois l'autorité extérieure et la force intérieure peut mener à bien une révolution et s'attirer le soutien du peuple.
5 —⊖— L'homme change comme un tigre.
Vous êtes capable de vous transformer et vous y voyez clair ; l'évidence de vos desseins fait que chacun vous suit sans hésiter.
6 —×— L'homme change comme une panthère.
Certains hommes ne peuvent se transformer complètement. Il faut accepter de leur part une simple réforme et se contenter du possible.

50. TING, le chaudron

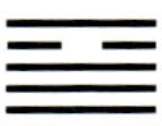

En haut, le feu

En bas, le vent (le bois)

Les traits de l'hexagramme évoquent l'image d'un chaudron : en bas, les pieds ; au milieu, la panse ; en haut, les anneaux pour le porter.

Signification : Le chaudron symbolise la prospérité. Il contient l'idée d'une alimentation abondante, dans le sens matériel mais aussi spirituel.

Les traits
1 —×— Il faut retourner le chaudron pour le nettoyer.
Vous réussirez, quelle que soit votre situation antérieure, à condition d'opérer un nettoyage en vous-même : vous débarrasser des vieux problèmes, par exemple.
2 —⊖— Dans le chaudron il y a des aliments.
Vous êtes dans une période de réalisation. Allez de l'avant sans prêter attention aux critiques des envieux.
3 —⊖— L'anse du chaudron est changée.
Personne ne reconnaît vos qualités, vous avez l'impression de dépenser votre énergie et vos talents en pure perte. Ne vous inquiétez pas, ces obstacles vont bientôt disparaître.
4 —⊖— Les pieds du chaudron sont brisés.
Vous n'êtes pas à la hauteur de l'entreprise, ou bien vous n'y croyez pas assez. Ne vous exposez pas inutilement à l'échec.
5 —×— Le chaudron a une anse d'or.
Malgré d'importantes responsabilités, vous avez su rester accessible aux autres et mériter leur aide. Cela apporte la prospérité.
6 —⊖— Le chaudron a une anse de jade.
Le succès est total, vous l'avez obtenu par le mélange de la force et de la douceur.

51. TCHEN, le tonnerre

Cette répétition de deux trigrammes symbolise un redoublement du tonnerre, donc un ébranlement général.

En haut, le tonnerre

En bas, le tonnerre

Signification : Vous êtes dans une situation que vous ressentez comme dangereuse et imprévisible. Tout est en mouvement, vous craignez de ne plus rien contrôler et d'être emporté comme un fétu dans la tempête. Sachez garder votre calme, et mettre à profit cette époque pour agir en toute liberté. Ainsi vous saurez utiliser l'ébranlement à votre avantage.

Les traits

1 —⊖— Ébranlement passager.

La crainte amplifie le danger : ne vous laissez pas submerger par l'émotion, il ne s'agit que d'un orage.

2 —×— Il retrouve ce qu'il avait perdu.

L'ébranlement général vous a mis dans une situation très difficile, à laquelle vous ne pouvez remédier pour l'instant. Contentez-vous de vous éloigner du combat, lorsque l'orage sera terminé vous retrouverez les avantages ou les possessions dont vous avez été privé.

3 —×— L'ébranlement laisse l'homme dans le désarroi.

Vous êtes profondément troublé par des perturbations extérieures et ne savez plus comment agir. Ne laissez pas les choses suivre leur cours; il existe encore des portes de sortie. Cherchez-les.

4 —⊖— L'ébranlement s'enlise.

Lorsqu'un homme enlisé s'agite, il s'enfonce davantage. Calmez-vous et attendez des circonstances plus favorables.

5 —×— Au centre de l'ébranlement.

Les changements se succèdent à une telle rapidité que vous avez du mal à reprendre votre souffle. Pourtant rien de fâcheux ne vous arrive car vous avez su garder votre équilibre intérieur.

6 —×— L'ébranlement touche le voisinage.

Vos proches sont perturbés, leur angoisse risque de vous contaminer et de vous priver de votre liberté d'action. Prenez de la distance.

52. KEN, l'immobilisation

Le redoublement du trigramme Ken décrit l'état de repos et d'immobilité : une montagne ne bouge pas.

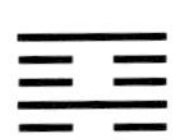

En haut, la montagne

En bas, la montagne

Signification : Le vrai sens de l'immobilité doit se comprendre par rapport au mouvement. Ici l'homme est immobile pour deux raisons : soit il est sur le point d'agir, soit il a terminé une action et se repose. Cet état est naturel et n'entraîne aucun préjudice. Mais il est bien plus difficile de trouver la paix du cœur... autrement dit de maîtriser ses émotions.

Les traits :

1 —×— Immobilisation des orteils. Pas de blâme.

Si vous n'êtes pas vraiment sûr de votre action, autant demeurer immobile.

2 —×— Immobilisation des mollets.

Vous êtes entraîné dans l'action et savez que celui que vous suivez va

droit à l'échec. Malheureusement il n'écoute pas vos avertissements et vous ne pouvez empêcher sa chute. En revanche, il est encore temps pour vous de vous arrêter.
3 —⊖— Immobilisation des hanches.
Vous cherchez à maîtriser vos émotions par la force et la contrainte. Cela entraîne une tension insupportable. Recherchez la détente, ne vous imposez pas une discipline trop lourde.
4 —×— Immobilisation du tronc.
Vous êtes parvenu à un contrôle de vos émotions mais certaines inquiétudes demeurent. N'ayez crainte : vous êtes sur le chemin de la libération.
5 —×— Immobilisation des mâchoires.
Les paroles non suivies d'actes sont inutiles. Soyez plus prudent dans vos propos.
6 —⊖— Immobilisation paisible.
Vous avez acquis détachement et sérénité : vous possédez la paix véritable et cela apporte la fortune.

53. TSIEN, le développement

En haut, le vent (le bois)

En bas, la montagne

Cet hexagramme décrit la croissance lente d'un arbre sur une montagne. Les différents traits prennent pour image l'oie sauvage, symbole de la fidélité conjugale.

Signification : Pour construire du solide, il faut progresser avec lenteur et par degrés. Cela est valable dans la vie active mais aussi dans les rapports humains et signifie que vous devez, pour ce qui vous préoccupe, respecter règles et ne pas brûler les étapes.

Les traits
1 —×— L'oie sauvage se dirige vers le rivage.
Vous vous dirigez vers un but mais vos premiers pas sont difficiles car personne ne vous aide. Cela vous empêche d'aller trop vite.
2 —×— L'oie sauvage se dirige vers la falaise.
Vous avez surmonté les premières difficultés et trouvé une place où vous êtes en sécurité. Votre entourage partage votre bonheur.
3 —⊖— L'oie sauvage se dirige vers le plateau.
N'allez pas trop loin, ce serait au détriment de votre sécurité comme de celle de votre entourage. Et si l'on vous menace, défendez vos positions fermement.
4 —×— L'oie sauvage se dirige vers l'arbre.
Vous êtes dans une situation qui ne vous convient pas ; cela implique un danger dont vous êtes conscient, mais vous ne pouvez y échapper pour l'instant. Adaptez-vous aux circonstances et cherchez un terrain solide.
5 —⊖— L'oie sauvage se dirige vers le sommet.
Vous avez atteint une position élevée, mais cela engendre de la solitude : les gens que vous aimez s'éloignent de vous à la suite de l'intervention hypocrite d'une personne qui vous jalouse. Ne craignez pas : l'union à laquelle vous aspirez aura lieu.
6 —⊖— L'oie sauvage se dirige vers les hauteurs nuageuses.
Le développement est achevé ; vous avez atteint votre but, tout vous est possible : bonheur et fortune.

54. KOUEI MEI, l'épousée

Sous l'effet du tonnerre, le lac s'agite : ainsi la jeune fille suit l'homme de son choix.

En haut, le tonnerre

En bas, le lac.

Signification : L'hexagramme donne des indications sur la façon de se comporter dans les relations humaines, en particulier lorsque l'on s'introduit dans un cercle déjà établi. Il ne faut pas vouloir supplanter l'autorité existante ni remettre en question les prérogatives installées. Au contraire, on doit agir avec tact et persévérance, sans oublier le but que l'on s'est fixé.

Les traits

1 —⊖— L'épousée comme concubine.
Vous devez jouer pour l'instant un rôle secondaire. Cela vous empêche bien sûr d'agir librement et de vous affirmer comme vous le méritez. Adaptez-vous, vous rencontrerez une approbation qui vous permettra de réussir.

2 —⊖— L'épousée solitaire.
Vous êtes uni à une personne qui vous déçoit. Pourtant vous lui demeurez fidèle même si cela entraîne de la solitude. Cette attitude est sans blâme et la situation vous redeviendra favorable à force de persévérance.

3 —×— L'épousée comme esclave.
Dans l'impossibilité d'obtenir ce que vous désirez vraiment, vous acceptez une situation peu satisfaisante tout en sachant que vous méritez mieux. C'est un choix qui vous appartient.

4 —⊖— L'épousée retarde le temps du mariage.
Plutôt que de composer avec vos aspirations profondes, vous décidez de reporter un projet à plus tard. Vous serez récompensé de cette patience et trouverez le bonheur qui vous est destiné.

5 —×— La princesse se soumet à son époux.
En acceptant de ne pas tenir un rôle dominant, vous faites preuve de sagesse et cela vous apporte le succès.

6 —×— Le mariage est rompu.
Une attitude trop superficielle par rapport aux engagements que vous avez pris engendre la rupture.

55. FONG, la plénitude

Clarté à l'intérieur, mouvement à l'extérieur : ainsi naissent les périodes de plénitude.

En haut, le tonnerre

En bas, le feu

Signification : Lorsque l'action et le mouvement s'appuient sur l'intelligence et la clarté, l'homme réussit toutes ses entreprises. Jouissez sans crainte de votre triomphe et faites-en profiter ceux que vous aimez.

Les traits

1 —⊖— Il rencontre le maître qui lui était destiné.
Il est ici question d'une association particulièrement bénéfique avec une personne qui vous complète.

2 —×— Eclipse partielle du soleil.

Seule une sincérité absolue vous permettra de venir à bout des ennemis qui s'agitent dans l'ombre.
3 —⊖— Eclipse totale du soleil.
L'obscurité et la confusion dominent : vous ne pouvez rien faire malgré toute votre bonne volonté. Attendez.
4 —⊖— Le soleil réapparaît.
La clarté revient, par l'intermédiaire d'une personne qui vous ressemble et a les mêmes buts que vous. En vous associant pour combattre l'ombre, vous vaincrez.
5 —×— La gloire se rapproche.
En demeurant humble et disponible vous attirez la fortune. Elle vient par l'intermédiaire d'hommes puissants qui vous donnent d'excellents conseils.
6 —×— Abondance artificielle.
En voulant amasser des richesses, vous oubliez ceux qui vous aiment. Que ferez-vous de cette abondance lorsqu'ils vous auront quitté ?

56. LIU, le voyageur

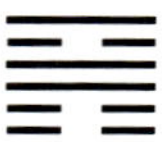

En haut, le feu

En bas, la montagne

La montagne ne bouge pas alors que le feu se déplace sans cesse : ainsi ils s'éloignent l'un de l'autre.

Signification : Que vous ayez choisi de voyager ou que vous y soyez obligé par les circonstances, vous devez respecter certaines règles : avoir de bonnes fréquentations, éviter de faire halte dans des endroits dangereux, faire preuve d'amabilité. Il est possible que cette sentence se rapporte à toute recherche d'évolution (voyage intérieur).

Les traits
1 —×— Le voyageur ne doit pas s'occuper de petites choses.
Si vous ne prenez pas votre tâche au sérieux, vous ne trouverez ni soutien ni accueil amical.
2 —×— Le voyageur arrive à l'auberge.
Vous trouvez un endroit confortable où séjourner. Une aide vous est acquise.
3 —⊖— L'auberge du voyageur brûle.
Si vous vous montrez arrogant, si vous intervenez dans des affaires qui ne vous concernent pas, vous ne pourrez plus compter sur personne et perdrez votre lieu de repos.
4 —⊖— Le voyageur trouve un abri.
Vous avez trouvé une situation qui pourrait être stable, mais vous ne vous sentez pas vraiment en sécurité. Il y a entre les autres et vous une distance qui vous amène à vous sentir exclu.
5 —×— Le voyageur obtient une récompense.
Grâce à votre intelligence ou votre habileté, vous rencontrez des personnes qui vous appuient auprès de quelqu'un d'important. Cela vous procure la réussite.
6 —⊖— Le voyageur ne sait plus où il va.
Par excès de confiance ou d'insouciance, vous vous imposez au lieu de vous adapter. Cela entraîne chute et perte de sécurité.

57. SOUEN, le vent

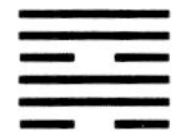

Le vent pénètre avec douceur : rien ne lui résiste.

Signification : Aucune obscurité ne résiste à celui qui s'exprime clairement, sans violence, tout en gardant fermeté et persévérance. Il peut cependant avoir besoin de l'aide d'une personne active et énergique.

Les traits

1 —×— L'indécision est néfaste.
Vous hésitez à prendre une décision car vous n'êtes pas assez sûr de vous. Si vous avez une conscience claire de ce que vous désirez, agissez fermement.

2 —⊖— Pénétrer sous le lit.
Vous devez éclaircir une situation mais beaucoup d'éléments sont troubles ou demeurent cachés. Pourchassez-les sans relâche, en vous aidant éventuellement de personnes qualifiées.

3 —⊖— La réflexion ne doit pas être poussée trop loin.
Trop réfléchir, trop peser le pour et le contre empêche d'agir. Décidez-vous.

4 —×— À la chasse on prend trois sortes de gibier.
Lorsque l'énergie se combine avec la modestie et le sens des responsabilités, la réussite est totale.

5 —⊖— Pas de commencement, mais une fin.
Votre entreprise a mal commencé, mais l'occasion vient de tenter une réforme et de partir sur de nouvelles bases. Réfléchissez bien afin de ne pas refaire les mêmes erreurs.

6 —⊖— Il pénètre dans l'obscurité et oublie la lumière.
Vous traquez, en vous-même ou autour de vous, une influence mauvaise mais vous n'avez plus assez d'énergie pour la combattre. N'allez pas plus loin pour l'instant : vous vous perdriez.

58. TOUEI, la joie sereine

La répétition du trigramme Touei donne l'hexagramme qui a pour nom originel « le serein, le joyeux, le lac », d'où l'idée d'un état d'esprit à la fois serein et joyeux.

Signification : Les deux lacs reliés l'un à l'autre signifient un accord qui s'effectue dans la joie, une gaieté communicative. Cependant, l'attitude joyeuse, si elle procure la fortune, a besoin de fermeté.
Sur le plan personnel cet hexagramme vous signale simplement que par une attitude affable et gaie, vous obtiendrez beaucoup plus que par la violence ou l'autorité.

Les traits

1 —⊖— Sérénité contente.
Savoir se satisfaire de ce que l'on a et de ce que l'on est à l'origine de la joie.

2 —⊖— Sérénité sincère.
Ne vous laissez pas entraîner dans une recherche de plaisirs indignes de vous.

3 —x— La joie vient de l'extérieur.
La source de la joie est à l'intérieur de l'être. Celui qui ne sait pas l'y trouver devient dépendant des divertissements extérieurs et perd son autonomie. Cela n'est pas bon.
4 —⊖— Il se débarrasse de ses fautes.
Vous êtes tiraillé entre l'exaltation liée aux passions et le détachement qui procure la sérénité véritable. Vous devez venir à bout de cette contradiction.
5 —⊖— Il se garde des mauvaises fréquentations.
Par simple amabilité vous pouvez laisser venir à vous des êtres dont l'influence serait négative. Sachez les écarter à temps.
6 —x— Gaieté séductrice.
Chercher sans cesse à séduire, courir toujours après de nouveaux plaisirs risque de causer votre malheur.

59. HOUAN, la dissolution

En haut, le vent

En bas, l'eau

Le vent souffle sur l'eau et la transforme en écume et embruns. Littéralement il « dissout le danger ».

Signification : Ce présage est très positif, il indique les différents moyens de lutter contre les séparations, d'amener la réconciliation. Mais tout d'abord, il est nécessaire, en soi, de vaincre l'égoïsme : toute association doit reposer sur la compréhension.

Les traits
1 —x— Il vient en aide avec la force d'un cheval.
Lorsque naît un malentendu, il est préférable — et plus facile — de ne pas le laisser s'enraciner et de le dissiper immédiatement.
2 —⊖— Il court vers son appui.
Une humeur maussade vous éloigne des autres. Dominez-la, retrouvez votre mesure et recherchez l'amitié.
3 —x— Il se dissout lui-même.
Vous avez des préoccupations si importantes que cela vous empêche de penser à vous pour l'instant. Cela vous rapproche du but.
4 —x— Il se détache de son groupe.
Le travail que vous avez entrepris est lié à la collectivité. Pour le mener à bien vous devez vous libérer des coteries et des amitiés privées. Vous irez plus loin seul.
5 —⊖— Ils se regroupent autour d'une idée.
Proposez de nouveaux projets, ils dissiperont les divergences.
6 —⊖— Il évite le danger.
Vous pouvez aider d'autres personnes à échapper au danger qui les menace. Faites-le sans cesser de vous préserver.

60. TSIE, la limitation

En haut, l'eau

En bas, le lac

Le lac limite l'espace occupé par l'eau.

Signification : L'ordre est fait de limites. Toute exagération, dans l'abondance comme dans l'ascèse, est dangereuse. C'est pourquoi vous devez agir avec mesure, en imposant des limites raisonnables : ni trop, ni trop peu.

Les traits

1 —⊖— Il ne sort pas de sa maison.
Entreprendre une action alors que vous savez qu'elle recèle d'énormes difficultés ne servirait à rien.

2 —⊖— Il sort de sa maison.
Le moment d'agir est venu. Toute hésitation amènerait des regrets.

3 —×— Il ne connaît pas de limites.
L'homme qui dépend entièrement de ses passions commet des erreurs et par aveuglement en rejette la responsabilité sur autrui. Ne tombez pas dans ce travers.

4 —×— Limitation satisfaite.
Vous ne devez pas vous imposer de contraintes trop dures et dépasser les limites de vos forces.

5 —⊖— Limitation douce.
Les limites que vous imposez doivent être équitables : en particulier, ne demandez pas aux autres de faire plus que vous ne faites. Ainsi naîtra la confiance.

6 —×— Limitation amère. Pas de blâme.
Il n'est pas bon de s'imposer, ou d'imposer aux autres, des limites trop sévères. Cela entraîne l'insurrection. Il est néanmoins des périodes où c'est le seul moyen d'éviter des erreurs.

61. TCHOUNG FOU, la vérité intérieure

En haut, le vent

En bas, le lac

Cet hexagramme est composé de traits pleins entourant un espace libre, image d'un homme dont le cœur est plein de clarté et de vérité.

Signification : La compréhension, alliée à la générosité, à la disponibilité et à l'absence de préjugés, procure à celui qui les possède un grand pouvoir sur autrui. Ainsi il n'y a pas de limites à son influence. Sa force intérieure rayonne et éclaire. Mais il ne doit jamais s'en servir pour lui-même ou avoir des arrière-pensées.

Les traits

1 —⊖— Être prêt apporte la fortune.
Vous devez agir en toute liberté : des relations secrètes avec un autre être vous priveraient de votre autonomie.

2 —⊖— J'ai un bon gobelet, je le partagerai avec toi.
Votre bonté naturelle et votre sincérité attirent la sympathie. Le cercle de vos amis s'élargit sans cesse, votre parole est entendue et répétée.

3 —×— Tantôt il sanglote, tantôt il chante.
Si votre bonheur dépend d'une autre personne, vous ne pouvez trouver l'équilibre.

4 —×— Le cheval d'attelage va, égaré.
La poursuite de la vérité, la recherche de l'illumination réclament une parfaite autonomie. Le cheval qui regarde son compagnon d'attelage ne va pas bien loin : avancez seul.

5 —⊖— Il possède la vérité qui relie.
Grâce à votre force intérieure, vous pouvez créer un groupe dont vous serez le centre.

6 —⊖— Le coq chante mais ne vole pas jusqu'au ciel.
De belles paroles peuvent créer l'enthousiasme, mais elles ne suffisent pas. Ce sont vos actes qui attireront la vraie confiance.

62. SIAO KOUO, la prépondérance du petit

En haut, le tonnerre

En bas, la montagne

Les traits pleins (*Yang*) au centre de l'hexagramme sont entourés par des traits brisés (*Yin*), d'où l'idée d'un moment où la force est retenue par la faiblesse qui assume les contacts avec l'extérieur.

Signification : Vous êtes dans une situation où il vous est impossible de réaliser de grandes choses. L'hexagramme donne le conseil de se conformer au devoir et de porter son attention sur l'accomplissement des tâches quotidiennes. Toute attitude audacieuse entraînerait la chute.

Les traits

1 —×— L'oiseau doit demeurer dans son nid tant qu'il ne sait pas voler.
Autrement dit, n'entamez aucune action que vous ne soyez vraiment capable d'assumer jusqu'au bout.

2 —×— L'attitude simple et réservée est sans blâme.
Dans une période instable, agissez avec modestie, ne cherchez pas à vous imposer en force.

3 —⊖— Quelqu'un peut venir par-derrière et te frapper.
Par fierté, vous êtes tenté d'agir de façon directe, sans prendre de précaution. Mais quelqu'un cherche à vous nuire dans l'ombre. Demeurez vigilant.

4 —⊖— Entrer amène le danger.
Vous ne devez rien entreprendre pour obtenir ce que vous désirez. Cela amènerait l'échec.

5 —×— Les nuages ne donnent pas de pluie.
La situation doit être éclaircie mais vous ne pouvez agir seul. Cherchez l'assistance de personnes de valeur.

6 —×— L'oiseau tombe dans le filet du chasseur.
En refusant de tenir compte des faibles possibilités du moment, en forçant les événements, vous vous mettrez dans une situation inextricable.

63. KI TSI, après l'accomplissement

En haut, l'eau

En bas, le feu

Cet hexagramme décrit l'ordre parfait ; chaque chose est à sa place. Mais cela entraîne le risque du déclin.

Signification : Lorsque l'ordre est revenu, que la tâche est accomplie, que les désirs sont satisfaits, il est tentant de laisser aller les choses et de se reposer. Mais cette attitude engendre de nouveaux troubles. Ne relâchez pas votre attention.

Les traits

1 —⊖— Il freine ses roues.
Ne vous laissez pas entraîner par ceux qui veulent toujours aller plus loin : vous n'avez rien à y gagner.

2 —×— Attendez la confiance.
Vous avez quelque chose d'important à accomplir mais les autorités dont vous dépendez refusent leur soutien. Attendez : il ne s'agit que d'un contretemps.

3 —⊖— Au bout de trois ans il triomphe du pays du diable.
Votre réussite est acquise, mais votre tâche n'est pas terminée ; vous devez maintenant consolider votre pouvoir et surtout agrandir votre sphère d'action. Faites-le sans précipitation.
4 —×— Les plus beaux vêtements donnent des haillons.
Si vous décelez un seul signe de décadence, tenez-en compte et agissez en conséquence, même si vous êtes tenté de l'oublier.
5 —⊖— Une offrande sincère et modeste touche le cœur.
La vraie grandeur ne se mesure pas au faste. Élevez-vous aussi intérieurement.
6 —×— Il retourne mettre la tête dans l'eau. Danger.
Vous avez surmonté de graves difficultés et êtes satisfait de votre courage. Ce n'est pas une raison pour regarder en arrière ; cela vous mettrait à nouveau en danger.

64. WEI TSI, avant l'accomplissement

Cet hexagramme, le dernier du Yi king, décrit le moment où le passage du désordre à l'ordre n'a pas encore lieu : mais la transformation est imminente.

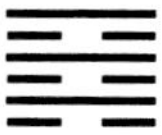

En haut, le feu

En bas, l'eau

Signification : Cet oracle très bénéfique indique qu'un changement heureux est en route, même si la situation semble encore confuse. Vous devez simplement prêter la main aux événements, afin de créer l'harmonie.

Les traits
1 —×— Le jeune renard met sa queue dans l'eau.
Le vieux renard est infiniment plus prudent... Moralité, une ignorance mêlée de témérité rendrait vains tous vos efforts précédents. Observez et réfléchissez.
2 —⊖— Il attend le moment d'agir.
Vous devez encore patienter. Profitez-en pour rassembler vos forces.
3 —×— L'attaque apporte l'infortune.
Le moment d'agir est venu mais la force vous fait défaut. Cherchez des auxiliaires ; avec eux vous oserez aller de l'avant.
4 —⊖— L'heure du combat est arrivée.
Oubliez vos doutes et allez de l'avant ; votre avenir tout entier dépend de ce que vous allez faire.
5 —×— La lumière de l'homme noble est véritable.
Vous avez réussi. L'harmonie règne, une ère nouvelle est arrivée.
6 —⊖— En pleine confiance on boit du vin.
Il est normal de vous réjouir de votre réussite : vous êtes au seuil d'une nouvelle vie. Sachez simplement éviter l'ivresse !

Et si vous désirez en savoir davantage sur le Yi king, lisez :
Yi king, le livre des transformations, Richard Wilhelm
(Éditions Librairie de Médicis).

Machine divinatoire électronique. *(Carton/Jerrican.)*

D'AUTRES METHODES DE DIVINATION

La nombrologie

Cette méthode d'investigation du devenir est toute récente et encore peu connue. Sa conceptrice, Claude de Milleville, l'a mise au point après une longue pratique du tarot et de la numérologie. La nombrologie consiste principalement à établir la réduction d'un nombre à une lame majeure du tarot. Simple et déjà vu, dirons certains... mais non, justement ! car les nombres sont ici à plusieurs chiffres...
Expliquons-nous.
Dans une première étape, le nombrologue va vous demander de citer un nombre de plusieurs chiffres, spontanément et sans réfléchir, mais en pensant éventuellement à ce qui vous préoccupe.
Imaginons que vous répondiez : 42.567.
Le nombrologue va réduire ce nombre suivant les procédés utilisés en numérologie : $4+2+5+6+7=18$. C'est la Lune qui dans le tarot correspond au nombre 18. C'est donc le symbolisme de cet arcane qui va être analysé.
Si en revanche vous citez un nombre tel que 17.215, l'addition se fera comme suit : $17+21+5=43$, $4+3=7$ (le chariot). En effet, 17 et 21, qui correspondent à des lames du tarot, n'ont pas à être réduits.
Le nombrologue vous fera en tout citer 12 nombres qui correspondront aux douze maisons astrologiques ; ainsi dans chacune de celles-ci figurera un arcane du tarot qui indiquera l'ambiance générale de la maison durant l'année à venir. Par exemple, si le Soleil (19) se trouve dans la dixième maison, cela peut indiquer un succès social et professionnel...
D'autres nombres vous seront éventuellement demandés afin d'affiner l'interprétation de chaque domaine... et curieusement, la réduction numérique donnera très souvent un résultat analogue au premier !
En quelque sorte, les nombres cités sont le véhicule de potentialités. Ils donnent également des renseignements sur ce qui est facile ou l'est moins, sur les blocages ou les ambitions de l'être...
Il ne faut pas attendre de cette méthode une analyse psychologique poussée mais une bonne perception de l'avenir proche.
Si vous désirez en savoir davantage sur la nombrologie, Claude de Milleville est l'auteur d'un ouvrage qui explique sa méthode en détails : à paraître aux éditions de l'Espace Bleu.

La baguette du sourcier. Illustration de l'ouvrage de l'abbé Valmart : « La physique occulte... » 18e siècle. *(J.-L. Charmet.)*

La radiesthésie

Étymologiquement, radiesthésie signifie « sensation de rayons ». C'est d'une part un art divinatoire servant à rechercher ce que nos yeux ne voient pas : objets perdus, personnes disparues, maladies dont les symptômes ne sont pas encore apparents... et d'autre part une théorie qui justifie ces faits par la perception de rayons.
Le radiesthésiste, à l'aide d'une baguette en forme de Y (la fameuse baguette des sourciers) ou plus simplement d'un pendule, « sent » les radiations qui émanent d'objets, d'être vivants ou d'éléments enfouis. Cela lui permettra par exemple de déterminer l'emplacement d'une source, de trouver, en promenant son pendule sur une carte géographique, où se trouve quelqu'un, etc.
Théorie ou art divinatoire, la radiesthésie n'est cependant pas une

technique : sa réussite dépend moins de la méthode que de l'individu. Celui-ci « sent » les radiations ou non. S'il ne les sent pas, inutile d'insister.

Comment savoir si vous pouvez utiliser la radiesthésie ?

Attendez simplement d'être à la campagne et partez vous promener dans un endroit sec.

Taillez dans un arbre une branche en forme de Y que vous prendrez par les deux fourches en les tenant par les côtés, le pouce vers l'extrémité, la pointe dirigée vers le bas.

Promenez-vous lentement...

Si au bout d'une heure votre baguette n'a pas tressailli spontanément, vous n'avez aucun don pour la radiesthésie (à moins d'avoir fait votre expérience en plein Sahara).

Si au contraire vous la sentez repoussée vers le haut, ou tirée vers le bas (c'est sans importance) par un mouvement invisible mais puissant (elle peut même vous sauter hors des mains), vous avez sans doute un don.

Un autre test est possible avec un pendule. Vous pouvez au début en fabriquer un, par exemple en suspendant une bague ou un petit objet à un fil ou, mieux, un de vos cheveux si vous les portez longs.

Exercez-vous d'abord à tenir le pendule en gardant votre main immobile, sans lui donner la moindre impulsion.

Au bout d'un certain temps il devrait se mettre à osciller puis à tourner sur lui-même.

Placez-vous au-dessus d'une plante verte en pot et répétez l'opération. Observez bien dans quel sens tourne votre pendule.

Recommencez ce manège, mais cette fois au-dessus d'un bouquet de fleurs coupées.

Dans quel sens tourne le pendule ?

Théoriquement, si vous êtes « réceptif » aux ondes des plantes, il devrait tourner de gauche à droite — sens positif — au-dessus de la plante, et de droite à gauche — sens négatif — au-dessus des fleurs. Parce que la plante est vivante, et les fleurs coupées ne le sont plus. Ce « truc » m'a été appris par l'astrologue Bernard Crozier : je l'ai toujours vu fonctionner.

Si ce deuxième test est positif, vous pouvez vous servir d'un pendule, par exemple pour répondre à des questions. La meilleure méthode est d'écrire la question sur une feuille de papier et de positionner votre pendule juste au-dessus de celle-ci. Le sens de son oscillation vous répondra oui ou non, toujours en partant du principe : de gauche à droite pour oui, de droite à gauche pour non.

Il peut être intéressant également de se servir du pendule pour savoir si les radiations émanant d'une personne ou d'un objet lui appartenant (ou de sa photographie) sont positives ou non. Dans ce dernier cas la personne peut être fatiguée, mal dans sa peau... ou simplement hostile.

Il est cependant très important de ne pas vous lancer aveuglément dans la pratique de la radiesthésie sans avoir dépassé les quelques indications données ici. Vous pourriez en tirer des conclusions erronées, voire dangereuses, car il s'agit d'un outil qui doit être manié avec précaution, et de préférence par des spécialistes expérimentés.

Le sourcier. Le Petit Journal Illustré. 1913. *(J.-L. Charmet.)*

Les rêves

La divination par les rêves, appelée aussi **oniromancie**, est l'une des plus anciennes de l'histoire de l'humanité. Universellement pratiquée aussi bien dans les peuplades primitives que dans les civilisations plus évoluées, elle nous arrive sous la forme d'ouvrage appelés « Clé des songes ».

Il importe cependant de faire la différence entre cette clé des songes, méthode de divination basée sur la signification définie des objets, éléments ou situations présentes dans le rêve, et deux autres sortes de rêve dont l'interprétation n'est pas divinatoire.

En effet l'analyse des rêves est indissociable aujourd'hui de la plupart des méthodes de psychanalyse ; leur contenu est alors considéré comme une manifestation de l'inconscient, riche en symboles dont l'interprétation permettra, selon les cas, de mieux décoder les problématiques internes de l'individu, ou de mesurer son évolution par rapport à celles-ci.

Dans cette catégorie, on peut par exemple ranger les rêves ou même les cauchemars qui se répètent régulièrement. Dans l'optique psychanalytique ils représentent la manifestation d'une angoisse ancienne qui perturbe toujours l'inconscient de l'individu. Décoder ces rêves est l'affaire des spécialistes qui font appel non seulement à une profonde connaissance des symboles, mais aussi à une réelle ouverture sur la psyché de l'autre.

Les rêves prémonitoires sont différents. Ceux qui en sont coutumiers se voient en songe (ou voient quelqu'un de leur entourage) vivre une situation ou un événement bien particuliers, sous une forme parfois symbolique, parfois précise, et par la suite se retrouvent exactement dans les conditions décrites dans leur rêve. Il va de soi que l'on ne peut dire qu'un rêve est prémonitoire sur le moment... Néanmoins l'analyse des symboles en sera toujours instructive.

Un détail : ne dites pas « moi, je ne rêve jamais ». Tout le monde rêve (même les animaux), c'est prouvé scientifiquement. En revanche, certains rêvent en couleur, d'autres en noir et blanc ; certains s'en souviennent, d'autres pas.

La signification des symboles contenus dans le rêve est variée et parfois contradictoire : ainsi, rêver d'une araignée montre pour le psychanalyste que vous avez un problème... à rompre le cordon ombilical ; pour la clé des songes, il s'agit simplement d'un « bon présage ». Rêver que l'on est en train de voler signifie, pour les freudiens, désir sexuel, et pour les jungiens, recherche d'évolution.

Voici quelques indications concernant les rêves les plus fréquents :

- Rêver d'un anneau ou d'une bague signifie mariage.

D'un bouclier, protection.

D'un cercueil, fatigue.

- Rêver d'un cheval sellé, tranquille indique la réussite ; d'un cheval furieux ou emballé annonce des dommages.
- Rêver de ses propres cheveux, comme de ses dents, est un indice de santé s'ils sont en bon état, mais de fatigue ou de maladie s'ils tombent.
- Rêver d'une clef est un excellent indice si celle-ci ouvre une porte : cela annonce connaissance et progrès. En revanche si elle n'ouvre aucune porte, c'est un présage d'échec.

• L'eau est en rapport avec l'inconscient. Son apparence dans un rêve indique, en quelque sorte, l'état de ce dernier. De façon générale, plus elle est claire et transparente, plus le présage est bon ; si elle est opaque, c'est un indice de situation trouble, de confusion. S'il s'agit d'un fleuve, cela signifie des retards, la lenteur.
• Rêver que l'on monte un escalier signifie évolution ; qu'on le descend, obligation de chercher la vérité à l'intérieur de soi.
• Rêver d'excréments signifie richesses.
Rêver de feu signifie réussite.
Rêver d'une gare, d'un navire ou d'un aéroport signifie voyage.
• Certaines significations sont inversées : par exemple, rêver d'une naissance signifie mort, de mort signifie naissance, de larmes, joie à venir, de maladie, bonne santé, etc.
• Rêver de lumière signifie amour mystique.
D'un loup, amour fidèle.
D'une louve, adultère.
• Dans les rêves, la maison représente le dormeur soi-même, et ses différentes pièces ou étages, différents plans de conscience. Ainsi, les étages supérieurs symbolisent l'élévation, l'évolution ; le toit, la conscience ; la cave, l'inconscient ; la façade, l'apparence (c'est logique) ; la chambre, l'intimité ; les pièces communes, la vie sociale ; les sanitaires, le besoin de purification, etc. Rêver de la maison de son enfance signifie soit nostalgie, soit désir d'un retour aux sources.
Rêver d'un oiseau annonce des nouvelles.
• Les rêves de porte ont une signification proche de ceux où il est question de clefs : si la porte est ouverte, succès facile ; si l'on ouvre une porte fermée, réussite liée aux efforts ; si elle demeure fermée, mystère ; si on ne parvient pas à l'ouvrir, échec.
• Rêver d'une rose, ou d'une fleur épanouie signifie bonheur, plénitude et réussite ; si elle est en bouton, ceux-ci se feront encore attendre.
• Rêver d'un serpent signifie sagesse ou guérison.
• Rêver de vêtements signifie changements : si les vêtements sont neufs, le présage est heureux, s'ils sont usés, cela annonce des difficultés matérielles.
Enfin, il existe quelques rêves très fréquents dont les significations sont universelles :
• Rêver que l'on est en fuite devant un danger quelconque indique la culpabilisation liée à la sensation d'avoir transgressé un interdit ; cela signifie également une peur ou une mauvaise intégration du « moi » profond.
• Rêver que l'on rate un train ou un avion indique un conflit intérieur : d'un côté, le désir d'action ; de l'autre, la peur de ne pas être à la hauteur.
• Rêver que l'on se retrouve sur les bancs de l'école sans savoir sa leçon ou rêver que l'on est tout nu indique un complexe d'infériorité.
• Rêver que l'on tombe dans le vide signifie angoisse.
• Les rêves où l'on recolle les morceaux d'un objet cassé signifient réconciliation ; ceux qui mettent en scène des taureaux, des ours ou divers animaux sauvages sont en rapport avec la puissance des instincts : si l'on maîtrise l'animal, c'est un signe de contrôle, et dans le cas contraire, il s'agit d'une soumission, d'une dépendance des instincts (parfois d'une angoisse sexuelle).
A vous de décrypter les bandes dessinées de vos rêves.

La voyance

Ce vocable recouvre pêle-mêle toute une cohorte de spécialisations divinatoires. La plupart des publicités signalent que Madame Irma est voyante, astrologue, numérologue, et qu'elle utilise en plus la boule de cristal et les cartes.

Que signifie donc ce terme de voyance ? la capacité de voir, bien sûr ; mais de voir quoi, et comment ? « Voyance », don de ceux qui prétendent lire dans le passé ou prédire l'avenir, telle est la définition du petit Larousse.

En conséquence, celui qui a un don de voyance va, dans certaines circonstances qui ne dépendent pas de sa volonté, « voir » interieurement un événement. Cette impression de vision sera souvent très forte, voire incontrôlable... elle s'apparente à une sorte de flash, de lumière éclairant un pan fugitif du passé ou de l'avenir.

Un beau jour, alors que vous étiez paisiblement assis en face d'un ami d'enfance, vous avez eu l'impression qu'un écran de cinéma s'installait dans votre tête ; et sur cet écran, votre ami prenait un avion, débarquait dans un pays froid... et trouvait de l'or. Quelques mois ou années plus tard, vous apprenez que cet ami s'est enrichi lors d'un voyage par avion au Canada. Vous aviez eu un flash de voyance.

Un jour, alors que je faisais une conférence, une dame assise au premier rang me demanda ce que c'était que la voyance. Je lui parlais de cette « image intérieure » et lui dis : « Imaginons par exemple que je vous voie dans un jardin en train de couper des roses ; vous vous êtes piquée à une épine et vous allez vous faire faire une piqûre antitétanique ». J'avais en fait raconté la première chose qui me passait par la tête, sans réfléchir. La dame me répondit, un peu pâlotte : « Je suis horticultrice, je cultive des roses et tout cela m'est arrivé ce matin ». J'avais eu un flash de voyance.

Car **tout le monde** a des capacités de voyance. Cette faculté est en nous. Parfois elle est enfouie sous les couches stratifiées de nos raisonnements, et nous ne le sentons pas, ou passagèrement. Alors nous nous disons « il m'est vraiment venu à l'esprit une drôle d'idée tout à l'heure ».

Parfois nous analysons moins les choses, nous sommes plus ouverts, réceptifs, impressionnables... et notre inconscient reçoit des images que nous pouvons décrire. Si cela se produit très, très souvent, nous avons vraiment ce que l'on appelle un « don de voyance ».

En effet, la voyance est un don, pas une technique. Aucune méthode en dix leçons ou même en cent ne peut fabriquer un vrai voyant. En revanche, une personne douée peut travailler ce don, en s'exerçant à devenir complètement réceptive à l'autre et à laisser les images venir naturellement. Il s'agit là d'un état passif : le voyant « reçoit » des informations et les retransmet, souvent sans pouvoir les expliquer... et sans presque jamais les situer dans le temps. Il s'agit là du phénomène de voyance à l'état pur, ou « voyance sans support ».

Certains en font une profession et, toute la journée, « voient » pour leurs clients. Ce n'est pas évident, même pour celui qui possède un don de précognition extraordinaire. Il n'est pas facile de voir sur commande ! Parfois, tout demeure obscur et « l'avenir reste impénétrable » comme le disent joliment les auteurs du *Guide des voyants* paru chez Ph. Lebaud.

Pour y remédier les voyants ont plusieurs possibilités.
La première est la **transmission de pensée**, que l'on confond souvent, à tort, avec la voyance.
Ne vous est-il pas arrivé, si vous avez déjà fait l'essai d'un entretien avec un ou une voyante, que celui-ci vous dise « je vois autour de vous quelqu'un qui s'appelle Georges ? »
Votre mari s'appelle Georges, ô miracle ! *In petto*, vous vous dites que ce voyant est vraiment génial. Pour peu qu'il ajoute « Ça ne va pas très bien entre vous mais ça va s'arranger » (comme par hasard c'est votre principal souci du moment), vous êtes prête à lui élever une statue et lui envoyer toutes vos amies. Peut-être ce voyant mérite-t-il la statue. Peut-être aussi son esprit exercé à ressentir les ondes émanant d'autres personnes, aidé d'une bonne pincée de sens psychologique, a-t-il simplement « perçu » ce qu'il y avait dans votre tête.
La deuxième possibilité (qui n'exclut pas la première) est d'utiliser un **support.** Presque tous les voyants le font. Certains regardent dans une boule de cristal jusqu'à ce qu'ils y visualisent des scènes de la vie de leur client. D'autres, plus nombreux, utilisent les tarots ou les cartes, dont les images provoquent en quelque sorte l'irruption de la voyance, ou bien la photographie d'une personne absente.
Beaucoup plus rares sont ceux qui se servent effectivement d'une technique divinatoire comme l'astrologie ou la numérologie, car cela exige sur le plan mental une démarche opposée : on ne mélange pas aisément analyse consciente et perception spontanée.
Beaucoup d'autres méthodes sont utilisées, et utilisables : parmi elles, le marc de café, les taches d'encre... ou, loin dans le passé, les entrailles d'animaux ou les osselets ! Mais dans tous les cas la méthode employée pour « mieux voir » est présente essentiellement en tant que support. On peut être voyant et utiliser les tarots. On peut aussi être un très bon tarologue sans être voyant. Il ne faut pas confondre l'intuition, « saisie immédiate de la vérité sans l'aide du raisonnement » (petit Larousse) qui permet de faire un choix entre diverses possibilités apportées par la connaissance d'une technique, et la voyance, qui engendre des images mentales non limitées par le temps et la distance.

Fernandel dans : « Irma la voyante. » 1947. *(Christophe L.)*

Les limites de la voyance

Les voyants sont en général les premiers à signaler les obstacles qui parsèment les chemins de leur sixième sens. Il y en a deux principaux : les dates et la projection.
Les dates, parce que la voyance ne permet pas de dater (sauf — cas exceptionnel — si le « flash » comporte une quelconque indication en ce sens.) Certains événements ne se réalisent que plusieurs années après avoir été annoncés... pour le mois suivant. Parfois même le voyant peut confondre passé et avenir proche. Cela n'a rien à voir avec son talent : simplement il ne dispose que très rarement de repères dans le temps. La projection, parce qu'il est difficile et dangereux d'essayer de voir pour soi ou n'importe quelle personne vis-à-vis de laquelle on éprouve un sentiment.
Même si vous avez un don exceptionnel, ce que vous « verrez » pour vous ou votre entourage sera parasité par vos désirs personnels. Désirez-vous en savoir davantage sur la voyance ? Vous pouvez lire l'ouvrage de Dessuard *La voyance*, dans la collection « Que sais-je ».

Charles Laughton dans « Le fantôme de Canterville » de Jules Dassin. 1943. *(Christophe L.)*

Bibliographie

L'ASTROLOGIE

Catherine Aubier, *Dictionnaire pratique d'astrologie*, M.A. Éditions.
André Barbault, *De la psychanalyse à l'astrologie*, Le Seuil.
La prévision de l'avenir par l'astrologie, Hachette.
Suzel Fuzeau, *L'astrologie*, P.U.F.
Michel Gauquelin, *La vérité sur l'astrologie*, Le Rocher.
Wilhelm Knappich, *Histoire de l'astrologie*, Éd. Vernal/Lebaud.
Jean-Pierre Nicola, *La condition solaire*, Éditions traditionnelles.
Élizabeth Teissier, *L'astrologie, science du XXI*^e^ *siècle*, Éditions N° 1.
Henri Le Corre, *Régimes horaires pour le monde entier*, Éditions traditionnelles.

LA CHIROLOGIE

Gérard Aussoleil, *La main*, Éd. Retz.
Andrew Fitzherbert, *Cette main qui en dit long*, M.A. Éditions.
Casimir d'Arpentigny, *La science de la main.*

LA NUMÉROLOGIE

Jean-Daniel Fermier, *ABC de la numérologie, le livre des cyles*, Jacques Grancher, éditeur.
Philippe de Louvigny, *Les secrets de votre nom*, Éd. Sand.
Papus, *La science des nombres*, Dangles.

LES CARTES — LES TAROTS

Joseph Dessuart, *La cartomancie*, Éd. Nathan.
Giovanni Sciuto, *ABC de la cartomancie*, Jacques Grancher, éditeur.
Marcel Picard et Sylvie Simon, *le tarot,* Éd. Sand.
Marthe Lenormand, *L'oracle parfait ou l'art de tirer les cartes*, Paris, 1875.
Hadès, *Cartes et Tarots*, Flammarion.
Eugène Caslant, *Le tarot de Marseille*, Paris, Arts et métiers graphiques, 1949.
Tchalaï Unger, *Les empreintes de l'invisible*, M.A. Éditions.
Anton Kielce, *Le tarot,* M.A. Éditions.

LA GÉOMANCIE

Catherine Aubier, *La géomancie*, M.A. Éditions.
Alain Le Kern, *La géomancie, un art divinatoire*, Le Rocher.
Catherine Gris, *Les secrets dévoilés de la géomancie*, Monaco, 1960.
Hadji Khamballah, *La géomancie traditionnelle*, Paris, 1947.

LE YI KING

Richard Wilhelm, *Yi king — Le livre des transformations* et tome 2 : *Les commentaires.* Éd. Librairie de Médicis.
Anton Kielce, *Le Yi king*, M.A. Éditions.

OUVRAGES GÉNÉRAUX

Helmut Muller, *Pratique de la radiesthésie*, De Vecchi.
Encyclopédie de la divination, Tchou, 1965.
Rémy Chauvin, *Certaines choses que je ne m'explique pas*, CELT.
C.G. Jung, *L'homme et ses symboles*, Laffont.
Jean Chevalier et Alain Gheerbrant, *Dictionnaire des symboles*, Laffont.
Joseph Dessuart, *La Voyance,* P.U.F.
Jean-Pierre Spillmont, *La Voyance*, M.A. Éditions.
C. Genest, *ABC des rêves*, Jacques Grancher, éditeur.
Anton Kielce, *Les rêves*, M.A. Éditions.

Dragon chinois. 19e siècle.
Bibliothèque des langues orientales.
(J.- L Charmet.)

Achevé d'imprimer sur les presses de
Ouest Impressions Oberthur - 35000 Rennes - N° 12801
N° d'éditeur 25781 - Dépôt légal mai 1992
Imprimé en France